호텔 바비즌

여성의 **독립**과 **야망**, **연대**와 **해방**의 **불꽃**이 되다

호텔 바비즌

폴리나 브렌 지음 | 홍한별 옮김

The Barbizon

The Hotel That Set Women Free

마케북스

졸탄과 조피에게

한 건물의 역사일 뿐 아니라 미국 최대 도시에서 노동과 여성 인권의 역사에 관한 흡인력 있는 이야기이며, 또 이 여성들이 꿈을 좇기 위해 떠나온 장소들에 대한 이야기이기도 하다. _《뉴요커 *The New Yorker*》

생생한 역사! 《호텔 바비즌》은 호텔에 대한 이야기일 뿐 아니라 20세기 여성이 멈췄다 다시 나아갔다 하면서 주체성을 찾아가는 과정의 이야기이기도 하다. 이 모두를 브렌이 능숙한 솜씨로 전달한다. _《워싱턴 포스트 *The Washington Post*》

뉴욕의 문화사와 밀접하게 얽혀 있는 몇몇 상징적인 호텔 가운데 플라자, 앨곤퀸, 월도프 애스토리아 등에 비하면 바비즌은 덜 알려진 편일 것이다. 그러나 폴리나 브렌의 매력적인 이 책은 바비즌이 뉴욕의 과거 이야기에서 여느 곳 못지않은 지위를 차지할 자격이 있음을 분명히 보여주었다. 매혹적인 초상을 통해 이 호텔이 지나간 시대의 마법적인 장소로 되살아난다. _《월스트리트 저널 *The Wall Street Journal*》

어찌나 화려한지 드라마 〈매드맨〉이 따분해 보일 정도다. 브렌의 매력적인 책은 바비즌 여성 전용 주거용 호텔이 1927년 맨해튼 이스트 63번가 140번지에 세워졌을 때부터 2007년 수백만 달러 가치의 콘도미니엄으로 개조되기까지의 이야기를 들려준다. 그뿐만 아니라 20세기 여성의 야망과 급변하는 뉴욕에 관한 탁월하게 다층적인 사회사이기도 하다. _《가디언*The Guardian*》

매혹적인 역사서! 폴리나 브렌의 책은 세상에서 가장 유명한 열망의 무대인 뉴욕을 배경으로 지난 세기 동안 여성의 야망에 대한 문화적 시각이 어떻게 달라졌는지 보여준다. 브렌은 엄청난 양의 사료를 바탕으로 자신이 그려내는 여성 한 명 한 명을 세심하고 정성스레 다룬다. _《뉴욕 타임스 북 리뷰*The New York Times Book Review*》

매혹적이다. 미지 메이즐과 페기 '매드맨' 올슨의 옛 뉴욕을 좋아하는 사람이라면 이 책에서 보여주는 옛 뉴욕의 실제 이야기도 즐길 것이다. _《마리 클레르*Marie Claire*》

브렌의 책에는 20세기 중반의 흥미로운 가십이 가득하고, 잘 알려지지 않았던 인물들도 책장을 눈부시게 장식한다. 작은 장소가 자유를 추구하는 과정에서 얼마나 중요한 역할을 하는지를 강력하게 상기시킨다. _《버스트 *Bust*》

뉴욕의 여성 전용 주거형 호텔 문 뒤를 들여다볼 드문 기회. 광범위한 조사, 남아 있는 서신, 여러 인터뷰를 바탕으로 브렌은 당대의 정치적 분위기와 바비즌 거주자들의 개인사를 이해하기 쉽게 엮는다. 우아한 글이 풍부한 문화사를 생생히 살려낸다. _《커커스 *Kirkus*》

브렌은 이전 바비즌 거주자들의 인터뷰와 문헌 자료를 20세기 중반 여성을 제약하던 사회적·정치적 조건이라는 맥락과 우아하게 엮었다. _《포춘 *Fortune*》

전기를 좋아한다면, 특히 장군·배우·과학자·정치인 등 다양한 분야 인물의 전기를 좋아한다면, 이 책도 읽을 책 리스트에 올리자.《호텔 바비즌》은 한 호텔의 전기이다. 그런데 이 호텔은 그냥 재료에 불과하고, 저자 폴리나 브렌은 콘크리트와 유리를 자신감, 화려함, 그리고 캐럴나 게일 같은 인물들과 섞는다. 매혹적이고 도발적인 여성과 돈에 대한 이야기로, 딱 적절한 방식으로 이야기를 시작해, 수십 년에 걸친 미국의 유행과 이상을 훑는다. 손에서 놓을 수 없는 책! 《양크턴 데일리 프레스*Yankton Daily Press*》

하이힐 또각거리는 소리, 타이프라이터 두드리는 소리부터 바비즌 여성들이 수십 년 동안 마주했던 복잡하고 굴곡진 역경까지 기분 좋게 리듬 진행을 바꾸어가며 깊이 있게 분석한다. 브렌의 몰입도 높고 명쾌한 분석이 여성 평등을 향한 오랜 탐구의 과정에서 중대한 소우주 역할을 한 바비즌을 생생하게 그린다. 《북리스트*Booklist*》

통찰력 있고 잘 쓰인 글. 브렌은 몰리 브라운, 그레이스 켈리, 실비아 플라스, 존 디디언 등 바비즌 거주자들 가운데 가장 유명한 이들의 삶을 세세히 전하며 20세기 중반 싱글 여성, 직업, 성에 대한 역사적 맥락을 제공한다. 20세기 여성의 삶, 패션, 출판, 뉴욕의 역사에 관심 있는 사람이라면 반드시 읽어야 할 책._《라이브러리 저널*Library Jounal*》

잊힌 여성 역사의 한 조각을 바라보는 매혹적인 시각._《선데이 타임스 *Sunday Times*》

뉴욕의 바비즌 호텔과 이 호텔이 20세기 미국에서 여성의 야심을 지원하는 데 어떤 역할을 했는지에 관한 흥미롭고도 명쾌한 글. 세심하게 조사한 자료를 기반으로 했으나 경쾌하게 써내려간 이 매력적인 역사는 바비즌에 받아 마땅한 스포트라이트를 비춘다._《퍼블리셔스 위클리*Publishers Weekly*》

브렌은 그 시대와 여성들을—성공하거나 평범한 삶으로 사그라들거나, 그레이스 켈리 등 선택받은 소수처럼 대단한 존재가 된 여성들을—숨 막힐 듯한 분위기로 포착해낸다. 충격적이고 놀라울 정도로 감동적인 역사의 한 조각._《올 어바웃 로맨스*All About Romance*》

바비즌 호텔과 그곳에 머물렀던 야심 찬 여성들에 대한 최초의 역사서다. 감동적이고 흥미진진하다. _《뉴 리퍼블릭*The New Republic*》

여성의 해방, 야망, 자기 창조에 관한 잊힌 이야기를 우아하게 풀어놓은 특별한 책 _《옵저버*The Observer*》

생생하고 풍부한 자료를 바탕으로, 호텔의 살아 있는 역사와 이 호텔을 그토록 중요한 곳으로 만든 여성들의 존재에 주목하게 한다. 《데일리 익스프레스*Daily Express*》

바비즌 호텔의 주민은 '혼자 사는 젊은 여성'이라고 묘사되곤 했다. 폴리나 브렌 덕분에 그들은 더 이상 혼자가 아니다. 《호텔 바비즌》은 잊힌 장소와 시대의 매혹적인 사회사이며 페미니즘 이전 시대에 길을 찾으려 애썼던 여성들의 내밀한 초상이다. 앞으로는 호텔이 달라 보일 것 같다. _키스 오브라이언Keith O'Brien, 뉴욕타임스 베스트셀러《날아라 소녀들*Fly Girls*》의 저자

《섹스와 독신 여성》 이전, 〈섹스 앤 더 시티〉 이전에 바비즌이 있었다. 낭만적인 목적으로 지어진 낭만적인 건물이었다. 바비즌은 여성들에게 꿈을 주었다. 폴리나 브렌은 영감과 개성이 넘치는 이 독특한 장소의 매력적인 역사를 유려하게 기록했다. 바비즌은 여자들이 바에 앉는 것조차 금지되었던 시대에 누군가와 결혼을 하거나 누군가의 밥을 차려주지 않고도 살아남을 수 있었던 장소였다. _스테이시 시프Stacy Schiff, 퓰리처상 수상자이자 《더 퀸 클레오파트라Cleopatra: A Life》, 《마녀들The Witches》의 저자

평생 읽고 싶었던 역사책이다. 이런 걸 어디에서 찾아야 하는지 몰랐는데 폴리나 브렌의 탁월한 솜씨로 눈부시고 구체적으로 그려진 신비한 호텔의 역사에서 발견하게 되어 기쁘다. 바비즌에서 살 수는 없더라도 이 책을 읽는 것만으로 그곳에 오래 살았던 기분이 들 것이다. 그리고 그곳을 영영 떠나고 싶지 않을 것이다. _메건 다움Meghan Daum, 《나는 아이 없이 살기로 했다The Problem With Everything》의 저자

—호텔 바비즌

유명한 모델들부터 존 디디언까지, 속기사가 되려는 사람부터 실비아 플라스까지, 바비즌에는 뉴욕에서 독립, 모험, 커리어를 열렬히 추구했던 여자들이 있었다. 유명한 여성 전용 호텔의 이야기와 함께 20세기 전반 미국 여성 역사의 중요한 지점을 짚어 내려간다. 손에서 놓을 수가 없는 책! _린 듀머닐Lynn Dumenil, 옥시덴털 칼리지 교수이자《제2 방어선The Second Line of Defense》저자

차례

들어가며

화려한 스타 리타 헤이워스Rita Hayworth가 1943년 영화 〈커버 걸〉에서 맡은 모델 배역을 연습하다가 지친 척하고 있다. 이곳은 바비즌 호텔 체육관이고 리타 헤이워스는 현역 모델들과 함께 《라이프》 잡지를 위해 포즈를 취했다.

─ 호텔 바비즌

뉴욕의 유명 호텔 바비즌에서 생활한 여자들은 어떤 사람들이었을까? 바로 저 조지워싱턴 다리 건너에서 온 사람도 있겠고 미국 시골 마을에서 온 사람도 있겠고 어디에서든 올 수 있었을 테지만, 뉴욕 지하철은 타는 법을 몰라 노란색 체커 택시를 타고 호텔에 도착하는 경우가 가장 많았다. 이들은 주소를 적은 종이를 손에 들고 택시 기사에게 "바비즌 호텔, 이스트 63번가 140번지요"라고 또박또박 불러주었을 것이다. 그런데 택시 기사는 아마 승객이 주소를 불러주기 전에도 어디로 가는지 알지 않았을까. 약간 주눅 든 듯한 손짓으로 택시를 잡았고, 갈색 여행 가방의 손잡이를 꼭 쥐고 있는 데다가, 자기 옷 중 가장 좋은 옷을 입은 티가 날 테니, 택시기사는 이 젊은 여성이 고향을 떠나 맨해튼에 갓 도착했음을 알아차렸을지 모른다.

주소를 적은 종이쪽지는 그때쯤 아마 구깃구깃하고 너덜너덜해졌을 것이다. 기차로, 버스로, 혹은 (운이 좋거나 부유하거나 실비아 플라스Sylvia Plath나 존 디디언Joan Didion처럼《마드무아젤Mademoiselle》잡지 공모전 당선자라면) 비행기로 먼 길을 여행했을 테니까. 이 젊은 여성이 바비즌 정문으로 들어서는 순간에 느낀 그 짜릿한 흥분감을 이후 삶에서 다시 느끼기는 힘들 것이다. 그 순간이 그에게는 엄청난 의미가 있는 순간이었기 때문이다. 고향으로부터, 모든 기대로부터 (혹은 아무 기대 없음으로부터) 탈출했다. 몇 달 동안 사정하고, 돈을 모으고, 허리띠를 졸라매고, 계획을 세운 끝에 마침내 실행에 옮겨 모든 것을 단호히 떨치고 떠났다. 이제 여기, 뉴욕에 도착했다. 다른 사람이 될 준비, 새로운 삶을 시작할 준비를 하고. 자신의 운명을 스스로 결정하기로 한 것이다.

바비즌 호텔의 잡지 광고는 수년간 늘 이렇게 외쳤다. "아! 뉴욕에 있으니 얼마나 좋은지… 특히 여성을 위한 호텔 바비즌에 산다면요." **젊은 여성을 위한 뉴욕 최고의 호텔 레지던스.** 변하지 않는 슬로건과 그 고집이 믿음을 주었다. 잡지 기사는 뉴욕 거리에는 예쁘고 순진한 어린 여자들을 노리며 어슬렁거리는 늑대들이 있다고 경고하기도 했으나, 바비즌이 보호와 안식을 약속했다. 그러나 미국 젊은 여성들이 바비즌에서 지내고 싶어 했던 까닭은 단지 그것만은 아니었다. 이 호텔에는 배우, 모델, 가수, 예술가, 작가 지망생이 가득한 데다 그중 일부는 이미 유명인이라는 걸 누구나 알기 때문이었다. 호텔 체육관에서 섹시하면서 당돌한 모습으로 《라이프Life》 잡지에 실릴 사진을 찍은 리타 헤이워스가 바로 이런 가능성의 상징이었다.

일단 새로 온 사람들은 부지배인이자 매의 눈으로 프런트데스크를 지키는 메이 시블리Mae Sibley를 거쳐야 했다. 미시즈 시블리는 새로 온 손님을 훑어보고 추천서를 보여달라고 했다. 여기 들어오려면 외모가 괜찮아야(가급적이면 매력적이어야) 하고 인성과 도덕성을 보증하는 편지를 지참해야 했다. 미시즈 시블리는 말없이 손님을 A, B, C로 나눠 기록할 터였다. A는 나이가 28세 미만, B는 28세에서 38세 사이, C는 그 이상, 즉 꺾인 나이였다. 주일학교에 갈 때 쓰는 모자를 쓰고 긴장한 듯한 미소를 띤 시골 아가씨는 보통 A였다. 어쨌든 이 첫 번째 장애물은 넘기 쉬운 편이었다. 미시즈 시블리가

─ 호텔 바비즌

투숙을 허가하고 열쇠, 방 번호, 생활 규칙 목록을 건네면, 새로 온 바비즌 입주자는 엘리베이터를 타고 자기 방이 있는 층으로 올라가, 새로운 집, 어떤 남자도 들어올 수 없는 곳으로 가서, 이제 뭘 어떻게 할지를 생각해야 했다. 이 방이 누군가에게는 한 단계 상승일 수도 있고 누군가에게는 한 단계 하락일 수도 있었다. 여하튼 바비즌에 있는 모든 젊은 여성에게 좁은 침대, 서랍장, 안락의자, 플로어 램프, 작은 책상, 꽃무늬 베드스프레드와 같은 무늬 커튼이 있는 좁은 방은 어떤 해방을 뜻했다. 적어도 처음에는.

●●●

이 책은 뉴욕에서 가장 유명한 여성 호텔이 1927년 처음 지어졌을 때부터 2007년 수백만 달러 가치의 콘도미니엄으로 재개장하기까지의 이야기를 들려준다. 이 이야기는 이 호텔을 거쳐 간 특별한 여성들의 역사이자 20세기 맨해튼의 역사이며 우리가 잊고 있던 여성의 야망에 대한 이야기이기도 하다. 바비즌은 '광란의 1920년대the Roaring Twenties'라고 불리던 시기에, 새로 지어진 눈부신 초고층 건물에서 일하겠다고 갑자기 뉴욕으로 몰려온 여성들을 위해 지어졌다. 이들은 불편한 하숙집에서는 살고 싶지 않았다. 이들은 남자들이 이미 누리고 있는 전용 '클럽 레지던스', 주당 요금이 있고 메이드 서비스가 있고 부엌이 아니라 식당을 이용할 수 있는 주거형 호텔을 원했다.

1920년대에 다른 여성 호텔도 우후죽순으로 생겨났으나 미국인의 상상력을 사로잡은 것은 바비즌이었다. 다른 호텔이 하나둘 문 닫은 뒤에도 바비즌만은 건재했는데, 그 까닭은 바비즌이 젊은 여성을, 특히 1950년대에는 아름답고 매력적인 젊은 여성을 연상시키도록 만들어졌기 때문이었다. 바비즌은 엄격하게 여성 전용이었고 남자들은 로비까지밖에 들어올 수 없었다. 주말 저녁에는 로비가 '연인들의 오솔길'이라 불렸는데 전략적으로 배치된 화분 뒤 나뭇잎 그늘에서 커플들이 서성이며 부둥키곤 해서였다. 은둔 작가 J. D. 샐린저J. D. Salinger는 '늑대'는 아니었지만 캐나다 하키 선수인 척하며 바비즌 커피숍에서 얼쩡거리곤 했다. 다른 남자들도 63번가를 걷다 렉싱턴 애버뉴가 나오면 느닷없이 피곤해져 당장 쉬고 싶은 생각이 들곤 했는데 마침 가까이에 있는 바비즌 호텔 로비가 휴식을 취하기에 아주 적합하게 느껴졌다. 《앤절라의 재Angela's Ashes》를 쓴 프랭크 매코트Frank McCourt의 동생 말라키 매코트Malachy McCourt를 포함한 몇 명의 남자는 철저히 감시되는 객실층까지 계단을 통해 올라갔다고 주장했다. 그 밖에 어떤 남자들은 배관수리공이나 왕진 온 산부인과 의사로 가장하고 침투를 시도했다가 실패해 미시즈 시블리의 비웃음을 (그리고 분노를) 유발했다.

바비즌에 거주했던 사람들의 면면은 명사 인명록을 방불케 한다. 타이태닉호 생존자 몰리 브라운Molly Brown, 배우 그레이스 켈리Grace Kelly, 티피 헤드런Tippi Hedren, 라이자 미넬리Liza Minnelli, 앨리 맥그로Ali MacGraw, 캔디스 버건Candice Bergen, 필리샤 라샤드Phylicia Rashad, 재클린 스미스Jaclyn Smith, 시빌 셰퍼드Cybill Shepherd 등이 있었고, 작가로는 실비아 플라스, 존 디디언, 다이앤 존슨Diane Johnson, 게일 그린Gael Greene, 앤 비티Ann Beattie, 모나 심슨Mona Simpson, 메그 월리처Meg Wolitzer, 디자이너 벳시 존슨Betsey Johnson, 저널리스트 페기 누넌Peggy Noonan과 린 셰어Lynn Sherr 등이 있었다. 지금은 누구나 아는 유명인인 그들도 한때는 여행가방과 추천서와 희망을 품고 바비즌에 갓 도착한 젊은이 중 한 명이었다. 그들 가운데 몇몇은 꿈을 이루었지만 대부분은 그러지 못했다. 몇몇은 고향으로 돌아갔고, 몇몇은 바비즌 호텔 자기 방에 틀어박혀 대체 뭐가 어디에서 잘못된 걸까 생각했다. 저마다 이 호텔은 일시적 거처라고, 자리를 잡고 야망과 포부를 이루기 전까지 연착륙하려고 잠시 체류하는 곳이라 생각했다. 그렇지만 여러 해가 지난 뒤에도 계속 이곳에 머무는 사람이 많았다. 젊은 거주자들은 이들 '고인 물'을 '그 여자들the Women'이라고 불렀다. 성공해서 이곳을 떠나지 못하면 앞으로 어떻게 될지 보여주는 예고편 같은 존재였다.

1970년대 맨해튼이 일시적으로 화려함을 잃고 쇠락하던 시기, '그 여자들'은 밤마다 로비에 모여 젊은 거주자들을 두고 논평하고 치마 길이나 헤어스타일에 대해 청하지 않은 조언을 했다. 1980년대, 여성 전용 시설이라는 원래의 이상을 더 유지할 수 없게 되어 경영진이 호텔을 남성에게도 개방하자 '그 여자들'은 더욱 할 말이 많아졌다. '그 여자들'은 남자 투숙객을 받는다면 떠나겠다고 위협했지만, 결국은 남았다. 부동산 가격 상승과 함께 맨해튼이 다시 뜨겁게 달아올라 바비즌이 호텔에서 고급 콘도미니엄으로 다시 한번 모습을 바꾸었을 때도, '바비즌/63'이 된 콘도미니엄에서 '그 여자들'은 새로 단장한 전용층을 차지했다. 아직도 일부가 그곳에 산다. 그들의 우편함이 영국 코미디 배우 리키 저비스Ricky Gervais를 비롯한 현재 거주자들의 우편함과 나란히 있다.

바비즌 여성 전용 호텔이 1928년 문을 열었을 때 이 호텔이 백인 중상층 젊은 여성을 위한 곳이라고 굳이 말할 필요는 없었다. 어퍼 이스트사이드의 주소가, 전형적 투숙객의 모습을 담은 광고가, 이곳에 들어오려면 필수인 추천서가 어떤 사람을 원하는지 뚜렷이 말하고 있었기 때문이다. 그러나 1956년에 템플 대학교 학생이며 재능 있는 예술가이자 무용수인 바버라 체이스Barbara Chase가 바비즌에 등장했다. 아마 이 호텔에 투숙한 최초의 아프리카계 미국인이었을 것이다. 바버라 체이스는 이곳에서 불쾌한 사건 없이 무탈하게 지냈다. 아름다운 외모와 탁월한 이력에《마드무아젤》잡지의 후원까지 있었던 덕이었다. 이 잡지의 편집장이자 뉴욕 출판계 거물인 벳시 탤벗 블랙웰Betsy Talbot Blackwell이 바버라 체이스를 명망 높은 객원 편집자 프로그램 당선자 가운데 한 명으로 뽑았고 6월 한 달 동안 뉴욕에서 지내도록 데려왔다. 하지만 바비즌에서 과연 바버라 체이스를 받아줄지는 확신할 수 없는 일이었다. 그런데 받아주었다. 아무도 바버라에게 지하에 수영장이 있다는 사실을 알려주지는 않았지만… 매디슨 애버뉴에 있는《마드무아젤》사무실에서도 남부 지역 고객이 올해의 젊은 객원 편집자들을 만나러 오면 블랙웰은 얼른 바버라를 방 밖으로 내보내곤 했다.

바비즌과 《마드무아젤》은 여러 면에서 공생 관계였다. 같은 부류의 여성을 타깃으로 삼았고, 때로는 급진적일 정도로 변화의 최전선에 있었으나, 결국은 대상 여성들의 관심사와 우선순위가 바뀌며 도태되고 말았다는 점에서도 그랬다. 그러니 《마드무아젤》 잡지사 복도에 발을 들여놓지 않고 바비즌의 역사를 이야기할 수는 없을 것이다. 1944년에 벳시 탤벗 블랙웰은 객원 편집자 프로그램 당선자들을 바비즌에 투숙시킨다는 결정을 내렸다. 객원 편집자로 뽑히면 6월 한 달 동안 맨해튼에서 지내면서 낮에는 《마드무아젤》 편집자들을 따라다니며 일을 배우고 밤에는 근사한 레스토랑, 화려한 갈라 행사, 세련된 칵테일파티를 즐길 수 있었다. 그래서 이 공모전에 최고 중의 최고 여대생들이 몰려들었고, 존 디디언, 메그 월리처, 벳시 존슨 같은 이들이 바비즌에 들어서게 되었다. 물론 《마드무아젤》 객원 편집자 중 가장 유명한 인물이자 바비즌에 최악의 오명을 안겨준 사람은 실비아 플라스였다. 바비즌에서 한 달을 보내고 10년이 지난 뒤에, 마지막이자 성공한 자살 시도 직전에, 실비아 플라스는 바비즌을 '아마존'이라는 이름으로 바꾸어 소설 《벨자*The Bell Jar*》에 등장시켜 그 비밀을 쏟아냈다.

《마드무아젤》의 공모전 당선자인 똑똑한 객원 편집자들과 당대를 대표하는 캐서린 깁스 비서학교 학생들이 바비즌을 나눠 썼다. 깁스 학생들은 호텔 3개 층을 차지했고 그들만의 사감, 통금시간, 다과모임도 있었다. '깁스 걸'의 규정 복장대로 흰 장갑을 끼고 모자를 쓴 완벽한 매무새의 젊은 여성은, 연기나 노래나 춤으로 뉴욕에 입성할 수는 없을지라도 타자 실력으로 고향 마을을 떠나 눈부시게 화려한 매디슨 애버뉴로 진출하고자 하는 시골 젊은이들에게 '새로운 기회'의 동의어나 마찬가지였다. 한편 '인형의 집'이라는 바비즌의 명성을 공고히 한 것은 모델들이었다. 모델들은 처음에는 파워스 에이전시에 소속되었다가 이후에는 대담한 두 여성이 싸구려 브라운스톤 건물에서 시작한 포드 에이전시로 다수 탈출했다. 그러나 키튼힐을 신고 남자들을 줄줄이 거느리고 다니는 화려한 여자들이 사는 호텔의 벽 안쪽에는 실망감도 존재했다. 작가 게일 그린은 존 디디언과 함께 객원 편집자로 뽑혀 바비즌 호텔에 머물렀다가 2년 후 다시 돌아왔다. 이번에는 '인형'으로 간주되지 않는 이들을 기록하기 위해 온 것이었다. 게일 그린은 주목받지 못하는 투숙객들을 '외로운 여자들'이라고 불렀다. 너무 외로운 나머지 스스로 목숨을 끊는 사람도 있었다. 일요일 오전이 가장 위험했는데, 왜냐하면 그들 중 한 명이 말했듯 토요일 밤은 데이트를 하는 밤… 아니면 데이트가 없는 밤이었으니까. 그러고 나면 일요일에는 슬픔이 찾아왔다. 미시즈 시블리와 지배인 휴 J. 코너Hugh J. Connor가 자살 소식이 밖으로 새어 나가지 않게 만전을 기해 그 일이 신문에 보도되는 일은 거의 없었다. 바비즌 경영진은 이미지가 무엇보다 중요하다는 사실을 알았고, 쓸쓸하게 지내는 이들 대신 바비즌에서 가장 화려하고 매력적인 그레이스 켈리를 광고해야 한다는 걸 알았다.

•••

— 호텔 바비즌

바비즌이 마침내 남자들에게 문을 개방했을 무렵에는, 바비즌이 처음 설립될 때의 전제, 즉 여자들의 야망을 최대로 지원하려면 일일 메이드 서비스가 있고 (부엌이 없으므로) 부엌에서 손에 물을 묻힐 일이 없는 여성 전용 주거지를 제공해야 한다는 전제는 이제 시대에 맞지 않는 듯 보였다. 그런데 왜 나는 대학을 졸업하고 뉴욕에 왔을 때 그런 곳이 있었더라면 좋았겠다는 생각이 들었을까? 또 여자들이 꿈을 이루도록 지원하는 여성 전용 공간이 오늘날에도 계속 생겨나는 이유는 뭘까? 여자들이 바비즌에 온 까닭이 인맥을 맺기 위해서는 아니었지만, 여하튼 바비즌에서는 그런 일이 이루어졌다. 서로 일자리를 찾아주고, 고민을 들어주고, 성공을 축하하고, 실망과 상심에 빠진 이들을 위로했다. 바비즌에서 산다는 것만으로 힘을 얻었다. 배우 앨리 맥그로는 1958년 여름에 이곳에 머물렀는데, 뉴욕을 상징하는 파란색과 흰색에 그리스 문양이 들어간 종이컵에 모닝커피를 담아 들고 바비즌에 있는 것만으로 "무언가 이룬 듯한" 느낌이 들었다고 회상했다.[1]

이 책에서는 지금까지는 단편적으로만 들어왔던 이야기를 종합적으로 하려 한다. 내가 처음 이 독특한 호텔과 이곳을 거쳐 간 대단한 여자들 이야기를 쓰겠다 마음먹었을 때는, 나 이전에도 바비즌 이야기를 하려고 시도했다가 포기한 사람들이 있었다는 사실은 몰랐다. 그 사람들처럼 나도 처음에는 조사 도중에 벽에 부딪힌 느낌이었다. 이 호텔에 관한 자료가 너무 부족했다. 뉴욕 역사학회 기록보관소에서 당연히 산더미 같은 자료를 찾을 수 있을 줄 알았는

광란의 1920년대에 세워진 바비즌 여성 전용 호텔은 1928년 맨해튼에서 독립적 삶을 영위하고 싶은 여성들을 불러들였다.

데 신문 기사 몇 개가 든 '바비즌'이라는 제목의 얇은 서류철 한 개가 전부였다. 또 바비즌을 주로 이용한 계층의 여성들에 대한 자료도 너무 적었다. 이들은 편지를 주고받는 상류층 사교계 여성도 아니고 노동조합에 속한 노동자 계층도 아닌, 그 사이의 '중간계층 여성'이라고 할 수 있을 듯하다. 물론 내가 맞닥뜨린 사료와 문헌 부족이 시사하는 바가 있다. 여성의 삶에 대한 기억은 얼마나 쉽게 잊히는지, 이러한 침묵이 어떻게 20세기 내내 여성은 일상적 삶에 온전히 참여하지 않았다고 믿어버리게 만드는지를 알 수 있다.

그렇지만 이 여성들은 창의적인 방식으로 야심 찬 계획을 세우고 일상에 뛰어들었다. 내가 역사가이자 인터뷰어이자 인터넷 탐

─호텔 바비즌

정이 되어 바비즌의 감춰진 역사를 천천히 풀어내면서 알게 된 사실이다. 나는 전에 바비즌에 거주했던 사람들을 찾아냈는데, 이제 80~90대의 나이에도 활기차고 유쾌하고 명민한 분들이었다. 스크랩북, 편지 묶음, 사진 등도 찾아냈다. 와이오밍에서 기록보관소를 발견하기도 했다. 이런 자료들을 한데 모으자 특정 부류의 싱글 여성들의 역사가 드러났다. 가족이 주는 부담과 가족의 기대에서 벗어나 꿈의 도시 뉴욕에서 마침내 자기만의 방을 갖고 숨 쉴 공기를 갖게 된다는 게 그들에게 어떤 의미였는지 알 수 있었다. 바비즌 호텔은 스스로 새로운 삶을 만드는 곳이었고, 그런 곳은 그전에도 이후에도 없었다.

1장

바비즌의 탄생

가라앉지 않는 몰리 브라운 대 플래퍼

젊은 시절의 '가라앉지 않는' 몰리 브라운. 타이태닉호에
서 살아남은 가장 유명한 생존자다. 바비즌 초기 거주자
가 되기 이전이지만 이때도 이미 여성참정권론자이자 활
동가였다.

•••

신여성New Woman은 19세기가 끝날 무렵에 등장했다. 신여성은 딸, 아내, 어머니로 머물고 싶지 않은 여성이었다. 가정 밖의 공간을 탐험하고 싶어 했고, 독립을 원했고, 발목을 붙잡는 모든 것으로부터 해방되고자 했다. 거리에서 신여성이 블루머를 입고 셔츠 소매를 펄럭이며 자전거 페달을 밟아 **어딘가**로 달려가는 모습을 볼 수 있었다.

소설가 헨리 제임스Henry James가 미국에서 유럽으로 건너가 본국에서 겪었던 제약에서 벗어나 독립적으로 생활하는 부유한 여성들을 묘사하며 '신여성'이라는 표현을 쓰면서 이 용어가 대중화되었다. 이 말에 많은 사람이 호응했다. 신여성이 된다는 것은 자기 삶을 스스로 주도한다는 의미였다.

먼저 깁슨 걸Gibson girl*이 등장했다. 깁슨 걸은 신여성의 여동생

---

* 찰스 데이너 깁슨이 그린 일러스트레이션으로 여성성과 곡선미가 강조된, 이상적인 매력을 지닌 여성의 아이콘 같은 이미지다.

—호텔 바비즌

같은 존재로, 중상류층, 치렁치렁한 머리카락, 볼륨 있는 몸매를 스완빌swan-bill 코르셋으로 꽉 조인 모습이다. 스완빌 코르셋을 입으면 상체가 앞으로 기울고 골반은 뒤쪽으로 튀어나오게 되는데 그래서 마치 쉼 없이 움직이는 것처럼, 앞으로 나아가려는 것처럼 보인다. 그러다 1차대전, 여성참정권 획득, 광란의 1920년대가 찾아왔고 깁슨 걸은 보다 과격한 버전의 여성상인 플래퍼flapper에게 자리를 내어주게 되었다. 이번에 등장한 동생은 코르셋을 벗어던지고 술을 마시고 담배를 피우고 남자들과 시시덕거리고 그 이상도 했다. 큰소리로 웃음을 터뜨렸고 활기가 넘쳤으며 발목을 지나치게 많이 보여주었다. 아무튼 플래퍼는 자기 말을 들어주는 사람이든 듣지 않는 사람이든 모두에게 신여성이 민주화되었음을 알렸다. 전통적 기대에 대한 도전은 더는 부유한 이들의 전유물이 아니었다. 여자들이, 모든 여자가 이제 세상으로 나가고 있었다. 전쟁과 여성 참정권이 여자는 집에만 있어야 한다는 과거의 논리를 무너뜨렸다. 이제 세상이 바뀔 때가 되었다. 이런 분위기에서 1927년 바비즌 여성 전용 클럽 레지던스가 세워졌다.

타이태닉호에서 살아남아 유명해진 '가라앉지 않는the Unsinkable' 몰리 브라운은 바비즌의 최초 거주자 중 한 사람이었다. 남자들이 손을 놓아버렸을 때 용기를 끌어모아 계속 노를 저었던 여자가, 바비즌 자기 방에 있는 작은 책상 앞에 펜을 쥐고 앉았다. 때는 1931년이었고 몰리 브라운은 (본명은 마거릿 토빈 브라운Margaret Tobin Brown이다) 예순세 살이었다. 한때 아름다웠으나 지금은 약간 과체중이고 어딘가 투박했으며 별나게 화려한 패션 감각이 조금 우스워 보이기도 했다. 어떻게 보이든 몰리는 전혀 신경 쓰지 않았다. 1세대 신여성의 자신감을 여전히 지니고 있었고 누가 뭐라 하든 자기가 새로운 세기에 깃발을 굳건히 꽂았다는 사실을 알았다.

몰리 브라운은 덴버에 있는 친구에게 편지를 쓰다 말고 문득 바비즌 창문으로 황량한 2월 하늘을 내다보았다. 타이태닉이 한쪽으로 기울기 시작한 밤의 하늘이 떠올랐다. 그렇게 빨리 배가 기울 수 있으리라고는 생각하지 못했다. 1912년이었다. 1차대전이 발발하기 2년 전이고 지금과는 완전히 다른 시대였다. 몰리는 친구인 애스터가the Astors* 사람들과 함께 이집트와 북아프리카를 여행했다. 파리 소르본 대학 유학 중인 딸을 카이로에서 만나서 필수 코스 기념사진을 찍었다. 스핑크스와 피라미드를 배경으로, 묵직한 에드워드 시대 스타일 드레스를 입고 낙타 위에 올라앉아 찍은 사진이었다. 몰리는 딸과 함께 파리로 갔다가, 미국에 있는 손자가 아프다는 소식을 듣고 급하게 애스터가 사람들과 같이 미국으로 돌아가는 배편을 예약했다. 그 배가 타이태닉이었다.

배에 탄 지 엿새째 되는 날이었다. 저녁식사를 맛있게 하고 1등실 객실에 편히 누워 책을 읽는데 굉음이 울렸다. 충격으로 몰리는 침대에서 굴러떨어졌고 엔진 소리가 멈춘 것도 알아차렸으나 워낙 여행 경험이 많아 대수롭지 않게 생각했다. 필라델피아에서 온 김

---

* 월도프 애스토리아 호텔 등을 소유한 백만장자 가문으로 19~20세기 미국에서 가장 영향력 있는 가문이었다.

벨스 백화점 바이어 제임스 머고프James McGough가 섬뜩한 표정으로 창가에 나타나 팔을 휘두르며 "구명조끼 입어요!"라고 소리쳤을 때야 몰리는 옷을 겹겹이 입고 선실 밖으로 나갔다.[1] 다급한 머고프와는 대조적으로, 갑판 위에 있는 사람들은 얼빠진 듯 구명보트에 올라타기를 주저하고 있었다. 몰리는 1등실 여자 승객들을 달래서 구명보트에 태우다가 결국 본인은 승무원에게 떠밀려 보트에 던져지다시피 올라탔다. 구명보트가 배에서 멀어질 때 총성이 울렸다. 부자들만 탈 수 있는 구명보트에 올라타려고 필사적으로 몸을 던진 아래쪽 갑판 승객들을 승무원이 총으로 쏘는 소리였다. 구명보트는 정원의 절반도 채우지 않은 채 바다에 띄워졌다.

어둠 속에서, 물 위에서 흔들리는 6번 구명보트에서 몰리는 공포에 질려 타이태닉호를 지켜보았다. 주위 사람들이 아직 배에 남아 있는 가족을 부르는 가운데 타이태닉호는 완전히 잠겼고 통째로 물에 삼켜져 사라졌다. 사방이 고요해진 뒤에도 울부짖는 소리는 계속 들렸다. 밤이었고, 바다는 역청처럼 검었고, 6번 구명보트에 탄 두 남자가 어찌나 무능한지 절망감이 더욱 절절하게 덮쳐왔다. 몰리는 진절머리를 내며 직접 나섰다. 노를 젓도록 지시하고 살고자 하는 의지를 부추기고, 미처 옷을 챙겨입을 생각을 못 한 사람들에게 옷을 벗어주었다. 동이 틀 무렵 카파티아호가 구명보트를 인양했다. 며칠 뒤 생존자들이 뉴욕 항에 도착했을 때 몰리는 활동가답게 앞장서 생존자위원회를 조직하고 의장을 맡아 극빈 생존자들을 위해 1만 달러를 모금했다. 몰리는 덴버에 있는 자기 변호사에게 이런 전보를 보냈다. "물 좋고 수영하기 좋았음. 넵튠이 나에게 친절해서 멀쩡히 밖으로 나왔음."[2] 넵튠은 몰리의 친구 존 제이컵 애스터 4세John Jacon Astor IV에게는 그만큼 친절하지 않아, 타이태닉호에서 가장 부유한 탑승자는 사망자 명단에 오르고 말았다.

그로부터 거의 20년이 지난 뒤 가라앉지 않는 몰리 브라운이 바비즌에 투숙했을 때는 같은 밤하늘 아래여도 세상이 전혀 다르게 보였다. 1차대전이 변화의 촉매였으나, 몰리 개인에게는 남편 J. J. 브라운J. J. Brown과 갈라선 것이 그에 못지않은 중대한 변화였다. 두 사람은 너무 달랐다. 남편은 호색가였고 몰리는 활동가였다. 몰리는 페미니스트, 아동인권 보호자, 노조 활동가였다. 심지어 이런 것들이 유행하기도 전에 이 모든 걸 했다. J. J. 브라운은 금광으로 자수성가한 아일랜드계 백만장자였다. 두 사람은 가난하게 살다가 하루아침에 엄청난 갑부가 되어 덴버 상류사회에 들어가게 되었다. 두 사람이 별거를 시작하고 이어 1922년 J. J.가 유언장 없이 사망해 5년에 걸친 상속 분쟁이 일어나게 되었을 때, 덴버의 상류사회도 몰리의 자녀들도 몰리를 외면했다. 이런 상황에서 배우가 되겠다는 몰리의 오랜 꿈이 되살아났다. 몰리는 전설적인 프랑스 배우 사라 베르나르Sarah Bernhardt에 푹 빠져서 연기 공부를 하러 파리로 갔고 〈베니스의 상인The Merchant of Venice〉, 〈안토니우스와 클레오파트라Antony and Cleopatra〉 같은 연극에 출연했다. 몰리에게는 기지도 있고 기개도 있었으며 그런 면이 무대에서 높이 평가받았다. 60대의 나이에도 "세련된 파리의 무관無冠 여왕"이라는 별명을 얻었다.[3]

몰리 브라운의 신화에 과장된 면이 없지는 않겠으나 몰리의 배짱만은 진짜였다. 스스로 이런 글을 쓰기도 했다. "나는 모험의 딸이다. 무슨 뜻이냐면 나는 한순간도 지루하게 보내지 않고 어떤 일이 벌어지더라도 대처한다는 말이다. 내가 비행기를 타고 올라갔다가 사고로 추락할지, 자동차를 타고 나갔다 전봇대를 들이받을지, 어스름에 산책 나갔다가 만신창이가 되어 구급차를 타고 돌아올지 아무도 모르는 일이다. 점성술에서 '호arc'라고 부르는 나의 기질이 그렇다. 서서히 소멸하기보다 한순간에 꺾이고 싶은 사람에게는 좋은 성향이다."[4] 몰리 브라운은 플래퍼와는 거리가 멀었다. 모험주의적 기질이 있으니 아마 나이가 젊었다면 플래퍼가 되었을 성싶지만 말이다. 하지만 몰리 브라운은 젊지 않았고, 몰리 브라운을 비롯한 그 세대의 여성들이 분투해서 이루어낸 승리 가운데 단 한 가지 성 해방만으로 자신을 정의하는 재즈 에이지의 젊은 여성인 플래퍼에게 반감을 느꼈다. 그럼에도 몰리는 파리에서 뉴욕으로 돌아와 여성 전용 클럽 레지던스 바비즌에서 지내기로 결정하고 젊은 여성들과 같은 공간을 쓰게 된다. 몰리는 대외적으로는 그들을 못마땅하게 여겼어도 아마 그들 정신의 정수는 이해했을 것이다. 몰리가 바비즌에 입주한 까닭은, 이곳을 찾는 젊은이들과 마찬가지로 다른 모습으로 새로운 삶을 시도해보고 싶어서였다. 바비즌은 그럴 수 있는 최적의 장소였다.

몰리는 이 호텔이 마음에 들었다. 호텔 브로슈어에 밑줄을 치고 뉴욕에서의 새 삶을 설명하는 글귀를 적어 덴버에 있는 친구에게

1927년 거리에서 본 완공 직전 바비즌의 모습.

보냈다. **방마다 라디오가 한 대씩 있어!** 브로슈어 사진에서 렉싱턴 애버뉴와 63번가 교차로를 내려다보는 테라스가 있는 북서쪽 작은 탑에 굵고 검은 동그라미를 쳤다. 그 안에 몰리 브라운의 스위트룸 이 있었다. 호텔에서 가장 좋은 방이긴 해도 다른 방과 마찬가지로 소박했다. 좁은 싱글 침대, 작은 책상, 서랍장, 조그만 안락의자가 있었다. 침대에 누운 채로 방문을 여닫을 수 있었고 뭔가를 서랍장 에 넣으려 해도 일어날 필요가 없었다. 소박한 방이긴 하지만 몰리

─ 호텔 바비즌

는 자기 방을 "작업실"로 쓰고 있으며 "천장까지 물건이 쌓여 있다"고 친구에게 전했다.[5]

몰리는 더 위쪽 19층에 있는 고딕 양식 창문에도 동그라미를 쳐 놓았다. 라푼젤 이야기에 나오는 탑처럼 생겼는데 예술가 지망생들을 위한 연습실이 여기 모여 있었다. 천장이 높은 방음실에서 몰리는 몇 시간 동안 아리아를 연습했다. 공연장에서는 이곳에 거주하는 음악가들과 음악가 지망생들의 연주회가 열렸다. 이탈리아풍으로 꾸민 로비와 메자닌*에서는 친구들과 카드놀이를 했다. 벽면을 오크 패널로 두른 도서실에서는 북클럽 모임이 열렸다. (아마 몰리는 페가수스 그룹에 참여했을 것이다. "작가들에게 사람들 앞에서 작품을 발표할 기회를 주고, 성취를 격려하고, 건전하고 공정하고 건설적인 비평을 제공하기 위해" 만든 문학 협력모임이었다.[6]) 등록된 의사, 배관기술자, 전기기술자를 제외한 모든 남성은, 로비 및 출입증을 받으면 여성 동반자와 함께 들어갈 수 있는 18층 응접실 외의 공간에 출입이 엄격하게 제한되었다.

클럽 호텔 정문은 63번가에 있었고, 1층 상점 여덟 개는 렉싱턴 애버뉴에 면해 있었다. 드라이클리닝 세탁소, 미용실, 약국, 스타킹 가게, 모자 가게, 더블데이 서점 등 특정 계층의 여자들에게 필요한 것은 모두 있었다.[7] 호텔 내부 좁은 복도를 통해 상점에 출입할 수 있어서 거리로 나가고 싶은 생각이 들지 않으면 굳이 나갈 필요가

* 다층 높이 천장 아래 부분적으로 개방된 중간층. 보통 라운지 공간으로 쓰인다.

없었다. 바비즌은 불과 3년 전, 뉴욕이 변화를 겪던 도중에 문을 열었다. 건축 붐이 한창이라 낡은 것은 몰아내고 새것을 들이려는 열의가 가득했다. 맨해튼이 오랜 세월에 걸쳐 무계획적으로, 무분별하게, 제멋대로 확장되어 이 지경이 되었으나 그럼에도 정비가 가능하다는 것이 중론이었다. 지난 세기에 지어진 건물은 허물고, 새롭고 야심 차고 기계화된 20세기를 그 자리에 들일 작정이었다. 다세대 주택과 저층건물은 아르데코 실루엣으로 하늘을 향해 솟은 잘 계획된 타워로 대체되어야 했다.

20세기 초의 건축은 낡은 제약을 떨쳐버린 신여성만큼이나 새로운 것이었다. 19세기 뉴욕 비평가들은 "갈색 껍데기가 맨해튼을 덮었고" "단조로운 브라운스톤 건물"이 바다를 이룬다며 비판했다.[8] 오늘날에는 역사적 가치가 있는 고풍스러운 브라운스톤을 귀중히 여기지만 그때는 도시를 망치는 흉물로 여겼다. 도시계획자들은 "과거 뉴암스테르담에 네덜란드 이민자들이 살던 시절의" "붉은 기와지붕, 벽돌로 무늬를 넣은 건물 외관, 밝은색으로 칠한 목재" 등 경쾌한 색채를 되살릴 수는 없겠지만, 새로운 세기 특유의 상징을 구현할 수는 있다고 했다. 바로 마천루, 초고층건물이었다.

건설 붐이 한창이던 1926년, 맨해튼 63번가와 렉싱턴 애버뉴 교차로에 있는 로디프 숄롬 회당 부지가 80만 달러에 팔렸다.[9] 곧 미국에서 가장 오래된 유대교 회당 중 하나인 숄롬 회당이 어퍼웨스트사이드로 이전하고 그 자리에 고급 여성 전용 레지던스 호텔이 들어설 터였다. 숄롬 회당은 유대교 이민자 회중이 로어이스트사

─ 호텔 바비즌

이드 주거지에서 미드타운과 어퍼이스트사이드에 있는 새집으로 이사할 때 그들을 따라 이곳으로 와서 55년 동안 그 자리를 지켰다. 그런데 1918년 렉싱턴 애버뉴 지하철 노선이 42번가 그랜드센트럴에서 125번가까지 연장되면서 더욱 빠른 속도로 건물이 올라갔고, 그에 따라 회중이 이 지역을 다시 떠나면서 회당도 또 옮겨야 할 처지가 되었다. 회당에서는 뉴욕 어퍼이스트사이드에서 보낸 반세기 역사를 마감하는 기념식을 거행했는데 최연장자 신도가 단상에 올라 이 변화의 순간을 기념하는 기념사를 했다.[10] 97세 네이선 북먼Nathan Bookman과 91세 이사도 푸스Isador Foos는 열세 살에 견진성사를 받았을 때부터 이 교회 소속이었다. 두 사람은 단상 위에 앉아 기립한 뉴요커 회중을 내려다보았다. 그들의 부모, 조부모는 한때 로어이스트사이드에 사는 독일계 유대인 이민자였다. 이제는 19세기에 작별을 고할 때가 된 것이다. 그때 바비즌은 막 20세기를 맞이하려 하고 있었다.

솔롬 회당이 늘어나는 수요를 감당하기 위해 63번가와 렉싱턴 교차로에 새로 지어졌을 때처럼, 솔롬 회당의 재이전도 완전히 새로운 수요에 부응해 이루어진 것이었다. 1차대전을 거치며 여자들이 자유를 얻었고, 1920년 수정헌법 제19조가 통과되며 참정권을 얻었을 뿐 아니라, 일하는 여성이 눈에 보이게 되고 더 자연스럽게 받아들여졌다. 대학에 진학하는 여성의 수가 급증했고, 여전히 결혼이 최종 목표이긴 했으나 플래퍼의 화려한 삶―도시의 흥청망청 소비주의(블루밍데일 백화점에서 쇼핑! 델모니코 레스토랑에서 저녁식사!)—과 결합된 사무직도 결혼 전 준비 과정의 하나로 받아들여지게 되었다. 전에는 단순사무직이 처음 일을 시작한 젊은 남성이 위로 올라가기 위해 거치는 디딤돌이었다면, 이제 수천 명의 여성이 맨해튼 전역에 우후죽순 솟아오르는 번쩍이는 초고층건물 사무실로 몰려들면서 비서라는 승진을 기대하기 어려운 직업이 되었다. 대신 이 일자리는 젊은 여성들이 '오피스 와이프'의 기술을 발휘하면서 월급을 받고 결혼 전 잠깐 독립적인 삶을 누릴 기회로 여겨졌다. 새로운 세상의 비서들은 사장들에게 "가능하면 사장 아버지 세대의 사라진 아내 비슷한 존재가 되어야" 한다고《포춘Fortune》잡지는 말했다.[11] 사장의 편지를 타이핑하고, 장부에 수입 지출을 기록하고, 사장 딸을 치과에 데려가고, 필요할 때면 사장의 자존감을 북돋는 입에 발린 말도 했다.

그 대가로 신여성도 무언가 얻은 게 있었다. 독립적으로 살고, 성적인 매력을 어필하고(어느 수준까지만), 소비에 탐닉하고, 도시 생활의 짜릿함을 맛보고, 마음대로 공공장소에 들어갈 권리를 정식으로 인정받은 것이다. 그렇게 하려면 주거 공간이 필요했다. 그전까지 뉴욕에서 일하고 생활하는 독신 여성의 선택지였던 구식 여성 전용 하숙집은 이제 지난 시대의 것으로 간주되었고,《뉴욕 타임스 New York Times》에서 "말총 소파"가 있고 "비프스튜 냄새가 늘 풍기는" 곳이라며 비웃기도 했다.[12] 또한 하숙집은 노동계층이 주로 이용하는 곳이었으므로 새로 등장한 중상류층 일하는 여자들은 무언가 다른 것을 원했다. 이들은 생활 규칙이나 자선주의(미망인, 노동

　　　　　　　　　　　　　　　　—호텔 바비즌

자, 버림받은 여성 등을 위한 하숙집 배후에 있는 이런 기조는 의도가 좋을지라도 사람을 낮잡아 보는 듯 느껴졌다) 같은 것이 삶에 끼어들기를 원하지 않았다. 그리고 무엇보다도, 주소가 중요했다.

혹여 누추한 방, 거칠거칠한 말총 소파, 질긴 고기를 참을 수 있다 하더라도, 도시로 몰려오는 엄청난 수의 젊은 여성을 감당하기에 하숙집 수가 턱없이 부족했다. 하늘 높이 솟은 레지던스 호텔이 그 답이 될 수밖에 없었다.

가족 단위 투숙객이나 독신 남성을 위한 호텔 레지던스 유행은 1800년대 말부터 시작되었다. "돈이 아무리 넘치도록 많더라도, 이제는 도시에 대리석으로 궁전을 짓는 게 썩 세련된 일이 아니다. 대신, 이제는 호텔에 산다." 당대 사회비평가의 말이다.[13] 주거형 호텔 숙박시설은 도금 시대에 등장한 무지막지한 갑부를 위한 궁전 같은 스위트룸부터 형편이 빠듯한 독신자를 위한 실용적인 방까지 다양했다. 이처럼 집을 대신하는 호텔은 구석구석까지 안락함에 신경을 썼다. 좀 더 소박한 레지던스 호텔에서는 가구를 표준보다 작게 특수제작해서 작은 공간에 쉽게 맞추는 한편 객실도 더 넓어 보이게 했다. 트윈 침대는 발판을 제거하고 머리판 높이를 낮춰 공간이 넓어 보이게 만들었다. 같은 이유로 가구 모서리도 둥글렸다. 레지던스 호텔 중에서도 가장 호화로운 방에는 18세기 가구를 복제한 값비싼 가구를 들였고 벽난로도 드물지 않았다. 한창 건설 중인 월도프 애스토리아 호텔은 부지 밖 창고에 방과 복도 모형을 지어 벽지 색깔부터 수도꼭지, 카펫, 커튼, 수납장까지 모든 것을 철저히 사전검토했다. 월도프 애스토리아의 인테리어 자문 미시즈 찰스 세이비스Charles Sabis는 샘플로 만든 객실을 신중히 살펴 승인하거나 퇴짜를 놓았다. 결정이 내려지면 바로 모형을 해체하고 다음 모형을 만들었다. 세이비스는 어떤 스위트룸은 영국 요크셔에 있는 장인 거대에서 구해온 영구시 무공에품으로 꾸몄고 "앤 여왕 시대 분위기의 방에는 자개 병풍이 어울릴까 명나라 도자기가 어울릴까" 하는 문제를 놓고 한없이 고민했다.[14] 최고급 레지던스 호텔 객실은 저마다 달라야 한다는 게 핵심이었다. 쿠키커터로 찍어낸 듯 똑같은 체인 호텔룸이어서는 안 되었다.

레지던스 호텔의 빠른 성장에는 부동산법의 허점도 한몫했다. 1901년 통과된 공동주택법에 따라 부엌이 없는 아파트 건물은 뉴욕시에서 강제하는 건물 높이 규제와 방염 규정에서 면제되었다. 이유는 결국 돈이었으나 어쨌거나 결과는 매력적이었다. 풀서비스를 제공하는 호텔에서 살고 싶지 않은 사람이 어디 있겠는가? 호텔에 살지 않더라도 토요일 아침마다 당시 최고 인기였던 영화 〈그림자 없는 남자The Thin Man〉 시리즈 최신편을 보며 그런 삶을 상상해볼 수 있었다. 윌리엄 파월William Powell이 주인공으로 나와 술에 취해 한 손에 칵테일을 들고 주류 밀매점과 레지던스 호텔 사이를 유쾌하게 활보하는 영화였다. 1903년에 뉴욕 호텔리어 시미언 포드Simeon Ford는 여러 호텔 간의 차이를 간명하게 선언했다. "세련된 사람을 위한 세련된 호텔, 괜찮은 사람을 위한 괜찮은 호텔, 평범한 사람을 위한 평범한 호텔, 부랑자들을 위한 부랑자 호텔이 있다."[15]

　　　　　　　　　　　　　　　　　　　　— 호텔 바비즌

그러니 또 다른 범주의 호텔이 생기는 것은 시간문제였다. 바로 **여성을 위한 여성 호텔.**

바비즌이 그중에서 가장 화려한 곳이 될 테지만, 바비즌이 최초는 아니었다. 첫 번째 여성 호텔은 마사 워싱턴이었고 만들어진 계기는 달랐으나 바비즌의 초석이 되었다. 1903년 문을 연 마사 워싱턴은 매디슨 애버뉴에서 29번가부터 30번가까지 한 블록을 차지한, 옆으로 퍼진 형태의 12층짜리 건물이었다. 시대를 앞서, 자기 수입이 있는 화이트칼라 여성의 주거 수요를 충족하기 위해 세워졌다. 당시 뉴욕 호텔 규정에 따르면 오후 6시 이후에는 여성 혼자서 호텔에 투숙할 수가 없었다. 거대한 여행가방을 들고 온 경우만은 성매매 여성이 아님을 입증했으므로 예외였다. 이런 터무니없는 규정이 있다 보니 상류층 여성 두 명이 "필라델피아 브로드 스트리트 역에서 밤을 보내는 일이 있었다. 호텔에서 투숙을 거부당하는 수모를 무릅쓰고 싶지 않았기 때문이다".[16] 1차대전 이전에도 일을 하러 홀로 뉴욕으로 오는 여자들이 있었다. 금전적 여유와 창의성이 있는 사람들은 이런저런 해결책을 찾아냈다. 뒷골목 마구간을 개조해 작업공간을 만든 여성 예술가 공동체도 있었다.[17] 어떤 일하는 여성들은 공동 주택을 세내고 내부를 수리해서 외관은 지저분해도 내부는 아늑하게 꾸미기도 했다. 그러다가 마사 워싱턴이 혁명적으로 등장해 이런 여성들이 생활하는 공간이자 여성참정권 운동가들의 안식처가 되었다. 마사 워싱턴에 드나들던 사람 중에는 의사이자 유명한 페미니스트인 메리 워커Mary Walker 박사도 있었다. 메리 워커는 플래퍼들보다 훨씬 앞서 억압적인 복장 제약에 도전했다. 결혼식에서는 결혼 서약에 '순종'이라는 단어를 넣기를 거부했고, 결혼한 뒤에도 성을 바꾸지 않았으며, 예복으로 짧은 스커트 아래에 바지를 입었다.[18]

　마사 워싱턴 같은 곳이 분명 필요했음에도, 1903년 이 호텔이 문을 열었을 때 반응은 시끄러웠다. 의아하다는 반응은 그나마 나았고 심지어 비난하는 사람도 있었다. 구경꾼을 가득 태운 '관람용 자동차'가 천천히 호텔 앞을 지나가며 괴물 쇼라도 보듯 구경하기도 했다.[19] 호텔 경영진도 호텔을 어떻게 운영할지 확신이 없는 모습이었다. 처음에는 무거운 짐을 들 남성 직원이 반드시 필요하다고 여겼으나—여자 혼자 호텔에 체크인하려면 무거운 짐가방이 필수니까!—1년쯤 지난 뒤에는 남자 직원을 좀 더 믿음이 가는 여자 직원으로 교체했다.《뉴욕 헤럴드New York Herald》는 성별이 뒤바뀐 것을 이런 말로 조롱했다. 사환이 "평범한 흰 칼라와 커프스를 단 검은 드레스 차림으로 서 있어 아주 정숙해 보였다".[20] 더구나 그토록 많은 여자가 남자의 보호 없이 한 지붕 아래 있다는 사실을 도저히 받아들일 수 없는 사람이 많았다. 마사 워싱턴의 초기 브로슈어를 보면 "400~500명에 달하는 막대한 수의 여성이 한 지붕 아래 있는 것이 어떻게 가능한가"라는 의구심이 반복적으로 제기된다는 사실을 시인한다.[21] 동시에 호텔 측에서는 호텔은 이윤을 내는 것이 목표이며 노동계층 하숙집처럼 "어려운 사람을 후원하고 자선하려는 생각"을 기반으로 운영하는 것이 아님을 분명히 밝혔다. 다시 말해

레지던스 호텔은 자선이 아니라 최고급 독립생활을 위한 곳으로 다양한 객실과 스위트룸을 갖추었고, 주로 종교단체가 후원하던 여타 여성 주거시설처럼 통금시간이나 방문객 제한 등의 제약이 없었다. 마사 워싱턴 입주자는 방 한 칸을 빌렸든 널찍한 아파트를 빌렸든 각 층에 있는 응접실, 옥상 산책로, 식당, 현대적 스팀 난방, 우편물 슈트* 등의 서비스를 누릴 수 있었다.

마사 워싱턴을 찾는 여성들은 처음에는 비웃음의 대상이었으나 곧 대세가 되었다.《하퍼스 바자*Harper's Bazaar*》잡지에서는 1908년 "도시로 온 여성The Girl Who Came to the City"이라는 제목의 기사를 연재했고《레이디스 홈 저널*Ladies' Home Journal*》은 3년 뒤 "자기 길을 찾기 위해 도시로 가고 싶은 시골의 여동생Her Sister in the Country Who Wants to Come to the City to Make Her Way"이라는 기사를 냈다.[22] 1914년, 부유한 직장 여성을 위한 두 번째 레지던스 호텔인 비즈니스 우먼스 호텔이 뉴욕에 문을 열었다. 마사 워싱턴에서 두 블록 떨어진 곳이고 (바비즌이 블루밍데일 백화점 가까이에 지어진 것처럼) 올트먼 백화점에서는 여섯 블록 거리였다.[23] 그 후 1차대전이 일어났고, 여성 호텔의 필요성은 뒤로 밀렸다. 그러나 전쟁이 끝나면서 건설 붐이 일었고, 독립적 여성이라는 개념이 새로이 등장했으며, 그것은 새로운 고객층, 더 많은 이윤을 뜻했다.

1920년대는 여성 레지던스 호텔의 시대라고 할 수 있다. 센트럴

---

* 호텔 등 고층건물 각층에 설치하는 장치로, 우편함에 우편물을 넣으면 우편물이 관을 통해 이동해 최저층에 모인다.

파크 근처 이스트 57번가에 앨러튼 호텔이 1920년 문을 열었다. 앨러튼 호텔을 지은 윌리엄 H. 실크William H. Silk가 곧이어 바비즌 개발에 뛰어들었다. 윌리엄 실크와 동업자 제임스 S. 쿠시먼James S. Cushman은 먼저 1912년에 독신 남성 전용 아파트를 건설했고 1919년 남성용 클럽 호텔로 사업을 확장했다.[24] 다음 단계는 여성 전용 주거시설인 앨러튼 하우스를 짓는 것이었다. 주거시설에 관한 당대의 취향과 전쟁 뒤의 현실, 가부장적 가정의 보호 밖에서 독립을 원하는 여성의 요구를 한데 묶은 결과물이었다. 실크는 여성 "의사, 장식가, 강연자, 정치가, 작가, 바이어, 상점 경영자" 등에게 객실을 제공하고자 했다.[25] (이 레지던스 호텔이 백인 특권계층을 위한 것임은 말할 필요도 없이 명백했다.) 실크는 재봉실, 댄스파티장, "최신식 세탁소", 남자 출입이 금지된 휴게실 등을 갖추어, 가정 같은 환경으로 다른 호텔과 차별화하고자 했다. 앨러튼 투숙객은 "스스로 주인"이 되는 자유를 누릴 수 있었다. 앨러튼 호텔은 500명을 수용할 수 있었는데 완공도 되기 전에 예약이 꽉 찼다.

무시할 수 없는 수익 잠재성이었다. 다른 호텔들도 뒤를 이었다. 미국여성협회American Women's Association, AWA 호텔이 그 가운데 가장 컸다. 《뉴욕 타임스》에서는 이곳을 "해방된 여성성에 바치는 신전"이라고 불렀고 AWA 이사회 이사장인 미스 스미스Miss Smith는 누가 이곳을 무심코 '호텔'이라고 부르면 질타했다.[26] 미스 스미스는 이곳은 단순한 호텔이 아니라고, "운동"이라고 말했다. 그 말이 옳았다. 여성 클럽 호텔은 여자들이 아버지, 오빠나 남동생, 삼촌 등의 보호 없이 홀로 살고, 원하는 대로 사람들과 어울리고, 내키는 대로 쇼핑하고, 할 수 있는 일을 할 권리를 "물리적으로 구현"한 장소였다.[27] AWA 호텔의 경우, 기금 모금과 건설 과정이 오래 걸리자 뉴욕의 최상층 여자들이 직접 나서 벤처 사업에 본격적으로 손을 댔다. J. P. 모건J. P. Morgan의 딸 앤 모건Anne Morgan의 주도로 뉴욕 상류층 여성들이 함께 플라자 호텔에서 현대적인 주식 판매 행사를 열고 구매자들에게 안내문과 명함을 나누어주었다. '미스 로빈슨 크루소'라는 이름의 마스코트를 만들어 본격적으로 광고 캠페인을 펼치기도 했다. 뉴욕에서 독신 여성이 겪는 외로움이 열대지방 섬에 좌초된 처지와 다를 바 없다는 콘셉트였다. 미스 로빈슨 크루소는 팸플릿, 노래, 5번가의 전시용 쇼윈도 등을 통해 홍보되었다. AWA 클럽하우스가 문을 열면 미스 로빈슨 크루소는 구출되어 자기와 비슷한 기질과 야망을 지닌 다른 여자들과 함께 지내며 공동체도 이루고 호사도 누릴 수 있을 터였다. 2년 뒤, 호텔 건립을 시작할 자금 350만 달러를 모은 영업팀이 다시 모였다. 앤 모건을 비롯해 사업가가 된 전직 사교계 인사들이 샴페인과 카나페를 즐기며 모피 코트와 샐러맨더* 브로치를 부상으로 걸고 주식 판매를 독려했다.[28]

AWA 호텔은 직업이 있는 여자들이 "남자처럼 자유로울 수 있는" 이스트 57번가에 부지를 선정했다.[29] AWA 호텔은 분명하고 확실하게 여성의 독립을 선언했다. 28층에 달하는 당당한 건물을 올리

---

* 불 속에 산다는 도마뱀과 비슷한 상상의 동물.

고, 뉴욕 최상위층에 속하는 윌리엄 K. 밴더빌트William K. Vanderbilt 부인이 가구 배치를 감독했고, "한련색 타일"을 깐 수영장에 "분수 네 대가 아르페지오 선율로 물을 뿜는" 파티오*가 있었다. "초현대적 여성"은 다양한 테마로 장식된 객실에서 "커피와 담배를 주문"할 수 있었다. 벽화가 그려진 아르데코 양식 식당에서 사용하는 하늘색 식기는 프랑스 열차 식당칸에서 쓰는 것과 같았다. 미시즈 밴더빌트는 유럽 열차 선로에서 버틸 수 있는 식기라면 뉴욕 여성도 감당할 수 있으리라 생각하고 궤짝으로 잔뜩 주문했다. AWA 호텔은 먹고 마시고 담배를 피울 수 있는 공간뿐 아니라 욕실이 딸린 객실 1,250실을 갖춘 뉴욕에서 다섯 번째로 큰 레지던스 호텔이었다.

• • •

그러나 미국의 상상력을 확실히 사로잡은 것은 바비즌이었다. 바비즌은 뉴욕에서 꿈을 실현해보겠다고 결심한 전국 젊은 여성들의 목적지가 될 터였다. 앨러튼과 AWA가 전문직 여성을 위한 곳이라면 바비즌은 또 다른 고객을 타깃으로 했다. 부모에게 그림을 그리고 싶다는 말을 차마 하지 못하는 상류층 젊은 여성, 브로드웨이 무대를 꿈꾸는 오클라호마의 상점 점원, 약혼자에게 곧 돌아오겠다고, 하지만 먼저 타자 수업을 받아야겠다고 하고는 고향을 떠난 열여덟 살 아가씨. 바비즌은 다른 호텔과 전혀 다른 인간형을 구현

---

* 실내와 실외가 혼합된 공간으로 '건물 내의 뜰'이라는 뜻의 스페인어에서 유래되었다.

─ 호텔 바비즌

하는 존재가 될 터였다. 화려함, 욕망, 젊은 여성의 야망을 담은 곳.

앨러튼이 완공 단계에 접어들었을 무렵, 윌리엄 H. 실크는 여성성과 독립이라는 새로운 개념을 결합하겠다는 목표를 세웠다. 현대 여성의 드레스가 빅토리아 시대의 거추장스러운 프릴을 떨쳐버리고 '과감한' 단순함을 받아들였듯이, 바비즌 호텔 안 현대 여성의 생활공간도 "여성에게 새로 열린 더 넓은 삶의 기회를 반영"하면서 동시에 여성들이 "여성적 특질은 전혀 잃지 않았음"을 염두에 두어야 한다고 선언했다.[30] 실크가 구상한 바비즌은 총 23층, 객실 720개에, 외관은 북이탈리아파 건물에서 볼 수 있는 남성성을 구현하고, 내부에는 수영장, 체육관, 옥상정원, 강의실, 도서실 등 남자들이 지성과 체력 단련에 필요하다고 요구하는 모든 것을 갖춘 곳이었다. 그렇지만 바비즌 안쪽 남자들이 접근할 수 없는 공간에는 "색감이 세련되고 상쾌하고" 현대 프랑스 스타일 가구가 갖춰진 "극히 여성적인 내실"이 있을 터였다. 바비즌에 앞서 지어진 다른 호텔들처럼 바비즌도 여성참정권 운동 이후 가정의 개념을 재구상하면서 한편으로 생활공간을 최대화하려는 개발자의 욕구에 맞아떨어지게 설계되었다. 그리하여 길고 좁은 복도를 따라 개인 공간이 늘어서고 공용 거실, 도서실, 세탁 시설 등이 함께 배치되었다.

실크는 바비즌 여성 전용 클럽 레지던스가 1927년 "10월 15일경"에 문을 열 것이라 약속했고 9월 15일부터 입주 신청을 받는다는 광고를 9월부터 신문에 실었다. 각 방에 설치한 라디오가 바비즌의 특징 가운데 하나였는데 몰리 브라운이 마음에 쏙 들어 한 점이기도 했다. 방세는 가장 싼 방이 일주일에 10달러였다.[31] 설계는 호텔 전문 머가트로이드&오그든이 맡았다. 완공이 예상보다 몇 달 지연되어 1928년 2월 문을 열었는데 가까이에서 보아도 멀리에서 보아도 인상적인 건물이었다. 우뚝 솟은 건물 네 귀퉁이에 양감 있는 작은 탑 네 개가 마치 계단처럼 꼭대기를 향해 나아가듯 겹쳐진 구조였다. 외벽은 벽돌로 장식했는데 연한 주황색부터 밝은 빨간색까지 다양한 색상과 밝기의 벽돌이 무늬를 이루도록 예술적으로 배치했고 중간색 석회석으로 가장자리를 둘렀다. 19층 서쪽 면에는 라운지로 쓰는 멋지게 꾸며진 넓은 일광욕실이 있었고 그 위쪽 방은 여러 대학 클럽 모임 장소로 정해졌다. 그 아래 18층에는 탁 트인 전망을 감상할 수 있는 로지아*가 있었다. 바비즌이 완성된 후《아키텍처럴 포럼*Architectural Forum*》은 이 건물의 디테일이 대체로 고딕 양식인데 "로마네스크 스타일의 고딕"이라고 평했다. 커다란 아치형 창문이 낭만적이면서 성스러운 느낌을 주어 새로 생긴 일부 초고층빌딩의 "기계적인 효과"를 피했다. 입주자들은 높은 구름 위 옥상정원에서 돌아다니며 아케이드 안을 들여다보고 다양한 각도로 만들어진 돔 창문, 테라코타 발코니를 구경했다. 아치형 구멍에서 화살을 발사하는 고딕 양식 성을 쉽게 상상할 수 있는 외관이었다.

외양은 재미를 가미한 단순성을 유지했으나 로비와 메자닌은 복

---

* 외부로 개방된 갤러리 혹은 복도로, 지붕이 있고 열린 면에는 보통 아치나 기둥이 있다.

잡한 이탈리아풍이었다. 바비즌에 들어서면 이탈리아 르네상스와 이탈리아 시골 대저택에서 영감을 받아 고급스럽고 모던하게 디자인한 실내 아트리움*을 맞닥뜨리게 된다.³² 천장 그림, 바닥 무늬, 기둥 장식과 계단 난간, 천을 씌운 고전 양식 가구 등 정교한 색상, 질감, 패턴으로 장식된 이 공간은 어떤 세계 속으로 푹 빠져드는 느낌을 주었다. 2층 높이 공간 전체에 화분, 샹들리에, 섬세한 조명을 배치해 이탈리아의 웅장한 빌라 안마당에 들어선 듯한 분위기를 더했다. 로비 위쪽 메자닌이 젊은 여성들이 아래쪽을 내려다보며 데이트 상대를 찾기 위한 곳인지 혹은 서로의 애인을 훑어보고 은근히 평가하거나 부러워하기 위한 곳인지는 알 수 없으나, 로미오와 줄리엣의 발코니를 확대한 것처럼 묵직한 석조 조각과 정교한 난간으로 장식되어 로비 위쪽을 액자처럼 감싸고 있었다. 메자닌 북서쪽 모퉁이에서 계단 두 칸을 내려가면 벽에 오크 패널을 댄 도서실로 갈 수 있었다. 로비와 이어진 식당은 신고전주의에 속하는 "애덤 양식"**으로 장식되어 장엄함보다는 친밀함이 느껴지는 공간이었다. 《아키텍처럴 포럼》은 이렇게 평했다. "바비즌은 문명에 대한 새로운 이해를 드러내는 설득력 있는 증거물 같다."³³ 이제 형식과 목적이 하나가 된 것이다.

바비즌은 처음 구상 때부터 예술적 성향이 있는 사람이 선호할 만한 공간으로 의도되었다. 이름 자체가 19세기 프랑스 예술운동

---

* 고층건물 내부 중심에 있는, 보통 높은 유리 천장으로 덮인 넓은 중앙홀.
** 18세기 신고전주의 건축가 윌리엄 애덤과 아들들이 추구한 건축·인테리어 디자인 양식.

인 바르비종파에서 따온 것이었다. 바르비종파는 파리 남동쪽 퐁텐블로 숲에 둘러싸인 바르비종이라는 마을을 중심으로 활동한 화가들을 지칭했다. 그랑드 뤼라는 좁은 중앙로에 늘어선 여관이 굶주린 예술가들의 안식처였다. 여관에서는 푼돈을 받고 화가들에게 저녁식사, 침대, 숲으로 가져갈 도시락까지 제공했다.[34] 뉴욕의 바비즌 호텔에서는 예술가 지망생들이 포 아츠 윙Four Arts Wing에 모여 살았는데, 이곳에는 예술가 지망생을 위한 객실이 100개 있고 18층부터 위로 솟은 탑에는 작업실이 있었다. 몰리 브라운도 이곳에서 안식처를 찾았다.[35] 가장 큰 작업실은 가로세로가 약 15×5미터에 천장은 2층 높이여서 빛이 쏟아져 들어왔다. 좀 더 작은 작업실은 음악가들을 위한 곳이었고 방음장치가 잘 되어 있었다.[36] 예술가여야만 이런 시설을 이용할 수 있는 것은 아니었다. 뉴욕이 제공하는 모든 것을 받아들이려는 열의만 있으면 충분했다.

바비즌은 예술가, 배우, 음악가, 패션모델을 꿈꾸는 젊은이들을 위한 공간이라는 틈새시장을 개척하여, 호텔 안에 이 젊은 여성들이 예술의 생산자이자 소비자로서 자신을 표현하는 데 필요한 온갖 공간을 갖추었다. 1층 라운지에는 무대와 파이프오르간이 있어 300명이 편하게 공연을 즐길 수 있었다.[37] 참정권운동 이후에는 여성에게 정신과 신체 둘 다 기를 것이 요구되었는데, 바비즌의 도서실, 강의실, 체육관, 풀사이즈 수영장이 도움이 되었다. 1900년대 초 깁슨 걸이 셔츠와 스커트가 분리된 옷을 입으며 아침에 기지개를 켜거나 자전거를 탈 수 있는 자유를 얻었다면, 1920년대에 등장

—호텔 바비즌

한 플래퍼는 신체 활동에 더욱 몰두했다. 바비즌 지하에는 다양한 운동시설이 있었다.《뉴욕 타임스》는 묘하게 에로틱한 단어를 골라 이렇게 묘사했다. "종일 스쿼시 코트에서 공이 리드미컬하게 튕기는 소리, 수영장에서 물이 튀는 소리와 아가씨들의 웃음소리가 뒤섞여 울려 퍼졌다. 바비즌의 지하 세계에서 현대의 아마존이 되려는 여성들은 펜싱을 배우고 미래의 수영선수는 크롤을 배운다."[38]

•••

타이태닉 사고 생존자 몰리 브라운은 뉴욕에서 플래퍼들과 부대끼며 작은 충돌을 벌였다. 진보의 시대 여성참정권론자이며 신여성의 가장 진중한 본질을 대변한다고 할 인물인 몰리는 같은 세대에 속하는 다른 많은 이들처럼 플래퍼를 도저히 참아주기 어렵다고 느꼈다. 자신은 여성 인권의 진정한 선구자이지만, 플래퍼는 신여성의 성취에 편승해 마무리로 요란한 장식만 덧붙인 이들이라고 보았다. 뉴욕에 오기 전, 연기 수업을 받으러 파리에 갔을 때부터 몰리는 새로운 유형의 젊은 여성들에 대해 확고한 생각이 있었다. 기자의 질문을 받자 이렇게 답했다. "미국 여성들은 술을 적당히 마실 줄 몰라요. 술을 마시면 금세 티가 나고 흐트러지거나 싸움을 걸죠… 요즘 사교계 아가씨들은 파티에 가기 전에 몸을 데우려고 공업용 알코올을 마신다네요."[39]

미국 사교계 여성 한 명이 말도 안 되는 소리라며, 바로 몰리 브라운 신화에 직격탄을 날리며 반박했다. "미시즈 브라운은 젊은 사람들을 위해 노를 저어주기는커녕 자기 카누만 저어가기에도 벅찰 것 같군요. 여성의 외모만 두고 말하자면, 몇 잔을 마신 뒤에도 최상의 상태를 유지하는 사람은 없어요. 그렇더라도 젊은 여성과 나이 든 여성은 비교가 되지 않지요. 술이 들어간 뒤에도 젊은 쪽이 더 싱긋하고 예쁘고 자기 관리도 더 끝내주게 보여요. 나이 든 여성은 역겨워요." 몰리는 그냥 어깨만 으쓱하고 말았을 것이다. 그 이상의 욕도 얼마든지 들어봤으니까.

몰리 브라운이 아무리 플래퍼들의 수작에 넌더리를 내도 좋든 싫든 사방에 플래퍼가 있었다. 바비즌뿐 아니라 어디에든. 뉴욕 브로드웨이에만 있는 것이 아니라 미국 소도시 중심가에도 어디에나 있었다. 《뉴요커*The New Yorker*》라는 잡지를 새로이 창간한 해럴드 로스Harold Ross는 플래퍼를 이용해야 한다는 생각에 필사적으로 매달렸다. 잡지가 간신히 발행되고는 있으나 이미 파산 위기에 처한 상태여서 고정 독자층을 확보하려면 과감한 조치가 필요했다. 해럴드는 최근 배서 칼리지를 졸업한 로이스 롱Lois Long이라는 사람이 뭔가 사고를 칠 만한 인물이라는 말을 듣고 그를 고용했다. 로이스는 스물세 살이고 코네티컷 출신 목사의 딸이었으니 출신배경이 반항적 캐릭터로 이름을 날릴 만한 인물 같지는 않았다. 그럼에도 로이스는 1920년대 플래퍼의 전형이 되었는데, 그런 배경에도 불구하고, 라기보다는 오히려 그 배경 때문에 그렇게 되었다 할 수 있다. 전통적인 방식으로 성장한 로이스야말로 가장 전형적인 플래퍼였다. 플래퍼는 세련된 도시인일 수도 있지만, 캔자스주 위치타에서 온 10대 소녀일 수도 (그런 경우가 오히려 많았을 수도) 있었다. 다만 위치타에서 온 열혈 소녀는 일단 플래퍼가 되는 법을 배워야 했다. 바로 그때 로이스 '립스틱' 롱이 등장했다.

로이스는 처음에는 '립스틱'이라는 필명으로 글을 썼고 정체를 감추지 않고 맨해튼을 돌아다녔다. 로이스는 키가 크고 예쁘장하고 갈색 단발머리에 가슴에서부터 무릎 바로 아래까지 일자로 떨어지는 플래퍼 드레스를 입었고 빨간 립스틱을 바르고 늘 미소를 띠었다. 로이스는 장난꾸러기였고 즐길 준비가 되어 있었고—몰리 브라운이 못마땅해하며 말했듯—필름이 끊길 정도로 술을 마시는 버릇을 버리지 못했다(로이스는 독자들에게 택시에서 구토했을 경우에는 팁으로 2달러를 주는 게 매너라고 조언했다). 로이스 롱은 1920년대란 음지에 있던 모든 것을 끌어내어 백인 중산층적이고 미국적이고 퇴폐적이고 재미있는 것으로 재포장한 시기임을 보여주었다. 재즈는 흑인 빈민가에서, 성적 실험은 그리니치빌리지에서, 립스틱과 파우더와 아이섀도는 매춘부의 화장품 상자에서 꺼내왔다.[40] 1920년대 신여성의 화신 플래퍼가 그 중심에 있었다.

● ● ●

1920년 1월 16일 자정을 기해 미국에 금주법이 시행되었다. 범죄를 예방하고 나쁜 품행을 근절하려는 목적으로 이루어진 조치였으나 결과는 정반대였다. 뉴욕 시장 지미 워커Jimmy Walker는 뚱뚱한 부인과 코러스걸 애인들을 줄줄이 거느린 호색한으로 음주가 범죄라고는 생각하지 않았고, 결국 맨해튼은 거대한 파티장으로 변모하게 되었다. 스피크이지speakeasy는 금주법 시대에 불법으로 운영하던 클럽들을 가리키는데, 이런 곳이 도시 전역에 생겨났고 젊고 거침없는 사업가들이 빠르게 백만장자가 되었다. 서른 살밖에 안된 주류밀매업자 한 명은 선단을 세내어 수입 주류를 싣고 롱아일랜드 앞바다에서 정부 저지선을 뚫었다.[41] 그는 하룻밤 사이에 부자가 되었으나 곧 이보다 더 쉬운 방법이 있을 거라는 생각이 들었다. 그는 전문가를 불러 모으고 원료를 수입하고 유명한 영국 진 제조법을 구했다. 그런 다음 뉴욕 거리 지하에 양조장을 만들고 '브리티시 진'을 제조해 스피크이지에 팔았다. 바텐더들이 런던에서 직수입한 진보다 오히려 더 맛이 좋다고 단언했다. 런던 술 제조업체에서는 왜 뉴욕에 불법으로 판매하는 진 판매량이 급락했는지 알아보려 탐정을 고용했고 곧 무슨 일이 벌어지고 있는지 알아냈으나, 그걸 막기 위해 할 수 있는 일은 없었다. 뉴욕 땅 밑에서 불법으로 주류를 제조하는 바람에 영국 진의 불법 수출이 어려워졌다고 경찰에 신고할 수는 없는 일이었다.

금주법 시대의 약빠른 기업가들 가운데 여자도 있었다. 가장 유명한 인물은 배우이자 쇼걸인 벨 리빙스턴Bell Livingstone이었는데 자기가 갓난아기 때 캔자스주 엠포리아에서 뒷마당에 버려졌다고 주장했다. 벨 리빙스턴은 배우가 되고 싶었으나 엠포리아 지역 신문 발행인인 양아버지는 결혼도 안 한 여자가 무대에 올라갈 수는 없다고 했다.

"알았어요." 벨 리빙스턴은 이렇게 말하고 그 뒤 처음 눈에 들어온 옷을 잘 입은 남자에게 청혼했다.[42] 희한한 일이지만 남자는 동의했다. 더욱 희한한 일은 결혼 직후 갈라섰음에도 죽으면서 벨 리빙스턴에게 15만 달러라는 막대한 유산을 남긴 것이다. 벨은 그 돈을 들고 대서양을 건넜고, 벨의 회고록에 따르면 그 뒤 30년 동안 "유럽에서 찬사를 받았다". 1927년 바비즌이 완성되어가던 무렵, 벨은 금주법 시행 중인 미국으로 돌아왔다. 50대가 된, 살집이 붙은 다부진 체격의 벨은 미국에서 기회를 보았다. 불법 술집을 열고 파리의 지성인들이 모이는 장소라도 되는 양 '살롱'이라는 이름으로 불렀다. 벨과 연방 경찰은 숨바꼭질을 벌였고 그러다가 살롱에 위장 잠입한 경찰이 벨을 끌고 가 법정에 세우기도 했다. 법정에서 벨이 대체 어떤 현란한 언어로 분노를 표현할지 기자들과 신문 독자들이 기대감을 품고 벨의 입을 지켜보았다. 벨이 운영하는 스피크이지 가운데 컨트리클럽은 상류층 인사들과 브로드웨이 배우들이 5달러나 되는 상당한 입장료를 내고 드나드는 곳이었다. 일단 들어가면 베르사유 정원을 닮은 장려한 실내에서 돌아다닐 수도 있고 위층으로 올라가 탁구나 미니 골프를 칠 수도 있었다. 1달러짜리 음료를 계속 사 마시기만 하면 됐다.[43]

그리고 프랑스에서 온 재닛Janet of France이 있었다.[44] 순도 백퍼센트 프랑스인인 재닛은 뉴욕에서 보드빌*과 뮤지컬 코미디 배우로

---

* 프랑스에서 시작돼 유럽과 북미에서 1880년대부터 1920년대까지 유행한 라이브 쇼로 노래, 춤, 코미디, 마술 공연 등이 펼쳐진다.

생계를 유지하다가 일이 끊겼는데 남은 돈이라고는 29달러밖에 없었다. 절망에 빠져 앞날을 고민하며 웨스트 52번가를 걷던 재닛은 "차고 건물 사이에 끼어 있는 오래된 집"을 발견했다. 그 집이 임대로 나와 있어서, 재닛은 100달러를 빌려 그곳을 세내고 소박한 목재 바와 싸구려 커튼을 달고 테이블과 의자 몇 개를 놓았다. 첫째 주에는 메뉴에 양파 수프에 밀주 스카치, 브랜디, 라이(호밀) 위스키밖에 없었다. 술은 별다를 게 없었지만 양파 수프가 훌륭했다. 양파 수프가 인기를 끌어 그 오래된 건물에서 두 층을 더 세냈다. 식사의 정점인 양파 수프와 곁들일 저렴한 메뉴 몇 개를 추가하고 프랑스식으로 레드와인을 제공했다. 마를레네 디트리히Marlene Dietrich, 더글러스 페어뱅크스Douglas Fairbanks, 라이어널 배리모어Lionel Barrymore 등 명사들이 이곳을 찾았다. 프랑스의 재닛은 아일랜드 극작가 조지 버나드 쇼George Bernard Shaw가 자기 술집만 찾았다고 자랑했고 그 말을 입증하기 위해 버나드 쇼의 서명이 있는 사인북을 늘 가까이에 두었다.

전직 코러스걸 텍사스 기년Texas Guinan도 뉴욕 금주법 시대의 스타였다. 당대 가장 유명한 문구인 "안녕, 호구Hello, sucker!"를 만들어낸 장본인이기도 하다(텍사스 기년이 가게로 들어오는 손님들에게 외치던 인사인데, 이어지는 말은 "들어와서 지갑은 바에 맡겨"였다). 텍사스 기년은 (본인 주장에 따르면) 연극과 영화에서 배우로 이미 이름을 알렸는데, 스피크이지 무대에서 노래를 하면 짭짤한 수입을 올릴 수 있었기에 이쪽에 발을 들여놓게 되었다. 그러면서 주류밀매 사업을 익혔

—호텔 바비즌

고, 300클럽이라는 술집을 개업했는데 영국 왕세자까지 방문한 적이 있을 정도였다. 개업일 프로그램에는 유명한 미국 여배우와 도발적인 아르헨티나 무용수의 결혼식이 있었다.

바비즌 거주자들이 직접 스피크이지를 운영하지는 않았으나, 《뉴요커》의 로이스 '립스틱' 롱을 비롯한 1920년대 여느 젊은 뉴욕 여성들처럼 그들도 스피크이지에 드나들었다. 뉴욕 역사상 처음으로 여자들이 바에 앉는 것이 권장되었다. 웨스트 52번가에 있는 리언&에디 술집 입구 위에는 이런 문구가 있었다. "이 입구를 통과하면, 세상에서 가장 아름다운 아가씨들이 **곤드라진다**."[45] 특히 뉴욕 상류층 여성들이 오면 바 자리를 권했고 밀수업자들이 롱아일랜드 해안을 통해 들여온 수입 술을 내주었다. 로이스는 코냑이 가짜로 만들거나 다른 걸 섞기 가장 어려운 술임을 알게 된 다음부터는 코냑을 즐겨 마셨다. 뉴욕 지하 양조장에서 만들어진 술은 사양했다.

그 가운데서도 가장 화려한 곳은 5번 애버뉴에서 가까운 이스트 61번가 15번지에 있는 말버러 하우스였다.[46] 뉴욕 사교계 명사들 사이에서는 이곳 주인 형제 이름을 따라 그냥 모리어티스로 통했다. 누구든 일단 입구는 통과할 수 있었다. 거리에서 대놓고 당신이 누구냐고 묻기는 너무 본때 없는 일이니까. 그러나 입구 '안'은 고급 목재로 사방 벽을 덮은 현관일 뿐이었고 거기에서 진주 버튼을 누르고 신분 증명을 제시해야 들어갈 수 있었다. 만약 안으로, **진짜 안**으로 들어왔다면 좁은 계단으로 올라가 의자 높이까지는 진홍색이고 그 위쪽은 천장까지 은색인 벽으로 둘러싸인 화려한 방으로 들어가게 된다. 벽을 따라 은빛 가죽을 씌운 프랑스식 벤치가 죽 붙어 있고 은색 벽 위에 부리가 붉은 흰 황새 그림이 쫙 펼쳐져 있었다. 문도 진홍색 에나멜로 칠해졌고 조명은 어둑해서 은빛이 은은하게 빛났다. 가장 눈길을 사로잡는 곳은 로열블루 컬러, 구리, 거울로 장식한 위층 카바레 룸이었다. 이 방은 벽면 전체가 거울로 덮여 있어 어디에 앉든 그 방 안에 있는 사람 전부를 볼 수 있었다. 모리어티스는 웬만한 것에는 이미 감흥이 없는 사교계 명사들의 유흥을 위해 인기스타 대신 참신한 신인을 발굴해 데려왔다. 이집트 마술사, 토치torch* 가수, 외국인 무용수 등. 모트, 댄, 짐이라는 이름의 모리어티 삼형제는 원래 술집 주인이었다가 스피크이지 운영으로 돌아섰는데 영리하게 갱스터들과 얽히는 일을 피했다. 1933년 12월 5일 금주법이 폐지되었을 때는 형제 중 짐 모리어티만 남아 있었는데 그 무렵에는 그도 시골 저택과 폴로 경기용 조랑말을 소유한 사교계 명사가 되어 있었다.

조랑말을 이미 갖고 있는데 스피크이지를 운영하는 유명인사가 되고 싶어 한 사람도 있었다. 금융가이자 철도업계 거물인 오토 칸Otto Kahn의 아들 로저 울프 칸Roger Wolfe Kahn도 스피크이지를 개업했다.[47] 자동차 왕의 아들 월터 크라이슬러 주니어Walter Chrysler Jr.도 스피크이지를 사려고 했으나 막판에 가족에게 제지당했다. 《뉴욕 헤럴드》연극 평론가의 아들은 그리니치빌리지에서 아티스트 클럽이

---

* 주로 여자가수가 부르는 감상적인 사랑 노래.

─호텔 바비즌

라는 비밀 술집을 운영했다. 그는 전 뉴욕 시장의 친구이자 바지를 즐겨 입는 이본 셸턴Yvonne Shelton을 호스티스로 고용하고, 브루클린 태생 러시아계 유대인 버사 러빈Bertha Levine(예명 스파이비)에게 노골적인 가사의 노래를 부르게 했다. 뉴욕 브로드웨이의 "카페테리아, 전기 구두닦이 가게, 견과류 가게, 체육 시연장, 5센트 댄스홀" 등은 1920년대에 스피크이지의 "보이지 않는 천국"에 자리를 내주었고 5번 애버뉴에서 파크 애버뉴까지 스피크이지가 즐비했다.[48] 가장 잘나가던 스피크이지는 산업화 시대 거물과 옛 부자들의 저택을 통째로 빌려 리모델링을 했다. 한번은 사교계에 갓 데뷔한 젊은 여성이 스피크이지에서 칵테일 네 잔째를 마신 뒤에 문득 이 건물이 자기가 어린 시절을 보낸 곳임을 깨닫고는 충격으로 쓰러진 일도 있었다.

맨해튼 전역에 다양한 계층의 취향에 맞춘 스피크이지가 수백 개 있었다. 파이브어클락 클럽에서 플로렌스 '플로' 지그펠드Florenz "Flo" Ziegfeld가 미녀 군단을 이끌고 등장하면 오케스트라가 연주를 시작했다. 늘 북적대는 '나폴레옹 클럽'에서는 바 주위를 사람들이 서너 겹으로 둘러쌌고 신문에 "믿거나 말거나Believe-It-Or-Not"를 연재해 유명해진 로버트 리플리Robert Ripley와 "세계 최고의 엔터테이너" 앨 졸슨Al Jolson도 출연했다. 마를레네 디트리히는 '엠버시 클럽'에 자주 갔고 에설 머먼Ethel Merman은 그곳에서 정기적으로 노래를 했다. '킹스 테라스'에서는 할렘 르네상스의 스타 글래디스 벤틀리Gladys Bentley가 홀을 가득 메운 청중 앞에서 연주했다.[49] 글래디스는 아프리카계 미국인 여성으로 남성복을 즐겨 입었고 특히 눈부신 흰색 턱시도와 실크해트를 좋아했다. 공연 때는 소프라노와 베이스 음색, 감상적인 노래와 외설적인 노래를 자유자재로 오가며 충격을 주었다. 짙은 색 피부에 남성적이며 비만 체형이었고, 공개적으로, 도전적으로 자신이 동성애자임을 밝힌 당대 몇 안 되는 여성 중 한 명이었다. 인기 있는 노래의 점잖은 가사를 외설적이고 폭소를 자아내는 가사로 바꾸어 으르렁거리듯 부르며 취향을 과시했다. 글래디스 벤틀리에 열광한 이들은 사교계 사람들만이 아니었다. 랭스턴 휴스Langston Hughes*는 벤틀리가 "놀라운 음악적 에너지를 전시한다"고 했다. 벤틀리는 할렘의 동성애자 스피크이지 중에서도 가장 노골적인 클럽인 '해리 핸스베리의 클램 하우스'에서 노래하다가 사교계 인사들에 의해 '발굴'되었다.[50]

스피크이지에서는 저녁의 유흥을 즐기기 전에 명목상이나 일단 식사부터 했다. 버터구이 랍스터 등의 고급 음식을 재료 값도 안 나올 듯한 저렴한 가격에 제공했으나 주류 불법 판매 수익으로 충당하고도 남았다. 프랑스 셰프들이 뉴욕 최고급 레스토랑 일자리를 그만두고 이곳에 와서 고급 요리를 만들었다. 금주법이 시작되면서 급여 계약에 따라 매일 한 병씩 받기로 되어 있던 와인을 받지 못하게 되었기 때문이다. 법을 준수하는 레스토랑에서 원래 약속을 이행하지 못하게 되자 유럽 출신 셰프들이 직장을 그만두고 프

---

* 1920년대 흑인 문학운동인 할렘 르네상스를 이끈 시인이자 소설가.

―호텔 바비즌

랑스, 스위스, 이탈리아 등으로 돌아가기 시작했는데, 스피크이지는 와인 무료 제공을 약속하며 셰프들을 다시 끌어들였다. 파크 애버뉴에 검은색, 녹색, 장미색, 노란색, 은색으로 꾸며진 모더니스트의 꿈 같은 스피크이지가 있었다. 가구 비용 빼고 설계와 시공에만 8만 5,000달러가 들어간 건물이었다. 천장은 녹색 아치이고 서로 마주 보는 벽에 틀이 없는 둥글고 거대한 거울이 있어 어두운 방이 양쪽으로 끝없이 뻗은 듯 보이는 곳에서 셰프 므시외 라마즈Lamaze가 손님들에게 저녁식사를 제공했다. 메뉴에 있는 새끼양고기는 오하이오에 있는 전문 농장에서 왔고 매일 아침 플로리다에서 출발한 급행열차가 폼파노 해변에서 잡히는 병어 14킬로그램을 실어 왔다. 라마즈는 그걸로 퐁파노 본 팜pompano bonne femme을 만들어 머스터드소스를 곁들여 냈다. 남은 생선은 직원들끼리 나눠 가졌다.[51] 라마즈의 랍스터 요리는 세간의 화제였고, 심지어 부르고뉴 달팽이 요리나 보주산産 멧돼지 요리도 테이블에 오르곤 했다. 메뉴는 없고 그날 입수된 재료가 적힌 클립보드 하나뿐이었다. 점심은 1달러, 저녁은 2.5달러였다. 폼파노까지 가는 기차요금도 안 되는 가격이었다.

밀주, 혼전 성관계, 그리고 빅토리아 시대의 복장·태도·라이프 스타일 규제에서 자유로워진 신체가 여성들이 자신을 찾기 시작한 1920년대를 정의하게 되었다. 몰리 브라운 같은 이전 세대 사람들에게는 놀라운 변화였다. 1차대전 이전에는 바에서 혼자 술을 마시는 여성은 자동으로 '밤의 여인'으로 분류되었다.[52] 1904년에는 5번 애버뉴에서 담배에 불을 붙인 여자가 그 자리에서 체포되었다. 여자가 공공장소에서 흡연을 했다는 이유였다. 그렇지만 1920년대에는 맨해튼뿐 아니라 전국 거리에서 담배를 피우는 여자가 흔해졌다. 로이스 '립스틱' 롱은 전국의 젊은 여성이 따라 할 만한 무모한 삶을 앞장서 실천하면서 상당한 영향을 미쳤다. 오하이오주 캔턴에 살던 열여섯 살 릴리언 클라크 레드Lillian Clark Red도 그런 짓에 뛰어들었다.[53] 고등학교 생활이 따분해진 릴리언은 수표책을 들고 신시내티행 기차를 탔다. 신시내티에서 월넛 스트리트에 있는 호텔 방을 하나 빌리고 여러 가게를 돌며 쇼핑을 해서 근사하게 차려입은 다음 부동산 중개업체로 가서 상속녀 행세를 했다. 릴리언은 오하이오강이 보이는 예쁜 별장을 2만 5,000달러 수표를 써서 매입했다. 집에 가구가 필요했으므로 추가로 6,000달러를 지출했다. 마지막으로 마음에 드는 차를 2,600달러에 샀다. 결국 들통나서 이전의 따분한 삶으로 돌아가게 되었으나, 어쨌든 오하이오 캔턴 출신 릴리언 클라크 레드는 플래퍼의 교본을 따라 할 수 있는 데까지 해본 셈이었다. 릴리언은 몰리 브라운 등의 여성참정권론자가 꿈꾸던 '신여성'은 아닐지라도 완전히 '현대적'인 인물이었다.

말할 필요도 없지만 당시에 현대적 여성은 어떤 유형이든 흔히 비난받았다. **여자**들에 대해 다들 한마디씩 하고 싶어 했다. 파리 소르본 대학 교수인 세스트르Cestre라는 남성은 1926년 미국에서 순회강연을 했는데, 그러면서 다소 오싹하게도 "미국 여성을 연구"했다.[54] 세스트르는 로이스 '립스틱' 롱의 모교인 배서 칼리지에 2주 동안 교환 교수로 있으면서 인류학적 관점에서 배서 여학생들을 집중적으로 관찰해 이런 결론을 내렸다. 다들 프랑스 여자가 조숙하고 분방하다고 생각하지만, 사실은 "전혀 반대입니다. 프랑스 여성은 매우 공들여 양육되고 결혼하기 전에는 자유가 거의 없습니다. 미국 미스들이 파리 마드무아젤들보다 훨씬 '빠릅니다'".《뉴욕 타임스》는 세스트르 교수가 "미국 여성들의 이런 면에 대한 진술에 근거를 제시하지는 않았다"라고 냉소적으로 논평했다. 세스트르는 그럴 필요가 없었다. 바에 앉아 있는 아가씨들은 당연히 의심스러운 존재라고 생각했기 때문이다. '의심스럽다'는 것이 '성생활을 한다'는 의미라면 아주 틀린 말은 아니었다. 1900년 이전에 태어난 여성은 14퍼센트만 혼전 성관계를 했으나 1910년대나 1920년대에 성인이 된 여성은 36~39퍼센트가 혼전 성관계 경험이 있었다. 또한 통계적으로 이 세대 여성이 오르가슴을 경험할 가능성이 훨씬 높았다. 대부분 첫 관계 상대가 남편이 될 남성이었음에도 그랬다.[55]

그러나 **여자**들이 비난받는 까닭이 도덕성 해이 때문만은 아니었다. 다른 문화적 규범 위반도 비난거리가 되었다. 뉴욕의 랍비 크라스Krass는 현대 여성이 "남성을 흉내 내는" 경향이 있다고 비난했다.[56] 루스 모러Ruth Maurer라는 여성은 시카고 미용학교에서 강의하며 이런 독창적인 주장을 했다. "현대 여성은 기차역 간이식당의 그릇처럼 얼굴이 딱딱해 보이는데 그 이유는 껌을 씹기 때문입니다. 인간은 반추동물이 아닙니다…"[57] 아주 오래전부터 이어져 내려온 여성의 신체를 평가하는 전통에 따라, 현대 여성은 그 이전 시대 여성보다 추하고 덩치가 크다는 주장이 다양하게 제기되었다. 현대 여성의 신체에 맞는 옷을 생산해내지 못한다는 비난을 받은 여성복 제조업체에서는 최근 힙 사이즈 평균이 3인치 더 커져서 그렇다고 공박했다.[58] 여성의 발 크기도 도마에 올랐다. 1920년에서 1926년 사이 플래퍼의 전성기에 평균 신발 사이즈가 4.5에서 6.5로 커졌고 굽 낮은 옥스퍼드화가 유행하면서 발목도 확연히 굵어졌다는 공격이 이어졌다.[59]

신여성의 새로운 현현을 옹호하는 사람도 있었다. 1926년, 버지니아 출신으로 영국 최초의 여성 하원의원이 된 레이디 애스터Lady Nancy Astor는 가족끼리 조용히 휴가를 즐기려 신분을 숨기고 미국으로 귀향했다. 그러나 사마리아호가 보스턴 항에 입항하기 전에 이미 소문이 퍼져 기자들이 항구에서 진을 치고 있다가 레이디 애스터에게 전쟁 배상금부터 현대 여성에 이르기까지 다양한 주제로 질문을 쏟아부었다. "레이디 애스터, 미국에서 인생 최대의 충격을 받으실 겁니다." 한 기자가 이렇게 외쳤다. "사람들이 취한 모습을 보시면요. 취한 여자들이요. 사방이 술판입니다."[60] 한 달 뒤 다시 영국으로 돌아갈 때도 레이디 애스터는 여전히 플래퍼란 게 뭔지 모르는 척하면서도("젊은 현대 여성을 가리키는 말인 모양이네요.") 꿋꿋이 그들을 옹호했다. "짧은 머리카락이나 짧은 치마를 보면 놀랍기는 하겠으나 긴 치마니 꽉 조인 허리니 컬페이퍼*니 하는 우리 여

---

* 머리카락을 감아 컬을 만드는 데 쓰는 길쭉한 종이.

자들이 오랜 세월 동안 견뎌야 했던 온갖 물품보다는 훨씬 건강한 것 같네요. 나는 내 머리를 단발로 자를 만큼 똑똑하지 못했지만 그렇게 한 사람들에게 경의를 표합니다."[61]

재즈 시대를 거치면서 균형이 잡혔다. 1차대전 이후 신여성은 이전에는 상상도 할 수 없었던 독립을 획득했으나, 마치 독립이 그 자체로 위반이기라도 한 듯 그에 대한 사회적 비난도 뒤따랐다. 여성 레지던스 호텔 붐이 여성의 독립을 쉽게 만들었으니 대신 비난도 감수해야 했다. 그러나 바비즌은 조금 달랐다. 상류층 여성의 자선 클럽인 주니어 리그 전미협회가 맨해튼의 풍광이 장엄하게 보이는 바비즌 22층에 클럽룸을 열면서 품격이 더해졌다. 《보그*Vogue*》는 이 방의 모습을 전하면서 "모던함이라는 공통분모를 유지하면서" 실용적인 클럽룸을 젊은 여성들에게 제공했다는 점을 칭송했다. 래미네이트를 입힌 각진 흰색 벽난로가 방의 중심을 차지했고 벽난로 상단부터 천장까지 이어지는 거대한 거울에 반투명한 성냥갑을 쌓은 것처럼 생긴 아르데코 양식 천장등이 반사되었다.[62] 상류층 여성들의 주니어 리그뿐 아니라 다른 클럽도 바비즌에 아름다운 클럽룸을 마련했다. 배서 칼리지 클럽은 1922년에 이미 앨러튼 호텔 한 층을 전세 냈다. 여성 전용 호텔이야말로 여학교 클럽이 들어서기에 완벽한 장소라고 보았기 때문이다. 여성참정권 운동에 힘을 싣고 여학교들을 설립하는 데 도움을 준 여성들 간의 연대의식을 북돋기에 이만한 곳이 없었다. 바비즌이 아직 완공되기도 전에 웰즐리 칼리지 클럽이 18층에 있는 여러 개의 방으로 이루어진 공간을 쓰겠다고 신청했고 남쪽과 서쪽 옥상정원 독점 사용도 계약했다.[63] 넓은 라운지, 1층 식당과 연결되는 작은 엘리베이터가 있어 음식을 쉽게 날라 올 수 있는 식당, 도서실이나 집필실로 쓸 수 있는 작은 라운지를 마련할 계획이었다. 객실 스무 개도 클럽 멤버만 사용할 수 있도록 선점했다. 다른 여학교들도 곧 뒤를 따랐다.

호텔에서는 이런 여학교 클럽과의 제휴 관계를 활용하기 위해 발 빠르게 《뉴요커》에 광고를 냈다. "바비즌은 예술과 음악을 사랑하는 젊은이들의 최신 만남의 장소가 되었습니다. 뉴욕 사교생활의 중심에 있는… 이들 단체의 클럽룸을 열 장소로 이보다 더 적합한 곳이 있을까요. 바너드 칼리지… 코넬 여자대학… 웰즐리 칼리지… 마운트 홀리오크 칼리지… 7대 여대 리그."[64] 1928년 1월 뉴욕시 예술위원회는 《주니어 리그 매거진Junior League Magazine》을 통해 바비즌 메자닌에 사무실을 마련할 것이며 아츠 윙 거주자들에게 미술 전시회, 음악회, 연극 공연 관련 최신 소식을 제공하는 서비스를 하겠다고 발표했다.[65] 다시 말해, 바비즌의 연주황색 벽돌이 하나씩 놓이는 동안 바비즌의 이미지도 만들어지고 있었다. 바비즌은 예술적이면서 고상한 젊은 여성, 점잖지만 현대적인 여성을 위한 **바로 그곳**이 될 터였다.

•••

1928년 2월 바비즌 여성 전용 클럽 레지던스가 63번가와 렉싱턴 애버뉴에 공식적으로 문을 열었다. 파리에서 돌아온 '가라앉지 않는' 몰리 브라운은 더는 갑부가 아니었고 1931년 바비즌에 정착하면서 자기만의 방을 갖게 되어 기뻤다. 버지니아 울프Virginia Woolf가 여성의 독립과 창작을 위해 반드시 필요한 조건이라고 말한 바로 그것을 갖게 된 것이다. 현대적인 몰리에게 바비즌은 완벽한 곳이었다. 미술 전시회, 콘서트, 연극 등이 끊이지 않았고 바비즌에 거주하는 여러 배우, 음악가, 화가 지망생들이 이런 행사를 통해 데뷔하기도 했다. 엘리베이터에서 누굴 마주칠지는 아무도 모르는 일이었다. 1930년 미국 인구조사에 따르면 바비즌에는 몰리 브라운과 함께 오하이오 출신 모델 헬렌 레슬러Helen Ressler, 메릴랜드 출신 가수 헬렌 본스Helen Bourns, 아이오와 출신 실내 장식가 로즈 바Rose Barr, 펜실베이니아 출신 전문 간호사 마거릿 갤러거Margaret Gallagher, 캔자스 출신 통계학자 플로런스 두보이스Florence Du Bois 등이 있었다.[66] 몰리는 호텔에 발성 연습을 할 수 있는 널찍한 방음실이 있고 자기처럼 현대적인 여성이 가득한 것에 기뻐했다. 그 여자들이 전부 마음에 들지는 않았을지라도. 특히 플래퍼들은.

그러나 1932년 10월 26일, 몰리 브라운은 바비즌 객실에서 사망한 상태로 발견되었다. 사망진단서에는 직업이 '주부'라고 기재되었다.[67] 사실상 누구보다도 주부와 거리가 먼 사람이었음에도 그랬다. 몰리 브라운은 여성의 독립과 진보라는 책임을 떠맡고 20세기로 돌진한 용감한 19세기 여성이었다. 신문에는 사인이 뇌졸중이라고 보도되었다. 노래를 부르다가 급사했다고. 노래를 할 줄도 모르는 괴상한 옷차림의 돈 많은 미친 여자가 바비즌 호텔 연습실에

서 고래고래 노래를 부르다가 핏줄이 터져 죽은 듯한 이미지를 떠
올리게 하는 표현이었다. 그러나 사실 몰리는 노래를 상당히 잘 불
렀다. 몰리의 실제 사인은 바비즌에 도착했을 때부터 서서히 자라
난 뇌종양이었다. 몰리는 자기 방에 들어가 며칠 동안 눈을 감고 있
다가 '편두통'이 사라지면 차를 마시러 다시 방 밖으로 나오곤 했다.

몰리 브라운은 그래도 플래퍼보다는 오래 살아남았다. 몰리 브
라운이 죽기 3년 전에 이미 《주니어 리그 매거진》이 플래퍼의 쇠락
을 보도했다. "정말로 지난 한 해 동안 여동생의 친구들 가운데 플
래퍼를 본 적이 있습니까? 혹은 거울 속에 마주 보며 미소 짓는 플
래퍼가 있나요? 아닐 겁니다."[68] 《주니어 리그》는 플래퍼를 시대를
반영하긴 하나 다듬어지지 못한 존재로 보았다. "전성기에는 성적
이고 자의식적인 태도로 관심을 끌어 세계의 주목을 받고 교회 설
교단, 연단, 가족이 모이는 난롯가에서 화제가 되었다." 그러나 이
제 사람들의 관심은 이미 떠났다. 여자들은 이제 "화류계 여성을 모
방한 플래퍼들의 싸구려 행동"을 벗어던지고 더욱 세련되어지고
있었다. 주니어 리그의 젊은 멤버 한 사람은 이런 말로 요약했다.
"최초의 이른바 플래퍼라는 이들은 전쟁 직후의 산물이었다. 1913
년의 점잖은 여자들과 충격적으로 대비되는 존재였다… 치마는 무
릎 언저리에서 끝나고 오빠나 남동생의 담배를 훔쳐 피웠고 군인
처럼 욕설을 했다. 플래퍼들의 춤은 또 어땠나—그러나 독특한 낙
타 춤과 몸 흔들기만은 누구도 잊을 수 없을 것이다. 화장은 광대처
럼 요란했다. 새로 독립해서 짖는 법을 배우는 강아지들 같았다."

─호텔 바비즌

플래퍼와 함께 신여성이라는 개념도 사라졌다. 이제 20세기의 여성은 전부 '새로운' 존재였다.

플래퍼가 시야에서 사라지면서 레지던스 호텔도 같이 사라졌다. 호텔 소유주들이 시청에 들이닥쳐 뉴욕 시장 지미 워커에게 '레지던스 클럽'을 어떻게 좀 해보라고, 이 사기꾼 같은 호텔 때문에 수익이 줄어든다고 항의했다.[69] 1929년 다중 주거법이 발효되어 레지던스 호텔과 뉴욕 공동주택 둘 다를 가능하게 했던 법적 구멍이 사라졌다. 그리하여 레지던스 호텔 붐도 끝이 났다. 그러나 바비즌 여성 전용 클럽 레지던스만은 건재했다. 바비즌은 1920년대 뉴욕—밀주, 거울 표면에서 부富가 한없이 반사되던 스피크이지, 옷차림에도 삶에도 구속받지 않는다고 느낀 새로운 여성들의 시대에 탄생한 당대의 산물이면서, 동시에 다가올 시대의 전조였다. 바비즌 클럽 레지던스는 '가라앉지 않는' 몰리 브라운이 그랬듯 여성이 새로운 모습으로 재탄생하기 위해 가는 곳이었다. 20세기에도 그 유행은 끝나지 않았다.

2장

대공황에서 살아남다

깁스 걸과 파워스 모델

캐서린 깁스 비서학교는 여성들이 가정에서 나와 직장으로 가게 해줄 자격증을 갖추는 정석적인 통로였는데, 이 학교 학생들은 바비즌에서 생활했다. 케이티 깁스 자격증은 대공황 시기에 더욱 가치가 높아졌고 특히 일자리가 필요하게 된 예전의 상류층 젊은 여성도 이 학교로 많이 왔다. 이 사진은 1930년대 학교 카탈로그에 실린 것으로 젊은 여성 두 명이 바비즌 테라스에서 맨해튼의 드넓은 전경과 가능성을 응시하는 모습이다.

···

만약 누군가가 젊은 캐서린 깁스Katharine Gibbs에게 훗날 자신의 노력만으로 파크 애버뉴에 있는 거대한 아파트에 입주 도우미 세 명을 두고 살게 될 거라고 말했다면 말도 안 되는 소리라고 여겼을 것이다. 그런데 그는 혼자 힘으로 캐서린 깁스 비서학교를 설립함으로써 그걸 해냈다. 캐서린 깁스 비서학교는 단순한 학교가 아니라 어떤 현상이었고, 갑자기 모든 길이 막혀버린 젊은 여성들이 일자리를 찾을 수 있도록 해준 통로였다. 캐서린은 뉴욕에 학생들이 살 집도 마련했다. 바비즌의 2개 층을 차지하며 통금시간, 사감, 소등 규칙까지 있는 진짜 기숙사였다. 제약이 너무 심하다고 느낀 사람도 있었겠지만 이곳에서 해방감을 느낀 사람도 있었다. 스스로 새삶을 개척하고, 어려운 여건이지만 독립 생계를 꾸려나갈 기회였기 때문이다. 캐서린 자신이 그랬듯이. 캐서린만큼 성공하기야 어렵겠지만 말이다.

1909년 마흔여섯 살이던 캐서린 깁스는 급작스레 남편을 잃고

—호텔 바비즌

아들 둘과 미혼 여동생 한 명을 부양해야 할 처지가 되었다.[1] 중년의 나이에 남편도 없고 돈도 없이 살아남기에 좋은 시대는 아니었다(역사상 그런 시대가 있었을 리는 없지만). 그러나 캐서린은 남편이 유산은 남기지 않았어도 적어도 '깁스'라는 그럴싸한 개신교도 이름은 남겨줬으니 그걸로 뭔가를 할 수 있겠다고 생각했다. 캐서린 깁스는 브라운 대학 친구들에게 돈을 빌려 브라운 대학 캠퍼스에 캐서린 깁스 고학력 여성 비서 및 경영 학교를 설립했다.[2] 오늘날 아프리카 학부가 있는 건물이다. 결혼하면서 남편 성으로 바뀌긴 했으나 원래 캐서린은 아일랜드계 가톨릭 이민자 후손이라 전통적인 개신교도 갑부들의 관심을 받기 어려웠을 텐데도, 와스프WASP* 상류층 집안의 일류 대학 출신 미혼인 딸들을 대상으로 마케팅을 펼쳤다. 알고 보니 캐서린은 타고난 영업 천재였다. 캐서린은 자신의 특별한 사립학교에서는 상류층 여성들이 상업적인 비서학교에 다니는 하층민과 얽히지 않아도 된다고 광고했고, 사교계 명사 인명록을 뒤져 고객을 모았다. 일하는 어머니이자 싱글 여성인 자신은 이 인명록에 이름이 오를 일이 영영 없을 테지만[3]

1918년에는 뉴욕으로 사업을 확장했다. 이때는 부자들이 읽는 잡지《하퍼스 바자》에 광고를 냈다. 1920년의 광고 문구는 "특별한 성격과 차별적 목적을 가진 학교"였다. 캐서린은 바너드나 래드클리프 같은 명문 대학 졸업반 학생들에게 '고학력' 젊은 여성을 위

---

* 앵글로색슨계 백인 신교도. 미국의 지배계층을 가리킨다.

한 집중 코스에 특별히 지원할 자격을 주었다.[4] 1928년, 바비즌이 공식적으로 문을 연 해의 캐서린 깁스 학교 카탈로그에는 이런 말이 적혀 있다. "상속 자산은 가장 불확실한 보호책"이므로 깁스 학교에 입학하는 젊은 여성들은 스스로 생활비를 벌 방법을 찾는다. "기회 부족과 편견 때문에, 비즈니스가 여성의 영역이 아니기 때문에, 또 급료·인정·책임 면에서 여성은 정당한 보상을 받는 일이 드물기 때문에 여성의 커리어가 방해받을 때가 많음에도 불구하고."

여기에는 페미니스트적 표현을 썼지만, 사실 캐서린의 비즈니스 모델의 성공 비결은 화려하고 고급스러운 터치를 가미한 것이었다. 카탈로그 문구는 여성의 일할 기회가 제약되고 있다고 도발적으로 선언했으나[5] 카탈로그 모양은 사교계에 데뷔한 여성의 댄스 카드를 모방해 앞뒤를 두꺼운 흰색 종이로 감싸고 고급스러운 흰 끈으로 묶었다. 캐서린이 이루려고 하는 이미지에 딱 들어맞으면서 학생들의 출신 배경을 말해주는 것이기도 했다. 이를테면 매사추세츠의 뱅크로프트 스쿨, 뉴욕 배서 칼리지, 파리 소르본까지 다니고도 (자신이 비서 자격증을 실제로 쓰게 될 일은 절대 없으리란 걸 알았음에도) 케이티 깁스 비서학교 졸업장까지 추가한 헬렌 이스터브룩Helen Estabrook 같은 사람.[6] 1933년 헬렌 이스터브룩은 극우 단체 존 버치 협회 설립자 중 한 명인 로버트 워링 스토더드Robert Waring Stoddard와 결혼해 "완벽한 옷차림의" 매사추세츠주 자선사업가가 되었으며 폭넓은 학식을 바탕으로 "스코틀랜드의 새 사냥에서부터

17세기 로마 봄보치안티* 예술에 이르기까지" 온갖 주제로 식견을 펼칠 수 있었다.[7]

케이티 깁스 뉴욕 분교는 규모를 확장해 파크 애버뉴 247번지로 이전하면서 맨해튼의 유일한 자가용 전용도로변에 위치하게 된 것을 자랑스럽게 강조했다. 학생들은 경영학, 타자, 속기를 배웠고, 제대로 식사할 시간이 없어 녹색 천으로 덮인 책상 앞에 앉아 샌드위치를 먹고서 빵 부스러기를 파크 애버뉴에 털었다.[8] 때는 '광란의 1920년대'였고 뉴욕의 케이티 깁스 스쿨에는 헬렌 이스터브룩 같은 이들이 잔뜩 있었다. 이 상류층 아가씨들에게 깁스 스쿨은 예비 신부 학교 겸 파티 학교였고 대학을 졸업한 후 결혼하기 전까지 1년 동안 편안하게 즐길 수 있는―강도 높은 타자 연습도 병행해야 했지만―탈출구였다. 그러다가 '검은 목요일'이 닥쳤고, 모든 것이 달라졌다.

•••

1929년 10월 어느 목요일에 주식시장이 폭락했다. 나중에 영국 수상이 되는 윈스턴 처칠Winston Churchill이 그날 뉴욕에 있었는데 거리에서 아직 완공되지 않은 초고층건물 꼭대기를 올려다보고 있는 군중과 마주쳤다.[9] 사람들이 120미터 높이 철제 빔 위에 있는 노동자를 높은 곳에서 뛰어내려 생을 마감하려는 월스트리트 투자자로

---

* 로마에서 활동하던 네덜란드와 플랑드르 출신 화가들의 단체.

착각하고 웅성웅성 쳐다보고 있었던 것이다. 사실 투신하려는 사람이라고 생각한 것이 터무니없지는 않았다. 그날 하루 동안 미국인들이 잃은 돈은 미국이 1차대전에 쓴 돈 총합에 맞먹었다. 화요일에는 손실이 두 배가 되었다. 연합 통신사 칼럼니스트 윌 로저스Will Rogers도 그날 미국에 있었는데 "창문에서 뛰어내리려면 줄을 서야 할 정도였다"고 주장했다. 덜 공개적인 방식으로 같은 목적을 달성하려 한 사람도 있었다. 브롱크스에 사는 은퇴한 시가 제조업자 이그나츠 엥겔Ignatz Engel은 부엌에 담요를 깔고 누워 가스레인지 점화구를 전부 열었다. 브루클린의 주식중개인 한 사람은 휘파람을 불고 찬송가를 불러 이웃 사람들의 짜증을 돋운 다음 가스 밸브를 열었다. 파란색 서지 양복, 흰색 새끼염소가죽 장갑, 진주색 스패츠*를 깔끔하게 차려입고 부엌 바닥이 아니라 자기 침대에 누웠다.

극히 부유해서 주식 폭락을 일시적인 재정적 곤란 정도로만 여긴 이들도 있었다. 이들은 계속해서 즐겼다. 스토크 클럽, 엘 모로코 등 수없이 많은 스피크이지에 사교계 인사, 유명인과 엄청난 갑부들이 가득했다. 초호화 월도프 애스토리아 호텔이 1931년 주가 폭락 2년 뒤에 문을 열었다. 월도프 애스토리아에서는 호텔 소속 파티 플래너 엘사 맥스웰Elsa Maxwell이 기운을 북돋울 여흥을 원하는 부자들을 위해 코스튬 파티, 실내 게임, 야회, 보물찾기 등의 행사를 열었다. 그런데 소득세 수입이 나날이 급감하자 미국 재무부는 점

---

* 남자 구두의 발목 부분을 감싸는 짧은 각반.

─ 호텔 바비즌

점 커지는 정부 적자를 메울 방법은 주류세뿐임을 인정할 수밖에 없었다.

검은 목요일로부터 만 4년이 지난 1933년 12월 5일 화요일 늦은 오후, 이스트 56번가에 있는 스피크이지 메리고라운드는 평소와 다름없이 사람으로 붐볐다.[10] 제복에 황동 단추를 달아 엉뚱한 곳에 와 있는 제독처럼 보이는 도어맨이 늘 그러듯 문 앞에 서서 암호를 대고 안으로 들어갈 손님을 기다렸다. 아래층에서는 이곳 주인인 오마르 챔피언Omar Champion이 파크 애버뉴 온실에서 구입한 붉게 물든 단풍잎으로 연철 난간을 장식하고 있었다. 위층에서는 둥근 모양의 바가 11분에 한 바퀴꼴로 돌아갔고, 오르간에서는 음악이 흘러나왔으며, 바텐더들은 술을 따랐다. 젊은 여성들은 디오르Dior 뉴룩을 예고하는 허리가 잘록한 파리 스타일 멩보셰Mainbocher 드레스를 입고 돌아가는 바에 연결된 회전목마에 앉아 사이드카 칵테일을 마셨다. 모든 것이 빙빙 돌았다. 오후 5시 30분, 오마르가 전화를 받으러 갔다. 몇 분 뒤에 오마르는 창백해진 얼굴로 돌아와 떨리는 목소리로 말했다. "여러분, 유타주가 비준했습니다!" 오마르가 손을 뻗어 버튼을 누르자 유명한 회전목마 바가 돌아가던 도중에 멈췄다. 바텐더들은 조용히 앞치마를 벗고 "음료 제공 불가"라는 안내판을 내걸었다. 수정헌법 21조가 통과되어 금주법이 공식적으로 폐지된 것이다. 뉴욕의 스피크이지는 끝이었다. 광란의 1920년대도 끼익 소리를 내며 그 자리에 멈추어 섰다. 부자들도 예외가 아니었다.

그 무렵에는 경제 붕괴의 영향과 비참한 절망감이 월스트리트를 넘어 전국으로 퍼져 있었다. 검은 목요일 이후 1년 만에 미국 노동력의 4분의 1이 실업 상태가 됐다. 최악일 때는 뉴욕 시민의 3분의 1이 일자리가 없었고, 한때 녹음이 울창했던 맨해튼 센트럴 파크에는 지저분한 임시 판자촌이 들어섰다. 이런 판자촌을 사람들은 이 모든 사태에 책임이 있다고 생각한 후버Herbert Hoover 대통령의 이름을 따서 후버빌Hooverville이라고 불렀다. 거리에는 사기꾼과 행상이 득시글거렸다. 길거리에서 사과를 파는 사람이 수없이 많았는데, 1929년 사과 대풍작을 맞은 사과 농부들이 도시의 무직자들을 도와주는 한편 남는 사과도 처리하려고 자선을 베푼 터였다. 어깨에 사과 궤짝을 얹은 남자들의 모습이 가장의 고단한 처지와 동일시되었다. 그런데 사자 궤짝을 짊어진 여자들은 어디에 있었을까? 어디에도 없었다. 백인 남자 가장만 사과를 싸게 떼와서 팔 수 있었다. 여자들한테는 돌봐줄 남자가 있을 테니까. 적어도 사람들은 그렇다고 믿고 싶어 했다. 그렇지만 실상은 전혀 그렇지 않았다. 여자들도 남자들처럼 부양해야 할 가족이 있었고, 아니면 가족에게 짐이 되지 않게 자기 앞가림을 해야 했다.

• • •

대공황은 이제 모든 사람의 새로운 현실이었다. 바비즌의 현실이기도 했다. 바비즌은 싸게 지은 호텔이 아니었다. 1927년에 400만 달러를 들여 23층 건물을 올렸다.[11] 대공황이 계속되던 1931년,

호텔을 지은 윌리엄 H. 실크 회장 이하 개인 주주로 구성된 바비즌 코퍼레이션이 채무 불이행을 선언했다.[12] 체이스 내셔널 은행이 개입해 바비즌을 인수했다.[13] 이듬해, 체이스 은행은 뉴욕시에서 호텔의 가치를 295만 달러로 평가한 것에 항의하며 공정 시장가격은 그것의 3분의 2 수준이라고 주장했다.[14] 그로부터 한 달 뒤, 바비즌은 압류재산 공매에서 체이스가 실제 가치라고 주장했던 가격의 4분의 1밖에 안 되는 46만 달러라는 헐값에 매각되었다.[15] 내부 설비와 가구는 추가로 2만 8,000달러에 낙찰되었다. 둘 다에 입찰한 운좋은 사람은 로런스 B. 엘리먼Lawrence B. Elliman이라는 부동산업자로마서 워싱턴 여성 전용 호텔의 초기 주주이자 새로 만들어진 바비즌 호텔 채권자협회 의장이기도 했다.[16] 바비즌은 한 바퀴 돌아 바비즌을 잃은 사람의 손으로 다시 돌아온 셈이었다. 기존 주주 가운데 다시 들어올 배짱이 없는 사람들에게는 채권자협회 명의로 대출한 40만 달러로 변제했다.

압류와 매각·환매 과정을 겪으면서도 바비즌은 이전과 다를 바없이 운영되었다. 1929년 주식시장 붕괴 이후 뒤집힌 세상에서 어떻게든 버텨야 했다. 주가 대폭락 이후, 이전에 부유했던 사람은 가난해졌고 가난했던 사람들은 극빈층으로 몰렸다. 1934년 뉴욕에는 집 없이 혼자 사는 여성의 수가 7만 5,000명에 달했다.[17] 남자들은 사과를 팔 수 있을 뿐 아니라 싸구려 여인숙으로 가거나 25센트를 내고 간이 숙박소에 묵을 수 있었지만 여자들은 갈 곳이 없었다. 대공황 시대의 보이지 않는 희생자인 여자들은 지하철을 타거나 기차역에 앉아서 눈을 붙였다. 팔 물건이 없으니 자기 몸을 팔 수밖에 없었다. 많은 여성이 삶과 죽음 사이에서 줄다리기하다 성매매를 시작했다. 가정부 일자리를 찾는 흑인 여성들은 길모퉁이에 모여 고용주가 차를 몰고 와서 일자리를 제안하기를 기다렸다. 자기들끼리 이걸 새로운 "노예 시장"이라고 부르기도 했다.[18] 1920년대에는 일부 흑인 여성이 백인 여성들처럼 플래퍼 문화에 동참하기도 했으나 앞을 향해 나아가려던 그들의 발길은 금세 막히고 말았다. 이제 백인 여성이든 흑인 여성이든 일부 남아 있는 일자리와 자존감은 모두 남자들에게 넘겨주어야 했다. 미국인의 80퍼센트 이상이 이제 여성이 있어야 할 곳은 가정이라고 말했다.[19] 여자들이 쓸데없는 데 소비할 '쌈짓돈'을 벌려고 남자들 일자리를 빼앗는다는 생각도 널리 퍼져 있어서 여성부에서 거듭 반박해야 했다.[20] 물론 사실과 거리가 먼 망상이었다. 현실은 많은 젊은 여성이 가족을 부양하기 위해 일해야 했고 생활비를 보낼 남편이 없는 여자들도 자신의 생계를 위해 일해야 했다는 것이다.

뉴욕의 화려한 여성 전용 호텔 바비즌은 대공황이 시작되자 다른 전략을 택해야 했다. 고객이 바뀌었으므로 바비즌도 달라져야 했다. 신문 광고에서는 이제 소박한 객실의 경제적 이점과 멋진 환경에서 사회적 네트워킹을 통해 얻을 수 있는 이익을 강조했다. 한편으로는 계속해서 예술에 관심이 있는 사람들, 아직 집안 재산이 거덜 나지 않은 백인 상류층 대학 졸업생들을 끌어들였지만, 다른 한편으로는 다른 잠재적 고객을 공략했다. 《뉴요커》에 실린 다양

― 호텔 바비즌

한 광고가 이런 변화를 뚜렷이 보여준다. 일단은 바비즌이 처음 계획되었을 때 타깃으로 삼았던 입주자 유형에게 호소한다.

> 시인인 젊은 여성에게. 혹은 음악가… 화가… 그 외 다른 분야의 전문가에게… 바비즌이 당신의 재능을 실현하기에 최고의 환경을 제공하게끔 만들어졌다는 걸 아나요? […] 이곳에서 당신의 현재 수입으로 당신이 꿈꾸는 호사스러움을 실현할 수 있다는 걸 아나요? [1932년]21

바비즌은 이어 야심 있는 (혹은 절박한) 사람들을 겨냥해 네트워킹 가능성을 강조한다.

> 똑똑한 젊은 여성은 똑똑하게 삽니다! 성공은 업무시간 이후의 신체적 안락함, 여가 활동과 정신적 자극에 달려 있습니다. 바비즌의 젊은 여성들은 생기가 넘치고 성취욕이 있습니다. 비즈니스와 직업 세계에서 활발하게 활동하는 이들과 어울리기 때문입니다… 예술가… 음악가… 극작가… 작가… 소중하고 멋진 인연을 나눌 수 있는 사람들. 그들 중 한 사람이 되세요! 제대로 된 환경의 확실한 가치를 느끼세요! [1933년]22

바비즌 광고는 젊은 여성 구직자들이 느끼는 미래에 대한 불안감도 건드렸다.

여성분들 지금 어떻습니까? 일을 구하고 있나요? … 때로 미래가 불안한가요? … 바비즌이 있습니다! 적합한 환경의 확실한 가치를 느끼세요… 딱 맞는 사람과 우정을 쌓으며 성취에 대한 열정을 키우세요. 바비즌은 '젊은 여성을 위한 뉴욕 최고의 레지던스'입니다. 하지만 부담스러운 가격은 아닙니다. 작고 매력적인 방 몇 개가 현재 나와 있습니다… 와서 구경해보세요. [1934년][23]

광고에서 대놓고는 말하지 않지만, 사실 바비즌은 이제 이전과 다른 종류의 보호를 제공하려 했다. 1927년, 여전히 빅토리아 시대 기준에 따라 신여성을 비난하던 사회에서는 바비즌의 연주황색 벽돌벽이 이 안에 있는 여성들은 행동거지가 정숙하다고 보장했다. 이제 바비즌 호텔은 다른 종류의 비난으로부터 여자들을 안락하게 지켜주겠다고 했다. 여자는 일을 하면 안 되고, 일자리는 가장인 남자들의 몫이며, 일하는 여성은 비애국적이라고 간주하는 터라, 뉴욕에서 봉급을 받고 일하는 여자나 일자리를 찾는 여자는 모두 배척받는 존재일 수밖에 없었던 것이다.

여자가 출근 복장으로 거리를 걷거나 사무실 건물 엘리베이터 앞에 서 있는 모습은 '남성성이 받는 위협'을 상기시켰다. 1932년이 되자 26개 주에서 결혼한 여성이 취직하는 것을 불법으로 규정했다. 여성이 결혼과 동시에 직장을 그만두도록 강제하지 않는 주에서도 여자가 결혼을 앞두고 있으면 반드시 밝히도록 의무화했다.

—호텔 바비즌

여자가 생계를 책임져야 하는 '진짜' 가장의 일자리를 뺏는 것은 부당하다고 보았기 때문이다.[24] 바비즌은 이런 비난을 피할 수 있는 곳이었다. 이제 바비즌은 단순한 레지던스 호텔이 아니라 안전한 피난처였다.

1932년에서 1933년으로 넘어가는 겨울이 특히 혹독했다. 후버빌이 생기고, 식량 배급을 받으려고 사람들이 줄을 섰으며, 독신 무직 여성들이 일자리를 요구하며 뉴욕 거리를 행진했다. 그중에는 광란의 1920년대의 낙관주의를 먹고 자란 '좋은 집안' 출신이 많았다. 프랭클린 루스벨트Franklin Delano Roosevelt는 1933년 대공황의 정점에 대통령이 되었다. 국민소득은 절반으로 줄었고 900만 개의 예금 계좌가 사라졌다. 루스벨트 대통령이 취임할 무렵에는 주택 압류가 하루에 1,000건에 달했고 38개 주에서 은행을 폐쇄했으며 구호금을 지급할 여력조차 없는 지방 정부가 많았다.[25] 주식시장 붕괴로 지난 10년의 낙관주의가 환상임이 드러났다. 퍼스트레이디 엘리너 루스벨트Eleanor Roosevelt는 이전의 낙관주의는 "물질적 이익을 향한 국가적 몰두"를 기반으로 자라난 것이라고 말했다.[26] 지당한 말이었다. 1920년대는 개인주의와 소비주의로 정의되는 모더니티를 옹호했지만, 그런 한편 가정과 가족 말고 다른 무언가를 열망하도록 허용된 여성들에게도 혜택을 주었다. 그런데 이제 그 여성들에게 가정으로 돌아가라고 말하고 있었다. 가정의 재정 상황은 밖에 나가 돈을 벌어와야 한다고 요구하고 있음에도.

그럼에도 꿋꿋이 버틴 이들이 있었다. 일자리를 찾던 젊은 여성 중 다수는 최근 대학을 졸업했지만 취직할 가능성은 희박했다. 1932년 바너드 칼리지 졸업생 구직자 중 3분의 1만이 구직에 성공했으며 그것도 주로 타자를 치는 일이었다.[27] 영문학 학사 학위가 있어봐야, 이력서에 비서학교 수료증을 더하지 않고는 아무것도 할 수가 없었다. 가급적이면 캐서린 깁스 비서학교 같은 최고 학교의 인증서가 필요했다. 멋진 미래, 자아를 실현하는 삶을 꿈꾸던 대학 졸업생들이 이제 절박한 심정으로 유명 비서학교의 문을 두드렸다. 이곳에 입학 허가를 받고, 타자·속기·에티켓·태도·비즈니스 트레이닝 등의 엄격한 과정을 통과한다면, 깁스 걸이 될 수 있었다. 깁스 걸은 지금은 거의 잊힌 존재지만 1930년대 한때는 9시부터 5시까지 세련미와 근성을 상징하며 당당하게 존재를 뽐낸 미국 노동력의 자부심이었다. 그것도 여자들이 감히 일하러 나서는 것만으로 비난의 대상이 되던 시대에.

이제 케이티 깁스의 강의실은 결혼 전 잠시 즐거운 시간을 보내러 온 동부 7대 명문 여대 졸업생들이 아니라 진짜 일자리를 얻는 데 필사적인 여성들이 채웠다. 부유층 여성이 일자리를 찾는 여성으로 교체되었다. 배서, 스미스, 바너드 같은 명문 여대 졸업생이 케이티 깁스에 들어가기가 대학에 입학하기보다 더 힘들었다. 학교는 몰려드는 학생들을 수용하기 위해 1930년 바비즌 호텔 16층을 캐서린 깁스 뉴욕 공식 기숙사로 삼았다.[28] 깁스 학교의 학생들은 세련됨과 정확성을 기조로 훈련받았다. 태도, 목소리, 에티켓 수업이 필수였고 여기에 더해 헝가리 화가이자 바우하우스 교수인 라

즐로 모홀리나기Laszlo Moholy-Nagy 등에게 예술 감상 강의를 듣기도 했다. 명문대 교수진에게 건강, 자세, 개인위생(컬럼비아 대학 신경학 조교수 도로시 케니언Dorothy Kenyon 박사, 웰즐리 칼리지 자문 의사 페이스 메서브Faith Meserve 박사 등이 가르쳤다), 현대 실내 장식, 금융, 경영 문제, 비즈니스 패션, 소득 관리, 영문학(필요한 상황이 오면 책에 대한 대화를 이어나갈 수 있도록) 등에 이르는 다양한 수업을 들었다. 깁스 졸업 후 현직에서 어떻게 대처할지에 관한 아래의 조언에서는 깁스 출신이 누구보다 잘 안다는 자신감이 느껴진다.

> 날짜를 쓸 때 June 21st, 193-.라고 쓰는 것이 [현재 비서로 근무하는] 회사의 관습일 수 있습니다. 여러분은 '-st'와 마지막 마침표를 생략하는 것이 오늘날의 추세임을 알지만 그래도 처음에는 일시적으로 회사의 방식을 따르도록 하세요. 그렇지만 이런 낡은 방식이 고정된 습관이 되어 그게 옳거나 바람직하다고 여겨지도록 내버려두면 안 됩니다.

1934년 캐서린의 첫째아들이 자살했고 두 달 뒤에 캐서린도 세상을 떠났다. 남은 아들 고든 깁스Gordon Gibbs가 사업을 이어받아 확장했고 수천 명의 학생에게 캐서린의 이름을 신성하게 각인시켰다.[29] 바비즌 호텔 17층도 깁스 걸의 기숙사로 추가했고 학교도 다시 옮겼다. 이번에는 그랜드센트럴 기차 환승역 근처에서 가장 높은 건물인 뉴욕 센트럴 빌딩(나중에 헴슬리로 이름이 바뀌었다)에 입주했다. "편리한 지하보행로"를 통해 그랜드센트럴 터미널 중앙 홀까지 갈 수 있는 위치라고 홍보했다.[30] 학교는 4층에 있었고 "현대적인 환기, 방음 시설"을 갖추었다. 구내 진료소에서 학생들의 건강을 관리했고, 학생들의 정신적·사회적 건강은 커피타임, 과별 오락과 파티, 겨울철 전교생이 참여하는 공식 댄스파티 등으로 고무했다.

깁스 걸들은 바비즌에서 두 층을 통째로 사용했을 뿐 아니라 22층에 있는 "멋진 라운지와 오락실이 연결된 공간"을 독점 사용했다. 식사(아침과 저녁)는 1층 바비즌 커피숍에서 제공하는 음식으로 개별적으로 하거나 "그림 같은 코로룸"에서 했다.[31] 또 목요일마다 22층 라운지에서 자기들끼리 티타임을 가졌다.[32] 1930년대에 발행된 《깁스니언The Gibbsonian》에는 학생들이 바비즌의 옥외 공간에서 맨해튼의 장려한 스카이라인을 배경으로 서 있는 모습이 자주 실렸다. 깁스 학교의 졸업앨범 '플래튼Platen'(타자기에서 종이를 고정하는 원통형 롤러의 이름을 땄다) 뒷면 광고를 보면 바비즌과의 연관 관계가 더욱 뚜렷하게 드러난다. "바비즌의 헤어드레서 에밀. 패션의 독재자… 전문가의 손길로 이루어지는 각종 미용", 바비즌 약국, "바비즌 커피숍 & 레스토랑—캐서린 깁스 스쿨 케이터링 업체" 등의 광고가 실려 있었다.[33]

깁스는 바비즌이 뿜어내는 효율성과 화려함이라는 이미지에 학교의 이미지를 결합하는 데 성공했다. 그렇지만 실제로 대공황 시대 깁스 학교 학생 대부분은 (좋은 집안에서 태어난 매사추세츠주의 자선 사업가 헬렌 이스터브룩 스토더드가 아니라) 바버라 쿨터Barbara Coulter 같

—호텔 바비즌

은 사람이었다. 바버라 쿨터는 어머니가 저축한 돈으로 가까스로 깁스에 입학할 수 있었다.[34] 바비즌에 살았기 때문에 아침과 저녁은 "그림 같은 코로 룸"에서 먹을 수 있었으나 점심을 사 먹을 돈이 없었기 때문에 그 사이에는 늘 배가 고팠다. 얼마 안 되는 용돈은 모자, 장갑, 구두, 스타킹 등 깁스 걸이 항상 착용해야 하는 옷가지를 사는 데 들어갔다. 이런 것을 갖추지 않으면 벌금을 물거나 최악의 경우 학교에서 쫓겨났다. 깁스 걸은 지하철에서도 모자를 벗을 수 없었다. 이 관습은 모자가 구식으로 여겨져 서른 살 이하의 여성은 거의 모자를 쓰지 않던 1960년대 후반까지도 이어졌다.

캐서린 깁스 학교는 젊은 여성이 비즈니스 커리어를 시작할 수 있도록 한다는 목표를 명시했으나 한편으로 교양과 에티켓 수업 등을 제공하며 금전적 문제를 해결하는 다른 길을 암시하기도 했다. 미래에 배우 제인 폰다Jane Fonda와 피터 폰다Peter Fonda의 어머니가 되는 프랜시스 폰다Frances Fonda는 깁스 학교에 가서 "가장 빠른 타이피스트이자 최고의 비서"가 되겠다고 결심했다.[35] 그런데 프랜시스의 계획은 그것으로 끝이 아니었다. 프랜시스는 깁스에서 훈련을 마치고 나서 야심 차게 월스트리트에 안착하고 이어 백만장자와 결혼하겠다는 꿈을 꿨다. 프랜시스는 그걸 해냈다. 그것도 두 번이나. 1950년 스스로 목숨을 끊기 전에. 깁스에서는 일자리를 알선하며 온갖 가능성을 열거했는데, 당시에는 고용주가 정확히 어떤 종류의 깁스 걸을 원하는지 밝히지 못하게 금지하는 법이 없었을뿐더러 그런 것을 꺼림칙하게 여기는 사람도 없었기 때문이다.

그래서 고용주가 키가 168센티미터 이상이거나 빨간 머리인 '아가씨'를 요구할 수도 있었다. 유명 파일럿이자 파시스트 동조자인 찰스 린드버그Charles Lindbergh는 자신과 정치적 이데올로기가 일치하는 비서를 요청했다.《새터데이 이브닝 포스트Saturday Evening Post》에는 어떤 사업가가 두 달 만에 깁스 졸업생을 다시 또 고용했다는 소식이 실렸다. 첫 번째로 고용한 졸업생이 자기 아들과 결혼했기 때문이었다.

그러나 비서직에서부터 경력의 사다리를 차근차근 밟아 올라가는 깁스 걸도 있었다. 대공황 시기에는 부정적 시각도 있었으나, 그래도 1920년대에 여자가 간호와 교육 말고 다른 분야에서도 일할 수 있다는 인식이 뿌리내려 1930년대까지 이어졌다. 이런 인식이 바비즌에서 다양한 티타임, 대화, 강연을 통해 강화되었다. 이를테면 바너드 칼리지 클럽에서 '일하는 여성'이라는 주제로 주최한 만찬 모임 같은 것이 있었다. 연사들이 "여성과 신문", "정부에서 일하는 여성", "의학계의 여성", "지역 정치계의 여성" 등을 주제로 돌아가면서 발언했다.[36] 1930년대 대중문화에서도, 영화산업이 성장하고 라디오가 있는 집이 두 배로 늘어나고 신문 발행부수가 증가하면서 '자기주장이 강한' 여성상이 종종 등장했다. 1930년대 영화의 여주인공은 "야심 있는 커리어우먼, 배짱 있는 연예인, 세련된 사교계 인사, 금발의 요부, 그리고 무엇보다도 세상일에 밝은 기자" 등이었다. 캐서린 헵번Katharine Hepburn, 캐럴 롬버드Carole Lombard, 클로뎃 콜버트Claudette Colbert, 진 아서Jean Arthur 등이 주로 이런 역할을 맡아 연기했다.[37] (실제로 1920년대에 여성이 언론계에 대거 진출했고 이런 추세가 1930년대까지 계속되었다. 엘리너 루스벨트는 여성 기자들이 일자리를 잃지 않도록 매주 여성 전용 기자회견을 여는 등 이들에게 힘을 실어주었다.) 영화 속 여주인공들은 "1920년대의 잃어버린 열망이 담긴 보고"가 되었다.

그러나 이들 영화 속 여주인공들은 쓰러지거나 길들여지게끔 설정되어 있기도 했다. 〈바람과 함께 사라지다Gone with the Wind〉에서 스칼렛 오하라가 강간을 당한 뒤에 사자에서 양으로 바뀐 것을 극단적인 예로 들 수 있다. 다시 말해 대중문화는 1920년대 여성 해방에 대해 1930년대 스타일의 질책을 가했다. 바비즌 거주자들은 더 작은 규모의 국지적이고 비영화적인 질책을 일상적으로 흔히 경험해야 했다. 1935년에 나온 《기자가 되고 싶다고요So You Want to Be a Reporter》라는 안내서는 현실을 이렇게 들려준다. "여러분은 영화에서 기자가 되어 특종을 터뜨리는 여자를 보았을 겁니다. 마법의 가루요, 여성분들, 마법의 가루가 필요합니다… 여러분이 대통령 기자회견을 보도하는 상상을 하고 있다면요, 숨을 깊이 들이마시고 자신이 '수지'라는 걸 기억하세요. '수지'가 뭐냐고요? 제가 말 안 했던가요? 신문사에서 여성 신입사원은 전부 '수지'라는 이름으로 불립니다. 뭔가 대단한 활약을 해서 다른 별명을 얻게 되기 전까지는요."[38]

그럼에도 여성이 의미 있는 직업 활동을 할 수 있다고 믿는 사람도 있고 그런 장소도 있었다. 바비즌도 그중 하나였다. 바비즌의 사교 담당자이자 직업 자문인 엘리자베스 커티스Elizabeth Curtis는 여성 전용 레지던스 호텔이 분홍색 벽돌 건물 밖 사회가 줄 수 없는 것을 제공할 수 있다고 열렬히 믿었다.[39] 커티스는 현대 여성이 직업을 갖고자 한다면 가정으로부터, 부엌일로부터, 강요된 접대 행위로부터 자유로워져야 하며, 가족의 의무는 깨끗이 떨쳐버려야 한다고 했다. "저녁거리나 어머니를 기쁘게 해드리기 위해 대접해야 하는 친척 생각을 하면서 일하러 가는 여성은 일에 절반밖에 집중할 수 없다." 커티스는 이렇게 주장했다. 요리할 필요가 없다면, 다른 사람의 식사를 준비할 필요가 없다면, 어머니를 모시고 식사 자리에 가는 대신 동료 여성 직장인들과 같이 식당이나 칵테일바에 갈 수 있다면, 더 즐거울 뿐 아니라 직업적으로도 도움이 될 것이다. 매일 아침 바비즌 정문에서 쏟아져 나온 흰 장갑을 낀 깁스 걸들이 바로 이런 생각의 타당성을 입증하고 있었다.

•••

깁스 걸이 받아들여질 수 있었던 것은 1930년대까지는 비서 일이 여자들만의 일로 간주되었기 때문이다. 이것 말고도 여자만의 일로 여겨진 대도시의 일자리가 하나 더 있었다. 바로 예쁘게 보이는 일이었다. 1930년대 바비즌 객실에서 깁스 걸이 가장 큰 비율을 차지했다면 다음은 파워스 모델들이었다. 존 로버트 파워스John Robert Powers는 1920년대에 배우가 되겠다는 꿈을 안고 뉴욕에 왔으나, 곧 세계 최초의 모델 에이전시 설립이라는 자신의 진짜 소명을 발견했다. 파워스는 어느 날 어떤 사업가가 잡지 광고를 만들려고 하는데 외모가 매력적인 사람이 많이 필요하다고 하는 말을 우연히 엿들었다. 파워스는 친구들을 모았고, 상품을 배달했고, 다음 이야기는 역사가 되었다. 파워스의 성공 스토리는 1943년 뮤지컬 영화 〈파워스 걸The Powers Girl〉로 제작되기도 했다.

파워스 에이전시는 전형적인 중서부 스타일—키가 크고 금발에 굴곡 있는 몸매—을 전문으로 했다. 에이전시 수입의 4분의 1은 미국 시골 지역에서 쇼핑몰을 대신하던 우편 주문 판매회사 시어스 로벅 등의 카탈로그 모델로 벌어들였다. 파워스 모델 가운데 일부는 실제 중서부 지역 출신이었으나 나머지는 전국 각지에서 왔고, 모두 바비즌에 투숙했다. 파워스는 "임대료가 더 낮은 숙소"를 찾을 수도 있었으나 돈을 조금 더 들여서 미혼 모델들이 "품격과 보호를 제공하는 환경에서 지낼 수 있게 하는" 편이 낫다고 판단했다며 자랑했다.[40] 그리하여 바비즌에는 모델들의 화려한 매력이 가득하게 되었다. 월도프 애스토리아 호텔 소속 파티 플래너 엘사 맥스웰은, 파티를 하려면 사교계에 막 데뷔한 상류층 여성은 없어도 파워스 모델은 적어도 여섯 명은 있어야 한다고 말하곤 했다.[41] 파워스는 금발에 귀여운 외모의 여성상을 추구했기 때문에 모델들이 "놀라울 만큼" 서로 닮아서 뉴욕 가십 칼럼니스트들은 가십 기사를 적을 때 누가 누구인지 구분하기를 포기하고 그냥 "그는 '파워스 모델' 한 명과 같이 참석했다"라고 썼다.[42]

이 모델들은 슈퍼모델이 아니라 광고 모델이었다.[43] 잡지 기사

사이사이에 등장해, 파워스가 설명하듯 "가장 좋아하는 커피를 마시고, 꿈의 자동차를 몰고, 최신 패션을 보여주고, 와플 만드는 법을 보여준다". 파워스는 파크 애버뉴에 있는 사무실로 찾아온 젊은 여성들을 보고 "상류층에게 흑담비 모피, 위대한 미국 주부에게 식료품" 등등 무엇이든 판 수 있는 잠재력을 가늠해보았다. '파워스 걸'은 전형적으로 키 175센티미터에 34-24-34인치의 볼륨감 있는 몸매로, 삽화가 윌리엄 브라운William Brown은 "길쭉한 미국식 미녀"라고 불렀다. 롱아일랜드의 부자 동네 햄튼스 출신이 아니라 (훗날 그곳으로 가는 경우도 많았지만) 대체로 미국 중부 어딘가에서 온 여성들이었다.

중서부에서 바로 바비즌으로 온 이블린 에콜스Evelyn Echols가 그런 점에서 전형적인 케이스였다. 이블린은 늘 뉴욕을 꿈꾸다가 1936년 4월 스물한 번째 생일을 맞아 가장 친한 친구와 함께 미국을 가로질러 뉴욕까지 데려다줄 가장 싼 차표를 샀다. 짐을 뒷좌석에 욱여넣은 채 차는 밤새 쉬지 않고 달렸다. 뉴욕에 도착하자마자 그들은 가장 먼저 바비즌으로 가서 방을 잡았다. "1930년대에 뉴욕에 온 미혼 여성은 백이면 백 그곳에서 지내기" 때문이었다.[44] 그러고는 거의 종일 잠을 잔 뒤, 마침내 호텔 밖으로 나섰다. "바비즌 호텔 입구 주위에서 독수리처럼 하루 24시간 맴도는 남자들" 앞을 지나쳐 밖으로 나왔다. 첫 번째 목적지는 당연히 타임스퀘어였고, 두 사람은 브로드웨이와 42번가 교차로를 향해 내려갔다. 그곳에 도착한 뒤 이블린은 친구를 돌아보고 꼭 끌어안으며 자기는 절대로 뉴욕을 떠나지 않겠다고 선언했다.

하지만 뉴욕을 떠나지 않으려면 일자리가 필요했다. 이블린은 파워스 모델도 깁스 걸도 아니었다. 뉴욕에-왔으니-절대-여길-떠나지-않을-거야 타입을 모르지 않는 데스크 직원이 《뉴욕 타임스》 일요판의 구인 광고면을 펼쳐 이블린에게 보여주었다. 대공황기가 아직 끝나지 않았지만 다행히 이블린은 간호사 경력이 있어 바비즌에서 여섯 블록 떨어진 개인 산부인과에서 금세 일자리를 구했다. 병원장은 이탈리아인 의사였는데 임산부들을 전부 '로지'라고 불렀다.[45] 이블린은 날마다 산모 병동에서 같은 구간을 끝없이 반복하는 망가진 레코드처럼 똑같은 구호가 반복되는 걸 들었다. "힘 줘, 로지, 힘줘!" 친구가 이미 오래전에 혼자 고향으로 돌아가버렸기 때문에 이블린은 쉬는 날에는 모델들하고 어울렸다. 그들은 작은 시골 마을 출신임을 감추기 위해 덜싯 톤, 추추 존슨, 도리언 리, 허니 차일드 와일더 같은 다채로운 이름을 썼다. 모델들이 이블린을 스타일리스트에게 데려가 환골탈태하게 해주었다. 금발을 다듬고 새 같은 눈매 화장을 해주었고 7번 애버뉴의 옷가게가 즐비한 구역으로 데리고 가 디자이너 제품을 도매가에 사는 법을 알려주었다. 어느 날 모델 친구들과 같이 영화를 보러 가는 길이었는데 친구들이 일거리를 받으러 파워스 에이전시에 들렀다. 이블린이 친구들을 기다리는 동안 어떤 남자가 이블린을 지나쳐 갔다가 다시 돌아왔다. "정말 오랜만에 보는 전형적인 중서부 사람이네!"[46] 이렇게 소리친 사람은 존 로버트 파워스였다. 파워스는 이블린이 몽고 메리 워드 우편주문 카탈로그 모델로 "이상적"이라고 단언했다.

이블린이 파워스 모델로 활동한 기간은 길지 않지만, 또 다른 바비즌 거주자 설레스트 긴Celeste Gheen은 모델 일을 진지하게 생각했다. 설레스트 긴은 '가장 다재다능한 모델'이라는 타이틀을 그냥 얻은 게 아니었다. 설레스트가 얼굴, 몸, 혹은 팔다리 한쪽을 제공한 광고의 목록은 참으로 대단하다. 캐멀, 올드 골즈, 체스터필드(이 담배들 중에서 설레스트는 올드 골즈만 피웠다), 크리펜도프 풋 레스트 구두, 유나이티드 스테이츠 러버 컴퍼니, 뷰익, 헬먼스 마요네즈, 셀로페인, 로그 캐빈 시럽, 텍사코, 패커드, 바이엘 아스피린, 비치넛 베이비푸드, 시몬스 뷰티레스트 매트리스, 본 아미 청소용 파우더, 스팸, 완하제 카스토리아(설레스트는 이 변비약에 손도 대지 않았다).[47] 파워스는 설레스트 긴에게 최고의 찬사를 쏟아부었다. "설레스트는 전형적인 미국 아가씨 타입입니다!"《뉴요커》는 이 말의 의미가 설레스트가 "젊은 남자들이 저절로 휘파람을 불게 만드는 압도적인 미녀는 아니지만, 이목구비가 섬세하고 단정하며 태도가 우아한 확연히 매력적인 사람"이라는 뜻이라고 설명했다.

설레스트도 만족스러워했다. 원래 오하이오주 클리브랜드 출신인 설레스트는 8개월짜리 비서 과정을 밟고 셔윈윌리엄스 페인트 회사에 비서로 취직했다. 1934년 어느 날 설레스트가 어머니에게 드릴 사진을 찍으러 사진관에 갔는데, 그때 제너럴 일렉트릭 의뢰로 작업 중이던 사진사가 광고 모델 자리를 알아봐주겠다고 했다. 사진사가 일을 성사시켰고, 설레스트는 5달러를 받고 60와트 마즈다 전구를 들고 사진을 찍었다. 이 사진에는 "정말 싸네요!"라는 광고 문구가 붙었다. 설레스트는 모델 일은 이것으로 끝이라고 생각했으나, 뉴욕에 있는 광고 에이전시에서 설레스트가 마즈다 전구를 들고 있는 사진을 보고 파워스에게 이 모델을 쓰고 싶다고 했다. 파워스는 이 과제를 떠맡았고 마침내 클리블랜드에 있는 설레스트를 찾아냈다. 파워스는 1년 넘게 설레스트에게 편지를 보내 설득했다. 설레스트는 처음에는 파워스가 누군지도 몰랐고 젊은 백인 여성을 인신매매하는 조직이 아닌가 의심해서 파워스의 편지를 무시했다. 어떤 면에서 틀린 말은 아니었다.

그러나 파워스가 1년 동안 끈질기게 간청한 끝에 설레스트는 1935년 가을 마침내 뉴욕으로 가겠다고 승낙했다. 설레스트는 일이 중요했기 때문에, 파워스가 자신을 모델로서 부적격하다고 판단하더라도 그곳에서 비서로 일하게 해주겠다는 약속을 받아냈다. 설레스트는 뉴욕에 와서 테스트에 통과했고 바비즌에 정착했으나 여전히 의심을 거두지 못했다. 첫 번째 스튜디오 촬영 약속이 잡혔을 때 바비즌 친구 중 한 명에게 자기가 몇 시까지 돌아오지 않으면 경찰을 부르라고 일러두었다. 그에 그치지 않고 사진사에게도 바비즌에 있는 친구가 신고하려고 기다리고 있다고 말했고, 사진사는 불안해져서 카메라를 제대로 들지 못할 지경이 되었다. 그러나 설레스트도 곧 1930년대를 살아가는 모두가 생계유지라는 같은 목표를 추구하고 있음을 알게 되었다. 설레스트 본인도 마찬가지였다. 불안하게 시작했지만 설레스트는 곧 일주일에 25달러를 벌게 되었다. 바비즌 숙박비가 11달러였으므로 남은 돈으로 여유 있게 생활하고 심지어 저축도 할 수 있었다.

뉴욕에서 활동하는 모델들이 다들 그러듯 설레스트도 화장품, 액세서리, 그 밖에 촬영에 필요한 온갖 소품을 넣은 검은색 원통형 모자가방을 들고 다녔다. 모델이 메이크업도 머리 손질도 직접 할 때였다. 파워스 에이전시와 같은 건물에 있는 남성용 모자상 존 캐버너의 모자가방을 들고 다니는 사람은 파워스 모델이라는 걸 누구나 알았다. 라이벌 모자상이 캐버너가 공짜로 누리는 광고 효과에 짜증이 나서 파워스 모델 이름이 하나씩 찍힌 모자가방을 특별히 만들어 제공했으나 선뜻 바꾸려는 사람은 몇 없었다. 설레스트는 캐버너 가방을 버리기 직전까지 갔는데, 매디슨 애버뉴 버스에서 가방 바닥이 열려서 민감한 내용물이 승객들에게 전부 공개된 일이 있었던 것이다. 긴 모직 속옷에다가 '쌍안경'이라고 불리던 촬영 시 가슴을 풍만해 보이게 만드는 도구도 있었다. 설레스트는 캐버너 가방에 또 다른 불만도 있었다. 그 가방을 들고 다니면 사람들이 "어이 파워스!"라고 외치곤 했다. 그렇다고 다른 가방을 들고 다니면 "어이 아가씨!"라고 외치곤 했으니 딱히 더 좋을 것도 없었다.

모델 일에서 가장 힘든 것은 엄청난 열기를 발생시키는 조명등이었다. 사진 촬영은 포즈를 취하는 일만큼이나 땀과 실신과 싸워야 하는 일이기도 했다. 설레스트도 곧 다른 모델들이 하는 방식을 배웠다. 기절하지 않으려고 사진사가 제공하는 가느다란 금속 지지대에 몸을 기대고 늘 챙겨서 다니는 비치스 껌을 미친 듯이 씹었다. 설레스트는 하루에 평균 서너 건의 일을 했는데 일을 얻는 게 여간 번거롭지 않았다. 평범한 외모에 지쳐 보이는 에이전시 여직원 두 명이 일을 배분하고 뒤쪽 벽에 거대한 스케줄 차트를 걸어놓고 모델 스물세 명의 스케줄을 통제하고 관리했다. 파워스 모델 가운데는 얼굴만 쓰고 네크라인 아래쪽은 촬영하지 않는 모델도 있었지만, 설레스트와 파워스의 이름이 표지에 적힌 가죽 장정의 사진집을 보면 설레스트는 몸매가 좋았다. 드레스 사이즈는 12였고 (오늘날 미국 사이즈로는 4 정도 된다), 모자는 22, 구두는 $7\frac{1}{2}$ AAA, 스타킹 10, 장갑 7이었다. 환산하면 골반 둘레는 89센티미터, 허리는 61센티미터, 가슴은 86센티미터이고, 신장은 174센티미터에 몸무게는 52킬로그램이었다. 바비 인형이 존재하기 전 살아 있는 바비 인형이었던 셈이다.

일이 들어오면 사무직원 두 명이 모델들의 스케줄을 훑어보고 누가 갈지 정했다. 설레스트는 'WP' 작업이 최악이라고 생각했다. WP는 '날씨가 허락하면weather permitting'이라는 뜻이라 날씨가 맑아질 때까지 최대 열흘을 기다린 적도 있었다. 기다리는 동안에는 에이전시에서 설레스트를 다른 어떤 일정에도 집어넣을 수가 없었다.

2년 동안 한 시간 반에 5달러를 받고 일한 뒤에 설레스트는 한 시간에 5달러로 시급을 올렸다. 시급을 올릴지 말지, 과연 고객이 더 높은 가격을 지불하려 할지를 판단하는 것은 모델의 몫이었다. 파워스 소속 모델 400명 가운데에서 시간당 10달러를 받는 모델은 단 스무 명에 불과해, 현실적인 설레스트는 자기가 그 수준에 도달할 수 있을 거라고는 생각하지 않았다.

하지만 셀레스트는 재능이 있었다. 그리고 머리와 메이크업을 이용해 열여덟 살에서 서른다섯 살까지 보이게 연출할 수 있었다. 한 번은 "상당히 큰 아이에게 쿠키를 주는 다정한 엄마" 역을 한 적이 있었다. 셀레스트는 아역 모델들이 대체로 버릇이 없어서 같이 일하는 걸 별로 좋아하지 않았고 아이 엄마가 보지 않을 때 찰싹 때려준 적도 있었다. '불쾌할 수 있음'이라고 불리는 일은 급료를 두 배로 받았다. 제모제나 데오도런트 등을 들고 포즈를 취하는 것이나 수영복, 브래지어와 팬티 차림으로 촬영하는 것 등이 여기 속했다. 셀레스트가 가장 불쾌하게 여긴 일은 콜먼스 머스터드로 목욕을 해야 했을 때였다. 머스터드 목욕이 근육통에 좋다고 주장하는 광고였는데 촬영 후에 그 주장은 폐기되었다. 셀레스트는 깁스 걸과 다를 바 없이 일하는 여성이었다. 얼핏 보기에는 극과 극으로 보이지만, 깁스 걸이나 파워스 모델이나 대공황 시기 '여성의 일'로 할당된 직업 분야에서 일하며 생계를 꾸린다는 점에서는 마찬가지였다.

• • •

1930년대 바비즌 주민의 대세가 일하고자 하는 의지가 있는 전문직 여성으로 바뀌면서—이들이 선택할 수 있는 직업이 여자다운 일인 동시에 오직 여자들만 하는 일로 제한되기는 했으나—젊고 야심 차고 아름다운 여성들이 가장 선호하는 연착륙지로서 호텔의 평판이 더욱 다져졌다. 1938년, 다작 시나리오 작가 캐스린 스콜라

Kathryn Scola가 바비즌 객실을 2주 예약하며 비용은 20세기 폭스로 청구했다.[48] 캐스린 스콜라는 바비즌에서 관찰하고, 흡수하고, 보고 들은 것을 바탕으로 영화 대본을 쓰게 되어 있었다. 스콜라는 당시 《워싱턴 포스트Washington Post》 칼럼니스트 앨리스 휴스Alice Hughes가 "크고 멋진 세속적 수녀원"이라고 부른 분위기에 푹 빠졌다. 장식이 화려한 로비에는 "젊은 남자들이 가득했는데 곧 경비원한테 쫓겨나서 잔뜩 빼입은 화려한 색의 바지로 길바닥에 엉덩방아를 찧게 될 듯했다"."또 여자들도 다들 아주 볼만했다. 대부분은. 모델이나 마네킹 같은 여자들." 당연히 스콜라의 관심은 모델들에게 쏠렸다. 스콜라가 쓴 대본은 '여성을 위한 호텔Hotel for Women'로 불렸다. 감독 그레고리 래토프Gregory Ratoff는 유명 파티 플래너 엘사 맥스웰을 처음에는 영화의 파티 장면에 기술 감독으로 투입하려고 고용했다가 곧 엘사에게 스콜라와 같이 스토리라인을 짜는 작업도 하라고 했다.

엘사 맥스웰은 무일푼에서 갑부로 탈바꿈한 다분히 미국적인 자수성가 케이스였다. 열두 살 때 너무 가난해서 친구의 파티에 초대받지 못했을 때부터 파티 플래너 기술을 갈고 닦기 시작했다. 자라면서 엘사가 여는 파티 규모도 점점 커졌고, 성인이 되어 경탄을 자아내는 파티를 기획하며 '파티 플래너'라는 완전히 새로운 직업을 만들어냈다. 베네치아의 리도섬에서 부유한 유명인들을 위한 파티를 열어 이 섬을 명소로 만들자, 모나코 공국에서도 엘사를 고용해 같은 일을 해달라고 했다. 이어 파리에서 엘사는 보물찾기 게임을 주관해 그곳을 떠들썩하게 만들기도 했다.[49] 엘사는 외모가 매력적인 것도 아니고《뉴욕 타임스》에 따르면 "남자 같은 옷차림"으로 다녔으나, 명성이 어찌나 자자했던지 1931년 대공황기 정점에 엘사가 뉴욕으로 돌아왔을 때 월도프 애스토리아에서 엘사에게 무료로 스위트룸을 제공하고 급료를 주며 새로 개장한 호텔로 고객을 끌어들이고 접대하는 일을 맡겼을 정도다. 그의 자문을 받으면서 캐스린 스콜라의 영화는 〈엘사 맥스웰의 여성을 위한 호텔Elsa Maxwell's Hotel for Women〉로 제목이 바뀌었다.

엘사 맥스웰의 도움이 상당했다. 영화의 주인공 마샤 브롬리는 시러큐스라는 작은 도시에서 셰링턴 호텔(바비즌의 허구화된 버전이다)로 온다.[50] 마샤는 남자친구인 건축가 제프와 결혼하러 뉴욕에 온 것이다. 그런데 그날 밤 같이 저녁을 먹다가 제프가 자기는 직업적으로 더 성공해야 한다며, 그래서 결혼이든 어떤 관계든 유지하고 싶지 않다고 말한다. 마샤는 여성 전용 호텔로 돌아와 집으로 돌아갈 준비를 하다가 다른 투숙객 두 명을 만나는데, 둘 다 마샤보다 나이가 많은 모델이었다. 시러큐스로 가는 기차 편이 다음 날에야 있어서 마샤는 그들 중 한 명을 따라 남아메리카 백만장자 두 명과 더블데이트를 하러 간다. 펠리컨 클럽(유명한 스토크 클럽이 영화에서는 이런 이름으로 나온다)에서 예상대로 마샤는 이제 전 남자친구가 된 제프를 마주친다(제프는 역시 예상대로 사장의 딸과 데이트 중이다). 당연하게도 제프는 마샤가 백만장자들과 같이 있는 모습을 보고 질투심에 불탄다. 마샤는 곧 모델이 되고, 셰링턴 호텔에서 같이 지내는 다른 모델과 경쟁에서 이겨 차기 케임브리지 담배 광고 모델이 된다. 이어 마샤는, 다름 아닌 사교계 파티 전문 기획자 엘사 맥스웰이 주최한 블루 룸 칵테일파티에서 제프의 사장을 만나 데이트를 하게 된다. (엘사에게 스포트라이트가 가는 장면이었는데, 한 평론가는 엘사가 대사를 너무 빠르게 했다고 평했다.)

〈엘사 맥스웰의 여성을 위한 호텔〉은 대공황이 마침내 물러가기 시작하고 분위기가 막 바뀌려 할 무렵에 개봉했다. 경제가 기지개를 켜면서 바비즌도 조금씩 다시 깨어났고, 방을 얻으려는 사람에게 까다로운 절차를 요구하며 으뜸가는 여성 호텔의 지위와 명망을 강조했다. 바비즌에서 지내려면 제대로 된 추천서가 필요했다. 매사추세츠주 우스터에서 온 필리스 매카시Phyllis McCarthy는 바비즌에서 객실을 빌리기 위해 신청서를 내면서 인맥이 좋은 친구이자 《뉴요커》 편집장인 세인트 클레어 매켈웨이St. Clair McKelway에게 신원보증을 부탁했다.[51] 그때 바비즌 매니저였던 브루노 R. 위더먼Bruno R. Wiedermann은 필리스 매카시의 신원을 확인하기 위해 세인트 클레어에게 편지를 써서 "매카시 양이 바람직한 여성인지에 관한 의견"을 구했다.

세인트 클레어는 '바람직한 여성'이냐고 묻는 위더먼의 말을 도저히 그냥 지나칠 수가 없었고 신바람이 나서 네 장 분량의 편지를 타자로 쳐서 바비즌 매니저에게 보냈다. "하필 미스 매카시의 바람직함이라는 문제가 제 머릿속을 온통 차지하고 있는 바로 이때 이런 편지를 보내신 것은 우연이겠지요… 호텔 매니저께 미스 매카시에 대한 마음을 털어놓게 되리라고는 생각하지 못했지만, 물어보시니 대답하겠습니다. 미스 매카시는 여자로서 가능한 한 최고로 바람직한 사람입니다. 키가 꽤 큰데 신장이 180센티미터인 남자에게 딱 어울리고 금발이며 미용사와 본인이 단정하게 유지하려고 애쓰는데도 불구하고 긴 머리가 얼굴로 흘러내리는 경향이 있습니다. 그렇게 흘러내릴 때가 더 좋습니다." 세인트 클레어는 이어 매카시가 건강을 유지하기 위해 "때로 승마를 하고, 요트의 돛을 다루고 가끔은 키도 잡고, 새벽 4시까지 춤을 추고, 에스코트하는 남자를 무기 삼아 스토크 클럽에 출입합니다"라고 말한다. "옷을 멋지게 입고 그만한 돈은커녕 쥐뿔도 없을 때도 150달러짜리 회색 수트를 사는 경향이 있고, 어떤 회색 수트가 그냥 마음에 든다는 이유로 덜렁 사면서 사실 회색 구두도 회색 모자도 회색 장갑도 없어서 결과적으로 애초에 갖고 있지도 않았던 150달러에서 남는 돈으로 그것들까지 사야만 하리라는 사실은 전혀 고려하지 않기도 합니다."

필리스 매카시의 생활 태도가 실제로 그러하다는 사실이 조지 부시필드George Bushfield가 쓴 신문 칼럼에서 아주 우연히 확인되었다. 조지 부시필드는 광고업자인 친구 행크 할턴Hank Harleton을 만나러 뉴욕에 와서 보낸 하루에 대해 썼다.[52] 행크는 렉싱턴 애버뉴에 있는 독신남 아파트에 살았는데 뒤쪽 테라스에서 바비즌이 보였다. 부시필드가 아파트 위치가 아주 좋다고 농담하자 행크가 실제로 재밌는 일들이 일어난다고 인정했다. 바로 그날도 호텔 창문에서 구겨진 종이 한 장이 밖으로 던져졌는데 그게 몇 층 아래에 있는

—호텔 바비즌

행크의 테라스로 떨어졌다. 가로세로 10×13센티미터 크기의 종이는 바비즌 프런트데스크에서 1515호의 미스 매카시에게 전달한 메시지였는데, 칼라일 서점에서《나의 계곡은 푸르렀다 *How Green Was My Valley*》가 입고되었으니 찾아가라고 전화했다는 내용이었다. 메모지 뒤쪽에 매카시가 적어놓은 한 주 동안의 지출 내역이 있었다. 방세 18.50달러, 엄마 2.00달러, 우편요금 13센트, 책 23센트, 교통비 10센트, 월요일 저녁 70센트, 월요일 아침 20센트, 월요일 점심 25센트, 파이브&텐 잡화점 50센트, 화요일 아침 25센트, 담배 30센트, 수요일 아침 25센트, 사탕과 콜라 15센트. 이 지출목록을 근거로 조지와 행크는 다음과 같은 사실을 유추했다. 매카시는 지방 출신이고(아니면 우편요금이 이렇게 많이 나올 리가 없지 않나?), 부유하지 않고 (엄마에게 2달러?), 날씬하고(사탕과 콜라를 먹을 수 있으니!), 경제적으로 독립했고(1주일 방세로 18.50달러를 지불하기는 쉽지 않다), 남성에게 술과 식사를 대접받으며(화요일과 수요일 저녁 식사비는 낼 필요가 없었다), 불안한 성격이라고(30센트면 담배 두 갑을 살 수 있다). 케이프코드에서 짧은 휴가를 보내는 영화 스타처럼 매력적이며 어찌나 '바람직한지'《뉴요커》편집자 세인트 클레어 매켈웨이의 머릿속을 온통 사로잡을 정도였던 필리스 매카시는 말할 것도 없이 바비즌에 거주하는 파워스 모델이었다.

1930년대 바비즌에는 깁스 걸과 파워스 모델이 바글거렸지만, 그 밖의 사람들에게도 이 호텔은 안식처 역할을 했다. 나중에 월스트리트의 개척자이자 빌 클린턴 정부 때 노르웨이 대사가 되는 로빈 챈들러 듀크Robin Chandler Duke는 아버지가 홀연 가족이 경영하던 로펌과 가족을 버리고 떠난 뒤에 바비즌에서 어머니와 언니와 같이 살았다.[53] 어머니는 남부 좋은 집안 출신 미녀였는데 뉴욕 찻집에서 출납원 일을 시작했고 로빈의 언니는 하이패션 모델로 일했다. 로빈도 열여덟 살이라고 거짓말을 하고 (실제로는 두 살 더 어렸다) 로드&테일러 백화점 전속 모델 일자리를 구했다. 로빈이 하는 일은 발렌시아가 옷을 입고 백화점에서 우아하게 돌아다니며 고객들의 관심을 끄는 것이었다. 저녁이 되면 로빈은 한때 부유했던 집안의 여자 셋이 '곰 세 마리'처럼 옹기종기 사는 바비즌 객실로 돌아왔다. 이 세 사람이 할 수 있는 일의 종류는 제한적이었으나, 그런 일이라도 할 수 있어서 다행스럽게 여겼다는 점에서 당시 시대가 어떠했는지 짐작할 수 있다. 또한 캐스린 스콜라의 영화 각본에서는 화려하게만 묘사된 바비즌이 작은 방을 보금자리로 삼은 세 사람은 못 본 척했다는 사실도 알 수 있다.

●●●

여하튼 경제 상황이 나아지기 시작했다. 1940년에 바비즌은 "대출을 완전히 다 갚았다"고 선언했다.[54] 호텔은 그해 10만 3,476달러의 수익을 올려 2년 전의 6만 3,676달러에 비해 현저한 증가세를 보였다. 1938년과 1940년 사이에 이렇듯 수익이 급증한 데는 퀸스 플러싱 메도스에서 열린 세계박람회를 찾은 수백만 명의 관광객 덕도 있었다. 석탄재 매립지 위에 세워진 박람회의 주제는 "미래

세계 건설"이었다. 경제가 나아지면서 새로운 희망이 생겨났다는 암시였다. 뉴욕에서 열린 조지 워싱턴 취임 150주년 기념식에서 프랭클린 D. 루스벨트 대통령이 개막 연설을 했다. 박람회장 곳곳에 200대의 TV가 설치되어 첫날 방문객들은 혁신적인 차세대 매체를 처음으로 경험할 수 있었다. 세계박람회는 1939년과 1940년 봄과 가을에 연이어 열렸다. 4,400만 명의 관광객이 뉴욕을 찾아 뉴욕 호텔에 쏠쏠한 돈줄이 되었다.

바비즌은 옆에 있는 건물을 사서 미래의 일조권을 확보했다. 이제 아무도 그 자리에 건물을 지어 호텔에 드는 햇빛을 가릴 수 없었

1939년 뉴욕 세계 박람회에서 포즈를 취한 파워스 모델

다. 대공황기 부채에서 벗어난 이 순간을 기념하듯 바비즌은 63번 가에 있는 호텔 정문에 대형 간판을 내걸었다.[55] 호텔의 건축 양식 과 어울리도록 슈워츠&그로스 건축사 사무소에서 디자인했다. 길 이는 9미터에 아르데코 스타일이었다. 청동으로 간판을 만들고 반 토석 석판을 붙였다. 청동 간판에 '바비즌'이라는 글자 모양대로 구 멍을 뚫어 그리로 빛이 쏟아져 나오게 했다.

바비즌은 자연광을 확보하고 거대한 청동 간판으로 존재를 과 시하며 미래를 확언했으나, 젊은 여성들은 대부분 갖가지 기대가 꺾인 채로 대공황을 통과하고 있었다. 부유한 축에 속하는 이들은 1929년 10월 그 운명의 주가 닥치기 전에는 당연히 스케이트, 승마, 소풍, 자동차, 데이트, 친구들로 이루어진 여유로운 삶을 꿈꾸고 기 대했다. 그러나 그들이 누릴 수 있었던 여유라고 해 보아야 고작 신 발 한 켤레에 여분으로 한 켤레가 더 있는 정도였을 것이다. 경제의 검은 구름이 마침내 걷혔을 때 그들은 자기 세대가 놓쳤던 재미를 이제라도 누리고 싶었다. 대서양 건너 머나먼 유럽에서 막 전쟁이 시작되었지만 (필리스 매카시가 바비즌에서 방을 구하려고 애쓰던 바로 그 무렵이었다) 처음에는 그저 다른 나라 이야기였다. 그런 생각이 오래 가지는 못했지만.

파워스가 "전형적인 중서부 사람"이라 선언했던 이블린 에콜스 는 이제 결혼했고 1941년 12월 7일 일요일 막 점심식사를 마친 참 이었다.[56] 맑고 화창한 날이었고 이블린과 남편은 두툼한《뉴욕타 임스》일요판을 읽으며 집에 있는 라디오로 뉴욕 자이언츠 경기 중계를 듣고 있었다. 중계방송이 갑자기 중단되더니 모든 군인은 즉시 원대로 복귀하라는 안내가 나왔다. 그 말뿐 다른 설명은 아무것도 없었다. 이블린과 남편은 앉아서 계속 귀를 기울였고 마침내 다음 안내 방송이 나왔다. 일본이 진주만을 공격했으며, 미국이 참전한다는 내용이었다. 세 번째 안내 방송이 이어졌다. **창문을 모두 가리고 빛이 밖으로 새어 나가지 않게 하십시오. 현재 모든 전화선은 정부가 쓸 수 있도록 각 가정에서는 전화를 사용하지 마십시오.** 이블린은 자리에서 일어나 전등을 전부 껐고 창밖으로 타임스퀘어 쪽을 바라보았다. 스물한 살 때 그곳에 가서 절대로 뉴욕을 떠나지 않겠다고 다짐했었다. 이블린은 자기 눈을 믿을 수가 없었다. "도시 전체에 불빛이라고는 한 점도 보이지 않았다."

남자들은 전장으로 떠났고 이제 여자들이 남자들이 하던 일을 이어받아야 했다. 전에는 그랬다는 이유로 비난을 받았는데 말이다. '와일드 빌' 도노번'Wild Bill' Donovan 장군은 CIA의 전신인 전략서비스국에서 일할 여성을 모집하면서 "스미스 대학 졸업생과 파워스 모델과 케이티 깁스 비서가 합쳐진" 사람이 이상적인 직원이 될 것이라고 했다.[57] 차라리 바비즌 프런트데스크에 있는 미시즈 메이시블리에게 바비즌 거주자를 보내달라고 부탁하는 편이 나았을 것이다.

3장

매카시즘과 희생자가 된 여성

벳시 탤벗 블랙웰과 커리어우먼들

《마드무아젤》 잡지 편집장인 벳시 탤벗 블랙웰(왼쪽)은 모자 없이 사람들 앞에 나타나는 법이 없었다. 비슷한 모자를 쓴 모델 두 명과 같이 포즈를 취했다. 블랙웰은 1944년부터 명망 높은 객원 편집자 공모전 당선자들을 바비즌에 투숙시켰고 그리하여 실비아 플라스, 존 디디언, 벳시 존슨 등이 바비즌에 오게 되었다.

•••

회사에서 일하는 여성에는 두 가지 유형이 있었다. 일단 1920년대 뉴욕의 번쩍거리는 초고층건물을 누비며 대공황기를 어떻게든 버티려 했던 비서들이 있었다. 그런 한편 그냥 일만 한 게 아니라 차곡차곡 경력을 쌓은 여성도 있었다. 벳시 탤벗 블랙웰, 혹은 자신의 서명대로 BTB라고 불렸던 사람이 그중 한 명이다. 늘 모자를 쓰고 있어 어떤 신문에서 BTB는 욕조 안에서도 모자를 쓴다고 주장할 정도였다. 블랙웰은 본인 표현에 따르면 "해가 활대 너머로 넘어가는" 오후 5시면 스카치를 꺼냈다. 본인은 공화당원이면서, 진보적 지식인이 가득한 뉴욕에서 그런 사람들을 직원으로 데리고 일했다. 193~40년대에는 여자들이 일이라는 것을 하려면 가로대 간격이 넓은 사다리를 낑낑거리며 올라야 했으나, 이때에도 남자들만 앉아 있는 테이블에서 한자리를 차지한 소수의 여성이 있었다. 《마드무아젤》의 편집장 블랙웰이 그중 한 명이었다. BTB는 직원, 후배, 독자 등 엄청나게 많은 커리어우먼을 바비즌으로 보냈고 《마드무아

—호텔 바비즌

젤》잡지의 명성을 바비즌과 결합해 둘의 운명을 하나로 묶었다. 그리하여《마드무아젤》잡지사와 바비즌 호텔은 여러 세대의 야심 찬 여성들에게 피난처이자 시험장이 되었다.

벳시 탤벗 블랙웰은 본인의 실제 나이를 절대 밝히지 않았으나 직원들은 1905년 출생일 거라고 추측했다. 실제로 벳시가 어릴 때 찍은 사진이 있는데 '가라앉지 않는' 몰리 브라운이 타이태닉 침몰 사고에서 살아남은 해에 찍힌 것이었다.[1] 벳시는 당시에 유행한 허리선이 내려간 에드워드 시대 스타일 드레스에 모자를 쓰고 인형을 꼭 쥐고 카메라를 똑바로 보고 있다. 모자를 좋아하는 취향이 일찌감치 시작된 모양이다. 50년 뒤 벳시는 그 모자를 애틋하게 회상한다. "아주 또렷이 기억해요. 금빛이 도는 갈색 벨벳을 씌웠고 가장자리에 밍크를 두르고 헤더 꽃으로 장식했어요. 코트와 맞춘 모자여서… 전체 앙상블이 아주 우아했죠. 제가 여섯 살 때나 아무튼 그 무렵에도 패션에 관심이 있었다는 걸 알겠죠…"[2] BTB의 아버지 헤이든 탤벗Hayden Talbot은 신문사 특파원이자 극작가였고 어머니 베네딕트 브리스토 탤벗Benedict Bristow Talbot은 화가이며 최초의 스타일리스트 중 한 명으로 딸에게 "온갖 시각적인 아름다움을 가르쳤다".[3]

누구에게나 근원 설화가 있는 법인데, BTB의 근원 설화에는 모자도 나오지만 금색 슬리퍼 한 켤레도 나온다. 벳시는 상점 쇼윈도에서 금색 슬리퍼를 보고 꼭 가져야겠다고 마음을 먹었다. 그러나 열다섯 살밖에 안 되었을 때라 그것을 사려면 일자리가 필요했다.

뉴저지 세인트 엘리자베스 아카데미 재학생이었던 BTB는 부활절 방학 3주 동안 5번가에 있는 로드&테일러 백화점에서 경쟁 점포 비교 조사원 일을 했다. 그때 그 일에 푹 빠졌다. 고등학교를 졸업하자마자 전문 잡지에 패션 담당 기자로 취직했다. 1923년 플래퍼 유행이 절정에 이를 무렵 《참(Charm)》 잡지사에 입사했고 드디어 패션에디터가 되었다.[4] 《참》에 입사하고 2년 뒤에 결혼했는데 남편이 아내가 일하는 것을 못마땅해서 얼마 후 갈라서게 되었다. 1930년에 재혼할 때는 일하는 아내도 상관없다는 남자를 골랐다. 벳시는 남편이 첫 번째 아내가 일을 하지 않아서 일하는 아내란 게 어떤 건지 전혀 몰랐기 때문에 동의했을 거라고 했다.

1935년, 《참》을 출간하는 대중소설 출판사 스트리트&스미스에서 《마드무아젤》이라는 잡지를 창간했다. 스트리트&스미스 부사장의 딸이 올버니에 있는 명문 여학교 에마 윌러드 스쿨 학생이었는데, 딸의 학교 친구들이 《하퍼스 바자》나 《보그》는 이제 지겹다고 한다는 말을 듣고 새로 잡지를 만들기로 한 것이다.[5] 당시에 나오던 여성잡지는 오트쿠튀르 패션을 다루거나 아니면 옷본이 실려 있었다. 돈이 넘쳐나는 부유한 여자들을 대상으로 하거나 아니면 집에서 재봉틀로 옷을 만드는 촌스러운 중산층 주부들을 대상으로 한다는 말이었다. 에마 윌러드 학생들은 자기들 같은 젊은 여성의 문제에 관심을 두는 젊은 감각의 패션 잡지를 원했다. BTB가 나중에 말하길 완전히 자살 행위나 다름없는 기획이었다. 당시는 대공황기였을 뿐 아니라 청소년 시장이라는 게 존재하지 않았다. 특히 젊은 여성은 지위도 없고 영향력도 없고 수입도 없고 구매력도 없고 아무것도 없었다. 문제는 거기서 끝이 아니었다. 1935년 2월에 나온 창간호는 거대한 속눈썹에 입술을 쭉 내민 여자를 그린 조악한 일러스트를 표지로 달고 나왔다. 처참한 실패였다. 이 잡지를 구매하는 사람이라고는 소프트 포르노 잡지인 줄 알고 사는 남자들이 전부였다. 사색이 된 스트리트&스미스 직원들은 거리로 나가 얼른 가판대에서 잡지를 거두어들였다.

그리하여 그때 서른 살 정도 되었던 블랙웰이 투입되었다. 암울한 2월 어느 날, 예전 직장인 스트리트&스미스에서 블랙웰을 뉴욕 CBS 빌딩으로 불러 고작 "방 2와 4분의 1개 크기의 사무실"을 보여주며 빠르게 가라앉는 중인 배에 승선해달라고 했다.[6] 대공황 시기 기준으로도 매우 낮은 급료에 경비라는 것도 전혀 없었고 (우표통에서 우표를 슬쩍하는 게 그나마 경비를 충당하는 유일한 방법이었다) 사무실은 코딱지만 했다.[7] 그때가 1930년대 중반이었다. 스커트는 길고, 크고 과한 펠트모자를 한쪽 눈을 가리게 내려쓰던 때였다. 트렌치코트도 유행이었다. BTB는 해보겠다고 했다.

1935년 3월호는 건너뛰고, 4월에 BTB의 예리한 안목과 철두철미한 손길로 개편된《마드무아젤》이 다시 가판대에 등장했다. BTB는 잡지 전체를 개편하고 미국에서 최초로 메이크오버 코너를 도입했다(바버라 필립스Barbara Phillips라는 보스턴 간호사가 첫 번째 주인공이었다).[8] 블랙웰은 직원들에게 "상 받은 레시피, 틀에 박힌 로맨스소설, 여섯 살짜리 아이 다루는 법, 유력 인사 같은 구색 맞추기용 기사"는 싹 빼라고 지시했다. "홍보 담당자들이 하는 말이나, 패션에 관심 있는 미국 젊은 여성은 J. P. 모건의 조카이거나 아니면 옷 패턴에 집착할 것이라는 일반적 가정을 그대로 받아들이지 마라."[9] 이 잡지는 더 젊은 여성에게 초점을 맞췄다. 17세에서 25세까지, 고등학생부터 갓 결혼한 젊은 여성까지. 2년 후인 1937년 블랙웰은 편집장으로 승진했고 'BTB'가 되었다.

모자를 고집하긴 했으나 BTB는 패셔니스타는 아니었다. 솔직히 BTB의 패션은 "숙녀들의 티파티 차림"에 가까웠다.[10] 외모가 평범하다고 언급될 때가 많았다. 비록 미의 여왕은 아니지만 사진을 보면 검은 머리카락을 목깃보다 살짝 짧게 다듬었고 움푹 들어간 초록빛이 도는 눈은 베티 데이비스Bette Davis를 닮았으며 립스틱을 단정하게 바른 잘 꾸민 모습이다. 어떻게 보면 살짝 물렁한 중년 주디 갈런드Judy Garland처럼 보인다. 모자뿐 아니라 구두 사랑도 유명했는데, 집무실의 인테리어 테마도 구두여서 개인 화장실에는 구두 무늬 벽지를 주문 제작해서 바르고 미니어처 구두 컬렉션을 사방에 전시해놓았다.[11] 집무실은 온통 녹색이었다. 녹색 벽, 녹색 카펫, 녹색 패브릭 의자에 영국제 책상도 녹색이었고 심지어 전화기도 녹색이었다. 또《마드무아젤》의 시그니처 컬러인 분홍색이 있었다. 편지지도 분홍색, 파티도 분홍색, 파티 초대장도 분홍색이었다.

"《마드무아젤》 직원은 해마다 젊어져야 한다. 그러다가 죽는 한이 있더라도"가 BTB의 철칙이었다.[12] 농담으로 한 말이겠지만 말에 뼈가 있었다. BTB와 직원들은 어쩔 수 없이 나이 들어갈 테지만

　　　　　　　　　　　　　　　　　　　—호텔 바비즌

《마드무아젤》의 독자는 영원히 젊을 테니까. 그래서 BTB는 '《마드무아젤》 대학생위원회'라는 아이디어를 떠올렸다. 미국 전역의 여대생 수백 명이 뉴욕 잡지사로 최신 트렌드며 뉴스, 소비 욕구를 전하게끔 하자는 것이었다. 그렇게 함으로써 잡지 타깃 독자인 젊은 여성들의 목소리를 잡지에 담을 수 있었을 뿐 아니라, 전국에 BTB에게 정보를 보내는 밀착 정보원을 확보함으로써 막대한 재정적 이익도 일거에 얻었다. BTB는 이렇게 얻은 정보로 마케팅 데이터를 절실히 필요로 하는 광고주를 끌어들일 수 있었다. BTB 이전에는 아무도 시도한 적이 없는 방법이었다. 대학생위원회를 만든 다음 BTB는 《마드무아젤》 8월호를 영구적으로 대학생 특별호로 지정했다. 8월호는 곧 '바이블'이라는 별명으로 불리게 됐는데, 이 잡지를 보고 무얼 입고 읽고 생각할지 알아보지 않은 채 가을 학기에 학교로 돌아간다는 건 감히 있을 수 없는 일이었기 때문이다. 원래는 광고 매출도 가판대 판매도 부진해 '끔찍한 8월'이라고 불리던 8월호를 BTB는 완전히 환골탈태시켰다.[13]

BTB는 곧 또 하나의 기발한 아이디어를 내놓았다. 바로 객원 편집자 프로그램이었다. 8월 대학생 특별호에 실릴 프롬 의상 특집 기사를 논의하는 최신 이슈 회의 도중에 BTB는 이 아이디어를 떠올렸다. 배서 대학을 졸업한 지 3년밖에 안 된 대학생위원회 편집자가 이렇게 말했다. "흠, 내가 주니어 프롬에서 입은 옷 이야기는 할 수 있어요." 그러자 그 자리에 있던 열아홉 살 직원이 스물다섯 살인 배서 졸업생을 돌아보며 비웃듯이 말했다. "요즘 학생들이 뭘

입을지는 모르잖아요?" 이 말을 듣고 BTB는 멈칫했다. "스물다섯 살인 배서 졸업생도 이미 구닥다리라면, **우리**는 어떻겠나? 그게 결정타였다." 그렇게 해서《마드무아젤》의 객원 편집자 공모전이 탄생했다.[14]

훗날《로스앤젤레스 타임스*Los Angeles Times*》는 블랙웰 편집장이 "평범한 젊은 여성을 뉴욕으로 데려와 세련된 옷을 입히고 헤어스타일을 바꾸고 메이크업을 해주고 사진을 찍어 잡지에 실었다"라고 간략하게 표현했다.[15] 그러나 객원 편집자 공모전은 그보다 훨씬 복잡하고 명망 높고 영향력 있는 이벤트였다.《마드무아젤》객원 편집자 프로그램은 문학과 예술에 야심이 있는 젊은 여성들이 가장 선망하는 도약대였다. 1940년대부터 1950년대, 1960년대 내내 여대생 기숙사에는《마드무아젤》에 에세이, 단편, 그림을 발표하고 더 나아가 여름 객원 편집자로 선발되기를 바라며 작업에 몰두하는 학생들이 잔뜩 있었다. 운 좋게도 스무 명 중 한 명으로 뽑힌다면, 6월 한 달 동안 뉴욕에서《마드무아젤》의 편집자들을 따라다니고—당연히!—바비즌 여성 전용 호텔에 묵을 기회를 얻게 되었다.

이상적인 객원 편집자(이상적인 독자와 같다)가 어떤 사람인지는 이 잡지의 슬로건에 담겨 있다. **똑똑한 젊은 여성을 위한 잡지.** "똑똑한 젊은 여성"은 시낭송회에도 학교 파티에도 갈 준비가 되어 있으며 각각에 무엇을 입어야 할지도 알아야 했다. 큰돈을 들이지 않고도 옷을 잘 입는 이들이다.《마드무아젤》은 잡지 중에서 처음으로 파리 패션에서 눈을 돌려 미국 브랜드에 초점을 맞추고 잡지에서 소개하는 옷의 가격을 명시했다. 대부분 부담스럽지 않은 중저가였다. 처음에는 조심스럽게 시작했다. "개더바웃 카디건. 울과 키드 모헤어 100%… 약 4달러." 그러다가 곧 도전적으로 옷 가격을 센트 단위까지 정확하게 명시했다. 광고주들이 대학생 특별호에 어찌나 열광했던지, BTB가 다른 잡지 편집자와 같이 택시를 탔을 때 혹시 따로 빼놓은 소설 있으면 팔 생각 없냐고 묻기도 했다. 광고가 하도 많이 들어와서 내용물을 더 넣어 잡지 지면을 늘려야 했기 때문이다.[16] 8월 대학생 특별호만 그런 것도 아니었다.《마드무아젤》은 나올 때마다 여대생들을 매혹했다. 이 잡지에는 패션 기사만 있는 게 아니었기 때문이다. ABC 뉴스 기자 린 셰어(본인도 1962년 여름에 객원 편집자 프로그램에 선발되었다)가《마드무아젤》의 매력을 이런 말로 요약했다. "젊고 문학적 열망으로 가득한 사람이라면,《마드무아젤》을 읽었다."[17]

《마드무아젤》1954년 2월호는 표지에 단 두 개의 헤드라인만 실은 것으로 유명하다. "봄, 신부, 키 큰 여성을 위한 로맨틱 패션" 그리고 "딜런 토머스Dylan Thomas의 〈밀크우드 아래에서Under Milk Wood〉".[18] 경영진은 처음에는《마드무아젤》의 20페이지를 할애해 아직 출간되지 않은 고故 딜런 토머스의 운문극 〈밀크우드 아래서〉를 싣는다는 건 있을 수 없는 일이라고 했다.[19] 그러나 BTB는 물러서지 않았다. 당신들 생각과 다르게 이게 패션을 판매하는 데 **도움이 될 것이다**, 강행하지 못하게 하면 이날 5시 30분부로 회사를 떠나겠다고 선언했다. BTB는 뜻을 관철했고,《마드무아젤》의 지적 가치가 수익과 함께 다시 한번 급상승했다. 가벼움과 진지함을 결합해 독자들을 사로잡고《마드무아젤》을 가판대에 놓인 다른 모든 잡지와 차별화한 것은 BTB의 천재성이었다. 독자들 가운데 대학에서 문학을 공부하는 사람이 이렇게 많은데 왜 그들이 가장 좋아하는 잡지에서 수준 이하의 것들만 다뤄 독자들을 모욕하느냐는 논리였다.《마드무아젤》은 알베르토 모라비아Alberto Moravia, 외젠 이오네스코Eugene Ionesco 같은 외국 작가들의 글도 다수 실었고 작품을 발표할 곳을 찾지 못한 젊은 아방가르드 작가들에게도 지면을 내주었다.[20]

그러나 BTB는 무엇보다도 일단 사업가였다. 이런 지적 노선을 취하는 게 재정적으로도 유리했던 것이다. 베스트셀러 작가를 섭외할 예산이 없었기 때문에 소설 부서에서는 최저 가격으로 원고를 맡길 수 있는 신예 작가를 발굴해야 했다. 그리하여 트루먼 카포티Truman Capote, 제임스 퍼디James Purdy, 플래너리 오코너Flannery O'Connor, 에드워드 올비Edward Albee 등의 글을 실었다.[21]《마드무아젤》은 갓 발굴한 작가와 젊은 대학생 타입 모델들이 선보이는 저렴한 패션을 콘텐츠로 제공하는 한편 야심 있고 예쁘고 창의적인 대학생들의 욕구도 충족시켜주었기에, 이런 젊은이들이 객원 편집자 프로그램에 꿀을 만난 벌떼처럼 몰려들었다. 이후 여러 해에 걸쳐 이 프로그램은 실비아 플라스, 존 디디언, 앤 비티, 다이앤 존슨, 모나 심슨, 메그 월리처, 재닛 버로웨이Janet Burroway 등 미래의 작가들, 그리고 배우 앨리 맥그로, 패션 디자이너 벳시 존슨 등을 끌어들일 것이었다. 이들 모두《마드무아젤》잡지사의 복도를 걸었다. 다들 바비즌에서 밤을 보냈다.

다시 1944년으로 돌아가, 2차대전이 막바지로 향해갈 때 BTB는 '밀리들millies'(객원 편집자들의 별명이다)이 바비즌에 묵어야 한다는 결정을 내렸다. 일단 바비즌은《마드무아젤》이 추구하는 이미지에 맞았다. 다른 한편으로 객원 편집자들을 바비즌으로 보내야만, 부모들이 보호자 없이 혼자 비행기나 기차로 미국을 횡단해서 뉴욕으로 가겠다는 딸을 보내줄 가능성이 높았다. 모두가 선망하는 객원 편집자 프로그램에 선발되었음을 축하하며 6월 1일 뉴욕으로 초대하는 BTB의 전보를 받은 대학생은, 설령 기말고사와 졸업식을 놓치는 한이 있어도 결코 이 초대를 놓치지 않으려 할 것이다. 부모 입장에서도 딸이 바비즌에 묵는다면 안심했다. 통금시간, 철저한 프런트데스크 직원, 감시를 놓지 않는 도어맨, 남자는 (아버지건 오빠건 남자친구건) 절대 객실 층에는 얼씬도 못하게 하는 엄격한 규칙이 있는, 평판 좋고 보안이 엄중한 여성 전용 호텔에 묵게 될 것이라는 뜻이니 걱정을 덜 수 있었다. 바비즌은 단순히 객실이 있는 호텔이 아니라 젊은 여성을 보호하는 곳이었다. 1920년대, 1930년대와 마찬가지로 1940년대에도 여전히 보호는 곧 자유를 의미했다. 객원 편집자들에게는 뉴욕에 와서 커리어우먼으로서 삶을 조금 일찍 시작할 수 있는 자유를 의미했다.

•••

2차대전이 계속되는 동안 젊은 여성은 원하는 것은 무엇이든 할 수 있다는 말을 들었다. '리벳공 로지Rosie the Riveter'가 끈질기게 보내는 메시지가 그 약속을 더욱 굳혔다. 미국에서 가장 사랑받는 포스터의 주인공 로지가 기계에 머리카락이 빨려 들어가지 않도록 빨간색에 흰색 물방울무늬 반다나를 머리에 두르고 팔을 구부려 이두박근을 자랑하며 여자들에게 "우리는 할 수 있다!"라고 외치는 모습을 사방에서 볼 수 있었다. 리벳공 로지를 보며 투지를 불태운 여자들 중에 나넷 에머리Nanette Emery가 있었다. 다만 나넷은 공장에서 능력을 시험해볼 생각은 없었고, BTB가 간 길을 따라가고 싶었다.

머리칼이 짙고 디트로이트 출신인 나넷 에머리는 브린 모어 칼리지 2학년 때인 1945년 철저한 계산과 열정으로 객원 편집자 공모전에 접근했다. 일단 첫 단계는 《마드무아젤》 대학생위원회에 들어가는 것이었다. 《마드무아젤》 잡지사 뉴욕 사무실 한쪽 벽에는 커다란 미국 전도가 붙어 있고 지도 위에 대학생위원의 소속 대학이 빨간색 핀으로 표시되어 있었다. 이곳이 전시 작전실처럼 보이는 것은 우연이 아니었다. 2차대전 내내 블랙웰은 미국 정부에 긴밀히 협조하며 여성 독자 중에서 육군 여군단(WAC), 해군 여성 예비대(WAVES), 해안 경비대 여성 예비대(SPARS) 등 전시 업무에 종사할 사람을 모집하도록 도왔다. 잡지 자체도 미국 대중문화 전반이 그랬듯 전쟁에 큰 영향을 받았다. 대학생 위원을 모집하는 전단에는 이런 문구가 실렸다. **대학생 여러분 주목! 《마드무아젤》이 대학생 위원회에 입대할 분들을 초대합니다. 급료는 없지만 반짝이는 아이디**

어를 보내주는 대학생 예술가, 작가, 사진사들에게 전쟁 우표와 채권
을 지급합니다. 자세한 내용을 알고 싶으면《마드무아젤》의 대학생위
원회 편집자 앞으로 편지를 보내주세요. 주소 이스트 57번가 1번지,
뉴욕 22, N. Y.[22]

　대학생위원회 편집자 필리스 리 슈월브Phyllis Lee Schwalbe는 1942
년, 객원 편집자 지원자들과 나이 차이가 얼마 안 날 정도로 젊은
나이에《마드무아젤》에 입사했다. 대학을 갓 졸업한 슈월브는 초
서와 셰익스피어를 가르치는 진지한 여성들에게 더 익숙했지만 곧
"아르페주[향수]를 쿼트 병으로 사고 눈꺼풀을 청록색으로 칠하
는 것만이 패션 잡지 편집자의 특징이 아님을 알게 되었다. 다른 소
품도 필요한데, 예를 들면 시가렛 홀더를 마치 플라멩코 댄서가 장
미를 입에 물듯 한쪽으로 삐딱하게 물어야 했다".[23] 1944년, 나넷이
뉴욕행 티켓을 따기 위한 첫 단계로《마드무아젤》대학생위원회에
지원할 준비를 하고 있을 때 필리스 리 슈월브가 이런 편지를 보냈
다. "잘 아시겠지만 우리는 전국 거의 모든 대학 캠퍼스에 대학생위
원을 두고 있습니다. 대학생위원이 되면 캠퍼스를 구석구석, 교실
과 기숙사 안팎을 샅샅이 취재합니다. 전시 활동, 새로 개설된 과정,
자선활동, 봉사활동, 헤어스타일, 유행, 패션 등 **새로운** 소식이라면
뭐든지 전하는 것입니다." (BTB가 시카고 패션 그룹 연설에서 "대학생위
원들은 자기나 학교 친구들이 무얼 좋아하고 무얼 싫어하는지, 어떤 옷을 입고
돈을 얼마 들이는지, 무얼 읽고 생각하고 행하는지 말해줍니다"라고 말한 것
은 과장이 아니었다.[24]) 1940년대에《마드무아젤》이 여대생들에게 미

치는 영향력이 어찌나 컸던지, 대학에서 잡지에 자기네 학교가 어떻게 그려질지에 신경 쓸 정도였다. 브린 모어 칼리지 행정처에서는 대학생위원회에서 활동하는 학생들의 영향력을 인지하고 나넷에게 대학생위원회에 지원하겠다는 의사를 축하하는 한편 먼저 미시즈 채드윅콜린스Mrs. Chadwick-Collins와 면담하라고 요청하는 쪽지를 보냈다. 미시즈 채드윅콜린스가 "어떤 소식을 전할지 검열할 생각은 없지만 몇 가지 설명을 해주고 싶어 한다"는 것이었다.

나넷은 첫 번째 장애물을 무사히 통과했지만, 위원회에 들어간 다음 학기 내내 다양한 과제를 수행해야 했다. 그걸 잘 해내야 객원 편집자 공모전을 통과할 수 있었다. 통계를 보면 쉬운 일이 아니었다. 3,000~4,000명이 대학생위원회에 지원해 그 가운데 850명이 선발되었다. 그중에서 열네 명만이 객원 편집자로 뽑힐 수 있었다(1959년부터는 스무 명으로 늘어난다).[25] 슈월브는 나넷에게 이렇게 설명했다. "4월 말 실적조사 결과가 나오면… 대학생위원 가운데 가장 똑똑한 열네 명이 선발되고, 선발된 사람은 뉴욕으로 와서 6월 한 달 동안 객원 편집자가 되어 우리 편집자들과 어디든 같이 다니고 온갖 다양한 경험을 합니다." 슈월브의 말대로, 객원 편집자가 되려면 먼저 작가, 예술가, 비평가, 그리고 대학생으로서 가치를 증명해야 했다. 그리고 6월 한 달 내내 사진 모델이 되어야 하므로 외모가 괜찮아야 했다. 잡지사에서는 지원서에 사진을 첨부해 제출할 것을 은근히 요구했고, 대학생위원회 임기가 끝날 무렵 최종 과제에는 간단한 신체검사를 포함시켰다. "줄자를 이용해 룸메이트나 친구에게 정확한 치수를 재어달라고 부탁하세요." 나넷은 170 센티미터, 60킬로그램에 드레스 사이즈는 당시 기준으로 14였고 발볼이 아주 좁은 9AAA 신발을 신었다.

나넷은 첫 번째와 두 번째 과제에서는 10위 안에 들지 못했지만, 세 번째 과제는 아주 멋지게 해냈다. "캠퍼스 안팎에서 입을 옷을 색다르고 신선한 방식으로 극적으로 제시하는 대학 패션쇼를 기획해보세요"라는 과제였다. 가볍게 즉흥적으로 내놓은 과제가 아니라 잡지 편집자들이 실제로 활용할 수 있는 새로운 아이디어를 얻기 위해 기획한 것이었다. 《마드무아젤》에서는 6월 주요 행사 가운데 하나인 '칼리지 클리닉College Clinic'을 준비하는 중이었다. 칼리지 클리닉은 이름은 끔찍하지만 해마다 애스터 호텔에서 열리는 화려한 패션쇼였다. 객원 편집자들이 직접 모델로 나서 8월 대학생 특별호에 실릴 옷을 선보였다. 칼리지 클리닉 패션쇼는 《마드무아젤》 특유의 광고 스타일에 맞게 기발하고 심지어 약간 불경해 보이게 기획되었다. 《마드무아젤》 광고에는 주로 발랄하고 도발적인 대학생 나이의 젊은 여성이 (실제 대학생일 때도 있었고 중서부 스타일 파워스 모델일 때도 있었다) 다리 난간에 기대거나, 공원에서 비둘기에게 모이를 주거나, 캠퍼스에서 자전거를 타는 모습이 설명과 함께 등장했다. "골동품점이 즐비한 거리에서 쇼윈도 안을 구경하려고 걸음을 멈춘 존은 부드러운 실루엣의 울과 레이온 혼방 J. P. 스티븐슨 드레스를 입었다. 맥케트릭 클래식 제품, 10.93달러." 혹은 "일요일이면 월스트리트 거리는 유령 도시처럼 보인다(일부 투자 전문가들은 유령 도시가 맞는다고 말하기도 한다). 트리니티 교회 근처에서 존이 페티의 플레이드 던들*과 울과 레이온 소재 상의를 입고 사진을 찍었다. 14.95달러". 나넷은 세 번째 과제에서 우승했지만 성공에 안주하지 않고 얼른《마드무아젤》에 자작시 모음을 제출했고 슈월브에게 자기가 3월에 뉴욕에 갈 예정임을 알렸다. 편집자들이 그해 객원 편집자를 선발하는 4월 말에 가까운 시기를 일부러 노린 것이었다. 잠시 사무실에 들러도 될까요? 나넷은 슈월브에게 물었다.

나넷의 도박은 성공했다. 나넷의 시가《마드무아젤》에 실리지는 않지만, 슈월브가 나넷을 4월 대학 포럼에 오라고 초대했다(나넷이 기차로 오갈 수 있는 거리에 산다는 사실이 도움이 되었다. 전시라 연료 배급제가 시행되고 있어 비행기를 타고 와야 한다면 초대할 수가 없었을 것이다). 대학 포럼은 슈월브가 공을 들이는 프로젝트였다. 슈월브는 전후 미국이 어느 방향으로 나아갈지를 진심으로 우려했고 그래서 BTB에게 이 질문을 주제로 학술회의 형식의 워크숍을 열게 해달라고 했다. 대학 포럼은 1944년 처음으로 열렸는데 슈월브가 대학생위원회 편집자 자격으로 여러 캠퍼스를 돌아다니다가 학생들이 겉으로는 미국 대학생의 일상을 영위하는 듯 보이지만 실상은 "다른 사람들은 싸우고 있는데 공부를 해야 하나 하는 생각에 책상 앞에 앉아 안절부절못하고" 있음을 알게 된 것이 계기가 되었다. 1945년 전쟁이 실질적으로 끝났을 무렵 슈월브는 대학 포럼에 나

---

* 오스트리아 · 바이에른 등 알프스 산간지방의 여성용 민속의상으로 타이트한 보디스와 풍성한 스커트로 이루어진 드레스.

넷 에머리를 포함한 학생들과 전문가들을 초대했고 "노동, 인종, 편견, 정치적 행동, 세계 안보, 전후 교육" 등의 주제로 패널 토론을 벌였다. 회의 사진 자료를 보면 나넷은 다소 어색해하는 듯해도 집중한 모습이고 총명해 보인다. 1940년대에 유행한 어깨패드가 큰 재킷을 입고 머리카락 양옆은 핀을 꽂아 고정하고 뒷머리는 둥글게만 예쁘장한 모습으로 펜을 들고 메모할 준비를 하고 있다. 여하튼 나넷은 존재를 드러내려고 애썼다.

그로부터 한 달도 채 지나지 않은 1945년 5월 7일 독일이 연합국에 항복했다. 다음 날, 나넷이 가장 절실히 기다리던 전보가 브린모어 칼리지 기숙사인 래드너 홀에 도착했다. **견습 편집자로 선발되었음 축하 상세 내용은 추후 연락 수락 여부와 6월 1일 전후 가능한 도착일 웨스턴 유니언 수신자 부담으로 답보 요망=벳시 탤벗 블랙웰 마드무아젤 편집장.**[26]《찰리와 초콜릿 공장*Charlie and the Chocolate Factory*》에서 황금 티켓을 거머쥔 일에 비견할 만한 사건이었다. 객원 편집자 공모전 당선자들을 뉴욕으로 불러 모으는 데는 설득 과정이 필요 없었다. 1947년에 선발된 레이니 다이아몬드Lanie Diamond는《마드무아젤》잡지사와 바비즌에 제때 도착하기 위해 기말고사도 보지 않고 UCLA 대학에서 나와버렸다.[27]

나넷 에머리는 이제 3주 만에 뉴욕으로 갈 준비를 해야 했다. 바비즌에 대해서는 잘 알았다. 2년 전에 눈부신 빨간 머리 영화 스타 리타 헤이워스가 바비즌 체육관에서《라이프》매거진에 실릴 사진을 찍은 일이 있었다. 도발적이고 재미있고 약간 아슬아슬한 사진들이었다. 어떤 사진에서는 리타가 따분해 보이는 표정으로 눈을 굴리며 도전적으로 의자에 앉아 있고 주위에서 바비즌에 거주하는 모델들이 물구나무서기, 탁구 등의 운동을 했다. 다른 사진에서는 여자 다섯 명이 몸을 앞으로 숙여 할머니 스타일 속바지가 보이는 엉덩이를 사진사 쪽으로 향하고 있고 리타 헤이워스가 그 옆에 서서 고개를 한쪽으로 갸웃하고 냉소를 뿜으며 독자를 응시했다.

2차대전 동안 바비즌의 명성이 꾸준히 쌓였고 그리하여 리타 헤이워스가 지하 체육관에서 화보를 촬영했던 것이다. 호텔에서는 홍보 전략을 정교하게 발전시켰는데 바비즌에 투숙하는 젊고 야망 있고 매력적인 여성에 관련된 흥미로운 가십을 《포토플레이 *Photoplay*》 잡지에 제공하는 것도 그 가운데 하나였다. 나넷은 1946년에 바비즌에 왔던 일레인 스트리치Elaine Stritch, 클로리스 리치먼 Cloris Leachman, 낸시 데이비스Nancy Davis(이후에 영부인 낸시 레이건이 된다) 등을 1년 차로 놓쳤다.[28] 클로리스 리치먼은 '미스 시카고'로 선발된 직후 갓 스무 살 어린 나이에 바비즌에 도착했으나, 세 달 뒤에는 발목까지 오는 비버 코트 아래 녹색 울 수트를 맞춰 입고 어울리는 녹색 스웨이드 힐을 신은 채 버그도프 굿맨 백화점을 누볐다. 두 편의 브로드웨이 연극에서 대역을 맡았고 지금이 "내 삶에서 가장 짜릿한 순간"이라고 느꼈다.[29]

나넷 에머리도 같은 심정이었다. 나넷은 최신 유행인 클레어 매카델Claire McCardell이 디자인한 타운리 드레스 카피 제품을 입고 뉴욕에 입성할 계획이었다. 매카델은 미국인의 취향과 전통에서 영감을 받은 미국 디자이너였다. 2차대전이라는 제약 속에서, 미국 디자이너가 패션의 중심인 파리로부터 단절될 수밖에 없는 상황에서 매카델은 승승장구했다. 매카델의 혁신적 디자인 중에는 현대적으로 재해석한 던들—허리는 잘록하고 폭은 넓고 풍성한 스커트—등이 있었고, 1944년에는 정부가 기상관측 기구용으로 조달한 면직물 잉여물량을 활용해 최고로 애국적인 드레스를 만들었다. 1년 후 매카델은 필리스 리 슈월브처럼 파시즘에 승리를 거둔 이후의 세계를 상상하려고 애썼다. 1945년 컬렉션은 미국의 개척자 정신을 주제로 선보였다. 프런티어 팬츠 포켓이라는, 날카로운 각도로 도발적으로 튀어나온 형태의 주머니를 바지며 스커트에 전부 달아 최대로 활용했다.[30] 그로부터 불과 2년 뒤에는 미국 개척시대의 자유로운 삶을 돌아보던 트렌드가 크리스티앙 디오르의 '뉴룩'에 밀려나게 된다. 처음에 미국 여성들은 바닥에 닿을 듯 긴 치마에 벨트로 단단히 조인 허리, 군인처럼 꼿꼿한 가슴선, 그렇게 깔끔한 라인을 이루기 위해 필요한 온갖 고통스러운 보정 속옷 등등 제약적인 여성성으로 노골적으로 회귀하는 뉴룩에 거부감을 느꼈다. 그러나 결국 뉴룩이 매카델이 제시한 전후 비전을 빠르게 밀어냈다.[31]

하지만 아직 1945년이고 매카델 유행이 한창이고 유럽에서 벌어진 전쟁이 마침내 끝났을 때 나넷은 바비즌으로 갔다. 사방에 대답을 기다리는 질문이 있고, 사람들이 전후 낙관주의에 물들어 있을 때였다. 이때까지만 해도 이오시프 스탈린Iosif Stalin이 '조 삼촌'이라는 친근한 이름으로 불렸고 냉전의 기미는 아직 뚜렷이 느껴지지 않았으며, 매카시Joseph McCarthy 상원의원이 암약하는 공산주의자를 색출하겠다며 마녀사냥을 시작하기 5년 전이었다. 그때 나넷과 친구들이 대공황과 2차대전을 겪으며 알게 된 것은 재미는 한순간이니 손에 잡을 수 있을 때 잡아야 한다는 사실이었다.

슈월브는 나넷을 포함해 객원 편집자로 뽑힌 열네 명에게 그들이 바비즌에 투숙하는 두 번째 그룹임을 알렸다. 슈월브는 "작년 우리 견습 편집자들은 바비즌 여성 전용 호텔에서 일종의 기숙사-호텔 생활을 즐겼습니다"라고 알리면서 한편으로 주의를 주기도 했다. "호텔 사정에 따라 어떤 방을 배정받든 받아들여야 합니다." 나넷은 슈월브의 편지와 함께 바비즌 브로슈어를 받았다. 두꺼운 종이에 나넷이 살게 될 곳을 찍은 아름다운 사진이 인쇄되어 있었는데 '기숙사-호텔'과는 거리가 멀어 보였다. 도서실, 음악실, 작은 탑 사이에 있는 햇살이 가득한 일광욕실 등을 담은 멋진 사진이었다. 호텔 편지지에서는 고급스러움과 여성스러움이 함께 느껴졌다. 고급 종이 위쪽에 바비즌이라는 이름이 구불구불 여성적인 글씨로 적혀 있고 그 아래 작고 또박또박한 글자체로 주소가 있었다. **렉싱턴 애버뉴 63번가, 뉴욕 21, N.Y.** 그때부터 1979년 객원 편집자 프로그램이 폐지될 때까지, 객원 편집자들은 모두 바비즌에 묵게 된다.

필리스 리 슈월브는 나넷을 비롯한 공모전 우승자들에게 "출근 복장으로는 시원한 짙은 색 도시 복장이 적합"하다고 조언했다. 또 《마드무아젤》의 유일한 금기는 모자 없는 맨머리와 흰 구두입니다"라고 덧붙였다. 슈월브의 메시지는 분명하고 명확했다. 미국 전역에서 선발된 열네 명의 객원 편집자가 고향에서 입던 옷차림이 **아니라** 세련된 뉴욕 패션으로 등장하길 기대한다는 것이었다. 슈월브가 걱정하는 것도 그럴 만했다.《르 디보스*Le Divorce*》를 비롯한 여러 소설로 유명한 다이앤 존슨은 1953년 열아홉 살 때 객원 편집자가 되었는데, "미시시피강 동쪽"으로는 가본 적이 없는 전형적인 소도시 출신이었다.³² 다이앤에게는 블랙웰을 비롯한 잘나가는 뉴욕 여자들이 필수적으로 착용하는 모자가 너무나 낯설었다. "물론 내 고향 일리노이주 몰린에도 모자가 있긴 있다. 어머니가 시내에 나갈 때나 부활절 같은 특별한 때 교회에 가면서 모자를 쓰는 걸봤다." 그러나 뉴욕에 도착해《마드무아젤》스태프를 마주한 다이앤을 비롯한 다른 객원 편집자들(실비아 플라스도 그중 한 명이었다)은, 모범생이고 야망 있는 젊은이이긴 했으나 멋쟁이라고 하기는 어려웠다. "캘리포니아, 유타, 미주리에서 온 여학생 스무 명. 우리 옷을보고 편집자들의 얼굴이 창백해졌다. 어머니한테서 빌려온 얌전한 교회용 모자를 보고는 경악했다."

잡지사에서는 객원 편집자들이 모자와 옷을 새로 마련하길 기대했으나,《마드무아젤》프로그램이 보수가 좋은 여름 아르바이트 자리는 아니니 다들 집에 편지를 보내 최대한 빨리 돈을 보내달라고 했다. 그럴 여유가 없는 이들은 그냥 버티거나 다른 동료들한테 옷을 빌리는 수밖에 없었다. 나넷과 객원 편집자들 모두 6월 체재비로 150달러를 받는데《마드무아젤》화보 모델 비용, 잡지에 실린 단편, 기사, 아이디어, 그림 등의 비용"의 합계로 법적으로 상당히 교묘하게 처리되었다. 나넷처럼 용돈을 추가로 가져온 사람은 괜찮았겠지만 사실 한 달 생활비로는 빠듯했다. 특히 초기에 돈이 많이 드는데《마드무아젤》에서 중순이 되어야 첫 급료를 주었기 때문에 더욱 곤란했다. (세전 150달러는 그 뒤 9년 동안 변함이 없다가 1954년에 25달러가 인상되었다. 당시 바비즌 한 달 숙박비가 60달러였는데, 도시에서 직장생활을 처음 시작한 대학 졸업생이 보통 월급으로 195달러를 받으며 작은 아파트나 공동 주거비로 30~40달러를 지불하는 것과 비교하면 말이 안 된다는 지적이 있었기 때문이다.33)

나넷은 급여가 150달러밖에 안 되어도 걱정하지 않을 여유가 있었으므로 1945년 6월을 자신의 상상을 실현하는 나날로 만들겠다고 결심했다. 나넷은 바비즌 1411호실에 묵었고, 외출했다가 돌아오면 프런트데스크에서 교환수가 작성한 전화 메시지를 받았다. 친구들은 바비즌으로 전화를 걸어 당연한 듯 자정에 다시 걸겠다고 했다. 나넷 같은 바비즌 거주자들에게는 늦은 시간이 문제가 되지 않았다. 부모가 통금을 정해놓은 불쌍한 이들이나 상쾌한 기분으로 아침 수업에 갈 수 있게 사감이 취침시간을 관리하는 깁스 걸들과는 사정이 달랐다.

바비즌에서는 모든 것이 나넷의 손끝 닿는 곳에 있었다. 건물 밖으로 나가지 않고도 로비에서 이어진 복도를 통해 네이트 스콜러 약국에 갈 수 있었다. 예술적 취향이 있다면 미스 크리스털 서점에서 신작 소설을 사거나 메자닌 갤러리에 무료로 작품을 전시할 수

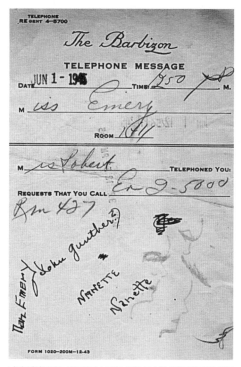

나넷 에머리가 프런트데스크에서 받은 무수한 전화 메모 중 하나.

도 있었다. 만약 뭔가 문제가 생기면 새로 바비즌 매니저가 된 휴 J. 코너Hugh J. Connor를 찾았다. 안경을 쓴 코너는 좀 고리타분하지만 자상한 삼촌 같았다. 아픈 투숙객들에게 꽃을 보내고 송금을 기다리는 이들에게 5달러나 10달러를 빌려주기도 했다. 용돈을 주 단위로 주기를 원하는 부모가 있으면 코너가 그것도 대신 해주었다. 뉴욕이라는 도시와 비즈니스에도 훤해서 최근에는 이스트 54번가에서 드레스숍을 운영하는 인디애나주 포트웨인 출신 투숙객이 2호점을 내는 데 도움을 주기도 했다.

부지배인이자 프런트데스크 감독관인 미시즈 메이 시블리는 어미 닭과 엄격한 경찰 역할 사이를 오갔다. 너무 자주 너무 늦게 돌아오는 젊은 거주자가 있으면 메이 시블리가 따로 불러 부모님이 어떻게 생각하시겠냐고 물었다. 그래도 달라지는 게 없으면 곧 방을 비워줘야겠다고 경고했고, 그러면 다들 눈물을 쏟으며 용서를 빌었다.[34] 100킬로그램의 거구인 도어맨 오스카 벡Oscar Beck은 과도할 정도로 열정적인 사람으로, 바비즌 거주자가 탄 택시 문을 기쁘게 열어주고 집에 돌아온 것을 강아지처럼 충성스럽게 환영했다. 남자들이 차를 몰고 호텔 앞을 지나가면서 전화번호 좀 가르쳐달라고 소리치면 오스카는 호텔 프런트데스크 번호 템플턴 8-5700

오스카 벡, 바비즌에서 도어맨으로 오래 일했다.

—호텔 바비즌

를 불러주곤 했다.[35] 오하이오 출신 거주자 한 명은 오스카가 늘 변함없는 강한 독일식 억양에 "걸걸한 목소리로 지껄여서 정확히 뭐라고 하는지는 아무도 몰랐지만, 마치 당신이 세상에서 가장 아름답다고 말하는 듯한 느낌을 줬다"고 전한다.[36]

나넷한테는 오스카 벡의 칭찬도 메이 시블리의 경고도 휴 코너의 조언도 딱히 필요하지 않았다. 나넷은 뉴욕에 도착하자마자 4월 대학생 포럼에서 진지하게 정치를 논의하던 여학생에서 도시에 놀러 나온 젊은이로 탈바꿈했다. '건강과 미용' 파트에 배정되었고(후방 지원의 일환으로 '미용'에 '건강'이 추가되었다. 지나치게 경박하게 비치지 않기 위한 조치였다.) 첫날 이름난 편집자 미스 버니스 펙Bernice Peck과 점심을 같이 먹었다. 나넷은 미스 펙이 "놀라울 정도로 멋지고 솔직하다"고 느꼈다. 버니스 펙은 24년 동안이나 《마드무아젤》의 미용 편집자 자리를 지키게 되는 인물인데, 아름다워야 한다는 압박에 시달리지 않아서 아름다움을 위한 전투에 유머를 불어넣었고 "배꼽에 어떤 크림을 발라야 하나" 하는 "진지한" 토론에는 관심이 없었다.[37] 나넷은 첫날 다른 객원 편집자 세 명과 함께 바비즌 메인 다이닝룸에서 저녁을 먹었다. 바비즌에 오기 전까지 나넷이 밤마다 읽었던 호텔 브로슈어에 "찰스턴 옛 거리 분위기를 재현"했고 "파스텔 컬러와 남부 스타일의 유쾌한 꽃 벽화로 장식"했다고 묘사되어 있던 다이닝룸이다. 메인 디시 가격이 55센트에서 1.5달러 사이였다. 저녁을 먹고 나서 나넷은 새로 사귄 친구들과 함께 호텔의 일광욕 데크를 둘러보고, 산책을 나가 월도프 애스토리아 호텔까지 갔다가 5번 애버뉴로 가서 당시 여성들이 즐겨 찾는 체인 레스토랑이던 '슈라프츠'에서 아이스크림을 먹는 것으로 하루를 마무리했다. 슈라프츠의 인테리어는 점잖은 중상류층 와스프 가정의 분위기를 내도록 꾸며져 있었다.[38] 나넷은 마치 집에 있는 것처럼 편안함을 느꼈다.

사실상 나넷은 며칠 만에 맨해튼에 완벽하게 적응했다. 숨 돌릴틈 없이 바빴던 어느 저녁, 나넷은 잠깐 시간을 내어 '델모니코 장교 클럽'에 가서 다른 객원 편집자 한 명과 데이트 상대들과 함께 '포상 데이트 드레스'라는 제목의 패션 화보를 촬영했다. 다음에는 공식 댄스파티가 있었고, 객원 편집자들은 10시 30분에 나와 택시를 타고 배리모어 극장으로 갔다. 나넷은 그곳에서 배우 캐서린 코넬Katharine Cornell과 인터뷰했다. 《마드무아젤》 8월 대학생 특별호에서 가장 인기 있는 코너 가운데 하나인 "우리는 영감을 얻어요We Hitch Our Wagons"에 객원 편집자 각각이 자기에게 영감을 준 유명인을 인터뷰해서 글을 쓰게 되어 있었다. 나넷이 캐서린 코넬과 함께 앉아 코넬의 개 두 마리를 각자 무릎 위에 앉힌 장면이 사진으로 찍혔다. "플래시가 터지고, 코넬의 닥스훈트 일로와 루니, 그리고 위대한 코넬과의 생기 넘치는 대화." 나넷은 흥분하여 일기를 적어 내려갔다. (더 대단한 인터뷰 상대를 고른 객원 편집자들도 있었다. 한 명은 화가 마르크 샤갈Marc Chagall과 "과격하게 몸짓을 하고 눈썹을 들썩이며" 프랑스어와 "미국어"로 의사소통했고, 또 다른 한 명은 독일에서 망명한 작가이자 노벨문학상 수상자 토마스 만Thomas Mann을 인터뷰했다.) 그날 밤 11시 45

분에 나넷은 델모니코 레스토랑으로 돌아가서 각각 해병대와 육군 장교인 형제와 더블데이트를 했고, 마지막으로 새벽에 "누군가 피아노를 치고 다들 아일랜드 노래를 부르는 독일 레스토랑"으로 가서 "크녹부어스트 샌드위치와 커피"를 먹었다. 나넷은 전후의 즐겁고 가볍고 경박한 분위기를 만끽했다.

그러는 한편 나넷은 물 만난 관광객처럼 '기념품'을 수집했다. 전통적으로 월요일부터 금요일 오후 3시까지는 남성 전용으로 운영되는 플라자 호텔의 오크 룸에서도, 또 밤 9시 30분부터 히트곡 전문 밴드인 밥 그랜트 오케스트라가 공연하는 봉사료만 1.5달러인 페르시아 룸에서도 붉은색과 금색으로 도배한 화려한 명함을 획득했다. 피에르 호텔 코티용 룸에서는 엑스레이 눈을 가진 사나이라고 불리는 독심술사 마이러스Myrus가 손님들이 종이 쪽지에 몰래 적은 질문에 답하는 묘기를 보여주었다. 아이젠하워Dwight Eisenhower 장군이 미국의 전쟁 승리를 기념하기 위해 5번 애버뉴에서 시가행진을 할 때 나넷을 비롯한 객원 편집자들 모두 인파에 끼었다. "서 있을 자리를 구하려면 웃돈을 얹어주어야 했기 때문에 우리는 쓰레기차 위에 올라가서 장군에게 환호를 보냈다. 500만 명이 모두 같은 편을 응원하는 걸 보니 정말 대단했다…"라고 객원 편집자들이 《마드무아젤》에 보고했다.[39]

특별한 일이 없는 날이면 나넷은 주로 바비즌에서 식사를 했다. 커피숍이나 ("레이스 모양의 철제 장식과 파란 하늘을 배경으로 꽃밭이 그려진") 메인 다이닝룸에 붙어 있는 베란다룸에서 주로 식사했다. 여기에서 객원 편집자들은 25~65센트로 아침식사를, 35~65센트로 점심식사를 할 수 있었다. 밖에 나가고 싶을 때면 주로 고급 체인 레스토랑인 롱샴스나 2번 애버뉴에 있는 스투퍼스에 갔다. 스투퍼스가 냉동식품 브랜드가 아니라 인기 있는 식당이었을 때다.

나넷이 할 일이 많지는 않았다. 편집자들이 설명했듯이 8월 대학 특별호에 들어갈 기사는 객원 편집자들이 오기 전에 거의 다 준비되어 있었다.[40] 그렇긴 해도 나넷은 여기저기에 자기 이름을 끼워 넣는 데 성공했다. 이를테면 신입생들의 군살이라는 긴급한 문제를 다루면서 대학 식당에서 다이어트 테이블 멤버로 들어가거나 아니면 아예 다이어트 테이블을 하나 만들라고 제안했다. 나넷은 "25만 명에 이르는 미국 여성의 살을 뺀" 이 분야 전문가의 조언을 구해, 통통한 여대생을 모아 부모님에게 과일과 채소를 대량 구입해 보내달라고 요구하라고 했다. 그걸 나눠서 매끼 식사 전에 잔뜩 먹어 배를 채우라는 것이었다.[41] 이전 시대에 코르셋을 입은 깁슨 걸과 비쩍 마르고 소년처럼 보이는 플래퍼가 보여주었던 '여성은 날씬해야 한다'는 요구는 전쟁을 거치고 나서도 여전히 굳건했다.

그달 마지막 목요일, 한 달간의 프로그램이 끝나기 전날, 객원 편집자들은 블랙웰과 함께 세인트레지스 호텔 비에니스 루프에서 점심을 먹었다. 냅킨에서 테이블보며 실내의 모든 것이《마드무아젤》의 트레이드마크 편지지 색깔처럼 분홍색이었다. 나넷은 여행 일정표, 프런트데스크 메시지, 바비즌 엽서, 편지지, 성냥갑, 온갖 티켓, 입장권 등을 전부 챙겨서 디트로이트의 집으로 돌아갔고 거대한 가죽 장정 스크랩북에 정리했다. 1945년 6월은 나넷이 꿈꾸었던 모든 것이 이루어진`한 달이었다. 1940년대 맨해튼은 존 치버John Cheever가 말했듯이 "강가에 불빛이 가득하고, 길모퉁이 문구점에 있는 라디오에서 베니 굿맨Benny Goodman 사중주단의 음악이 들려오고, 거의 모든 사람이 모자를 쓰던" 때였다.[42] 그러나 나넷이 '스윙의 왕' 베니 굿맨의 경쾌한 음악을 배경으로 롤러코스터를 탄 듯 숨 가쁘게 전후 뉴욕으로 뛰어들었을 때, 막후에서는 냉전의 기미가 다가오고 있었다. 조지프 매카시 상원의원이 불러일으킨 '적색공포Red Scare'는 미국 사회를 휩쓸어갔다. 미국의 배신자를 색출하겠다는 의도로 일련의 의회 청문회가 속행했고, BTB 같은 커리어 우먼부터 나넷 에머리 같은 견습 직원까지 매카시즘의 조준경 안에 들어가게 된다.

●●●

엘리자베스 몰턴Elizabeth Moulton, 당시 이름 벳시 데이Betsy Day는 1945년 여름에 낮은《마드무아젤》잡지사에서 밤은 바비즌에서 보낸 열네 명 객원 편집자 가운데 한 명이었다. 엘리자베스도 나넷처럼 유럽에서 전쟁이 끝난 다음 날 BTB에게서 전보를 받았고 나넷처럼 쾌재를 부르며 흥분감 속에 뉴욕행 가방을 챙겼다.《마드무아젤》의 여름이 끝난 뒤에 엘리자베스는 래드클리프 대학으로 나넷은 브린 모어 대학으로 돌아갔으나, 엘리자베스는 남은 한 학기를 마치고 졸업해《마드무아젤》부편집장이자 소설 편집자 조지 데이비스George Davis의 편집보조로 일할 수 있게 되었다. 자신의 행운이 믿기지 않을 지경이었다.《마드무아젤》편집실의 막강한 커리어우먼들 사이에서 조지 데이비스는 유일한 남자였다. 불굴의 BTB와 달리 조지는 객원 편집자들에게 사근사근하고 격의 없이 대했다. 6월에 새로 객원 편집자들이 올 때마다 조지는 자기를 편하게 이름으로 부르라고 했다. 조지는 "로어노크, 시카고, 키웨스트, 텍사스, 조지아, 미네소타 등에서 갓 뉴욕으로 온 이들에게서 지역색을 털어내고" 글쓰기뿐 아니라 외양에서도 스타일을 만들어갈 수 있게 해주어 글쓰기에 일가견이 있는 패셔니스타로 재탄생시켜 고향으로 돌려보냈다.

조지 데이비스의 명성이 워낙 자자해서 객원 편집자들 모두 뉴욕에 오기 전부터 그가 누구인지 알았다. 조지는 미시건주 러딩턴에서 고등학교를 다니다 2학년 때 중퇴하고 파리로 간 것으로 유명했다. 그리고 파리에서 스물한 살의 나이로 첫 번째이자 마지막이 될 소설을 썼다(뉴욕의 중고책방을 샅샅이 뒤져 이 소설 한 부를 찾아내는 게 편집보조들의 통과의례였고 엘리자베스도 그렇게 했다). 조지는 자크 프레베르Jacques Prévert, 장 콕토Jean Cocteau 등 파리의 유명인사들과 친구가 되었고 10년 뒤에 뉴욕으로 들어와《하퍼스 바자》에서 소설 편집자로 일하다가《마드무아젤》로 옮겼다.

필리스 리 슈월브는 1942년 대학생위원회에서 일하기 위해《마드무아젤》에 처음 입사했을 때 조지 데이비스를 사무실 심부름꾼으로 착각했다. 조지가 늘 전화 교환수 책상에서 다른 사람들이 대화를 듣지 못하게 몸을 기울이고 전화 교환수와 잡담을 해댄 탓이었다.[43] 어느 날 유명 작가 카슨 매컬러스Carson McCullers가 잡지사에 와서 조지를 찾을 때야 필리스는 그가 위대한 작가 트루먼 커포티를 발굴한 바로 그 편집자라는 사실을 알고 깜짝 놀랐다. 조지가 악명 높은 스트리퍼 배우 집시 로즈 리Gypsy Rose Lee에게 보증금 125달러를 빌려 구입한 브루클린 미다 스트리트 7번지의 3층짜리 브라운스톤 건물도 전설이었다.[44] 조지의 집은 보헤미안 스타일 코뮌이자 이름난 문예 살롱이자 업스테이트 뉴욕에 있는 야도Yaddo 예술가 공동체에 버금가는 작가들의 휴식처이자 도깨비집 같은 하숙이 되었다. 조지 데이비스는 카슨 매컬러스, W. H. 오든W. H. Auden 같은 작가들, 원숭이 조련사 등 카니발 공연자들에게도 방을 빌려주었다.[45]

1945년 나넷 에머리와 엘리자베스 몰턴이《마드무아젤》에 왔을 때 조지는 마흔 살이었고 예전 사진 속 소년 같은 모습은 사라지고 없었다. 키가 작고 자세가 기우뚱하고 머리가 보통 크기보다 훨씬 크고 그 위 곱슬머리는 희끗희끗 세며 벗어지고 있었다. 외모는 보잘것없었다. 그러나 목소리는 대단했다. 엘리자베스는 조지의 목소리가 "부드럽고 사악하고 웃음기 있고 장난스럽고 또렷했다"고 묘사했다. 엘리자베스가 '사악하다'는 말을 아무 이유 없이 덧붙인 것은 아니었다. 1946년 2월 엘리자베스가 조지의 팀에 들어갔을 때, 팀에는 또 다른 보조 릴리아(리) 카슨Lelia (Lee) Carson과 소설 부문 보조편집자이며 자기 언니인 작가 카슨 매컬러스를 돌보느라 고생하는 소심한 마거리타(리타) 스미스Margarita (Rita) Smith가 있었다. 엘리자베스의 어머니는 여자들의 야심을 부추기던 시대에 태어난 사람이라 엘리자베스를 성공을 향해 밀어붙였고 《마드무아젤》의 공모전을 비롯한 온갖 대회에 도전하라고 격려했었다. 엘리자베스가 객원 편집자일 때는 도어맨 오스카 벡, 프런트데스크의 사감 미시즈 시블리, 매니저 코너 등이 빈틈없이 관리하는 바비즌에 묵었기 때문에 어머니는 안심할 수가 있었다. BTB가 객원 편집자들을 모두 바비즌에 투숙시키기로 결정했을 때 의도한 대로였다. 그러나 엘리자베스가 1946년 다시 뉴욕으로 갔을 때는 초봉으로 바비즌에 묵을 수 없었기 때문에 어머니가 공포에 사로잡혔다. 어머니의 걱정을 덜기 위해 엘리자베스는 해가 진 뒤에는 센트럴 파크에 가지 않겠다, 브루클린에는 발도 들여놓지 않겠다고 약속했다. 엘리자베스는 약속을 지켰고 브루클린에 있는 조지의 도깨비집에서 벌어진 무수한 파티를 놓칠 수밖에 없었다.

조지 밑에서 일하려면 일만 해서 되는 게 아니었다. 엘리자베스, 리, 리타는 조지가 요구하는 모든 것을 해냈다. 엘리자베스는 아버지가 극작가이니 그 방면에 무지하다고 할 수 없었을 텐데도 시간이 꽤 지난 다음에야 조지의 성적 취향을 알게 되었다. 그때는 섹스라는 걸 입에 올리는 때가 아니었다. 엘리자베스의 말을 빌리면 교회, 국가, 영화 검열관이 성을 '벌주고 세탁'했다. 아침 근무자가(엘리자베스 또는 리가) 사무실에서 밤을 보낸 조지의 프랑스 선원 손님을 쫓아내야 하는 일이 생겼을 때야 엘리자베스는 눈치챘다. 우아

―호텔 바비즌

한 선의의 거짓말에 익숙한 남부 사람 리는 눈을 돌리고 언급을 피했고, 엘리자베스에게도 그렇게 하라고 가르쳤다.

1946년 가을 조지는 브루클린의 공동체 문을 닫고 성질 나쁜 앵무새, '작고 너덜너덜한 개', 네 마리에서 일곱 마리 사이의 (정확히 헤아리기가 힘들었다) 고양이, 다종다양한 인간 몇 명을 데리고 맨해튼 이스트 86번가에 있는 브라운스톤 건물로 이사했다. 조지는 오전 중반쯤 보조들에게 전화를 걸어 곧 가겠다고, 일단 씻고 면도를 하고 널려 있는 빈 병을 보증금을 환불받아 시내로 가는 지하철표를 살 수 있을 만큼 모으면 가겠다고 말했다. 엘리자베스와 리는 오전 내내 조지를 대신해 변명했고 가끔은 건물 뒤에서 몰래 조지를 만나 급료를 전해주기도 했다. 그러면 조지는 바로 선원들이나 '후견인'들에게 써버렸다.

조지의 파티는 여전히 요란했는데, 이제는 브루클린이 아니라 어퍼이스트사이드에서 열렸기 때문에 엘리자베스도 갈 수 있게 되었다. 잡지에서 돈을 대는 대규모 파티도 있었다. 리처드 라이트Richard Wright, 앙리 카르티에브레송Henri Cartier-Bresson, 테네시 윌리엄스Tennessee Williams 같은 스타들의 비위를 맞추는 게 주목적이었고 손님들이 여러 겹의 원 모양으로 그들을 둘러쌌다. 첫 번째 원에는 책과 잡지 편집자들, 다음은 조수들이 있었고, 가장 바깥쪽 원을 이루는 친척이나 친구들은 음식이나 샴페인을 돌리는 역할을 했다. 어떤 파티에서는 개와 원숭이 흉내를 내는 친구가 사람이 빼곡 들어찬 뒤쪽 거실에서 공연을 했는데, 검은색 터틀넥을 입은 트루먼 커포티와 성난 앵무새만 앞쪽 방에 남겨졌다. 조지의 아파트에서 작은 모임이 열릴 때는 보통 《마드무아젤》 직원 7~10명이 모여 좌파적 이상을 옹호하는 발언을 했고 민주당 지지자인 조지는 삼촌 같은 모습으로 흐뭇한 미소를 띠고 있었다.

엘리자베스는 《마드무아젤》이 마치 가족 같다고 느꼈다. 그런데 툭하면 싸움을 벌이는 가족이었다. 특히 조지 데이비스와 편집국장 시릴리 에이블스Cyrilly Abels가 심했다. 에이블스와 비교하면 BTB는 순한 양일 지경이었다. 에이블스는 훗날 실비아 플라스를 겁주어 신경쇠약을 일으키게 만든 사나운 편집자로 영원히 기억되게 된다. 에이블스는 가슴이 크고 오트쿠튀르 의상이 옷장 가득 있으나 그다지 매력적이지 않은 여성이었다고 전해진다. 한 인터뷰에서 패션에디터들이 하는 일이 무엇이냐, 기사 원고를 쓰냐는 질문을 받았을 때 에이블스는 웃음을 터뜨렸다. "쓰냐고?! 글을 읽을 줄도 몰라요!" 시릴리 에이블스는 곧 조지 데이비스의 "오랫동안 시달려온 주적"이 되었다. 편집국장이 하는 일이란 모두가 마감을 지키도록 독려하는 것인데 조지는 아침에 제때 일어나 출근하지 못하는 만큼 마감도 잘 지키지 못했다.

게다가 한 가지 문제가 더 있었다. 정치 성향이었다. 에이블스는 부유층 출신이고 지적인 래드클리프 대학 졸업생이었으나 정치적 스펙트럼에서 도전적으로 왼쪽을 고수했다. 전쟁 전에는 그게 유행이었을지라도 전후에는 확연히 위험한 것이 되어가고 있었다.

《마드무아젤》에 실을 단편소설을 고르는 과정에서 두 사람의 정치적 의견차가 표면화되었다. 조지는 내용 때문에 형식을 희생할 수는 없다는 입장이었다. 조지는 에이블스가 지지하는, "더러운 지하방"에 사는 아프리카계 미국인 잡역부가 나오는 단편을 싣기를 거부했다.[46] 에이블스는 진보적인 메시지를 높이 평가했으나 조지는 글이 거칠다고 퇴짜를 놓았다. 전선이 형성되었고, 1947년 엘리자베스가 조수로 고용된 지 1년 만에 조지는 BTB에게 소설 편집자 자리에서 물러나겠다고 편지를 썼다. 편집자 직위 두 개를 유지하기가 너무 힘드니, 잡지 부편집장 직위만 유지하고 싶다고 했다. 또 소설 편집자를 누구에게 맡길지 의논하는 데도 참여하기를 원하지 않는다고 했다. BTB와 에이블스는 조지가 원하는 대로 하기로 했고 그의 의견을 구하지 않고 소설 보조편집자 리타 스미스를 그 자리로 승진시켰다.

리타는 언니 카슨 매컬러스를 정서적으로 돌보는 일만으로도 벅찬 상태였다. 리타 자신도 기댈 데가 필요했음에도 힘든 짐을 지고 있다는 걸 사무실에서도 다들 알았다. 창백하고 병약한 카슨 매컬러스는 여러 차례 뇌졸중을 일으켰고 결국 쉰 살에 과음과 흡연으로 이른 죽음을 맞고 말았다. 카슨 매컬러스는 엄청난 압박감에 시달렸다. 인종분리정책이 시행되는 조지아주 출신인 가냘픈 백인 여성의 몸으로 1940년 스물세 살밖에 안 되었을 때 《마음은 외로운 사냥꾼The Heart Is a Lonely Hunter》을 썼다. 리처드 라이트는 "남부 소설 가운데 처음으로 흑인 캐릭터를 백인과 마찬가지로 편안하고 정당하게 다룬" 최초의 백인 작가라며 매컬러스의 비범한 능력을 높이 평가했다. "문체적으로나 정치적으로는 설명할 수 없다. 삶에 대한 태도 때문에 매컬러스는 환경의 압박을 극복하고 백인과 흑인의 인간성을 일거에 이해하고 다정하게 포용할 수 있었던 것 같다."[47] 매컬러스의 재능은 상처받기 쉬운 감수성에서 나온 것이었다.

카슨 매컬러스의 동생 리타도 취약한 구석이 없는 사람이 아니었다. 리타는 "슬픈 갈색 눈을 가진 통통한 여자"로 '언니'가 부를 때마다 웨스트체스터 카운티로 달려갔다. 언니가 리타의 삶을 망쳤다는 소문이 사람들 사이에 파다했다.[48] 리타는 엘리베이터 공포증이 있어서 6층 《마드무아젤》 사무실까지 계단으로 오르내렸다. 혼자서는 지하철도 타지 않았다. 불붙인 담배를 사방에 두고 다니곤 했는데 자기도 그 문제를 알고 있었기 때문에 화재 때문에 자기가 있던 건물과 자기 삶이 끝장나는 건 아닐까 하는 두려움에 시달렸다. 리타의 비서는 매일 업무가 끝난 다음 사무실을 둘러보며 남은 불씨가 있는지 꼼꼼히 확인하는 책임을 맡았다.

리타가 소설 편집자로 승진하고 막 1년이 지났을 때, 조지 데이비스가 느닷없이 BTB에게 고뇌에 찬 어조로 편지를 써서 진실을 말할 권리가 "진지한 작가"의 "신성한 의무"라며 운을 뗐다.[49] 조지의 '진실'은 "리타 스미스에게 소설 편집자를 맡긴다면 BTB의 경력에 수치스러운 오점이 될 것"이라는 것이었다. 리타는 능력이 없고 게으르기도 하다고 했다. 리타의 주장과 다르게 트루먼 커포티와 '몇 달' 동안 일한 것은 리타가 아니고 조지였다. 리타는 늘 일이 밀려서, 몇 주에 한 번씩 소설 부서의 일을 전부 중단하고 직원들이 모여 "리타 대신 읽어"주곤 했다. 몇 주 동안 쌓인 산더미 같은 투고 원고를 읽는 데 심지어 리타의 친구들까지 동원되었다. 그리고 또 그 '증기' 문제가 있었다. 리타의 알코올중독 문제를 조지는 그렇게 불렀다. "커피를 하루에 열 잔씩 마셨습니다. 취해서 아예 업무를 못 할 때도 많았어요. 사무실에서 리타 자리는 뒤죽박죽 엉망진창이었습니다. 겉보기도 그랬고 일 처리도 그랬습니다."

왜 리타를 해고하지 않았냐고? 조지는 자문자답했다. 그랬다가 리타가 자기 자신에게 무슨 짓을 할지 두려웠기 때문이라고. 또 리타가 눈물로 호소하니까. "종종 술에 취해 몇 시간씩, 한밤중에 전화를 걸어서."[50] 그리고 물론 언니의 존재도 있었다. 그러나 조지는 궁극적 책임을 자신의 정적인 시릴리 에이블스에게 돌렸다. "빌어먹고 또 빌어먹을, 지랄 같은 거짓말은 지겨워요. 에이블스는 리타가 편집자로서 엉망이란 걸 누구보다도 잘 압니다." 조지가 리타를 아주 잘 훈련시켰다며 에이블스가 호들갑 떨며 칭찬한 일에 대해서 이렇게 말했다. "나는 이렇게 대답하고 싶네요. 토 나온다." 조지는 BTB 앞으로 쓴 편지를 이런 말로 마무리했다. "반복합니다. 토 나온다." 이걸로 조지는 관에 못을 박았다. 조지는 해고되기 전에 부편집장 자리에서 물러났다.

그러나 조지는 《마드무아젤》을 떠난 뒤에도 에이블스한테 앙금이 남아 있었다. 조지는 참지 못하고 다시 BTB에게 편지를 보내 털어놓을 것이 더 있다고 말했다. 자기 입장을 이야기하고 싶다고. 처음 에이블스를 만난 것은 두 사람 다 《하퍼스 바자》에서 일할 때였다. 조지가 《마드무아젤》로 자리를 옮긴 뒤에도 에이블스와 연락을 주고받았는데 그때는 에이블스가 "수줍고 다정하고 이상주의적인 여자"로 보였다. BTB가 편집국장을 맡길 사람을 찾지 못하고 있을 때 조지가 시릴리 에이블스를 추천했다. 에이블스가 정치적으로 좌파라는 건 알았지만 그게 문제라고 생각하지는 않았다. 나중에야 사실은 그게 아주 큰 문제라는 걸 알았다. 조지는 처음에는 BTB가 적임자를 뽑도록 도운 걸 잘했다고 생각했다. 그러다가 "미스 에이블스가 간절하게—아, 어찌나 간절하던지요—가끔 작가를 추천하거나 아이디어를 내도 되겠냐고 물었습니다". 에이블스가 추천하는 작가들은 전부 공산당원이거나 '동조자', 곧 공산당에서 승인한 진보주의자들이라는 걸 조지는 알게 되었다. 조지는 자기가 막을 수 있을 거라고 생각했다. 그러나 "알고 보니 그럴 수가 없었습니다". 에이블스와 조지 사이에 사실상 냉전이 시작되었다. 에이블스가 조지 부서의 여직원들을 '공산당 전선 위원회'에 참여시켰어도 조지는 아무 말도 하지 않았다. "변절 진보주의자로 불리고 싶지 않았기 때문입니다." 조지는 자기가 덫에 걸렸다고 생각했다.

조지 데이비스는 에이블스의 정치 성향에 역겨움을 느꼈다고 주장했지만 불만의 뿌리에는 언급되지 않은 다른 이유가 있었다. 에이블스라는 여성의 야심이었다. 조지는 이렇게 썼다. "제가 미스 에이블스가 공산당 소속이라고 생각하지는 않는다는 걸 알아두시길 바랍니다. 저는 미스 에이블스가 가까이에 있는 자원을 이용할 줄 아는 대단한 야심을 지닌 여성이라고 생각합니다."[51] 조지의 말에 따르면 에이블스는 자신의 야망을 이루기 위해 공산당의 침투 전략을 채택했다는 것이다. 그런 목적으로 "상냥하게 불평 없이 성가신 행정 업무를 떠맡고, 아침에 가장 먼저 출근해서 밤에 가장 늦게 퇴근합니다. 그렇게 해서 당신이나 나나 모두가 죄책감을 느끼게 만듭니다… 이런 충성스러운 노역은 서서히 보상을 받습니다. 점점 더 많은 권한이 손에 떨어지게 되죠". 조지는 지난해에 아무 말도 하지 않은 까닭은 "비열한 빨갱이 색출"에 끼고 싶지 않았기 때문이라고 말했다. 결국 다른 방법이 없어서 "떠나기로, 나가기로, 썩어빠진 일에서 손을 떼기로 결심했"다. "그래, 그래, 글을 쓰자. 다시 자유로워지자." 이렇게 마음을 다졌고 회사를 그만두었다.

그러나 조지는 BTB에게 사직서를 제출하자마자 보게 되었다. "에이블스가 가차 없이 제 부서를 장악했습니다. 상냥함과 소심함의 가면이 벗겨지는 걸 보았습니다."[52] 여전히 상황은 진퇴양난이었다. "[에이블스는] 내가 휘태커 체임버스Whittaker Chambers 역할을 해서 자기를 앨저 히스Alger Hiss로 만드는 게 자신에게는 가장 이득이라고 생각할 게 빤했습니다.* 나는 그럴 생각이 없었습니다. 문제는 미스 에이블스의 정치 성향이 아니라 야심입니다." 조지는 《마드무아젤》이 "좌파 쪽으로 뒤집히고" 있다고 경고했다. 뉴욕 문학계에서도 공공연히 그렇게 말한다는 것이었다. 조지의 말에 따르면 좌파적인 《뉴욕 스타New York Star》의 편집자 한 사람이 이렇

---

* 한때 공산주의자였던 저널리스트 체임버스는 동지였던 정부 관료인 앨저 히스를 소련 간첩이라고 몰아붙였고 앨저 히스는 그 일로 징역형을 받았다.

게 말했다고 한다. "자그마한 미스 에이블스가 그 갑갑하고 오래된 회사에서 사장의 반동적인 남편 눈을 피해 그러고 있는 게 정말 대단하지 않아요?" BTB의 남편 제임스 매디슨 블랙웰James Madison Blackwell은 《마드무아젤》 직원들에게 '대령'이라는 이름으로 불렸는데 극우파이고 심지어 반유대주의자, 인종주의자로 알려져 있었다.[53] 그러나 조지가 실제로 두려워한 것은 좌파 성향이 아니라 여성의 힘이었다.

•••

실상 조지는 당시 시대정신을 그대로 따른 것이었다. 1945년에는 냉전의 기미만 가까스로 보였다. 그런데 3년 뒤인 1948년 해리 트루먼Harry Truman은 미국에서 자라나고 있던 반공주의를 부추겨 대통령선거에서 승리했다. 빨갱이 사냥이 일상의 일부가 되었고, 사무실이 아니라 집에서 아내와 어머니가 지키는 '가족'이 모스크바로부터 밀려오는 새로운 이데올로기적 위협에 대응하는 가장 효과적인 보호장치로 간주되었다. 1949년에는 소련이 핵무기 위력을 과시하고, 중국이 공산주의 진영에 가담했으며, 미국 하원 비미활동위원회House Un-American Activities Committee는 미국인들에게 공산주의자·동조자·파괴분자·'변태'(동성애자)가 그들 사이에 암약하고 있다고 경고했다.

'적색 공포'는 순식간에 전후 페미니즘에 대한 두려움과 결합했다. 전시에 '남자의 일'을 했던 여자들이 과연 일을 그만두고 부엌

—호텔 바비즌

으로 돌아갈지 걱정하는 사람이 많았다. 그러지 않는 여자들이 의심의 대상이 되었다. 특히 전통적으로 여성이 많은 학교 교사가 소비에트 프로파간다를 전파할 가능성이 높은 위험한 존재로 여겨졌다. 컬럼비아 대학의 한 교수는 이런 논리를 펼쳤다. "여학교, 여대에는 러시아의 가장 충성스러운 신봉자들이 있다. 교사들 가운데는 불만을 가진 여자가 많다. 그들은 그 위치에 도달하기 위해 치열한 투쟁을 거쳤다. 증오에 기반한 정치적 도그마가 개인적 태도로 드러난다."[54] 그렇다면, 직원 대부분이 여자이고 일하는 여성, 강한 여성들이 모인 특이한 집단인 여성잡지사는 대체 어떻겠나? 여성 전용 호텔은 또 어떻고?

나넷 에머리는 1945년 객원 편집자 프로그램에 뽑히기 위해 뭐든 할 생각으로 별다른 생각 없이 필리스 리 슈월브의 4월 대학생 포럼에 들어갔다. 그러나 1949년, 조지 데이비스가 시릴리 에이블스에게 비난을 퍼부을 즈음, 나넷도 의심의 대상이 되고 있었다. 《카운터어택: 공산주의에 관한 사실 소식지Counterattack: The Newsletter of Facts on Communism》에서 《마드무아젤》과 모기업인 스트리트&스미스에 이렇게 통보했다. "스트리트&스미스의 최고위직 분들께. 《마드무아젤》 대학생 포럼을 제대로 살펴보고 거기에서 무슨 일이 일어나는지 알아보아야 합니다. 몇 가지 질문을 던져보세요. 누가 발표자를 선택하는가? 발표자를 선정하는 기준은 무엇인가? 그들의 실제 사상이 어떠한지 조사해본 적이 있는가?"[55] 《카운터어택》은 이어 한때 유명했던 스트리트&스미스 출판사의 싸구려 소설 프랭크 메리웰 시리즈를 언급한다. 프랭크 메리웰은 건장한 예일 대학생으로 범죄와 싸우고 불의를 바로잡는 인물이다. "뉴욕 이스트 42번가 122번지의 현대적인 건물에서 스트리트&스미스를 이끄는 남성들이 《마드무아젤》 포럼을 소탕해서 고결하게 빛나도록 만들지 않는다면 [메리웰의 팬들이] 예전의 메리웰 정신을 저버렸다며 슬퍼할 것입니다." 다른 신문도 붉은색 안경을 끼고는, 1949년 대학생 포럼에 학생 대표로 참석한 42개 대학 출신 55명의 여대생이 자칫하면 "진실을 오도하는 사람"이 될 수 있다고 경고했다.[56]

그런데 조지 데이비스 본인도 성적 지향 때문에 이론상으로는 혐의자였다. 트루먼 커포티는 미완성 소설 《응답받은 기도Answered Prayers》에 조지 데이비스를 보티라는 인물로 등장시켰는데 우호적으로 그리지는 않았다. "어떤 종류의 퀴어는 프레온가스로 혈류를 냉각시킨다. 예를 들면 디아길레프, J. 에드거 후버, 하드리아누스. 이런 유명한 인물들과 비교하기는 좀 그렇지만, 내가 생각하고 있는 사람은 터너 보트라이트다. 그의 추종자들은 보티라고 부른다. 보트라이트 씨는 '수준급' 자가의 작품을 싣는 여성 패션 잡지 소설 편집자였다. 그가 내 눈에 들어온 것은, 아니 내가 그의 눈에 든 것은 그가 우리 글쓰기 교실에서 강의했을 때였다. 나는 가장 앞줄에 앉아 있었는데, 그의 차가운 시선이 자꾸 내 가랑이 쪽을 향하는 것을 보고 회색 곱슬머리로 덮인 저 사람의 예쁘장한 머리통 안에서 무슨 생각이 돌아가는지 짐작했다."[57] 1951년에 조지 데이비스는 느닷없이 유명 가수이며 쿠르트 바일Kurt Weill의 미망인인 로테 레

　　　　　　　　　　　　　　　— 호텔 바비즌

냐Lotte Lenya와 결혼했다.[58] 그는 바일의 〈서푼짜리 오페라Threepenny Opera〉가 재상연될 수 있게 힘을 썼고 로테 레냐의 커리어에도 도움을 주었다. 유명한 게이 편집자, 민주당원, 그가 보여주고 싶어 하는 모습만 보았던 객원 편집자들에게는 사랑받았던 소설 편집자가, 매카시즘의 절정에서 결혼을 하고서 빨갱이 색출에 한 발을 걸친 것이다. 조지는 가만히 있지 못하고 또 BTB에게 편지를 썼다. 조지는 BTB에게 "놀랍고 소중한 사람, 내 아내의 내조 덕에" 자기 삶이 다시 본궤도로 돌아왔음을 알리고 싶었으며, 무언가를 또 털어놓을 준비가 되었다고 했다.[59] 조지는 BTB 혼자만 알았으면 좋겠지만, 남편 '대령'에게 알리는 것에 반대하지는 않겠다고 했다. 조지는 5년 전 1948년에 "'마녀사냥'이니 '빨갱이 색출'이니 하는 말에 겁을 먹었고" 지금 1953년에도 역시 "이른바 '매카시즘'이라는 것에는 단연코 반대"한다고 설명했다.

"그렇지만"

그렇지만—이제야 털어놓지만—한 달 전에 그는 FBI를 제 발로 찾아갔다. "출판계에 침투한 공산주의자에 관해 내가 아는 모든 것을 말했습니다. 아시겠지만 제가 아는 것은 어떤 한 사람의 활동에 한정되어 있습니다." 당연하지만 《마드무아젤》의 편집국장 시릴리 에이블스를 두고 하는 말이었다. FBI에서는 조지의 이야기를 "주의 깊게" 들었고, BTB의 충성도에 의문스러운 점은 없냐고 물었는데, 조지는 "**상상할 수 있는 한 최대로 확고하게**" 그런 일은 없다고 대답했다고 BTB를 안심시켰다. 하지만 에이블스를 도무지 그냥 내버려

둘 수 없었던 조지는 이런 추신을 덧붙였다. "우리 친구가 당의 노선에 따라 이제는 스페인 내전 동안 지적으로 현혹되어 '혼란에 빠진 불쌍한 진보주의자' 등등으로 행세하리란 생각이 듭니다." BTB는 바보가 아니었고 선제 조치를 해야만 한다는 걸 알았다. 매카시즘은 일하는 여성에게 특히 가혹했다. BTB는 스트리트&스미스의 법무팀에 연락했고, 2주 뒤에 법무팀에서 파리에 있는 BTB에게 자기들이 직접 "자발적으로" FBI를 만나러 가는 게 최선이라는 결론을 내렸다고 알렸다.[60]

조지 데이비스는 빨갱이 색출에는 반대한다고 주장하면서도 공산주의와 야심 있는 여성에 대한 혐오감을 결합하며 빠르게 매카시즘에 빠져들었다. 사실 그런 면에서 조지는 보헤미안이고 동성애자이고 뉴요커이면서도 다른 많은 미국인과 크게 다르지 않았다. BTB는 온통 녹색인 집무실에 앉아 한 손에 스카치 한 잔을 들고, 이어 또 한 잔을 들면서 조지 데이비스가 5년에 걸쳐 보낸 편지를 읽으며, 아마도 조지의 분노와 의심의 진짜 표적이 무엇인지 이해했을 것이다. BTB는 자기 같은 여자들에게 가해지는 공격에 익숙했다.[61] BTB는 온갖 이유로 비난받았고 "매력적이고 극히 여성스러운 새틴 마감 아래 철의 손을 숨긴다"는 이유도 그중 하나였다. 스트리트&스미스는 《마드무아젤》로 떼돈을 벌었고 그래서 싸구려 소설 사업은 접고 잡지 출간으로 완전히 돌아섰다. 그럼에도 BTB는 정당한 보상을 받기 위해 계속 싸워야 했다. 스트리트&스미스의 회장 제럴드 스미스Gerald Smith는 BTB의 막역한 친구였는데,

1952년 어느 금요일 점심을 같이 먹는 자리에서 BTB가 불만을 털어놓았다. 그러나 제럴드 스미스는 꿈적도 하지 않았다. 월요일 업무를 마치고 사무실이 텅 빈 다음, BTB는 제럴드 스미스에게 편지를 써서 몇 해 동안 해온 주장을 되풀이했다. 불평등을 참기 힘들다고. 가장 불만인 것은 '인정'을 받지 못하는 것이라고 했다. '인정'을 BTB는 "직업상 지위와 돈"이라는 두 가지 항목으로 명시했다.[62] "내가 만약 여자가 아니었다면 회사의 임원이 되었으리라는 데 의문의 여지가 없어 보입니다." 그래서 마침내 BTB에게 뼈다귀가 던져졌다. 여성으로서 유일하게 이사회에 참여하게 된 것이다. 이사회에 처음 참석한 날, 남자 이사들은 여자의 존재에 당황해 어떻게 대해야 할지 몰랐고 나름 호의를 표한다며 BTB에게 시가 상자를 내밀었다. 그러나 이사회 참석은 알맹이 없는 보여주기에 지나지 않았다. BTB에게는 발언권도, 직위도 주어지지 않았다. 급여도 그랬다. BTB는 회사를 위해 급여를 올리지 않고 희생하고 있었으나, BTB와 직급이 동등하거나 그 아래 있는 남자들은 아무 거리낌 없이 계속 급여를 올렸다. "제가 차별의 희생자라고 느낍니다. 그게 아니라면 대체 뭐죠?"

1950년 무렵에는 디오르의 전후 뉴룩에 크리놀린과 페티코트가 겹겹이 더해져 실루엣이 바뀌었고 19세기의 버슬 스타일처럼 유행이 여자들의 활동에 제약을 주었다. 그러나 패션이야 어떻든 활동에 제약을 받지 않으려 한 사람들도 있었다. 나넷 에머리는 뉴욕에서 모은 기념품이 가득 든 가방을 들고 바비즌을 떠나 브린 모어 대학으로 돌아갔고 1947년에 졸업했다. 나넷은 관습에 얽매이지 않고 전 세계를 돌아다니며 일했고 결혼도 늦게 했다. 마흔 살이 된 1966년 프랑스 파리에서 국무성에서 일하는 남자와 결혼식을 올렸는데 결혼식 사진에서 나넷은 재클린 케네디Jacqueline Kennedy 스타일의 무릎길이 흰색 코트 드레스와 필박스* 모자를 쓴 멋진 모습이다. 나넷은 파라과이에 살 때 딸 마리아를 입양하기도 한다. 나넷과 함께 2기 객원 편집자 활동을 했고《마드무아젤》에 다시 돌아왔을 때는 돈이 없어 바비즌에서 살 수 없었던 엘리자베스 몰턴은 이후에 작가이자 화가가 되어 소설 여러 권을 썼다. 편집자 시릴리 에이블스와 리타 스미스는 계속 새롭고 혁신적인 소설을 발굴해 잡지에 실었고 그 덕에《마드무아젤》은 더욱 유명해졌다. 블랙웰은 1970년까지 계속해서《마드무아젤》을 진두지휘한다. 1950년대 미국 여성의 전형적 이미지가 다시 가정으로, 전후 새로 만들어진 교외의 흰색 울타리 안으로 밀려난 것은 어느 정도 사실이다. 그렇지만 그 밖에도 다양한 변형 형태가 있어서, 대세에 저항했고 그리하여 매카시즘이 처벌하려 했던 커리어우먼들도 있었다. 그중 일부는 바비즌과《마드무아젤》안에서 보금자리를 찾았다.

---

* 알약 통 모양의 납작하고 챙이 없는 여성용 모자.

4장

인형의 집이 되다

그레이스 켈리와 미인대회 수상자들

아름다운 그레이스 켈리가 안경을 쓰고 있는 사진은 많지 않지만, 모델 캐럴린 스콧이 자기 옆방을 쓰는 그레이스를 처음 만났을 때 모습은 딱 이랬다.

●●●

1940년대 후반부터 1950년대 초까지, 바비즌 객실의 수요가 급증했고 인도 뉴델리에서 영국 본머스까지 곳곳에서 방을 달라는 요청이 쇄도했다. 멕시코에서 온 메체 아스카라테Meche Azcarate는 어머니가 바비즌 말고 다른 곳에는 묵으면 안 된다고 못을 박은 터였다.[1] 하지만 메체는 자기 뜻대로 할 수 있었더라도 바비즌 말고 다른 곳으로 갈 생각은 하지 않았을 것이다. 메체는 "어디에서나 실핀을 얻을 수 있는" "여학생 클럽 분위기"를 사랑했다. 호텔 매니저 휴 J. 코너와 부매니저 미시즈 메이 시블리는 무수한 예약과 체크인/체크아웃 날짜를 맞추느라 진땀을 뺐다. "백 명에 가까운 유명 패션모델, 라디오와 TV 배우"에 그보다 훨씬 많은 수의 "연극배우나 영화배우 지망생, 미술, 음악, 발레, 디자인을 공부하는 학생들"이 바비즌에 상주했다.

TV 시리즈 〈신 맨The Thin Man〉의 여주인공 필리스 커크Phyllis Kirk도 어머니 뜻을 따라 바비즌에 묵었다.[2] 나중에 뮤지컬 시트콤 〈파트리지 패밀리The Partridge Family〉에서 데이비드 캐시디David Cassidy의 어머니 역할을 하게 되는 셜리 존스Shirley Jones는 (존스는 현실에서도 캐시디의 새어머니가 된다) 부모님이 주머니에 200달러를 넣어주고 바비즌에 떨구어놓았다.3 셜리 존스는 '미스 피츠버그'로 1년 활동하고 피츠버그 극장에서 1년 연기를 했다. 다음 단계는 당연히 뉴욕, 바비즌이었다. 셜리 존스는 매주 열리는 로저스앤해머스타인 브로드웨이 쇼 오디션장으로 갔다. 캐스팅 디렉터는 존스의 노래를 듣더니 다른 사람들은 모두 집으로 돌려보냈다. 주디 갈런드는 자기 딸 라이자 미넬리를 바비즌에 묵게 한 다음 세 시간에 한 번씩 전화해 라이자가 방에 있는지 확인했고 방에 없으면 찾아오라며 호텔 직원들을 괴롭혔다.4

전후에 바비즌은 뉴욕의 '인형의 집'을 자처했다. 멋진 젊은 여성들을 엿볼 수 있는 곳, 여성 전용 숙소인 만큼 손에 닿지 않아 더욱 감질나고 매혹적으로 느껴지는 곳임을 내세웠다. 인형의 집 바비즌은 무수한 남성들이 꿈꾸는 장소였다. 1951년《호밀밭의 파수꾼 Catcher in the Rye》을 발표한 은둔 작가 J. D. 샐린저조차 바비즌 커피숍에서 얼쩡거리며 여자들을 꾀려 했다.5 샐린저는 여자친구 우나 오닐Oona O'Neill(극작가 유진 오닐Eugene O'Neill의 딸)이 예고 없이 찰리 채플린Charlie Chaplin과 결혼해버린 뒤에 종종 바비즌에 나타났다. 찰리 채플린은 우나를 웃게 했으나 샐린저는 그러지 못했다. 그러나 샐린저에게도 장점이 있었다. 바비즌 거주자 중 한 명은 이렇게 회상했다. "그렇게 강렬한 느낌을 주는 사람은 처음이었다." 다른 사람은 샐린저의 독특한 유머감각을 언급했다. 자기는 몬트리올 커네이디언스 아이스하키팀 골키퍼하고 데이트한 줄만 알았는데 알고 보니 샐린저였다는 것이다.

바비즌의 보안을 뚫으려 시도한 남자도 많았다. 메이 시블리는 툭하면 왕진 온 의사라고 주장하는 사람을 상대하러 호텔 프런트 데스크로 불려 갔다. "백이면 백 스무 살쯤 된 젊은 남자이고 주머니에 비쭉 튀어나오게 꽂은 청진기를 보여주려고 애썼다. 바비즌에서 가장 오래된 개그 가운데 하나다."[6]

캐럴린 섀프너Carolyn Schaffner는 남자들이 의사 가운을 구해 입고서라도 한번 보려고 기를 쓸 만한 여자였다. 오하이오주 스튜번빌 출신이고 하얀 피부와 기름이라도 바른 듯 반짝이는 검은 머리카락이 오드리 헵번Audrey Hepburn을 닮았다. 캐럴린이 원하는 것은 단한 가지였다. 스모그로 덮인 스튜번빌을 탈출하는 것, 자기를 엄마와 함께 이부동생들을 돌볼 무급 보모 취급하는 새아버지에게서 벗어나는 것.[7] 캐럴린은 꿈을 이루려면 노력을 해야 한다는 걸 알았다. 캐럴린은 패션 잡지를 보며 모델의 표정과 손짓을 연구했고 스튜번빌이 생긴 지 150주년이 되어 스튜번빌 여왕 선발대회가 열리자 직접 유세를 하고 다녔다. 마을에서 가장 예쁘다고 소문이 나 있었지만 안심하지 않고 집집마다 다니면서 지지를 호소했다. 꿈을 이루려면 운에 맡겨서는 안 된다는 걸 알았기 때문이다. 여왕으로 뽑힌 캐럴린은 높은 곳에서 스튜번빌 사람들에게 손을 흔들며 시가행진을 했고, 부상으로 할리우드 스크린테스트 기회와 500달러

현금 가운데 하나를 선택할 기회가 주어졌다. 캐럴린이 원한 것은 스타덤이 아니라 탈출이었으므로 현금을 택했다. 1947년, 뉴욕행 기차에 올라탔을 때 캐럴린은 열아홉 살이었다. 가족 중 아무도 배웅 나오지 않았다. 어머니는 집에서 새아버지 저녁식사를 차려야 했기 때문이다.

캐럴린과 비슷한 탈출 전략을 따른 젊은이가 당시에는 많았다. 1940년대와 1950년대에는 지역 미인대회가 미국 소도시를 떠나는 티켓이었다. 1945년 플로리다의 탠저린 여왕으로 뽑힌 로레인 데이비스Lorraine Davies는 기차를 타고 뉴욕으로 향했다.[8] 로레인은 기차에서 탠저린을 나눠주며 카메라 앞에 포즈를 취했다. 12월 1일 뉴욕에 도착했고, 처음으로 눈을 보았다. 로레인은 루스벨트 호텔

남자는 바비즌 로비까지만 출입이 가능했으므로,
줄을 서서 데이트 상대에게 전화를 걸었다.

에서 열린 감귤류 업계 공식 만찬장으로 인도되었다. 1,500명이 지켜보고 밴드가 〈탠저린Tangerine〉을 연주하는 가운데 로레인이 사뿐사뿐 만찬장으로 들어섰다. 그날 저녁은 밴드 리더이자 유명 가수 가이 롬바도Guy Lombardo가 로레인에게 술을 사주며 〈스위트 로레인 Sweet Lorraine〉이라는 노래를 불러주면서 멋지게 마무리되었다. 로레인은 캐럴린처럼 지방의 '예쁜 아가씨'들에게 주어지는 더 나은, 혹은 적어도 더 짜릿한 미래의 기회를 상으로 받은 것이었다. 원한다면 기회를 잡을 수 있었다. 로레인한테는 가는 곳마다 탠저린을 나눠주어야 한다는 계약상의 의무가 있었으나, 상의 일부로 해리 코노버Harry Conover를 만날 기회도 주어졌다. 해리 코노버는 존 파워스의 성공을 보고 모델 사업에 뛰어든 사람으로, 로레인에게 재능이 있다며 고등학교를 마치면 뉴욕으로 오라고 했다. 열여덟 살이 되던 해 로레인은 코노버의 말대로 뉴욕으로 돌아왔고 바로 바비즌으로 직행했다.

• • •

캐럴린 섀프너가 오하이오에서 뉴욕 펜 역으로 오는 데 꼬박 하루가 걸렸다. 캐럴린은 뉴욕을 잘 몰랐지만 노란색 택시를 잡아타고 바비즌 여성 전용 호텔로 가자고 해야 한다는 것만큼은 알았다. 캐럴린이 열심히 연구한 패션 잡지 모두 그렇게 하라고 조언했다. 바비즌이 도시에 처음 온 젊은 여성이 갈 만한 유일한 곳이라고. 그곳에 가면 안전할 것이라고. 캐럴린은 회전문을 밀고 들어가 주위를 둘러보았다. 프런트데스크로 가서 객실이 필요하다고 했다. 메이 시블리가 추천서를 가져왔냐고 물었고, 준비성이 좋은 캐럴린은 바로 추천서를 꺼냈다. 1936년부터 바비즌에서 일해온 메이 시블리는 대공황이 끝나고 전후 호황이 이어지자 심사 절차를 더욱 강화했다. 전직 프런트데스크 직원 한 사람이 회상하길, 시블리는 "방값을 낼 돈이 있음을 확인한 다음, 입실을 위한 첫 번째 테스트로 '얼마나 예쁜가'를 가늠하는 듯했다. 9월 학기 초 성수기가 끝나고 나면 그다지 까다롭게 굴지 않았다. 만약 마흔 살이 넘은 여성이 바비즌에 묵으려 할 경우, 며칠 정도만 머물 게 아니라면 방을 얻기힘들었다. 나이가 많거나 예쁘지 않은 사람은 눈감아주어 겨우 여기 있을 수 있는 듯했다".9 시블리는 호텔을 특별한 곳으로 만들기 위해 그랬다고 하겠지만, 다른 사람들은 시블리가 여성 고객을 상품화하고 여성 고객의 매력으로 호텔의 명성을 드높이려 했다고할 것이다.

미시즈 시블리는 캐럴린에게 규칙을 알려주었다. 방에서 음주금지, 되도록 빨리 귀가할 것—적어도 부적절한 일이 있지 않은지의심할 만큼 여러 날 연속으로 늦게 들어오지는 말 것. 화재 위험이있는 조리도구를 사용하는 것도 금지였다. 압수된 가전제품이 창고 벽장에 상점을 열어도 될 만큼 잔뜩 쌓여 있었다. "값싸게 식사하기 위한 핫플레이트, 모닝커피나 한밤에 부용*을 마시기 위한 병

---

* 육류, 생선, 채소, 향신료 등을 넣고 맑게 우려낸 육수.

가열기, 헤어드라이어, 선 램프 등."[10] (메이 시블리의 권력이 어찌나 막강했던지 젊은 거주자들이 이렇게 말을 시작하는 일이 드물지 않았다. "이 말을 들으면 미시즈 시블리가 날 죽일 거야…")[11] 오후 티타임에는 공짜로 차가 제공되는데 (미시즈 시블리가 대놓고 그렇게 말하지는 않았지만) 가난한 사람들에게 특히 유용한 특전이었다. 저녁에는 카드게임 또는 백개먼*을 하거나 강의를 들을 수 있었다.[12] 캐럴린은 남자 출입 금지 규칙은 알고 있었으나 일몰 후에는 엘리베이터 운행자도 남자에서 여자로 바뀐다는 이야기를 듣고 놀랐다.

캐럴린의 방은 작고 소박했다. 작은 방에 있으니 '벽장 안에 들어온' 것 같았으나 캐럴린은 개의치 않았다. 꽃무늬 커튼과 같은 무늬 베드스프레드가 집처럼 편안한 느낌을 주었다. 캐럴린은 신발을 벗고 스타킹을 신은 발로 푹신한 녹색 카펫을 디디고 침대 위 스피커에 손을 뻗었다. 다이얼을 돌리자 클래식 음악이 흘러나왔다. 일주일에 18달러로 자유를 찾은 것이다. 전에는 종일 이부동생들 뒤치다꺼리를 해야 했는데, 이제는 캐럴린이 나가 있는 동안 호텔 메이드가 방 청소를 대신 해주었다. 캐럴린에게는 모아놓은 돈이 있었고 또 아름다운 외모가 있었다. 저축과 상금으로 모은 2,000달러라는 큰돈이 있었지만 그 돈으로 영원히 버틸 수는 없었다.

바비즌에 묵는 젊은 여성들은 배경이나 재산이 다양했다. 캐럴린처럼 아무 배경도 연줄도 없는 사람이 있는가 하면 상류층 사교

---

* 주사위를 굴려 말을 움직이는 2인용 보드게임.

　　　　　　　　　　　　　　　　　　　　　　— 호텔 바비즌

계 인사도 있었다. 〈그레이 가든스Grey Gardens〉라는 악명 높은 다큐멘터리 영화에서 리틀 에디 빌Little Edie Beale과 어머니 빅 에디 부비에Big Edie Bouvier(재클린 부비에 케네디의 고모이다)는 무너져가는 햄튼스 저택에서 너무 많은 고양이들을 데리고 힘들게 사는데, 리틀 에디가 바비즌에서 보낸 한때를 그리운 듯 회고하는 장면이 나온다. 리틀 에디는 1947년(캐럴린이 도착한 해이기도 하다)부터 1952년까지 바비즌에 살면서 모델 일을 조금씩 하며 쇼 비즈니스 업계에서 성공할 기회를 기다렸다.[13] 행운의 돌파구가 막 생기려 할 때 (적어도 리틀 에디는 그렇게 믿었다) 어머니가 딸을 햄튼스로 다시 불러들였다. 딸의 생활비를 더 감당할 수 없다는 게 이유였으나 실상은 혼자 남겨지기가 두려워서였다. (고양이 수가 그렇게 불어나기 시작한 것은 리틀 에디가 바비즌에 머무른 동안이었다. 몇 해 뒤에 리틀 에디는 친구에게 이렇게 편지를 썼다. "내 변호사 동생의 의뢰인이 근처에 살았는데 엄마한테 고양이를 준 거야. 엄마가 훈련도 시켰지, 집고양이였거든. 그때 나는 바비즌에 살면서 일하고 있었어. 그러니 나하고는 아무 상관 없는데 다들 내 탓이라고 한다니까!"[14])

그러나 바비즌 체류 동안, 아직 젊고 예쁘고 매력적이고 열의가 넘치는 동안에만 한정된 기회의 창이 열린다는 것을 뼛속 깊이 이해한 것은 상류층 출신이 아니라 캐럴린 같은 이들이었다. 이들은 미모와 젊음 등의 자산을 밑천으로 비서, 모델, 배우 등의 일을 하게 되기도 했다. 그러나 상류층 출신부터 캐럴린 같은 이들까지 바비즌에 있는 모든 젊은 여성에게는 같은 목표가 있었다. 바로 결혼이었다. 아무리 대담하고 아무리 포부가 드높은 사람이라도 무지 개 끝에 있는 금단지는 결혼이라는 걸 누구나 알았다. 결혼일 수밖 에 없었다. 마음 한구석에는 배우, 작가, 모델, 화가가 되고 싶은 열 망이 있다 하더라도. 상류층 출신들은 적절한 배우자를 구하러 멀 리 갈 필요가 없었으므로(아빠의 컨트리클럽이라든가 정기 댄스파티 등 에 후보자들이 넉넉히 있었다), 이들에게는 바비즌이 결혼 전에 잠시 즐기기 위한 곳, 약간의 악명이나 성공을 누려볼 만한 시기를 뜻했 다. 그러나 캐럴린 같은 이들은 뉴욕에서 그걸 이루기 위해, 다시 말해 뭔가 중요한 인물이 되어 남자를 만나기 위해 바비즌에 온 것 이었다. 고향에는 캐럴린의 엄마 같은 이들의 삶이 기다리고 있었 는데 캐럴린들은 그것만은 죽어도 싫었다.

캐럴린은 뉴욕에 온 첫날부터, 갈 곳이 아무 데도 없었음에도 출 근하는 사람처럼 차려입었다. 깁스 걸들처럼 흰 장갑을 끼고, 바비 즌에서 쏟아져 나오는 다른 젊은 여성들과 함께 거리로 나갔다. 다 른 이들은 사무실, 스튜디오, 학교 등으로 향했지만 캐럴린은 도시 를 돌아다니며 탐험했다. 이렇게 돌아다니다가 57번가와 6번로 교 차로에서 혼앤하다트 자동판매 식당을 발견했다. 독일에서 들어온 자동판매 식당은 요즘으로 말하면 패스트푸드 체인 레스토랑 같은 것이었다. 혼앤하다트가 뉴욕에서 가장 유명한 자동판매 식당이었 는데 동전으로 작동하는 아르데코 스타일 은색 자동판매기가 꽉꽉 들어차 있었다. 그곳이 캐럴린 마음에 쏙 들었다. 캐럴린은 달러를 5센트 동전으로 바꾼 다음 줄줄이 늘어선 자판기의 유리 진열장을 둘러보며 뭐가 가장 당기는지 보았다. 마침내 마음을 정하고 동전을 넣고 다이얼을 돌리고 유리문을 열었다. 돌고래머리 모양의 은빛 주둥이에서 커피를 따르고 보온 테이블에서 햄버그스테이크와 매시드포테이토를 꺼냈다. 캐럴린은 음식을 들고 위층으로 가 창가 테이블에 앉아 웨스트 57번가 거리를 내다보며 천천히 식사했다.

뉴욕에 온 지 1주일이 되었을 때였다. 캐럴린이 혼앤하다트에 앉아 몽상에 빠져 있을 때 어떤 남자가 다가와서 좀 앉아도 되겠냐고 물었다.[15] 그는 자신이 사진사라며 캐럴린이 사진 모델로 딱이라고 말했다. 모델 일을 생각해보았는지, 유명한 모델 에이전트 해리 코노버를 만나볼 생각이 있는지 물었다. 기회의 창이 영원히 열려 있지는 않다는 걸 아는 소도시 출신 캐럴린은 만나고 싶다고 말했다. 사진사는 주소를 적어주었다. 밴더빌트 애버뉴 52번지. 캐럴린은 쪽지를 받아들었다.

캐럴린은 도시와 바비즌 주민들을 알아가는 중이었다. 매주 월요일에는 사교모임이나 강연 등 그 주에 예정된 행사를 꼼꼼히 살펴보았다. 호텔의 사교 담당자가 작성한 안내문이 한 주가 시작될 때 문 아래 틈으로 쓱 들어왔다. 캐럴린은 몇몇 주민과 대화를 나누었고 몇몇은 얼굴을 익혔다. 그러다가 바비즌에서 막 나가려는 젊은 여자가 눈에 들어왔다. 동그란 얼굴에 구불구불한 밝은 갈색 머리카락, 검은 코트에 파란 꽃이 달린 검은 모자를 썼다. 나중에 같은 사람이 9층 방문을 여는 모습을 다시 봤다. 알고 보니 캐럴린의 바로 옆방에 묵는 이웃이었다.

캐럴린이 손을 내밀며 자신을 소개했다. "난 오하이오 스튜번빌에서 온 캐럴린이야."

"난 그레이스, 그레이스 켈리야. 필라델피아에서 왔어." 그레이스는 미국 연극아카데미에서 연기를 배우고 있다고 했다.

그레이스와 캐럴린은 금세 친구가 되었다. 그레이스는 캐럴린보다 두 달 먼저 9월에 바비즌에 왔다. 그런데 벌써 뉴욕 토박이처럼 보였다. 그레이스의 삼촌이 맨해튼에 사는 극작가라서 필라델피아에 살 때도 종종 삼촌 집으로 와서 최신 브로드웨이 공연을 보곤 했기 때문이었다. 그레이스는 극장표와 《플레이빌Playbill》 잡지를 전부 날짜순으로 정리해서 스크랩북에 붙이고 꼼꼼하게 감상을 기록해놓았다. 그레이스는 연극에 푹 빠져 있었고, 캐럴린은 옷본을 연구하고 직접 옷을 만드는 등 패션에 열을 올렸다. 캐럴린은 스커트, 블라우스에 장갑까지 스스로 만들었다. 장갑은 솔직히 조금 꽉 끼었지만 손가락을 너무 많이 움직이지만 않으면 괜찮았다.

극과 극이 끌리는 경우였다. 늘 멋지게 차려입는 캐럴린과 달리 그레이스 켈리는 뿔테 안경을 썼고 안경이 없으면 앞을 잘 못 봤다. 나중에 그레이스는 영화계에서 짧지만 대단히 성공적인 경력을 남겼는데, 그레이스의 관능적이고 꿈꾸는 듯한 눈빛은 사실 근시라 잘 안 보여서였다. 그레이스가 즐겨 입는 외출복은 트위드 수트, 스커트, 카디건 등 필라델피아 상류층 배경을 드러냈다.

사실 두 친구의 옷차림은 자기 성품과는 반대였다. 패셔너블한 캐럴린은 조용하고 수줍은 성격이었고, 수수한 그레이스는 적극적이고 활발했다. 부모님은 그레이스가 연극아카데미가 아니라 대학에 들어가기를 바랐지만, 운이 그러했는지, 전장에서 돌아온 군인들 가운데 대학 진학을 원하는 사람이 많았고 그들에게 우선권이 주어졌다. 그래서 베닝턴 대학 입학에 실패하자, 그레이스로서는 부모님의 기대에서 벗어날 기회가 된 셈이었다. 그레이스는 마침내 부모님을 설득해 뉴욕에 오는 데 성공했다. 아버지 잭 켈리Jack Kelly는 한 가지 타협 불가능한 조건을 내걸었다. 반드시 바비즌 여성 전용 호텔에 묵어야 한다는 것이었다.

그레이스는 날마다 연극학교에 가서 선생님들에게 눈도장을 받으려고 노력했다. 캐럴린도 뭔가를 해야 했다. 사진사를 만난 다음 날 캐럴린은 그랜드센트럴 역 바로 뒤에 있는 밴더빌트 애버뉴 52번지로 갔다. 상당히 위험한 행동이었다. 캐럴린이 돈이 약간 더 들더라도 바비즌에 묵는 이유는 도어맨을 비롯한 직원들이 뉴욕 거리를 배회하는 '늑대들'로부터 지켜주기 때문이었다. 다행히 사무실에는 새카만 머리카락을(염색한 걸까? 캐럴린은 생각했다) 뒤로 매끈하게 넘긴 해리 코노버가 실제로 있었다. 캐럴린은 코노버가 한때 디스크자키였고 이후 파워스 에이전시에서 모델 겸 배우로 활동했으나 돈을 벌려면 모델이 될 게 아니라 모델 매니지먼트를 해야 한다는 걸 알게 됐다고 들었다. 이전 직장 보스 존 파워스처럼 코노버도 런웨이의 앙상한 모델들보다는 자연스럽고 "매끈한" 미인상을 추구했다.[16] 코노버는 자기 모델들에게 양껏 먹으라며 "전쟁터에서 돌아온 군인들은 성냥개비가 아니라 동글동글한 건강 미인을 원한다"고 말한 것으로 유명하다. 가장 미국적인 여성을 찾기 위해 코노버는 동부 해안의 대학 캠퍼스에 사교클럽 축제가 열릴 때마다 스카우터를 파견했고 지역 축제나 미인대회에도 크게 의존했다.

163센티미터의 캐럴린은 하이패션 모델이 되기에는 너무 작았지만 체구가 크고 얼굴이 오목조목해서 그때 막 뜨일락으로 성장하던 '주니어 패션' 분야 모델로 안성맞춤이었다. 그 무렵 10대 청소년들이 열 살 이상 많은 사람들과 자신들을 구분해서 정의하기 시작한 것이다.《마드무아젤》과 편집장 BTB가 수익성 높은 "청년 시장"을 발견하면서 크게 촉진된 현상이었다.

해리 코노버는 캐럴린을 앉혀놓고 뉴욕에는 예쁜 소녀들이 넘치게 많지만, 부지런히 발품을 팔고 시간을 견디는 사람만 성공할 수 있다고 설명했다. 캐럴린은 참고 견디는 법을 이미 알았다. 그랬기 때문에 스튜번빌에서 벗어날 수 있었다. 그래서 캐럴린은 또 무슨 일이 주어지든 기꺼이 받아들이고 열심히 쫓아다니며 일했다. 어두운 복도, 좁은 계단, 섬뜩하도록 썰렁한 로비에 들어서야 할 때도 있었지만 당황하지 않았다. 어떤 곳이라도 집보다 더 나쁘게 느껴지지는 않았으니까. 클라이언트의 사무실이든 쇼룸이든 코노버 에이전시가 보내면 어디든 갔고, 그곳에서 캐럴린은 인정사정없는 비평을 마주해야 했다. 웬만한 여자라면 클라이언트들이 모델을 그 자리에 없는 사람 취급하며 거리낌 없이 이러쿵저러쿵하는 걸 듣다가 무너졌을 것이다. 그러나 캐럴린은 주의 깊게 듣고 뭘 고쳐야 하는지 배웠다. 이를테면 눈밑 다크서클 같은 것.

캐럴린이 맡은 첫 번째 중요한 작업은 《주니어 바자*Junior Bazaar*》의 2면짜리 광고였다. 캐럴린이 젊은 아내에게 필요하다고 여겨지는 다양한 물건 즉 더러운 빨래, 빨래 바구니, 다리미, 다리미판 등에 둘러싸여 있는 사진이었다.[17] 큰 건을 하나 하고 나자 일이 더 많이 들어왔고 곧 일이 끊이지 않게 되었다. 모델이 클라이언트들에게 주는 명함을 콤프 카드comp card라고 하는데 캐럴린의 콤프 카드에는 신체 사이즈와 의상 호수, 캐럴린이 몸에 꼭 맞는 수트와 모자 차림으로 로드&테일러 백화점 쇼윈도를 들여다보는 사진이 들어 있었다. 재치 있게도 그 쇼윈도 안에는 웨딩드레스를 입은 캐럴린의 또 다른 사진이 있었다. 캐럴린이 자동판매 식당에서 말을 걸었

《마드무아젤》에 실린 캐럴린 스콧의 사진

인형의 집이 되다—

던 사진사를 다시 마주쳤을 때, 그는 대놓고 자기와 같이 가겠냐고 물었다. 그냥 데이트를 하자는 게 아니라, 주말을 보내러 가자는 것이었다.[18]

"싫어요." 캐럴린은 사진사의 눈을 피하며 말했다. 자동판매 식당에서 그가 자기 옆에 앉았던 것이 잘된 일인 동시에 얼마나 잘못된 일이었나 하는 생각을 했다. 캐럴린은 서둘러 안전한 바비즌으로 돌아갔다.

크리스마스가 되어 그레이스는 필라델피아의 집으로 갔고 캐럴린은 뉴욕에 남아 집이 너무 멀거나 여타 이유로 명절에 집에 가지 않은 다른 여자들과 같이 애프터눈티를 마셨다. 그레이스는 캐럴린이 상상조차 할 수 없을 유리한 상황에 있었다. 그레이스의 아버지는 자수성가한 백만장자로 바비즌 체재비와 연극학교 학비를 대주었다. 그레이스는 다른 거주자들처럼 매주 종이와 연필을 들고 앉아 무슨 비용을 줄여야 할지 계산할 필요가 없었다. 특히 미시즈 시블리가 핫플레이트를 압수한 뒤로 생활비가 더 늘었으므로 바비즌의 젊은이들은 종종 씀씀이를 자책하며 룸서비스 비용, 택시비, 전화 통화료를 줄이겠다고 다짐하곤 했다(방에서 전화를 걸면 한 통에 11센트라는 터무니없는 요금이 청구되었다).[19] 돈을 절약하는 한 가지 요령은 저녁 데이트 초대를 받을지 모르니 밤 9시까지 저녁을 먹지 않고 버티는 것이었다. 그렇게 저녁을 처리하면 한 달 식사 비용을 상당히 줄일 수 있었다. 또 한 가지 절약 방법은 코앞에 있는 블루밍데일 백화점에서 쇼핑을 하는 대신 바비즌 내에서 물물교환이나

─호텔 바비즌

경매가 열리기를 기다리는 것이었다. 모델이 옷장 정리를 하거나, 더 좋게는 결혼을 하게 되어 바비즌을 떠나는 경우가 특히 좋은 기회였다. 모델들은 도매가로 산 유명 디자이너 의상을 싼값에 넘길 때가 많았기 때문이다.

그레이스 켈리는 돈 걱정은 할 필요가 없었으나 부모가 걱정이었다. 부모는 그레이스가 실패하거나 포기하기만을 기다리고 있었다. 크리스마스를 보내고 바비즌으로 돌아온 그레이스는 실패도 포기도 하지 않겠다고 이중으로 다시 다짐했다. 연기 선생님들은 그레이스의 목소리가 문제라고, 너무 높고 콧소리가 많다고 했다. 그러나 캐럴린처럼 그레이스도 문제를 시정할 줄 알았다. 녹음기를 사서 캐럴린 옆방인 자기 방에 앉아 목소리를 녹음한 다음 다시 들어보며 말투를 교정해, 당대 배우들에게 필수로 여겨지던 기이한 미국식 영국 억양을 익혔다.

전후 젊은 여성들은 전반적으로 뭔가 진짜 수완이 있었다. 공부를 더 하기 위해 돈을 모으는 사람도 많았는데, 열일곱 살이고 "텍사스 사람답게 늘어지는 말투로 말하는" 헬렌 싱클레어Helen Sinclair도 그중 하나였다. 헬렌은 주급 300달러를 받고 패션 잡지 모델로 일해, 대학에 돌아가 패션으로 학위를 받기에 충분한 돈을 저축했다.[20] 디트로이트 출신 캐슬린 칸스Kathleen Carnes는 성악 레슨비를 벌려고 광고 노래를 불렀고, 샌앤토니오 출신 도러시 화이트Dorothy White는 뉴욕 교외에서 음악 감상을 가르치며 돈을 벌어 피아노를 배웠다. 일리노이주 키와니 출신인 존 드 베이 머치슨Joan de Bey

Murchison은 TV 쇼 출연으로 번 돈으로 홍보회사를 차렸고, 펜실베이니아에서 온 클레어 매킬런Clair McQuillen은 모델 일로 돈을 벌어 미술을 공부해서 프리랜서 광고 아티스트로 진로를 개척했다. 바비즌의 매니저 휴 J. 코너는 이들의 성취나 승진을 모두의 승리로 여겼고 믿기를 어려낸 사람들에게 축하의 꽃을 보냈다. 특히 거기까지 가는 길이 얼마나 험난했는지 자기가 잘 아는 경우라면 더욱 아낌없이 축하했다.[21] 휴는 점원이었다가 바이어가 된 사람, 접수원이었다가 잡지 표지 모델이 된 사람, 비서에서 회사 중역까지 오른 사람 등 바비즌 거주자의 소식을 전하며 활짝 웃었다. 바비즌 인형의 집은 젊고 매력적인 미녀가 가득한 것으로 유명했지만, 사실 그 매력적인 겉모습 뒤에는 더 많은 것이 있었다. 이 젊은 여성들 가운데 상당수는 결국 고향으로 돌아가 아내이자 어머니가 되긴 했으나 적어도 뉴욕에 있는 동안 그들의 목표는 벳시 탤벗 블랙웰 못지않게 야심 찬 것이었다.

휴 J. 코너는 호텔 거주자들의 예산이 얼마나 빠듯한지 재정적으로 어떤 곤경을 겪는지 훤히 알았다. 캐럴린은 이제 모델 일을 쉬지 않고 할 수 있었으나 그런다고 바로 계좌에 돈이 들어오지는 않았다. 코노버는 모델들에게 돈을 제때 주지 않기로 악명이 높았고(바로 그 이유 때문에 1959년 뉴욕에서 사업 면허를 취소당했다) 캐럴린은 코노버 밑에서 두 달 동안 일했는데도 아직 돈을 받지 못했다. 캐럴린만 그런 게 아니었다. 뉴욕에서 일하는 모델들 전부 제때 돈을 받지 못하거나 아예 돈을 떼이는 일에 신물이 나 있어서, 여자들이 운영하는 새로 생긴 에이전시 이야기를 서로 조용히 주고받았다. 그 에이전시를 운영하는 여자들은 톱모델 내털리 니커슨Natalie Nickerson과 친구 아일린 포드Eileen Ford였다. 금발에 키가 크고 다리가 긴 내털리는 파워스 모델로 잘나가고 있었으나 다른 모델들과 마찬가지로 모델료 지급이 자꾸 늦어지는 것에 짜증이 났다. 그래서 내털리는 모델 예약 업무를 하는 아일린과 계약을 짜기 시작했다. 두 사람은 1945년에 처음 만났다. 내털리가 전쟁 동안 애리조나주 피닉스에 있는 비행기 조립 공장에서 드릴 프레스공으로 일하다가 그만두고 나온 지 얼마 안 되었을 때였다. 내털리가 비행기 고도계 생산 공정을 개선하는 방법을 창안했고 회사가 그걸 채택해 수익을 올렸는데 상사가 그 공을 가로채자, 회사를 떠나 뉴욕으로 온 참이었다.[22] 모델이 되겠다고 마음을 먹었으나 찾아간 모델 에이전시마다 177센티미터의 호리호리한 몸을 보고는 안 되겠다고 했다. 내털리는 그때 잘나가던, 혹은 사람들이 잘나갈 거라고 생각하던 외모가 아니었던 것이다. 그래서, 캐럴린처럼 고생에는 이미 익숙한 내털리는 밤 12시부터 아침 7시까지 호텔에서 계산기 두드리는 일을 했다. 그런 다음 자기 방으로 가서 몇 시간 쪽잠을 잔 다음 사진사들을 찾아다니며 영업을 했다. 마침내 사진사 한 명을 설득하는 데 성공했고, 그 사람이 찍은 사진이 바로 팔렸다. 두 달 만에 내털리는 시간당 25달러를 버는 모델이 되었고 하이패션 톱모델이 되어 그해 말까지 2만 5,000달러라는 엄청난 돈을 벌어들였다.

내털리는 뉴욕에 처음 왔을 때는 교회 호스텔에 묵었지만, 모델로서 한 단계 올라서자마자 바비즌으로 거처를 옮겼다.[23] 내털리는 그 사실을 모두에게 알리고 싶었고 그래서 자기가 어디에 묵는지 알릴 수 있게 주소가 인쇄된 편지지를 주문 제작했다. **내털리, 바비즌, 이스트 63번가 140번지, 뉴욕 21.** 내털리의 예약을 도맡아 하면서 친구가 된 아일린 포드는 롱아일랜드에 있는 남편에게 돌아가기에 시간이 너무 늦었을 때는 바비즌에 있는 내털리의 방 간이침대에서 밤을 보냈다. 아일린과 내털리는 호텔 방에 누워 자기들이 훤히 아는 모델의 세계에 대해 몇 시간이고 이야기하곤 했다. 그리고 내털리는 고도계 생산 방식을 개선한 것처럼 모델의 세계를 개선할 생각이었다(또한 비행기 공장에서 그랬던 것처럼 내털리는 이번에도 공을 인정받지도 대가를 받지도 못한다).[24]

바비즌의 좁은 침대에 누운 내털리와 호텔에 요청해 설치한 접이식 간이침대에 누운 아일린은 밤새 뉴욕 모델 산업을 개편할 계획을 짰다. 첫 단계는 완전히 새로운 모델비 지급 방식이었다. 파워스, 코노버, 하트퍼드 등 3대 에이전트(모두 남성이었다)들이 당연시하듯 모델들이 에이전트를 위해 일하는 게 아니라, 아일린이 모델들을 위해 일하는 방식이었다. 사진사들이 촬영을 마친 뒤에 모델에게 직접 모델비를 주고 그러면 모델들이 포드 모델 에이전시에 10퍼센트 수수료를 내는 형식으로 바꾸었다. 이제 캐럴린 같은 모델들이 돈이 언제 나오나 전전긍긍할 필요가 없게 되었다. 내털리는 모델을 모으는 일을 맡아, 자기가 가장 좋아하는 모델들을 아일린에게 데려왔다. 이후에는 내털리처럼 금발에 건강하고 키가 크

　　　　　　　　　　　　　　　　　— 호텔 바비즌

고 다리가 긴 체형이 포드 에이전시 모델의 이상이 되긴 했으나, 1940년대 후반과 1950년대에는 포드 에이전시에서 세 유형의 모델을 다 취급했다. 키 168센티미터 이하, 몸무게 48킬로그램 이하인 주니어 모델, 그보다 2~5센티미터 크고 몸무게 50킬로그램 이하인 미스 모델, 다음으로 그보다 키가 더 크지만 몸무게는 51킬로그램 정도밖에 안 되는 엘리트 하이패션 모델이 있었다(만약 몸무게가 그 이상이 되면 아일린이 몸무게를 줄이라고 다그쳤다).[25]

내털리는 캐럴린에게 접근해 자기네 에이전시에 들어오라고 했다. 내털리와 아일린은 2번로에서 50번가와 51번가 사이 장의사와 시가 가게 사이에 있는 브라운스톤 건물에 사무실을 차렸다. 계단을 세 단 올라가면 나오는 빨간 문 뒤에 포드 모델스 본부가 있었다. 캐럴린이 들어갔을 때 안에는 안내 직원도 없이 조그만 곱슬머리 여자 한 명이 검은색 전화기 여섯 대에 둘러싸여 있었다. 이 사람이 아일린이었다. 아일린은 수화기 한두 대를 귀에 대고 말없이 낡은 빨간색 소파를 가리켰다. 캐럴린은 소파에 앉아 아일린이 전화로 언쟁하는 것을 들었다. 내털리는 에이전시의 얼굴을 맡아 일 잘하기로 정평이 난 모델들을 골라 데려오는 일을 했고, 그러면 아일린이 롤로덱스*를 가지고 마법을 부렸다. 아일린이 촬영을 예약하고, 선을 넘는 사진사들을 잘라버리고, '자기 아이들'에게 헤어스타일링 방법을 가르쳐주었다. 아일린은 특히 새로 생긴 주니어 시

---

* 회전식 연락처 카드 파일.

장에 훤해서, 캐럴린을 보는 순간 잠재성을 보았다. 아담하고 날씬한 체형, 가는 허리, 커다란 눈과 멋진 웃음. 아일린은 적극적인 태도로 바로 그 자리에서 캐럴린에게 새 이름을 지어주었다. 캐럴린 섀프너는 안 돼, 아일린이 말했다. 지금부터는 캐럴린 스콧Carolyn Scot이라고.[26]

아일린은 약속을 지켰다. 캐럴린은 곧 《매콜스McCall's》의 커버 모델이 되었다. 당시에는 아직 잘 알려지지 않은 사진사였던 리처드 애버던Richard Avedon이 캐럴린의 사진을 찍었다. 애버던은 캐럴린의 총명함을 포착해냈다. 파라솔을 들고 레이스 드레스를 입고 꽃다발을 들고 머리에 노란색 새틴 리본을 단 모습이 자칫 진부하거나 따분해 보일 수도 있었다. 그러나 보는 사람을 빤히 쳐다보는 캐럴린의 시선이 어쩐지 호기심을 유발했다. 사실 캐럴린은 표정 뒤에 많은 것을 감추고 있었는데도, 아니 어쩌면 그래서였을 것이다. (애버던이 다른 사진사들과 달리 모델들을 인간적으로 대했던 덕도 있었다. 애버던은 음악을 틀어주고 모델들이 음악을 직접 고를 수 있게 했고 촬영 도중에 좋아하는 음식을 시켜주었다.)

마침내 캐럴린이 성공을 이룬 듯했다. 오하이오에서 뉴욕행 기차를 탔을 때의 목표를 이루어낸 것이다. 캐럴린은 작은 마을에서 탈출한 사람의 성공을 상징하는 한 가지 제스처를 취했다. 어머니에게 식료품 저장실에 두는 얼음통 대신 쓸 최신형 냉장고를 보낸 것이다. 그건 새아버지를 엿 먹이는 행동이기도 했다. 캐럴린이, 이제 캐럴린 스콧이라는 새 이름을 갖게 된 갓 스무 살의 그가, 새아

—호텔 바비즌

버지는 해줄 수도 해줄 생각도 없었던 것을 해줄 수 있다는 사실을
분명하게 큰 소리로 말하고 있었다.

•••

탠저린 여왕 로레인 데이비스는 키 큰 하이패션 모델을 동경했
으나 캐럴린처럼 주니어 모델로 틈새시장을 찾았다. 로레인은 생
방송 TV 광고, 인쇄 매체, 시어스로벅 백화점 모델을 주로 했고 TV
게임쇼 〈트라이 앤드 두 잇Try and Do It〉에서 상품을 나눠주는 역을
하면서 꽤 큰돈을 받기도 했다. 바비즌 거주자이며 대공황기 파워
스 모델로 일하며 추가 수당을 받고 콜맨 머스터드소스가 가득한
욕조에서 목욕을 하기도 했던 셀레스트 긴처럼, 로레인도 자신을
변신의 귀재로 여겼다. 그게 성공의 비결이었다. 로레인은 일에 따
라 긴 머리에서 짧은 머리로, 금발에서 짙은 색 머리로 모습을 바꾸
었다. 그러나 캐럴린처럼 로레인도 제때 급여를 못 받아 바비즌 숙
박비를 내지 못할까 봐 늘 전전긍긍해야 했다. 코노버의 술수에 지
친 로레인은 헌팅턴 하트퍼드Huntington Hartford 에이전시로 옮겼다.
1948년 A&P 슈퍼마켓 체인 상속자가 시작한 에이전시였다. 헌팅
턴 하트퍼드는 "소녀들과 함께하려고" 에이전시를 시작했다. '소녀'
라는 말은 그냥 하는 말이 아니었다. 하트퍼드는 특히 어린 여자를
좋아했고 "전성기를 훌쩍 넘긴" 라나 터너Lana Turner나 "고급 창녀처
럼 너무 들이대는" 매릴린 먼로Marilyn Monroe는 나이가 너무 많다고
할 정도였다.[27] 성숙한 여자는 하트퍼드의 취향이 아니었다. 10년

전에 하트퍼드는 스물세 살 코러스걸과의 사이에서 아들을 낳았다. 코러스걸은 나중에 그를 버리고 배우 더글러스 페어뱅크스 주니어Douglas Fairbanks Jr.와 결혼했다. 하트퍼드가 자기 모델들과 같이 잤다는 소문은 낭설이라고 하는 사람도 있긴 하다. 로레인은 분명 그런 문제를 겪지 않았다. 하트퍼드로 옮기자 매주 꼬박꼬박 급료가 나와서 기뻤다. 하트퍼드에서는 클라이언트가 돈을 지급했든 안 했든 상관없이 급료를 받을 수 있었는데 A&P 슈퍼마켓에서 번 돈을 잔뜩 쌓아두고 있었던 덕이다. 그럼에도 한 주가 끝날 때 급료를 받는 대신 촬영을 마친 즉시 받게 해주겠다는 아일린 포드의 약속이 더 솔깃했으므로 곧 로레인도 포드 모델 에이전시로 적을 옮겼다.

● ● ●

아일린 포드는 기차를 타고 롱아일랜드의 집으로 돌아가기 너무 늦어져 바비즌 간이침대에서 잘 때 이미 결혼한 상태였다. 이제 아일린의 남편 제리Jerry Ford도 에이전시에서 일하기 시작했고 그러면서 '가족처럼 돌본다'라는 회사의 이미지가 강화되었다. 이제 가족 사업이기도 했으니까.《라이프》에서 제리와 아일린을 5페이지짜리 포토에세이로 다루었는데, 이 기사에서는 A&P의 플레이보이 헌팅턴 하트퍼드, 전직 배우이자 디스크자키 해리 코노버, 전직 모델 존 파워스가 전형적으로 보여준 모델계의 저급함과 문란함이 포드 에이전시의 가정적인 매력과 자연스럽게 대조되었다. 포드 사무실에서는 두 사람 사이에서 태어난 첫아기가 바닥을 기어 다니고 있었

—호텔 바비즌

다. 포드 에이전시는 또 셔먼 빌링슬리Sherman Billingsley의 관심을 받기도 했다. 셔먼 빌링슬리는 금주법 시대에는 스피크이지를 운영했고 지금은 유명한 고급 나이트클럽이 된 스토크 클럽의 주인이었다. 빌링슬리는 포드 부부에게 젊은 모델들을 데리고 클럽에 와서 무료로 먹고 마시며, 예쁜 아가씨들과 식사하고 싶어 하는 부자나 유명인들과 어울리라고 했다.[28]

포드 부부가 젊은 모델들에게 관심을 쏟는 것이 단순히 홍보 목적 때문만은 아니었다. 새 모델이 오면, 특히 외국에서 왔을 때 (포드 부부는 내털리의 외모를 지표로 삼아 스칸디나비아 쪽 유전자 풀을 깊이 파헤쳤다) 아일린은 모델들을 일단 집으로 데리고 갔고, 다음에 종종 비용을 대주며 바비즌에 묵게 했다. 모델을 관리하고 평판이 나빠지지 않게 유지하려면 안전하고 점잖은 바비즌이 필요했다. 나중에 배우 우마 서먼Uma Thurman의 어머니가 되는 네나 폰 슐레브뤼게Nena von Schlebrügge는 열일곱 살 때 스웨덴에서 아일린 포드에게 발견되어 뉴욕으로 왔다. 1958년 3월 대서양 횡단선을 타고 눈이 쏟아지는 뉴욕에 도착했고, 미국 여자들이 눈이 쌓인 거리에서 불편한 하이힐과 베이지색 스타킹 차림으로 비틀비틀 걸어가는 딱한 모습을 보았다. 네나도 처음에는 아일린, 제리와 아이들이 있는 78번가의 집에서 함께 지내다가 바비즌으로 거처를 옮겼다. 포드 에이전시는 모델들에게 "식사, 피부과, 미용사, 거처"를 공급했다고,《마드무아젤》의 대학생위원회 편집자였던 필리스 리 슈월브가 1958년《뉴욕 타임스》에 썼다.[29] 모델들은 한가할 때는 2번 애버뉴에 있는 에이전시 사무실에서 시간을 보내곤 했다. 어느 날 탠저린 여왕 로레인 데이비스가 우중충한 브라운스톤 건물 안 사무실에서 빨간 소파에 앉아 있는데, 키 큰 금발 여자가 들어왔다.

금발은 자기 이름이 재닛 와그너Janet Wagner라고 했다.[30] 166센티미터인 로레인은 항상 힐을 신었고 아일린의 조언에 따라 클라이언트들에게는 자기 키가 168센티미터라고 말했다. 재닛은 키가 175센티미터가 넘었는데, 아일린은 재닛에게는 절대 175센티미터가 넘는다고 말하지 말고 늘 굽이 낮은 신발을 신으라고 했다. 재닛은 전에 모델 경험이 없었고, 사실 아일린 포드의 빨간 문을 찾기까지 우여곡절이 있었다.

재닛이 일자리가 급해진 것이 발단이었다. 일리노이주 게일스버그에 있는 부모님에게 편지가 왔는데, 재닛이 《마드무아젤》 객원 편집자로 뽑혀 뉴욕에 가 있는 동안 동네 여름 아르바이트 자리가 다 채워져버렸다는 것이었다. 재닛은 그해 여름 객원 편집자들 가운데 단연코 가장 예뻤다. 실비아 플라스가 근소한 차이로 2위였다. 둘 다 눈부신 금발에 전형적 미국인이었으나 재닛이 키가 더 크고 이목구비가 뚜렷했다. 재닛이 바비즌 로비에 다른 객원 편집자 네바 넬슨Neva Nelson과 같이 서 있는데 키가 작고 뚱뚱한 남자가 카메라를 들고 다가오더니 모델이 되고 싶냐고 물었다. 스스로 삶을 개척해와 세상 물정에 밝았던 네바는 발을 뺐으나, 재닛은 남자를 따라 바비즌 커피숍으로 들어갔고 그 자리에서 계약서에 서명하고 말았다. 남자의 수법이 통한 것이다. 남자는 조잡한 계약서를 들고

《마드무아젤》로 가서 재닛이 이제 자기와 계약한 상태이므로 상당한 보상 없이는 잡지에 사진이 실리도록 허락할 수 없다고 말했다.

벳시 탤벗 블랙웰은 곤란한 상황에 빠졌다.[31] 이미 재닛이 다른 객원 편집자들과 함께 8월 대학생 특별호에 실릴 화보 촬영을 마쳤는데 사진에서 재닛만 지울 수도 없는 일이었다. 이럴 수도 저럴 수도 없게 된 BTB는 먼저 카메라를 든 남자에게, 다음에는 아일린 포드에게 제안을 했다. 아일린이 BTB의 제안을 받아들여, 카메라를 든 남자가 재닛과 맺은 계약을 인수해 곤경에서 구해주기로 했다. 아일린이 재닛을 우연히 발견한 것처럼 꾸미기 위해서, BTB가 "우연히" 객원 편집자들과 함께 스토크 클럽에 있을 때 아일린이 우연히 나타나 "재닛을 발굴"했다.

그리하여 재닛이 3주 전 바비즌에 도착했을 때 입었던 짙은 파란색과 흰색 체크무늬 깅엄 드레스를 입고 포드 사무실에 나타난 것이다.[32] 아일린은 재닛에게 뉴욕시 지도와 팬케이크 메이크업*을 주면서 둘 다 익히라고 했다. 재닛은 뭘 어떻게 해야 할지 몰랐지만 시간이 좀 있었던 로레인이 도와주겠다고 나섰다.[33] 로레인은 나중에 재닛을 키가 크고 금발에 함박웃음을 짓는 치열이 완벽한 사람, "골디 혼Goldie Hawn의 통통 튀는 매력과 그레이스 켈리의 세련됨"을 섞어놓은 듯한 사람이라고 기억했다. 로레인은 모델 일의 기본을 알려주고 재닛은 《마드무아젤》에서 있었던 일을 이야기하며 둘이

---

* 파우더를 압축해 스펀지로 두껍게 바르도록 만든 제품으로 주로 모델이나 배우들이 사용한다.

오후 시간을 함께 보냈다. 그날 오후가 저물 무렵, 로레인의 숙련된 손길로 재닛의 메이크업이 완성되었고, 재닛은 공식적으로 《마드무아젤》 객원 편집자에서 포드 모델로 탈바꿈했다.

●●●

한편 바비즌에서 그레이스 켈리는 캐럴린이 재정적으로 독립하는 모습을 부러운 마음으로 지켜보았다. 물론 캐럴린이 부자가 된 것은 아니지만 매주 호텔 숙박비를 지불하고 호텔 커피숍에서 점심과 저녁을 사 먹고 모델로서 외모를 가꾸는 데 필요한 다양한 물건을 살 수 있을 정도는 되었다. 그레이스는 바비즌 투숙비를 부모님이 전액 때맞춰 지불했기 때문에 걱정할 것이 없었지만, 그래도 자기도 자기 힘으로 먹고살 수 있을지 알고 싶었다. 게다가 캐럴린만이 아니었다. 매디슨 애버뉴에서 예쁜 얼굴과 날씬한 몸에 대한 수요가 커지자 그 덕에 돈을 버는 젊은 여자들이 바비즌에는 많았다. 광고업은 가장 빠르게 성장하는 산업 가운데 하나였다. 캐럴린은 그레이스가 뭘 갈망하는지 알았다. 재정적 독립이 필요하지 않음에도 그걸 원한다는 걸 알았고, 그래서 모델 일을 시도해보라고 부추겼다. 그레이스가 즐겨 입는 단정하고 점잖고 좀 고루한 옷차림과 두꺼운 안경 너머에서 캐럴린은 감춰진 아름다움을 보았다. 그래서 캐럴린은 그레이스를 아일린 포드에게 보냈고 그레이스는 빨간 소파에 앉아 평가를 기다렸다. 평가는 긍정적이지 않았다.

아일린은 "뼈에 살이 너무 많다"며 그레이스의 외모가 포드 에이전시의 높은 기준에 못 미치는 상업적으로 평범한 수준이라고 생각했다.[34] (아일린은 나중에 이 판단이 자기 이력에서 최대 실수였다고 말했다.) 그래서 그레이스는 파워스에서 아일린 포드로 가는 모델 친구들과 정반대 경로를 택했다. 파워스를 찾아간 것이다. 파워스는 그 자리에서 그레이스를 채용했다. 훗날 아일린 포드는 그레이스 켈리를 돌려보낸 이유가 "자기 아이들"은 상품이 아니라 아름다운 옷을 광고해야 하는데 그레이스가 살충 스프레이와 담배 광고를 찍었기 때문이라고 했다.[35] 하지만 사실 이들 광고는 그레이스가 파워스와 함께 처음으로 찍은 광고였다. 뼈에 살이 너무 많다고 아일린이 그레이스를 거절한 이후의 일이다.[36]

어쩌면 그레이스가 돌로리스 호킨스Dolores Hawkins처럼 아일린의 비위를 좀 맞춰주어야 했던 것인지도 모르겠다. 돌로리스 호킨스는 이미 어느 정도 이름이 알려졌을 때 포드 에이전시를 찾아왔다. 그러니 아일린으로서는 돌로리스를 "발굴했다"고 할 수가 없었고, 그게 마음에 안 들었던 아일린은 몸무게 49킬로그램이 너무 많다며 돌로리스를 돌려보냈다.[37] 돌로리스는 어깨를 으쓱했다. 모델 업계의 생리를 잘 알았던 돌로리스는 일주일 뒤에 다시 아일린을 찾아가서 살을 뺐다고 말했다(사실이 아니었다). 아일린은 군말 없이 돌로리스를 받아들였다. 돌로리스가 아일린의 자존심을 세워주었던 것이다. 돌로리스는 1957년 이사를 나오고 들어가는 사이에 바비즌에 머문 적이 있는데, 후드에 거대한 리본을 단 비둘기색 신형 선더버드 컨버터블을 호텔 정문으로 배송시켰다. 도어맨 오스카가 길가에 서서 구경꾼들을 통제했다.

돌로리스 호킨스가 주말에 새로 뽑은 선더버드를 타고 업스테이트 뉴욕에 있는 부모님의 말 농장에 다녀올 때, 재닛 와그너는 뉴욕에서 모델들이 누리는 특전을 즐겼다. 재닛은 친구 로레인과 스토크 클럽에 자주 갔는데 (나중에 좀 더 자주 갈 걸 그랬다고 후회했다) 식사를 마치면 웨이터가 청구서 대신 향수나 립스틱 같은 작은 선물을 이런 메모와 함께 주었다. "저희 클럽의 선물입니다." 재닛은 아일린 포드의 톱모델 중 하나인 릴리 칼슨Lily Carlson과도 친하게 지냈다. 릴리 칼슨은 키 180센티미터에 스웨덴계로 (아버지는 아이오와에서 루터교 목사로 일했는데 종종 스웨덴어로 설교했다) 포드 에이전시가 문을 연 직후 계약을 하고 포드 에이전시를 중요한 존재로 만드는 데 일조했다.[38] 릴리 칼슨은 대공황으로 남편이 실직한 후 20대 후반에야 모델 일을 시작했으나 아일린과 함께하면서 혜성처럼 급부상했다. 1947년에 찍은 〈열두 명의 미녀The Twelve Beauties〉라는 유명한 패션 화보가 있는데 사진사 어빙 펜Irving Penn은 릴리를 열두 명 중 한가운데에 마치 홀로 서 있는 것처럼 배치했다. 릴리는 바닥에 닿을 정도로 긴 흰색 주름 장식 드레스를 입고 자신이 뿜어내는 반사광을 받는 듯 보인다.

릴리는 재닛 와그너를 뉴욕에서 활동하는 또 다른 스웨덴계 모델 겸 배우 지타 홀Gita Hall에게 소개했다. 재닛은 지타 홀을 알게 되어 기뻤고 지타의 돈 많은 남자친구가 롱아일랜드 사우샘프턴에 있는 저택에서 주말을 함께 보내자고 하자 초대를 받아들였다. 그

저택은 엄청난 부자들의 여름 놀이터 같은 곳이었다. 지타가 (나중에 재닛은 지타를 "동네 최대의 매춘부"라고 불렀다) 재닛에게 말하지 않은 사실은 남자친구의 사촌이 저택에서 재닛과 섹스가 넘치는 주말을 기다리고 있다는 것이었다.[39] 재닛은 아무것도 몰랐다. 그날 밤 남자가 자기 방으로 들어왔을 때 재닛은 벌떡 일어나 겁에 질려 떨었고 한 번도 남자와 자본 적이 없다고 더듬거리며 설명했다. 그 말에 남자는 웃음을 터뜨렸다. 재닛이 경험이 없다는 사실이 남자에게는 정말 웃기는 일이기도 했지만 다행스럽게도 자동으로 행동을 자제하게 해주기도 했다.

아마 재닛은 겉으로는 도덕적이고 심지어 청교도적인 척하면서 닫힌 문 뒤에서는 훨씬 복잡한 일이 벌어지는 세상에 적응하기에는 너무 경험이 부족했던 것 같다. 더더군다나 그때까지 일리노이 게일스버그 바깥에서 벌어지는 일에 대해서는 모르고 살았으니 유달리 순진하고 미숙했을 것이다. 그렇더라도 1950년대는 유독 모순이 가득한 시대였다. 특히 여성과 섹슈얼리티에 관해서는 겉모습과 아주 큰 차이가 있었다. 아주 깔끔하고 참해 보이는 사람이 안에 다른 속내를 숨기고 있을 수 있었고, 대놓고 섹시한 사람이 알고 보면 순박하고 숫될 수도 있었다. 재닛처럼 말이다. 그레이스 켈리는 그 시대 완벽한 여성의 표상이었으며, 히치콕Alfred Hitchcock의 〈이창Rear Window〉에서 세련되고 똑똑하고 현대적이며 자기 남자를 인내심 있게 기다려주는 눈부신 리사 프리몬트 역을 하면서 그런 이미지를 더욱 굳혔다. 영원히 다정함과 순결함으로 기억될 그레이스 켈리지만 실상은 바비즌 복도에서 하와이 음악에 맞춰 춤을 추기를 좋아했고 그것도 종종 상의를 벗고 춤을 춰서 다른 거주자들에게 충격을 주곤 했다고 한다.[40] 그레이스의 성욕과 문란한 생활에 대한 소문도 무성했다.

당시 젊은 여성들이 날마다 맞서야 했던 이런 모순을 입에 올리는 사람은 거의 없었다. 다만 가장 앞줄에서 그들을 구경할 수 있었던 말라키 매코트가 있다. 1958년 5월 12일, 배우이자 전문 이야기꾼이자 향락주의자인 말라키는 (학교 교사인 프랭크 매코트의 동생이기도 했는데, 프랭크는 나중에《앤절라의 재》라는 유명한 회고록을 쓴다) 63번가와 64번가 사이 3번로에 술집 말라키스를 열었다. 전에 오로크스라는 낡은 술집이 있던 자리인데 말라키는 동업자와 함께 벽에 크림색 페인트를 칠하고 바닥에는 붉은색 카펫을 깔고 차양 위에 간판을 달았다.[41] 화룡점정으로 불을 환하게 밝힌 수족관을 설치하고, 여기에 말라키 매코트의 말을 빌리면 "라이커스섬*에서 식사 준비와 서비스 훈련을 받은" 얼 워커Earl Walker를 데려왔다.[42] 말리키스 바는 뉴욕 최초의 싱글 전용 바로 이름을 떨치게 된다. 바비즌에서 두 블록이 안 되는 거리에 자리 잡은 것은 우연이 아니었다.

술집을 열려면 당시 사회에서 강조하던 도덕 규범과 관련된 온갖 규제와 법령의 지뢰밭을 헤쳐나가야 했다. 뉴욕에 있는 술집은 무조건 음식을 시설물 안에 있는 주방에서 만들어야 했고, 바 길이

---

* 뉴욕 이스트강에 있는 섬으로, 1935년 교정시설이 문을 연 이후 현재는 섬 전체가 세계 최대 규모의 교정시설로 쓰이고 있다.

　　　　　　　　　　　　　　　　　　—호텔 바비즌

60센티 미터당 테이블 한 대의 비율로 테이블을 설치해야 했다. 조명은 신문을 읽을 수 있을 정도로 밝아야 했다.[43] (나중에 말라키가 이 규정을 위반했다는 이유로 끌려갔을 때 판사는 경관에게 무슨 신문을 읽으려 했냐고 물었다. "《데일리 미러The Daily Mirror》*입니다." 경찰이 대답하자 판사는 경찰에게 불리한 판결을 내렸다. 좋지 않은 읽을거리를 골랐으며, 게다가 그렇게 신문이 읽고 싶었다면 공공 도서관에 가면 되지 않냐면서.) 그 밖에 여자는 바에 혼자 앉으면 안 된다는 암묵적 규정도 있었다. 말라키는 그 규정도 무시했다.

말라키스 바가 문을 열고 얼마 지나지 않아 바비즌의 젊은 아가씨들이 오기 시작했다. 처음에는 호기심에서 조금 망설이며 들어왔지만, 일단 발을 들여놓은 다음에는 말라키스 바가 "3번 애버뉴에 있는 흐릿한 녹색 술집들, 토끼풀 장식에 녹색 형광등이 켜진 아일랜드 술집들"과는 다르다고 친구들에게 알렸다.[44] 아일랜드 억양으로 재미난 이야기를 할 줄 아는 말라키는 잭 파Jack Paar가 진행하는 생방송 〈투나잇 쇼Tonight Show〉의 고정 출연자였다. 제트족 부자들이 (말라키의 말에 따르면 말라키에게 반해서 혹은 "무작정 무리를 따르는 레밍처럼") 바에 모여들기 시작했다. 휘트니가 사람들, (담배 회사를 소유한) 레이놀즈가 사람들, 히치콕 부부, 사교계 명사인 벌린 자매 (아버지는 허스트 신문제국의 회장이었고, 자매 중 첫째인 브리짓 벌린Brigid Berlin은 나중에 앤디 워홀Andy Warhol의 절친한 친구가 된다) 등. 말라키 매

---

* 윌리엄 랜돌프 허스트가 발행한 타블로이드 신문.

코트와 함께 출연했던 배우들—리처드 버튼Richard Burton, 리처드 해리스Richard Harris, 피터 오툴Peter O'Toole, 앨버트 피니Albert Finney 등도 합류했다.

맨해튼에서 말라키스 바를 제외한 다른 곳에서는 여전히 여자들이 바에 혼자 앉을 수 없었다. 과거에 6시 이후 여자 혼자 호텔에 체크인하는 게 금지되었듯이 여전히 금기로 남아 있었다. 사람들은 여자가 바에 앉으면 좋을 게 없다고, 아니 애초에 혼자 앉아 있는 여자 자체가 "좋지" 않을 거라고 생각했다. 말라키는 처음에는 시에 어떤 규정 같은 게 있는 줄 알았으나 조례를 뒤져보고는 이 금기가 전통에 지나지 않으며 그것도 나쁜 전통이라는 걸 알게 되었다.[45] 말라키는 바비즌에서 온 손님들에게 바에 혼자 앉으라고 권했다. 이곳에서는 누구나 "원하는 곳 아무 데나" 앉을 수 있다고 했다. "아름다운 젊은 여성, 잘생긴 남자들이 서로 이야기를 나눴다. 그러더니 갑자기 가게로 들어오려는 사람들이 줄을 섰다." 결국 경찰이 나타나서 여자 혼자 바에 앉아 있으니 벌금을 물리겠다며 딱지를 꺼냈다. 말라키는 어떤 조례 위반이냐고 물었다. 경찰은 질문에 답할 수가 없었다.

말라키가 바비즌 거주자들에게 제공한 것은 멋진 실내 장식이 아니라 원하는 사람 누구나와 말할 기회, 혹은 혼자 조용히 있고 싶을 때 그럴 수 있는 기회였다. 이곳 바에는 단 하나의 규칙이 있었으니, "여기에서는 이 가게의 보호를 받는다"는 것이었다. 따라서 누구도 다른 사람을 괴롭힐 수 없었다. 복장 규정이나 소등시간 등

—호텔 바비즌

엄격한 규칙을 지켜야 하는 깁스 걸들도 수업을 마치고 집에 돌아오면 잠옷 위에 레인코트를 걸친 다음 말라키스로 왔다.[46] 말라키의 동생 마이크는 그들을 "레인코트 군단"이라고 불렀고 그중 레인코트 아래 잠옷을 입는 것을 깜박하는 이들도 있었다고 주장했다. 말라키는 자기 술집에서 가끔 진짜 생존에 필요한 양식을 제공하기도 했다고, 그러니까 바비즌의 젊은 여자들에게 먹을 것을 주었다고 했다. "가끔 돈이 쪼들린다는 걸 알 수 있었습니다."[47] 젊은 여자가 맥주나 탄산음료 한 잔을 주문하고 동전을 헤아려 바 위에 한 개씩 조심스레 올려놓는 것을 보면, 말라키는 아무 의미 없는 행동인 듯 가볍게 햄버거를 서비스로 주곤 했다.

어느 밤 말라키는 바비즌에서 지내는 여자 한 명과 눈이 맞았다. 말라키는 "그때 술에 취해 있었고" 취기에 여자를 호텔까지 데려다주었다.[48] 알코올의 힘으로 자신감이 생긴 데다 럭비로 단련된 빠른 다리가 있었기 때문에 말라키는 여자가 프런트데스크 접수 담당자의 주의를 끄는 동안 "바이올리니스트의 팔꿈치보다도 더 빠르게" 계단을 뛰어올라 객실로 갔다. 딱딱한 싱글베드가 사랑을 나누는 데 최적은 아니었지만 그럭저럭 해냈다. 몇 시간 뒤에 말라키는 다시 아래층으로 내려가서 프런트데스크에 있는 "독수리 눈의 여자"가 잠시 자리를 비울 때까지 기다렸다. 그다음 문을 향해 달렸다. 만약 들키더라도 자기를 잡을 수는 없을 거라고 판단했다. 설령 잡히더라도 그가 "술렁이는 처녀들이 있는 700개의 객실" 가운데 어느 방에 들어갔다 나왔는지 알아낼 수는 없을 터였다. 말라키는 그 뒤에 몇 번 더 시도했으나 매번 실패했다. 말라키는 자기 말고도 그 계단 위로 뛰어올라가 살아남았다고 주장하는 남자를 대여섯 명 만났다고 한다. 포드 모델이고 바비즌 거주자였던 패션 아이콘 카멘 델오리피스Carmen Dell'Orefice의 말에 따르면, 그 남자들의 말이 사실이라면 아마 존 맥기건John MacGuigan으로 가장했을 것이라고 한다. 존 맥기건은 어퍼이스트사이드에서 산부인과를 하는 잘생긴 의사로 자주 객실로 불려 갔기 때문에 직원들도 그냥 들여보냈다.[49] 배우 시빌 셰퍼드는 남자들을 "몰래 들여오고 몰래 내보내는 데" 일가견이 있었음에도 바비즌에서는 시도조차 하지 않았다고 한다. 바비즌은 함부로 망쳐서는 안 되는 "**기관**"이었기 때문이다.[50]

1950년대에는 남녀 모두 모순적 상황에서 교묘하게 균형을 잡으며 지냈는데 당대 마티니 문화 덕에 좀 더 쉬워진 면이 있었다. 보통 대학에 다닐 때—그보다 이를 수도 있지만—연습이 시작된다. 1958년, 나중에 영화 〈러브 스토리Love Story〉의 주인공이 되는 앨리 맥그로는 《마드무아젤》 객원 편집자로 뽑혀 바비즌에 묵었는데, 8월 대학생 특별호에 실렸던 전형적인 아이비리그 위크엔드 이야기를 예로 들려주었다.[51] 다른 객원 편집자 콜레트 홉먼Colette Hoppman이 쓴 재치 있는 글이었는데, 콜레트는 아이비리그 위크엔드 행사에서 "재치 있는 농담, 밀크펀치, 잔디밭에서 원반던지기" 등을 기대했다고 한다. 한 친구한테서 "금요일에 [하버드가 있는] 케임브리지에 기차를 타고 가서 그날 저녁 《칵테일 파티The Cocktail Party》* 낭독회에 갈 것"이라는 이야기를 듣고 무척 부러웠던 적이 있었다.

—호텔 바비즌

그래서 콜레트는 첫 번째 아이비리그 위크엔드에 대한 기대와 흥분을 가득 안고 예일 대학교로 향했다. "키가 크고 깔끔하고 호감형"이라고 전해 들은 남학생과 소개팅을 할 예정이었다. 이렇게 대학 위크엔드 행사에 초대받아 가면 소개팅 상대가 숙박비, 음식비, 유흥비를 내고 여자는 기차 요금만 부담하는 게 전통이었다.

그런데 막상 가보니 친구가 하버드에서 경험했다는 것하고는 딴판이었다. 고상한 우아함으로 포장되어 있으나 실상은 술에 전 남학생동문회 분위기였다. 콜레트는 자기와 비슷하게 약속이 되어 있는 친구와 함께 뉴헤이븐에 도착했다. 컨버터블이 두 사람을 태워서 기숙사로 데려갔고, 한 시간 뒤 저녁식사가 있으니 준비하라는 말을 들었다. 콜레트의 데이트 상대 빌이 속해 있는 남학생클럽 펜스에서 저녁식사를 했는데 "두툼한 가죽 의자"에 다 같이 앉아 대화를 시도했다. 콜레트는 빌에게 광고에 관심이 있다고 들었는데 맞냐고 물었다. 빌은 아버지 뒤를 따라 그쪽으로 가게 될 가능성이 높긴 하지만, 지금은 "술만 있으면 돼요"라고 말했다.

마치 무슨 사인이라도 떨어진 것처럼 "흰옷을 입은 웨이터가 내 앞에 마티니를 내려놓았다"라고 콜레트는 썼다. 한 모금 마셔보고 진이 자기에게는 맞지 않는다는 걸 알았지만 주말 내내 술을 피할 수가 없었다. 저녁식사 후 더욱 거한 폭음이 새벽까지 이어졌다. 토요일에는 풋볼 경기가 있었는데 관중석에 예일 대학생

---

* T. S. 엘리엇의 극시.

과 졸업생이 가득했다. "1919년 풍선을 든 나이 든 졸업생, 포크 파이 해트*에 트위드를 입은 남학생, 캐멀 코트를 입은 여자들, 여자들, 여자들." 야외 음주가 경기의 일부인 듯했다. 술을 병째로, 맥주는 캔째로 마셨다. 어떤 이들은 "여름 유럽 여행 기념물인 듯한 낡은 스페인제 가죽 부대"로 와인을 마셨다. 경기가 끝나자 다시 파티가 이어졌는데 점점 커지는 권태를 극복하려는 듯 여러 주제로 나뉘어 열렸다. 마침내 파티가 끝났을 때 바닥에는 "담배꽁초, 맥주 캔, 귀걸이 한 짝이 여기저기 널려 있었다". 콜레트에게는 실망스러운 아이비리그 위크엔드였다. 그러나 이렇게 해서 대학 생활과 그 이후의 삶에 입문한 셈이었다. 또 중상류층 젊은 아내의 삶이란 어떤 것일지, 그에 따르는 따분하고 공허한 사회적 의례란 어떤 것일지 엿보는 기회이기도 했다. 그때가 1950년대였으니 콜레트도 그런 운명을 피할 수가 없었다. 바비즌의 '인형의 집'은 젊은 여성이 '자기 집의 여주인이 된다'는 최종 목적지를 향해 가는 과정에서 거치는 막간극 같은 것이었다.

●●●

1958년 콜레트가 아이비리그 위크엔드를 되새겨보고 있을 때 그레이스 켈리는 이미 모나코의 대공비가 되어 모나코에서 살고 있었다. 1956년 그레이스 켈리는 모나코 대공과 세계를 떠들썩하

---

* 고기파이 모양으로 위쪽이 납작한 펠트 모자.

─호텔 바비즌

게 한 결혼식을 올렸다. 몇 년 사이에, 바비즌 호텔에서 지내던 배우 지망생에서 유명 배우이자 아카데미 수상자로, 이어 모나코의 레니에 3세Rainier III의 구애 대상이 된 것이다. 그레이스는 레니에 3세와 결혼하며 스물여섯 살의 나이로 영화계에서 공식적으로 은퇴했다. 그레이스의 신부 들러리 중 한 명은 1950년대를 회상하며 이렇게 말했다. "미래에 대해 생각했었냐고? 전혀 아니었다. 우리의 미래도, 그레이스의 미래도… 그때는 1950년대였다. 그 자리에서 우리는 올바른 쪽을 바라보기만 하면, 번듯한 남자를 만나고 적절하게 말하고 행동하면 앞으로도 지금까지처럼 삶이 편안하고 즐겁게 펼쳐지리라고 믿었다."[52] 여전히 결혼이 목표였고, 바비즌 인형의 집은 그곳으로 가기 위한 대기실로 가장 선망받는 곳이었다.

1950년대에는 여자 3명 중 1명이 19세 이전에 결혼했고, 1957년에는 17세가 되기 전에 약혼하는 여자가 1,400만 명에 달했다. 아일린 포드는 유통기한이 다 되어가는 모델들을 모아 부유한 미국인이나 유럽 귀족과의 만남을 주선한 것으로 유명하다. 아일린 포드는 '자기 아이들'을 잘나가는 남자, 부유한 남자와 결혼시키는 걸 자랑스럽게 여겼다. 그레이스 켈리가 바비즌에서 모나코의 왕궁으로 거처를 옮겼을 때, 그레이스의 친구들도 결혼해서 뉴욕의 부유한 교외 지역으로 나갔다. 그것도 1950년대의 특징이었다. 교외가 도시보다 여섯 배 더 빠르게 성장했다. 캐럴린 스콧은 롱아일랜드로 갔고, 로레인 데이비스와 재닛 와그너는 코네티컷주 웨스트포트에서 서로 가까이에 살게 되었다.

1950년대는 장밋빛으로 기억되곤 하는 시기다. 누군가는 미국이 이전이나 이후 어느 때보다 번영했던 때라고 한다. 그러나 1950년대는 모순, 입에 올리지 않는 것, 가식으로 가득한 시기였고 곧 그중 일부가 비극으로 이어지게 된다. 배우이자 대공비였던 그레이스 켈리는 모나코 산지 구불구불한 도로를 달리다가 차가 비탈로 굴러떨어져서 죽었다. 모델 캐럴린 스콧은 정신질환을 일으켜 맨해튼에 있는 노숙자 숙소에서 생을 마감했다.《마드무아젤》객원 편집자이자 모델이었던 재닛 와그너의 남편은 어느 날 비즈니스 회의에 참석한다고 비행기를 탔는데 돌아오지 않았다. 자살하기 위해 자기가 탑승한 여객기를 폭파시켜 비행기에 탑승한 사람 모두를 죽음으로 몰고 갔다는 비난을 받았다. 탠저린 여왕이자 모델이던 로레인 데이비스는 죽은 남편에게 씌워진 오명을 벗기기 위해 분투하는 친구 재닛의 이야기를 소설로 쓰게 된다.[53] 1950년대 여자들은 결혼이 성공 혹은 최소한 안전을 의미한다고 믿었으나, 그게 사실이 아닐 때가 많았다. 1950년대 바비즌에 살았던 여자들에게는, 좁은 방, 딱딱한 침대, 데이트 전 정신없이 옷을 차려입던 것, 친구들과 밤늦게까지 나누던 대화, 심지어 미시즈 시블리의 잔소리마저도 나중에는 그리움의 대상이 될 터였다. 그들은 바비즌에서 보낸 시간이 결국 그들을 결혼이라는 궁극적 목표로 몰아갈 짧은 기회의 창이라고 이해했지만, 돌이켜보면 그 창이—그리고 그 시기를 정의하는 여자들의 동지애와 독립이—실은 그들 삶의 정점이었던 것이다.

—호텔 바비즌

5장

실비아 플라스

1953년 여름

실비아 플라스가 장미꽃을 들고 있는 유명한 사진은 《마드무아젤》 객원 편집자가 된 첫날 헤르만 란츠호프가 찍은 것이다. 란츠호프는 모델이 아닌 아마추어들하고 일하는 데는 익숙하지 않다며 짜증을 냈다.

• • •

실비아 플라스도 1950년대의 밀고 당기기에 휩쓸렸다. 실비아 플라스는 이후 20세기 미국에서 가장 위대한 시인 반열에 오를 뿐 아니라, 소설을 단 한 편 썼는데 그 소설로도 유명하다. 바로 바비즌에서의 경험을 토대로 쓴 유명한《벨 자》이다. 소설에서 실비아 플라스는 그때 사회가 여자들에게 하는 약속에 대해 자신이 느끼는 양가적 감정을 기록했다. "그래서 결혼을 하고 아이를 낳으면 세뇌를 당하게 되며 이후에는 사적인 전체주의 국가의 노예처럼 무감하게 살게 된다는 게 사실일지 모른다는 생각이 들었다."[1] 그러나 1953년 봄은 실비아가 아직 자기 같은 젊은 여자들에게 주어지는 기회의 창에 매달릴 때였다. 그 창이 정말 짧은 시간 동안만 열린다는 것, 아무리 아름답고 야심 있고 능력 있는 여자라도 마찬가지라는 것에는 신경 쓰지 않았다. 실비아는 아직 대학도 졸업하기 전이었는데 이미 이름을 알리고 있었다. 사람들이 수군거렸다. 작가가 될 재원, 밝은색 금발을 페이지보이 스타일로 짧게 자른, 파티를 좋아하는 젊은 여자.

실비아 플라스는 매사추세츠에 있는 스미스 칼리지 3학년이었는데 이미 작가가 되겠다는 목표를 세우고 그 길로 가고 있었으니 《마드무아젤》 객원 편집자 콘테스트에 지원하는 것은 당연한 수순이었다. 4월, 대학생위원회 편집자가 지원자들을 만나러 스미스 대학에 왔다. 실비아가 어머니에게 서글픈 말투로 편지를 써서 알리길, 같이 차를 마시며 이야기를 나누는 동안 다른 참가자들도 "엄청난" 재능이 있음이 확연히 드러났고 자기 기회가 사라지는 것을 보았다고 했다. 그렇지만 실비아는 비꼬는 말 한마디를 덧붙이지 않을 수가 없었다. 자기 말고 다른 학생이 뽑힐 것 같다고, 왜냐하면 (자기와 다르게) "걔들은 아직 아무도 상을 못 받았으니까요".[2] 실비아는 그동안 받은 상이 서랍에 가득하다는 걸 자랑하길 주저하지 않았다. 얼마 전 《마드무아젤》 대학 소설상을 받았고(상금이 500달러였는데 당시에는 적은 돈이 아니었다) 시 세 편을 《하퍼스 매거진》에 100달러를 받고 팔기도 했다.

아무튼 실비아는 대학생위원회 편집자를 만난 뒤에 낙담하고만 있지는 않았다. 실비아는 삶을 즐길 작정이었고 시를 대할 때와 마찬가지로 결연한 마음으로 삶을 대했다. 한 의대생이 뉴욕에서 신나는 주말을 보내자고 실비아를 초대했다. 또 다른 남학생은 그다음 주말에 열리는 예일대 봄 댄스파티에 초대했다(콜레트와 달리 실비아는 그곳에 가서 실망하지 않는다). 그때 실비아의 머릿속에 있던 것은 옷이었다. "지금 흰 가방하고 흰 구두, 빨간 가방하고 빨간 구두가 있고 언젠가는 검은색 에나멜가죽 가방을 사려고요. 지금 나 자신이나 내 옷 고르는 취향이 무척 자랑스럽네요. 난 내가 뭘 원하는지, 뭐가 필요한지 알고 그래서 자신 있고 기분이 좋아요."[3]

의대생과 함께 보낸 뉴욕에서의 주말은 1953년 무렵 맨해튼에서 할 수 있던 전형적인 경험을 보여준다. 실비아는 친구 캐럴과 함께 그랜드센트럴 역에 도착했다(캐럴의 짝은 "키가 작고 머리가 벗어지고 있었지만 아주 친절하고 똑똑한 1학년 학생"이라고 실비아는 적었다).[4] 네 사람은 바로 '라 프티 메종'에 저녁을 먹으러 갔고 실비아는 테이블 위 리넨, 프랑스인 웨이터, 그리고 무엇보다도 음식에 감탄했다(실비아는 옷도 좋아했지만 음식도 좋아했다). 그날 밤 처음으로 생굴을 맛보았다. 다음에 체커 택시를 타고 아서 밀러Arthur Miller의 연극 〈크루서블The Crucible〉을 보러 갔고 이어 유명 나이트클럽 '델모니코'(8년 전 나넷 에머리가 11시 45분에 해병과 육군 장교와 더블데이트를 했던 바로 그곳이다)에서 열띤 대화를 나누었다. 피아노 연주를 배경으로 실비아와 친구와 데이트 상대들은 머리를 맞대고 인종 관계, 공산주의, 종교를 주제로 이야기를 나누었다. 단 하루 만에 이 많은 일이 다 일어났다.

그리하여 마침내 《마드무아젤》의 벳시 탤벗 블랙웰로부터 객원 편집자 프로그램에 뽑혔다는, 기다리던 전보가 도착했을 때, 실비아는 앞으로 다가올 화려한 앞날을 미리 한입 맛본 기분이 들었다. 실비아는 《마드무아젤》에서 필요한 서류 양식, 목록, 지침을 받고 어머니에게 편지를 써서 바비즌에서 "일주일에 15달러라는 할인

요금으로" 묵게 될 거라고 알렸다.5

"호텔에서 지내는 건 처음이에요!" 실비아는 이어서 잡지사에서 뉴욕에 어떤 옷을 가져오라고 했는지 열거했다. 수영복, 격식을 갖춘 복장, "'오후 5시에도 아침 9시와 마찬가지로 산뜻하게 보일' 시원한 어두운색 옷." 사실《마드무아젤》은 훨씬 더 구체적으로 조언했다. 1953년 여름에 기록적인 폭염이 찾아오리란 걸 마치 미리 알기라도 한 듯, "6월에 뉴욕은 **아주** 더울 수 있습니다"라고 경고했다.6 날마다 사무실 업무, 오찬, 제조업체 방문 등 다양한 일정을 소화해야 하니 "짙은 색 면, 나일론, 산둥 비단, 실크 등 가벼운 정장을 권합니다. 짙은 색상의 시원한 옷이 좋습니다… 모자를 잊지 마세요".

실비아는 스무 살에 금발이고 175센티미터의 큰 키에 62킬로그램으로 늘씬했다.7 5월 31일 일요일에 바비즌에 도착했고 6월 26일 금요일까지 머물 예정이었다. 그때로부터 10년 뒤에 출간된《벨자》에는 1953년 6월 뉴욕에서 있었던 일이 그대로 담겼다. 그 책에서 바비즌은 '아마존'으로 바뀌었고 실비아 자신은 주인공 에스더 그린우드가 되었으며 나머지 열아홉 명의 객원 편집자는 열두 명으로 줄여 뭉뚱그려졌다.

실비아는 툭하면 표를 만들어 정리하기를 좋아했는데,《마드무아젤》과 바비즌 여행을 준비하며 계산해보니 대학 3학년에 올라와서부터 그때까지 옷 사는 데 쓴 돈이 1학년 때 쓴 돈을 다 합한 것보다 더 많았다. 그러나 어머니도 실비아도 뉴욕에 어떤 가능성이 있는지 이해했다. 실비아의 아버지는 교수였는데 실비아가 어릴 때

생명보험 같은 것도 남기지 않고 세상을 떠났다. 어머니가 외조부
모 도움을 받아 실비아나 남동생 워런Warren Plath의 기대에 걸맞을
정도의 생활을 그럭저럭 꾸려갔다. 그러나 돈이 늘 걱정거리여서,
실비아가 집으로 보낸 편지가 때로는 회계 장부처럼 보이기도 한
다. 옷에 드는 비용은 그만한 이유가 있다고 실비아는 어머니에게
나 자신에게 정당화했다. 객원 편집자 프로그램은 직업 세계의 꼭
대기로 올라가는 사다리를 몇 단 건너뛸 드문 기회니까.[8] 실비아는
덧붙여 이렇게 (야망과 쇼핑하고 싶은 마음을 결합시키면서) 설명한다.
"전 늘 '직업을 옷처럼 걸쳐보고 뭐가 가장 잘 맞는지 결정'하고 싶
었어요. 이제 대도시에서 사는 게 어떤지 볼 기회가 생겼네요…"

　1953년 여름 뉴욕은 동화 같은 기대감을 불러일으켰다. 동생이
하버드에 장학생으로 입학하게 되었고 자기는 《마드무아젤》 객원
편집자 '밀리'가 되었다. 실비아는 들떠서 동생에게 이런 편지를 보
냈다. "이달에 미국 전체에서 뽑은 스무 명 가운데 한 명이 되어 뉴
욕에 가게 되다니 꿈같은 기회야… 내가 대학생 신데렐라이고 대
모 요정이 갑자기 우편함에서 나와서 이렇게 말하는 것 같아. '네
소원이 뭐니?' 나, 신데렐라는 말하지. '뉴욕이요.' 대모 요정은 눈을
찡긋하고 요술봉을 흔들면서 '네 소원이 이루어졌단다'라고 말하
는 거야."[9] 동화 같은 이야기가 그랜드센트럴 역까지 죽 이어졌다.
실비아는 매사추세츠주 웰즐리에 있는 어머니 집으로부터, 마침
실비아와 두 블록 떨어진 곳에 사는 또 다른 객원 편집자 로리 토튼
Laurie Totten과 함께 뉴욕으로 떠났다. 그런데 집으로 보낸 편지를 보

면, 실비아 혼자서만 환상 속에 살고 있었다. 실비아는 편지에 "친절하고 근육질인 미군 두 명"이 **실비아가** 기차에서 내릴 때 도와주었다고 썼다. **실비아는** 군복을 입은 두 사람의 에스코트로 "몰려드는 군중" 사이를 뚫고 나갈 수 있었다. 그들이 택시에 태워 바비즌까지 데려다주고 프런트데스크까지 짐을 들어준 사람도 **실비아였다.**[10]

실비아는 주위를 둘러보고는 바비즌에 대해 이렇게 썼다. "아름다워요. 녹색 로비, 연한 카페오레 색깔 목조 장식이 우아해요." 체크인을 마친 로리와 실비아는 엘리베이터를 타고 15층으로 갔다. 세 명을 제외한 객원 편집자들 모두가 앞으로 4주 동안 묵을 곳이었다. 실비아는 "바닥 전체에 러그가 깔려 있고 벽은 옅은 베이지색이고 장미무늬 러플 장식이 있는 진녹색 베드스프레드, 같은 무늬 커튼, 책상, 화장대, 옷장과 벽에서 버섯처럼 자라난 듯 보이는 흰색 에나멜 세면대"가 있는 "귀여운 싱글 룸"이 마음에 들었다. 세면대는 흰 장갑과 속옷을 빨기에 편리할 듯했다.[11] 20여 년 전 몰리 브라운이 그랬듯 실비아는 특히 "벽에 붙어 있는 라디오" 그리고 또 "침대 옆 전화기, 그리고 전망!"에 감격했다. 창밖으로 정원, 골목길이 보였고 3번 애버뉴 지상철, 새로 지어진 유엔 건물, 또 이스트강도 살짝 보였다. 사실 전망 자체보다도 이게 무슨 의미인지가 중요했다. 실비아가 그 뒤 여러 날 밤 다른 객원 편집자들보다 더 일을 많이 맡아 밤늦게까지 일할 때—신데렐라가 되고 싶다는 소원이 진짜 말 그대로 이루어졌는지, 자매 중 하나가 일을 다 떠맡고 나머지

자매들은 도시로 놀러 다녔다―적어도 저 아래에는 불빛과 자동차 경적이 요란한 마법 같은 뉴욕이 있다는 뜻이었다.

바비즌에서 첫날 밤, 객원 편집자들은 서로 안면을 트고 상황이 상황이니만큼 빠르게 친해지자며 한 방에 모였다. 실비아는 다른 이들에게 "호기심을 느꼈고" 그중 네 명은 "파리의 모델이라고 해도 될 만큼" 멋있었다고 적었다(그중 한 명인 재닛 와그너는 어쩌다 보니 그달 말에 실제로 모델이 된다). 다들 발랄하고 똑똑했으며 그 가운데 모르몬교도도 한 명 있었다. 1506호 그레이스 매클리드Grace MacLeod의 방에 모두 모였다. 이 방이 빛이 가장 잘 드는 방이라 그달 내내 이들의 비공식 라운지가 되었다.

객실 창문으로 렉싱턴 애버뉴나 63번가, 혹은 건물 동쪽과 남쪽에 있는 뒷길이 보였다. 방이 어떻게 배정되었는지는 알 수 없었지만 운이 좋으면 전망이나 채광이 좋은 방, 혹은 둘 다 좋은 방을 얻기도 했다. 15층 가운데에 공용 화장실이 있었는데 수가 턱없이 부족했다. 욕조와 변기가 있는 화장실이 두 개, 샤워실 한 칸과 변기 두 칸이 있는 좀 더 큰 화장실이 두 개 있었다.[12] 실비아는 욕조에 오래 몸을 담그는 걸 좋아해서 방이 욕조가 있는 화장실 근처라 다행이라고 생각했다. 복도 저편에 있는 다른 객원 편집자들은 샤워로 만족해야 할 때가 많았다. 객원 편집자는 총 스무 명이었는데, 열아홉 명은 싱글이고 한 명은 벌써 결혼해서 아들이 하나 있었다.[13] 결혼한 객원 편집자는 브롱크스에서 출퇴근했고 소설 담당 객원 편집자 캔디 볼스터Candy Bolster는 맨해튼 친구 집에서 지냈다.

모르몬교도인 마거릿 '페기' 애플렉Margaret 'Peggy' Affleck도 바비즌에 투숙하지 않았다. 모르몬교회에서 허락하지 않아 버스를 타고 모르몬 선교원과 바비즌, 잡지사를 오갔다.

서로를 재어보며 잡담을 나누는 동안 다들 머릿속으로 지리적 여건이 얼마나 중요한지를 생각하지 않을 수 없었다. 1950년대에는 항공료가 비싸서 비행기 여행이 흔치 않았고 서부나 남부에 사는 객원 편집자들은 대부분《마드무아젤》의 초청을 받기 전에는 뉴욕에 와본 적이 없었다. 미국인들은 동부 해안이 미국의 지적 중심이고 나머지 지역은 변두리라고 여겼다. 객원 편집자 디니 레인 Dinny Lain(나중에《르 디보스》등의 소설을 쓴 다이앤 존슨이 된다)은 그때 미주리에 있는 여자대학 2학년이었다. 미시시피 강둑에서 자라 뉴욕은 고사하고 어디에도 가본 적이 없었다. 호텔은 특별한 일이 있을 때 식사를 하러 가는 곳이라고만 생각했지, 호텔에 묵은 건 실비아처럼 디니도 이번이 처음이었다. 그러나 매사추세츠 웰즐리에 사는 스미스 대학생으로서 실비아는 상당히 높은 지위를 차지하고 있었다. 디니처럼 변두리가 아니라 동부 해안 출신이니까.

그렇지만 지리적 차이 같은 것은 얼마든지 극복할 수 있었다. 바비즌은 젊은 여성들이 재탄생할 수 있게 하는 힘을 지닌 공간이었다. 바비즌은, 비록 방을 빌리는 아주 짧은 기간 동안이긴 해도, 상상만 했던 다른 삶을 제공했다. 웰즐리 대학을 중퇴하고 작가가 되려고 뉴욕으로 온 한 젊은 여성은 이렇게 말했다. "여기가 대학, 가족, 이전의 삶 등 무언가를 버리고 온 사람이 가는 **바로 그곳**이다.

그런 점에서 완벽하다. 다만 너무 오래 머물지만 않는다면."[14]

실비아 플라스는 자기가 최고라는 걸 아는 상태로 왔고, 디니 레인은 이 기회가 어떤 의미인지 잘 모르는 상태로 왔다면, 캘리포니아 새너제이에서 온 네바 넬슨은 굳은 결심을 품고 그날 저녁 바비즌에 도착했다. 네바가 텍사스에서 뉴욕행 비행기로 갈아탔을 때 운 좋게도 니먼마커스 백화점 CEO인 로스 씨 옆에 앉게 되었다. 네바는 공항에서 바비즌까지 어떻게 갈지 아무 생각 없이 비행기를 탔다. 막연히 누군가가 마중 나오기를 기대했는데 아무도 없었다. 로스가 택시를 같이 타자며 네바를 구해주었다. 새너제이에서 온 젊은이에게 호감을 느낀 로스는 네바에게 뉴욕의 모순을 보여주겠다며 택시 운전사더러 빙빙 돌아가는 길로 가달라고 했다. 택시는 지시에 따라 맨해튼을 이쪽저쪽으로 누볐고 로스는 네바에게 뉴욕의 명소가 아니라 인구 분포를 보여주었다. 부유층과 빈곤층이 한두 블록을 사이에 두고 나란히 거주하는 모습, 넓지도 않은 맨해튼 섬 안에 인종이 어떻게 명확하게 구분되어 존재하는지를 가리켜 보였다.[15]

로스 씨한테 도시의 지형을 안내받다니, 네바는 자신의 행운이 믿기지 않았다. 사실 네바는 최근에 여러 대단한 모험을 했는데 이 일도 그에 못지않은 모험으로 추가할 수 있겠다 싶었다. 작년에 네바는 데스 밸리에서 열린 지질학 수업에 참여했고, 새벽 4시에 산꼭대기로 올라가 100킬로미터쯤 떨어진 곳에서 행해진 원폭 실험을 구경했다. 폭발로 인해 네바는 얼굴에 화상을 입어 벌겋게 곪은 작은 반점이 생겨서 그 후 7년 동안 화장으로 감춰야 했다. 그때 네바는 도전하듯이, 교수님이 미처 말리기 전에, 2,000년 된 내륙해에서 반짝이는 정어리 크기의 물고기를 잡아 통째로 삼켰다. 네바가 햇볕에 그을린 웃는 얼굴로 방사능 낙진을 가득 머금은 작은 물고기를 벌린 입 위에 들고 있는 사진이 찍혔다. (네바는 나중에 자기가 갑상선암에 걸린 게 방사능에 오염된 물고기를 먹은 탓이라고 생각했다.) 그러고 얼마 지나지 않아 이제 또 다른 모험이 바비즌에서 펼쳐지려 하고 있었다.

방사능에 오염된 작은 물고기를 삼키는 네바 넬슨

네바의 눈에는 바비즌의 자기 방, 1536호가 정말 멋있었다. 뒷길에 면한 방이긴 했으나, 방에 들어갔을 때 바로 오른쪽에 세면대가 있고 왼쪽에는 좁은 침대가 있고 옷장, 화장대, 책상에, 창가에는 편안한 의자까지 있었다. 네바는 침대 위쪽 라디오가 마음에 들었다. 라디오에서는 음악이 나오다가 불쑥 프런트데스크에서 보내는 개인 메시지가 들려오기도 했다. 곧 바비즌 투숙비 청구서가 나오리란 사실을 알았다면 덜 들떴을 것이다. 객원 편집자들은 첫 2주가 지난 다음에야 급료를 받았는데, 심지어 네바의 급료 지급은 항공권 비용 환급과 혼동되어 더 늦게, 3주가 지난 뒤까지 미뤄졌다.

첫날 밤 그리고 그 이후 밤마다, 객원 편집자들이 늦은 밤 담소를 나누러 모일 때면 파자마를 깜박하고 안 챙겨 온 네바는 티셔츠 위에 양면 레인코트를 망토처럼 걸치고 나타나곤 했다. 실비아는 오기 전에 미리 한바탕 쇼핑을 해서 완벽히 준비하고 꼼꼼히 짐을 꾸려 와서 파란색 파자마 두 벌과 드레스형 잠옷에 가운까지 있었다. 반면 네바는 없으면 없는 대로 지내는 데 익숙했다. 네바는 스탠퍼드에서 왔지만 집에 돌아가면 새너제이 주립대학으로 적을 옮길 생각이었다.《마드무아젤》에서 제공하는 기회를 잡는다는 건 평소처럼 통조림 공장 여름 아르바이트를 할 수가 없다는 뜻이기도 했기 때문이다. 사실 여름에 공장에서 일해서 상당한 돈을 벌더라도 스탠퍼드 학비를 대려면 빚이 계속 쌓였다. 그래서 네바는 자기가 다시 스탠퍼드로 돌아갈 수 없으리란 사실을 알고 뉴욕에 왔다. 부모님이 살아 있긴 하나 의존할 수 있는 상태가 아니었다. 네바는 아기 때부터 주정부의 보호 대상자였다. 고등학교 때부터는 주거형 모텔에 혼자 살면서 그런 곳에 사는 사람은 성매매 여성이라는 편견과 싸워야 했다.

첫날 밤 그레이스 매클리드의 방에 모인 객원 편집자들은 자정이 넘을 때까지 졸려서 비몽사몽하면서도 여러 이야기를 나누었다. 이를테면 대학생위원회 편집자이며 그들을 뉴욕 여기저기로 몰고 다닐 '사감' 격인 메리베스 리틀Marybeth Little이 임신한 것으로 보여 놀랐다는 이야기라든가. 누군가가 갑자기 물었다. "여기에서 처녀인 사람?" 누가 이 질문을 던졌는지는 모르지만 다들 누구 손이 올라가는지 보려고 기다리고 있었다. 아무도 손을 들지 않았다. 그러다가 다들 네바를 돌아보았다. 대학 2학년인 네바가 그중에서 가장 어렸던 것이다. 네바는 얼굴이 새빨개졌다. 그레이스는 충격받은 얼굴로 네바를 쳐다보았으나, 어쩌면 1950년대 젊은 여자들이 습관적으로 하듯 충격받은 척한 것이었을 수도 있다. 네바가 보고 들은 바에 따르면, 열여덟 살이 되기 전에 (사람들이 실제로 그렇게 말하거나 인정하지는 않을 수 있지만) 여자들 대부분이 '유혹을 당한다'. 사실 네바는 처음 스탠퍼드에 갔을 때 자기처럼 동정인 여자가 몇 안 되는 것에 놀랐고, 그래서 스탠퍼드의 전통인, 동정인 사람을 파트너로 데리고 와야 하는 '졸리 업jolly-up' 댄스 파트너 요청이 많아서 놀랐다.

월요일 아침에 객원 편집자들은 바비즌 로비 옆에 있는 커피숍에 모여 함께 아침을 먹었다. 실비아는 커피, 주스, 달걀, 토스트 두

쪽을 50센트에 먹을 수 있다는 사실에 만족스러워했다. 실비아는 좋은 첫인상을 주려고 가벼운 정장을 입었는데 마지막 순간에 코피가 터져서 얼른 옷을 갈아입어야 했다. 재닛 와그너는 파란색과 흰색 깅엄 드레스를 입고 벨트를 하고 조그만 흰색 모자와 어울리는 흰 구두를 신고 (《마드무아젤》에서 객원 편집자들에게 흰 구두를 신고 오지 **말라고** 해마다 당부하는데도 불구하고) 자기가 꽤 세련되어 보인다고 생각했다. 재닛의 모자는 초대형 찻잔받침만 한 크기였는데 그 위에 농산물 시장에서 가져온 듯한 과일 모형이 얹혀 있어 짓눌릴 듯 무거워 보였다. 실비아는 그 모자를 보고 비웃었다. 전날 밤 실비아는 자기 경쟁 상대들이 어떤지 가늠해보려 했는데, 특히《마드무아젤》논픽션상 수상자인 재닛 와그너를 유심히 봤다. 재닛 와그너는 확실히 위협적이었다. 키가 크고 금발에 함박웃음이 인상적이었다. 그러나 입을 열자, 확연히 (그리고 세련되지 못하게) 콧소리가 섞인 억양이 드러났다. 재닛은 실비아의 얼굴에 실망감이 역력한 것을 봤다. 실비아는 경멸을 감추려고 하지도 않았다. 실비아는 한 달 내내 재닛을 '시골뜨기'라고 불렀고 재닛의 학교 일리노이주 게일스버그의 녹스 칼리지를 테네시주에 있는 녹스빌 칼리지와 혼동했다. 재닛이 여러 번 바로잡았지만 소용이 없었다.《벨 자》에서 실비아는 재닛 와그너를 "폴리애나* 카우걸"[16]이라는 별명으로 불리는 벳시로 등장시킨다. 1953년 객원 편집자들 사이에 위계질서가

---

* 엘리너 H. 포터의 아동문학에 등장하는 주인공으로 지나치게 낙천적인 성격을 가진 여자를 가리키는 말로 쓰인다.

210　　　　　　　　　　　　　　　　　　　　　　　—호텔 바비즌

금세 성립되었으나 그 안에서의 위치는 위태롭고 언제 바뀔지 몰랐다. 실비아는 뉴욕에 있는 동안 줄곧 '흰색 밀짚 베레모'를 자랑스럽게 쓰고 다녔는데 어떻게 보면 버려진 낡은 원반처럼 보여 재닛의 과일 접시 모자와 막상막하였다.

또 다른 객원 편집자로 짙은 머리카락에 밝은색 립스틱을 바른 로리 글레이저Laurie Glazer는 아이오와 소도시에서 온 가수 지망생이었다. 지역적 위계로 따지면 매우 아래쪽이었지만, 실비아는 일리노이 게일스버그보다 아이오와 시골 지역에 더 매력을 느끼는 것 같았고 로리의 부모님이 농장에 정착하지 않은 게 안타깝다고, 자기 생각에는 그 생활이 훨씬 더 낭만적이라고 했다.[17] 로리는 대학교 3학년 내내 객원 편집자가 되길 꿈꿨으나 4학년이 되어서야 마침내 콘테스트에 제출할 에세이를 완성했다. 뉴욕에 온 로리는 흥분감에 압도되어버렸다. "아이젠하워 시대의 순수한 영혼들"인 객원 편집자들이 다같이 팔짱을 끼고 나란히 "화려한" 바비즌에서부터 "화려한" 매디슨 에버뉴에 있는 《마드무아젤》의 "화려한" 사무실까지 걸어갔다. 그렇게 로리는 객원 편집자로서의 첫날을 기억했다. 말할 것도 없이 열일곱 명이 팔짱을 끼고 뉴욕의 거리를 걷기는 불가능하지만, 1953년 이때 동화가 현실로 이루어졌다고 믿고 싶었던 사람이 실비아만은 아니었다.

실비아는 자기와 다른 이들을 '객편'이라고 줄여 불렀다. 객편들은 매디슨 애버뉴 575번지에 있는 스트리트&스미스 출판사에 도착해 엘리베이터를 타고《마드무아젤》이 있는 층에 가서 BTB의 집무실에 모였고 "저마다 느끼는 승리의 환희를 안에 가두려는 듯 두 팔로 몸을 감쌌다".[18] 벳시 탤벗 블랙웰은 넓은 보트넥의 검은색과 흰색 꽃무늬 드레스를 입었고, 풍만하고 조금 땅딸막한 듯 보였으나 말쑥한 모습이었다.[19] BTB는 늘 그러듯 건강 관리를 잘하라고 훈계했는데, 말하는 중간중간 담배 연기를 깊이 들이마시고 주문 제작한 성냥(검은색으로 'BTB'라고 인쇄된 눈부신 은색 종이성냥이었다)으로 불을 붙여가며 줄담배를 피웠다. 이어 객원 편집자들은 다른 편집자들을 소개받고 거울이 있는 회의실에서 추가로 서류를 작성했다.

점심시간이 되자 객원 편집자들은 몇몇 조로 나뉘어 여러 편집자에게 보내졌다. 실비아는 그전에는 몰랐더라도 그때 확실히 자기가 특별 대접을 받는다는 것을 알았을 것이다. 실비아는 편집장 BTB와 편집국장 시릴리 에이블스와 함께 유명한 드레이크 호텔로 갔고 거기에서 셰리를 마시고 셰프 샐러드를 먹으며 작가와 잡지사 생활에 대해 이야기를 나누었다. 다른 사람들도 아마 느꼈을 것이다. 디니 레인은 편집자들이 실비아의 비위를 맞추는 걸 보고 알았다. 그랬기 때문에 실비아에게는 근무 첫날의 실수가 더더욱 뼈아팠다.

실비아와 네바는 잡지사 건물 로비에서 엘리베이터를 기다리고 있었다. 쉬는 시간에 커피를 마시러 로비에 내려갔다가 올라가는 길이었다.[20] 두 사람은 오전에 있었던 일들에 대해 잡담을 나누면서《마드무아젤》편집자들이 생각만큼 화려하지 않아 놀랐다는 말을 했다. 오히려 진짜 일하는 여성들 같았고, 외양이 깔끔하긴 하나 편집 부서보다 아래쪽에 있다고 여겨지는 뷰티와 패션 부서에서 다루는 것들에는 큰 관심이 없어 보였다. 실비아는 편집자들이 '각양각색'이라고 했고 네바는 BTB가 열심히 일하는 아일랜드 세탁부처럼 보인다는 평을 덧붙였다. 네바는 칭찬으로 한 말이었다. 이 말을 전해 들은 BTB는 칭찬으로 받아들이지 않았다(그 이후부터는 객원 편집자들에게 주는 지시사항에 로비나 엘리베이터에서 회사에 대한 이야기를 하지 말라는 엄중한 경고가 포함되었다). 네바와 실비아는 바로 '내실'(구두를 테마로 한 BTB의 집무실을 부르는 별명이다)로 불려 가 호된 질책을 들었다. BTB는 격분하며 네바는 자선으로 뽑힌 거고 실비아는 재능도 없으면서 시릴리 에이블스와 어머니의 관계 때문에 뽑힌 거라고 쏟아부었다. 비서학을 가르치는 실비아의 어머니가 시릴리 에이블스에게 잘 훈련된 비서들을 공급해주고 있었던 것이다. 실비아는 화장실에 들어가 문을 잠그고 울었는데 울음소리가 《마드무아젤》 로비 전체에 울려 퍼졌다. 네바도 울었다. 두 사람은 이런 처참한 상태에서 짜증이 날 대로 난 사진사 헤르만 란츠호프 Hermann Landshoff 에게 불려 갔다. 헤르만 란츠호프는 자기는 모델하고나 일하지 징징거리는 아마추어들하고 일하는 데는 익숙하지 않다고 투덜거렸다. 객원 편집자들의 상태가 어떻든 간에 어쨌든 헤르만 란츠호프는 8월 대학생 특별호에 실릴 공식 사진을 찍었다.

실비아는 그럼에도 이 일이 상상했던 동화가 되어야 한다고, 지금 상태 같은 악몽이 되어서는 안 된다고 마음을 다잡고, 한 손에 장미를 늘어뜨리듯 들고 눈물을 닦고서 카메라를 향해 웃음을 지으려고 애썼다. 《벨 자》에 실비아 플라스는 이렇게 썼다. "결국 고분고분, 복화술사가 조종하는 인형처럼 입이 움찔거리기 시작했다. '여어,' 사진사가 갑자기 불길한 예감이 든 듯 무어라 했다. '꼭 울 거 같은데.'"[21] 이렇게 란츠호프가 찍은 객원 편집자 실비아의 사진이 실비아 플라스의 가장 널리 알려진 이미지가 된다.

더 불쾌한 일들이 기다리고 있었다. 지난 5월 《마드무아젤》은 객원 편집자들에게 뉴욕에서 무얼 이루기를 바라는지 수기로 작성해 보내라고 했다. "50~100단어로 《마드무아젤》에서 한 달을 보내면서 무얼 얻고 싶은지, 잡지사에 어떻게 기여할 수 있다고 생각하는지 **자필로** 적으세요. **성과 이름 전체로** 서명하세요."[22] 객원 편집자들에게 미리 보내 작성하게 한 여러 서류 가운데 이 문서가 '최우선'으로 명기되어 있었다. 손으로 작성한 이 문서는 객원 편집자들의 동의를 거치지 않고 필적연구가에게 보내졌다. 필적연구가의 분석을 각 객원 편집자들의 약력과 합해 "직업전기jobiography"라는 특집 기사로 내려는 술책이었다. 객원 편집자들에게 자기 삶의 이력에서 어떤 의미가 있는 물건을 들게 하고 찍은 헤르만 란츠호프의 사진이 함께 실렸다. 바닥을 향하게 든 장미꽃과 실비아의 '직업전기'는 "실비아가 예술 분야에서 성공하리란 걸 보여준다"고 한다. "형태와 미에 대한 감각이 있고 자기 일을 매우 즐긴다"고.[23] 그러나 필적감정가의 분석에서 더 흥미롭지만 기분 나쁠 수 있는 부분은 잡지에 실리지 않았다. 형태와 미에 대한 실비아의 감각이 "패션과 인테리어 디자인 분야에서 유용"할 테지만 그러려면 "피상성,

부자연스러운 행동, 경직된 관점을 극복"해야 한다는 부분이었다.

실비아는 분석 보고서 전체를 읽었다. 그리고 이 비판적인 분석에 반발하는 마음에서였는지, 얼마 뒤에 고급 레스토랑에서 객원 편집자들이 특별 오찬을 할 때 여럿이 나눠 먹도록 된 캐비아 그릇을 뻔뻔하게 자기 쪽으로 끌어당겼다. 그릇 옆에 놓인 작은 은색 캐비아스푼을 들고 다른 사람의 시선은 안중에 없는 듯 깨끗이 먹어 치웠다.[24] 물론 실비아는 자기가 무슨 짓을 하는지 잘 알았고 10년 뒤《벨 자》에 그 일을 기록했다. "나는 식사 자리에서 아무리 잘못된 행동이라도 거만한 태도로 하고 다 안다는 듯 당당하게 굴면 아무 문제도 없고 아무도 매너가 나쁘다거나 가정교육을 제대로 못 받았다고 생각하지 않으리란 걸 […] 알게 됐다. 사람들은 오히려 독창적이고 재치 있다고 할 것이다." '아무도 매너가 나쁘다고 생각하지 않을' 것이란 실비아의 생각은 틀렸다. 적어도 객원 편집자 가운데 한 명은 실비아가 캐비아 그릇을 끌어당기는 걸 보고 그날 실비아에 대한 기대를 접었다. 실비아의 행동은 재닛 와그너나 로리 글레이저 같은 '시골뜨기'들이 무심코 할 만한 순진한 행동이 아니라는 걸 알았기 때문이다.

첫 주 동안 객원 편집자들은 여러 사교 일정을 수행하면서 8월 특별호에 실릴 원고도 마감해야 했다. 실비아는 객원 편집국장으로 뽑혀서 시릴리 에이블스를 따라다니게 되었다. 실비아는 유명한 리타 스미스와 함께 일할 수 있는 소설 담당 객원 편집자를 놓쳐서 아쉬워했지만 애써 실망감을 감추었다. 실비아는 시키는 대로 타자기와 책상을 에이블스의 집무실로 옮겼고 오가는 대화를 들으면서 늦은 시간까지 일했다. 네바 넬슨은 그 앞을 지나가면서 실비아가 "타자기 앞에 앉아 탁탁탁 타자를 치다가 좌절한 듯 종이를 찢어버리고 다시 쓰기 시작하는 모습을 보았다. 실비아는 에이블스의 책상을 등지고 앉아 여러 편집자의 집무실을 오가며 지나다니는 복도로 열리는 문을 마주 보고 있었다."[25] 실비아의 재능 때문에 실비아에게 거는 기대도 컸다. 실비아는 그해 여름 대단한 것을 해내리라는 기대를 한 몸에 받고 있었다. 그런 한편 멋모르는 디니 레인이나 그저 신난 로리 글레이저는 독자들에게 이번 시즌 최고의 립스틱 색깔을 광고하며 다양한 행사에 참석해 술과 음식을 대접받고 끝날 때면 제조사나 광고회사에서 주는 선물을 한가득 받았다.[26]

며칠 지나 객원 편집자들은 나름의 일상에 정착했다. 저마다 엄청난 더위를 "종아리 아래까지 내려오는 면직 스커트"로 막아보려했다. 로리 글레이저는 실비아와 복도에서 마주치면 웃으며 인사를 했는데 "1953년의 마젠타색 립스틱에 대비되어 우리 치아가 희게 빛났다"고 했다.[27] 네바는 로비 옆 커피숍에서 기분 좋게 하루를 시작하는 습관을 들였다. 커피숍에 가면 보통 다른 객원 편집자가 카운터에 앉아 있어서 네바는 그 옆에 앉아 커다란 흰색 도자기 머그에 담겨 나오는 밀크커피와 데니시 페이스트리 하나—곰발 모양 데니시가 네바가 좋아하는 것이었다—를 주문했다.[28] 디니 레인은 약혼한 상태여서 주말에는 웨딩드레스를 보러 돌아다녔고 결국 찾아냈다. 단순하고 우아한 흰색 오건디 드레스였다. 다들 모여

— 호텔 바비즌

서 실비아가 늦은 시간까지 일하며 놓치는 게 얼마나 많은지를 이야기했다. 실비아는 사교 행사들뿐 아니라 그들 일상생활의 시시콜콜한 것도 다 놓치고 있었다. 바비즌 15층에서의 사교도 실비아가 놓치고 있는 것이었다. 이곳에서는 다들 문을 활짝 열어놓고 스스럼없이 지냈는데, 1953년 6월의 숨 막히는 더위 때문이기도 했고 또 서로 무얼 입을지 의논하느라 그러기도 했다.

이들이 모인 지 2주 정도 후 공식 단체사진을 찍는 날, 객원 편집자들은 센트럴 파크로 가서 똑같은 타탄 스커트와 셔츠를 입고 모자를 쓴 채 별 모양으로 섰다. 실비아는 언제나 그랬듯 집으로 보내는 편지에는 타탄 의상이 "매우 귀엽다"며 이 일을 긍정적으로 돌려 말했다.[29] 사실은 전혀 그렇지 않았다. 스커트는 까칠까칠한 재질인 데다 모양도 흉했다. 밴을 타고 공원에 온 객원 편집자들은 34도의 뙤약볕 아래에 서 있어야 했다. "똑같은 모직 타탄 스커트와 가슴둘레를 100센티미터로 보이게 만드는 긴 소매 버튼다운 남자용 셔츠를 입고… 미친 사진사가 인도교 위에서 우리를 찍는 동안 팔을 활짝 벌린 채."[30] 매사추세츠에서 실비아의 이웃에 사는 로리 토튼은 끔찍한 킬트와 블라우스보다도 반드시 써야 했던 "우스꽝스러운 비니 모자"가 더 싫었다.[31] 실비아는 어린아이처럼 보이게 만드는 베이비블루 블라우스가 어처구니없는 룩의 화룡점정이라고 속으로 생각했다. 그럼에도 단체사진에서 실비아는 별 모양의 꼭대기 위치에서 활짝 웃고 있다.

그로부터 5일 뒤, 아직도 실비아는 소설 부문 객원 편집자가 되지 못한 건 중요하지 않다고 스스로를 달래려 애쓰고 있었다.[32] 실비아의 편지에 업무량이 이례적으로 많음이 드러난다. "일이 끝이 없어요… 미스 에이블스의 집무실에서 종일 원고를 읽고, 미스 에이블스가 통화하는 걸 들으며 많이 배워요. 엘리자베스 보언Elizabeth Bowen, 루머 고든Rumer Godden, 노엘 카워드Noel Coward 등의 원고를 읽고 평을 했어요. 정말 배우는 게 많아요." 조금 치사한 일이지만 실비아는 어떤《뉴요커》직원에게 거절 편지를 쓰면서 쾌감을 느끼기도 했다. 자신이《뉴요커》에서 숱하게 거절당한 경험이 있었기 때문이다.

시릴리 에이블스는 사실 실비아를 아끼는 마음에 객원 편집국장이라는 명예로운 직위를 부여한 것이었다. 에이블스는《마드무아젤》에서 실비아의 가장 강력한 후원자였다. 실비아가 제출한 단편에 "뛰어나다"는 평가를 내리고 자신의 시그니처 색깔인 파란색 연필으로 이렇게 적었다. "상상력이 풍부하고 문장이 좋고 확연히 탁월하다: 통과." 에이블스가 자기를 지지해준다는 걸 실비아가 알았는지는 분명하지 않지만, 어쨌든 실비아는 어머니에게 거짓말을 늘어놓는다. 어머니뿐 아니라 자기 자신도 속이는 거짓말이었다. "다른 아이들은 '바쁜 일'이 있지만 나는 줄곧 멋진 원고를 읽고 거기에 짤막하게 감상을 적으면서《마드무아젤》에 어떤 작품이 실리는지, 왜 그런지 알아가고 있어요… 미스 에이블스가 너무 좋아요. 내가 만나본 가장 똑똑한 여자 같아요."[33] 실비아는《벨 자》에서도 주인공 에스더가 상사인 제이 시를 "많이" 좋아한다고 주장하지만,

─호텔 바비즌

제이 시를 "지독히 못생겼다"고 묘사한다. 머리가 좋고 여러 언어를 구사할 수 있으니 외모는 중요하지 않다고 덧붙이긴 하지만.[34]

바비즌에서 실비아의 오른쪽 방에 묵은 캐럴 르반Carol LeVarn은 그해 여름 실비아의 전우가 될 터였다. 캐럴도 단편소설을 제출했었다. 《마드무아젤》 사무실에서 캐럴은 자기 단편이 파일에 들어 있고 그 위에 에이블스의 파란색 연필로 딱 한 단어가 적혀 있는 것을 발견했다. "윽!"[35] 그러나 캐럴은 그 파일을 발견하고도 아마 웃어넘겼을 것이다. 캐럴은 눈부신 금발에 피부는 가무잡잡하고 매우 대담하고 재치가 넘쳐 《벨 자》에 나오는 도린과 무척 닮았다. 도린은 "밝고 흰 머리카락이 솜사탕처럼 머리 주위에 부풀어 올랐고 파란 눈은 투명한 마노 구슬 같다… 입은 비웃듯 늘 한쪽이 치켜 올라가 있다. 못돼먹은 비웃음이 아니라, 재미있다는 듯 묘한 비웃음을 짓는다. 주위 사람이 모두 멍청해서 마음만 먹으면 금방이라도 그 사람들에 관해 재밌는 농담을 던질 수 있다는 듯한 웃음이다."[36] 캐럴이 1953년 객원 편집자로 선발되었다는 통지를 받았을 때, 캐럴이 다니는 대학 ("남부의 스미스 칼리지"라고 불리는) 스위트 브라이어에도 이 기쁜 소식이 전해졌다. 그런데 대학에서는 캐럴에게 축하를 보내는 대신 바로 BTB에게 연락해서 《마드무아젤》에서 결정을 재고할 수 없는지 물었다. 캐럴은 스위트 브라이어를 대표할 만한 전형적인 학생이 아닌데 《마드무아젤》에서 그렇게 생각하지 않길 바라기 때문이라고 했다.[37] (캐럴은 그때 미래에 소설가가 되는 예일 대학생 톰 울프Tom Wolfe와 사귀고 있었고 나중에 톰 울프의 소설에 등장하기도 한다.) 그러나 실비아는 그해 봄에 의대생과 함께 주말을 보낸 이래 잔뜩 기대했던 뉴욕의 모험을 제대로 즐기지 못하고 있던 터라, 친구의 화끈한 성격에 짜릿함을 느꼈다. 한번은 뉴욕 도로가 꽉 막혀서 길을 건널 수가 없자, 캐럴이 멈춰 서 있는 택시에 다가가 창문을 두드리고 택시 승객에게 자기들이 택시를 통과해서 길을 건널 수 있게 잠깐 내려달라고 말했다.[38] 택시 안의 남자는 하라는 대로 택시에서 내렸다. 그러나 캐럴과 실비아는 택시 좌석을 통과해 길을 건너가는 대신, 그 남자와 함께 술집으로 갔다.

이런 모험들도 재미있었지만 실비아는 무엇보다도 뉴욕에서 괜찮은 남자를 만나기를 바랐다. 실비아는 세인트레지스 호텔 루프탑에서 열리는 《마드무아젤》 공식 댄스파티에 기대를 걸었다. "거기에서 재미있는 남자를 만나 내 돈 쓰지 않고 뉴욕을 구경할 수 있으면 좋겠어요"라고 편지에 썼다.[39] 세인트레지스 호텔 파티는 최고로 호사스러웠다. 라이브밴드 두 팀이 밤새 돌아가며 연주를 했는데, 한 팀이 플로어 밑으로 내려가면서 동시에 다른 팀이 올라와 곡을 마무리했다. 마드무아젤 특유의 분홍색 테이블보부터 해서 파티장 전체가 장밋빛으로 물들었다. 8월 특별호에 사진이 한 장 실렸는데(실비아는 잡지에 실린 사진은 너무 작아서 제대로 안 보일 거라 아쉽다며 자기도 이 사진은 한 장 소장하고 싶다고 했다) 실비아와 다른 객원 편집자 앤 쇼버Anne Shawber가 두 남자 옆에서 박장대소를 터뜨리는 모습이다. 실비아의 파트너가 사진사의 지시에 따라 유리로 된 칵테일 테이블 위에 올라앉았는데, 사진이 찍히는 순간 유리가 와장

—호텔 바비즌

창 박살이 났던 것이다.[40]

분위기는 유쾌했지만 실비아는 그날 저녁 쓸만한 남자를 만나지 못했다. 키 문제도 일부 있었다. 재닛 와그너와 실비아 플라스는 키가 무척 컸는데 그날 모인 남자들은 애석하게도 모두 키가 작았다. 실비아는 파티에 가려고 나설 때만 해도 기대에 부풀어 봄에 의대생과 정신없는 주말을 보낸 다음 주 예일대 댄스파티에 갈 때 입었던 끈 없는 은색 라메* 드레스를 입었지만, 무덥고 탁하고 지치는 6월에는 그 옷의 마법이 사라져버린 것 같았다.《벨 자》에 실비아는 이렇게 적었다. "우리 열두 명이 만든 잡지에 내 사진이 실렸다. 스타라이트 루프라는 곳에서, 몸통 부분은 모조 은사 라메 재질이고 치마 부분은 풍성한 구름 같은 흰색 튤로 된 노출이 많은 드레스를 입고, 이 행사를 위해 어디선가 빌려 온 누군지 알 수 없는 미국인다운 골격의 젊은 남자들과 함께 마티니를 마시는 모습이었다. 이 사진을 본 사람은 내가 진짜 끝내주는 시간을 보내고 있다고 생각할 터였다."[41] 실제로 잡지에 실렸고 실비아도 한 장 갖고 싶다고 했던 그 사진을 보면 실비아가 '진짜 끝내주는 시간'을 보낸 것처럼 보인다. 그런데 사실 그렇지는 않았다.

실비아는 자기는 그러지 못했는데 몇몇 객원 편집자는 '괜찮은 뉴욕 남자'를 건진 것에 짜증이 났다.[42] 네바 넬슨도 운 좋은 몇 명 중 한 명이었다. 네바는 그때 잠깐 연락이 이어진 어머니에게 편지

---

* 금속사를 넣어서 만든 직물.

를 썼다. "어젯밤에는 모든 게 다 공짜여서 당연히 우리는 샴페인 칵테일을 마셨어요. 식사 전에 세 잔 마시고 다음에 새우를 먹고 와이오밍에서 온 키가 163센티미터인 헤럴드 호키와 춤을 췄어요. 다음에는 샐러드를 먹고 170센티미터인 젊은 출판업자 존 애플턴John Appleton하고 춤을 췄고요, 다음에는 바비큐 소스를 곁들인 치킨을 먹었어요." 디저트로 피스타치오 아이스크림을 세 개 먹은 다음에 네바는 존 애플턴과 다시 춤을 추고 또 췄다. 애플턴은 스카치 온더락스를 아홉 잔째 마시고 있었다.[43] 그날 밤 애플턴은 명성만큼 대단한 곳이 아님을 보여주겠다며 네바를 스토크 클럽으로 데려갔다. 네바가 그 말이 맞는다고 동의하자 애플턴은 그리니치빌리지에 있는 훨씬 더 트렌디한 클럽 살 드 샹파뉴로 네바를 데려갔다. 다음 날 《마드무아젤》 사무실에 이국적인 꽃이 가득한 거대한 꽃다발이 도착했다. 네바 앞으로 이런 메모가 들어 있었다. "사랑을 담아, 존."[44] 네바는 어쩔 수 없이 꽃다발을 마치 주홍 글자처럼 가슴팍에 안고 바비즌으로 돌아갈 수밖에 없었는데, 실비아와 캐럴이 뒤따라오며 이게 "어젯밤 즐거웠어요"라는 뜻이 아니냐며 속닥거렸다. 네바는 둘 중에서도 실비아의 말투가 더 비판적이란 걸 의식하지 않을 수 없었다.

실비아 입장에서는 더욱 자존심 상하게도, 네바는 허드슨 강변에 있는 존 애플턴의 별장으로 초대받았다. 애플턴은 하얀 테니스복을 입고 네바를 맞았고 지중해식으로 9시 반이라는 터무니없는 시간에 저녁을 대접했다. 양상추와 스테이크로 된 빈약한 (그리고 네바가 보기에는 와스프스러운) 메뉴였다.[45] 그렇지만 이런 부류의 남자가 바로 실비아가 원하는 사람이었다. 그래서 실비아는 네바가 월요일 아침에 몰래 바비즌으로 돌아왔을 때 단단히 벼르고 있었다. 실비아가 화장실에서 네바를 몰아세웠는데 네바는 아무렇지도 않게 시골에서 주말을 보냈다고 말했다. 뜻밖에도 실비아는 그 말을 그냥 받아들이는 듯했다. 혹은 받아들이는 척한 것일 수도 있었다. 사실 실비아는 자신 역시 사회적 규범을 싫어하지만 그럼에도 따르며 사는데, 네바가 그것을 가볍게 무시하는 것을 받아들이기 힘들었다. 며칠 뒤에도 실비아는 여전히 "도시에 아는 남자가 있어서 내가 밤에 혼자 갈 수 없는 곳에 데려가주면 좋겠어요"라는 소망을 밝힌다.[46]

실제로 1950년대에는 남성 동반자 없이는 뉴욕을 일부밖에 경험할 수 없었다. 남자 파트너가 없는 여자가 갈 수 있는 곳이나 할 수 있는 일에는 제약이 있었다. 실비아는 로맨스와 실용성 둘 다를 위해 남자를 갈망했다. 게다가 《마드무아젤》에서 가장 친한 친구 캐럴 르반의 일탈이 실비아를 더욱 대담하게 만들었다. 세인트레지스 댄스파티 다음 날, 객원 편집자들 대부분이 숙취에 시달리는 상태에서 잡지 광고주를 방문하는 의무적인 일정 때문에 택시 세 대에 나눠 탔다. 길이 꽉 막혀서 택시 세 대 가운데 가장 앞에 타고 있던 네바는 창문 밖으로 고개를 내밀었다. 공기도 들이마시고 재밋거리도 찾고 싶어서였다. 마침 유명한 디제이 아트 포드Art Ford가 술집 앞 인도에 서 있었는데, 네바가 탄 택시로 다가오더니 택시에서 내려 자기와 친구들과 술이나 한잔하지 않겠냐고 했다. 객원 편집자들은 웃으며 고개를 저었고 네바는 장난스럽게 다음 택시에는 가능성이 있을지도 모르겠다고 말했다. 실비아와 캐럴이 탄 택시였다. 그러나 막상 실비아와 캐럴이 택시 문을 열고 밖으로 나와《마드무아젤》의 의무를 내팽개치고 길 건너편 술집으로 들어가는 모습을 보자, 네바와 다른 친구들은 눈을 의심했다.《벨 자》에서는 에스더가 거리에서 본 모습이 이렇게 묘사된다. "사방에서 경적이 울리고 누군가는 고함을 치는 가운데 남자가 운전사에게 지폐를 건네주었고, 우리는 잡지사 친구들이 탄 택시가 줄줄이 출발하는 것을 보았다. 신부 들러리들만 결혼 피로연에 가는 것 같았다."[47]

세인트레지스 댄스파티에서 신부가 아니라 신부 들러리 같은 기분을 느낀 것은 물론 실비아 본인이었다. 실비아는 캐럴과 함께 파격적이고 위험하기까지 한 결단을 내리고 아트 포드를 따라갔음에도 계속 같은 기분이었다. 그런데 상황은 더 나빠지기만 했다. 광고회사에서 객원 편집자들에게 대접한 오찬에서, 아보카도를 좋아하는 실비아는 캐비아를 전부 먹어치웠을 때처럼 게살 샐러드도 잔뜩 먹었다. 그런데 아보카도-게살-마요네즈 샐러드가 객원 편집자들이 도착할 때까지 간이 부엌에서 너무 오래 상온에 방치되어 있었던 것이다. 호텔로 돌아가는 택시에서부터 실비아는 멀미 증상을 느꼈고 곧 참을 수 없는 욕지기가 치밀었다. 늦은 저녁 무렵에는 거의 모든 객원 편집자가 돌아가며 공용 화장실로 달려가 절박하게 문을 두드리고 고통스러워하며 문손잡이를 비틀고 바닥에 드러

─호텔 바비즌

누웠고, 누군가는 체념하고 웃어댔고, 그러다 보면 새로 증상이 시작된 또 누군가가 달려왔고, 구토 냄새가 사방에 퍼졌다. 실비아는 달력에서 6월 16일과 17일에 붉은색 굵은 글씨로 이렇게 표시했다. **프토마인 중독.**

•••

실비아는 일기를 열심히 쓰는 사람이었는데 1953년 6월에는 딱 하루밖에 안 썼다. 러시아 스파이라는 혐의로 기소된 유대계 미국인 로젠버그 부부Julius and Ethel Rosenberg의 처형에 관한 글이었다. 일기에 실비아는 그날 저녁 처형이 있다고 "신문 헤드라인이 외치고 있는데도" 아무도 밤 11시에 일어날 일에 영향을 받지 않는 것 때문에 "속이 뒤집힐 것 같다"고 썼다. "비명도 공포도" 없고 "안일한 하품"뿐이라고.[48] 《벨 자》도 같은 이야기로 시작한다. 10년 뒤에 쓴 소설이 여러 면에서 1953년 6월에 빼먹은 일기를 대신하는 셈이다.

네바 넬슨도 실비아에게 타격을 입힌 전국적인 '안일한 하품'에 동조하는 잘못을 저질렀다. 본인은 까맣게 몰랐지만 말이다. 6월 19일 아침 네바는 늘 그러듯 바비즌 커피숍으로 갔다. 실비아가 카운터에 앉아 있길래 옆에 앉아 늘 만족스러운 곰발 데니시와 밀크 커피를 주문했다. 실비아가 안절부절못하는 게 확연히 보여 네바가 무슨 일이냐고 물었다. 실비아는 가판대의 신문을 가리켰다. 그러나 네바는 영문을 몰랐다. 정치에 대해서는 문외한이었고 유대인이라는 게 뭔지도 정확히 몰랐고 재판이나 임박한 처형에 대해서도 전혀 몰랐다. 실비아는 네바에게 "바보"라고 하고 나가버렸다. 그런 소리를 들을 만도 했다. 네바가 실비아를 뒤쫓아 달려 나가 지하철 승강장으로 내려가는데 때마침 전차가 들어오고 있었다. 네바는 계단 중간에 얼어붙은 듯 멈춰 서서 전차가 컴컴한 터널에서 나와 전기 불꽃을 튀기며 끼익 소리를 내면서 들어올 때 실비아가 고개를 돌리는 모습을 지켜보았다.[49]

《벨 자》는 그날을 더욱 정확하게 묘사한다. "기묘하고 후끈한 여름이었다. 로젠버그 부부가 전기의자로 처형된 여름이었고 나는 뉴욕에서 대체 뭘 하고 있는 건지 몰랐다. 처형 때문에 바보같이 굴었다. 전기의자형을 당한다는 생각만 해도 구역질이 났다…"[50] 그런데 왜 실비아는 시릴리 에이블스한테 찾아가 그런 이야기를 하지 않았을까? 시릴리 에이블스는 전 소설 편집자 조지 데이비스가 FBI에 찾아가 은근히 고자질한 대로 열성 공산당원은 아닐지라도 좌파에 속하는 사람이었는데? 에이블스는 6월 19일 그날 밤에 있을 로젠버그 부부의 처형에 대해 실비아가 느낀 공포감을 이해했을 것이다.

실비아는 일에, 일의 양에, 로젠버그 부부에, 적당한 남자를 만나지 못한 것에, 뉴욕의 꿈이 무너진 것에 좌절했다.《벨 자》에서는 이렇게 말한다. "그런데 나는 아무것도 제대로 해내지 못했다. 나 자신조차 마음대로 못 했다. 그냥 호텔에서 회사로 파티로, 또 파티에서 호텔로 다시 회사로 전차처럼 멍하게 왔다갔다했다."[51] 다른 객원 편집자들은 실비아가 우는 걸 자주 봤다. 재닛 와그너는 실비아를 도우려 했으나 3주 차에 접어들자 재닛마저도 포기해버렸다. 도저히 감당이 안 되었다.

실비아는 집에 있는 어머니에게 편지를 쓸 때는 내면의 혼란을 대체로 감추었다. 옷차림을 묘사하고 시릴리 에이블스에 대한 사랑을 지나치게 열렬히 표현하는 사이사이 언뜻언뜻 속내를 드러낼 뿐이다. 6월 8일 어머니에게 보낸 편지다. "하루가 어쩌나 빠르게 정신없이 지나가는지 적응할 시간이 없어요. 오늘은 일찍 잠자리에 들어야겠어요…"[52] 그러더니 같은 편지에서 다시 또 이렇게 말한다. "삶이 너무 힘겹고 빨라서 가끔 내가 누구인가 하는 생각이 들어요. 이제 자야겠어요."[53]《벨 자》에서는 이렇게 표현했다. "나는 미국 전역에 있는 나 같은 여대생 수천 명이 선망하는 대상이었다. 내가 어느 날 점심시간에 블루밍데일에서 산 7사이즈 에나멜가죽 구두를 신고 나처럼 돌아다니기만을 간절히 바라는 이들이…"[54]

그해 6월이 끝날 무렵 실비아는 자기가 어딘가 달라졌다는 걸 느꼈다. 뉴욕이 자신을 변화시켰는데, 기대했던 방식으로 변한 것은 아니었다. 실비아가 보고 듣고 느끼고 경험한 것들, 또 절실히 바랐지만 경험하지 못한 것을 소화하려면 시간이 필요할 터였다. 뉴욕을 떠나기 1주일 전에 남동생에게 보낸 편지에서 실비아는 이렇게 말했다. "요즘 내가 누구인지 내가 어디에서 왔는지 생각을 안 하고 지냈어. 뉴욕은 미칠 듯이 더워… 습도가 무지막지해… 여기에서 많은 걸 배웠어. 휘둥그레진 내 눈앞에서 세상이 반으로 쪼개져 갈라진 수박처럼 내장을 쏟아냈지. 내가 배우고 본 여러 가지에 대해 조용히 생각해보기 전에는 이달에 나한테 무슨 일이 일어났는지 아예 이해하지 못할 것 같아."⁵⁵ 게다가 잡지사나 바비즌에서 있었던 일이 전부가 아니었다. 실비아가 겪은 일 가운데 성폭행 혹은 성폭행 시도가 있었을 가능성이 있다. 동생에게 편지를 쓰기 바로 전날 실비아는 포리스트힐스에 있는 컨트리클럽 댄스파티에 갔고 거기에서 호세 안토니오 라 비아스José Antonio La Vias라는 페루 남자를 만났다.⁵⁶ 실비아의 달력에는 실비아가 포리스트힐스에서 뉴욕으로 돌아와 맨해튼 이스트사이드에 있는 그 남자의 아파트로 갔다고 되어 있다. 다른 곳에서 실비아는 그 남자를 "잔인했다"고 표현했다. 그런데 그날 밤 실비아와 함께 컨트리클럽에 있었던 재닛 와 그녀는 그 일을 전혀 다르게 회상했다. 재닛과 실비아가 **브라질** 남자 두 명과 더블데이트를 했으며 뻔뻔하게 대낮에 성폭행을 하려는 시도를 물리친 사람은 재닛이었다고 말했다. 재닛이 남자의 하얀 가짜 치아를 깨부수었다.⁵⁷ 재닛의 말에 따르면《마드무아젤》편집보조가 재닛과 실비아를 감시하러 따라왔다고 한다. 편집보조가 둘을 구출해서 컨버터블에 태워 바비즌에 데려다주었고 두 사람은 기뻐하며, 지친 채로, 운 좋게 탈출했다고 웃으면서 안전한 바비즌 안으로 달려갔다는 것이다.

그런데 이 버전을《벨 자》와 나란히 놓고 읽으면 믿기 어려워진다. 소설에서는 주인공이자 실비아의 다른 자아인 에스더가 포리스트힐스에 있는 컨트리클럽에서 디제이(캐럴 르반과 데이트한 디제이의 실제 이름은 아트 포드였지만 소설에서는 레니 셰퍼드로 바뀌었다)의 친구인 부유한 페루인 마르코에게 폭행을 당하고 거의 강간당할 뻔한다. 강력한 여성혐오에서 추동된 폭행이었다. 마르코는 에스더의 팔을 세게 움켜쥐어 멍이 들게 하고는 재미있어하며 에스더에게 보라고 한다.

성폭행을 당했건 안 당했건 뉴욕에서 지낼 때 실비아는 상태가 좋지 않았는데 늘 삶을 미리 계획하던 실비아로서는 혼란스러운 일이었다. 실비아는 동생에게 보낸 편지에서 뉴욕에서 보낸 한 달을 이렇게 요약했다. "아주 황홀했고, 끔찍하게 우울했고, 충격을 받았고, 들떴고, 깨달았고, 기운이 빠졌어…"[58] 실비아는 편지를 다 쓰고 나서 바비즌 수영장으로 가서 일광욕을 할 생각이라고 했다. 실비아가 가장 좋아하는 곳인 바닷가를 도시에 재현한 빈약한 대체물이었다.

《벨 자》의 유명한 장면에서 에스더는 아마존 호텔에 투숙하는 마지막 날이자 컨트리클럽에서 마르코에게 폭행을 당한 다음 날 저녁 아마존 옥상에서 자기 옷을 전부 하늘로 던진다. '실제 삶'에서 실비아가 바비즌 옷장을 비워 렉싱턴 애버뉴로 쏟아낸 일은 그만큼 시적이지는 않았다. 첫날 밤처럼 마지막 날 밤에도 객원 편집자들은 밤 9시에 그레이스의 방에 모였다. 그날이 그레이스의 생일이었고 샴페인, 와인, 남은 양주, 케이크가 있었다. 원래는 다음 날 《마드무아젤》편집자들에게 작별을 고하는 뜻으로 웃기는 5행시를 지어 들려줄 생각이었으나 케이크와 알코올이 들어가자 그 계획은 곧 잊혔다. 네바가 통조림 공장에서 일할 때 이야기로 충격과 재미를 안겨주었다. 짧은 치마를 입은 짙은 머리카락의 여자가 주차장에서 몸을 팔았는데 피임 방법으로 코카콜라로 질을 세척했다고 했다. 다른 사람들은 자판기 앞에 모여 그날 밤 코카콜라가 몇 병이나 팔렸는지 세곤 했다. 열두 병이 팔린 날도 있었다.

이렇게 취한 상태에서 실비아와 가장 친한 친구 캐럴이 실비아의 옷을 한 아름 안고 옥상으로 올라가려고 엘리베이터로 갔다. 가는 길에 네바에게 혹시 이 옷 필요하냐고 물었다. 네바는 실비아도 자기만큼이나 옷이 필요할 거라는 생각에 괜찮다고 대답했다. 실비아가 무슨 행동을 하려는지 전혀 몰랐으니까. 실비아와 캐럴은 어깨를 으쓱하고 위로 올라가는 엘리베이터 버튼을 눌렀고 옥상으로 나갔다. 해가 진 지 오래라 하늘은 캄캄하고 산들바람이 불었다. 실비아는 정성과 비용을 들여 모은 옷 무더기에서 옷을 하나씩 집어 바비즌 건물 옆쪽으로 던졌다. 실비아의 편지에도, 다른 객원 편집자들의 회상에도,《벨 자》에도 왜 그랬는지 납득할 만한 설명이 없다. 어쨌든 이 행동은 여러 가지로 해석될 수 있다. 허세, 낭만적 기질, 체념, 광기.

실비아는 재닛 와그너의 녹색 던들 스커트와 아일렛 장식이 있는 흰색 페전트 블라우스를 입고서 매사추세츠 웰즐리에 있는 어머니의 집으로 돌아온다.[59] 대신 실비아는 마지막 한 점 남은 옷인 녹색 줄무늬 목욕가운을 재닛에게 주었다. 실비아의 가방에는 옷 대신 아보카도와 렌즈가 불가사리 모양인 플라스틱 선글라스 한 개만 달랑 들어 있었다. 실비아는 그렇게 자신을 정화했다고 믿었다.[60]

—호텔 바비즌

한 달 전 실비아가 바비즌과 《마드무아젤》에서 펼쳐질 일생일대의 모험을 준비할 때는, 스미스 대학을 떠나 그때까지 경험하지 못했던 것을 누릴 생각에 들떠 있었다. 실비아는 글을 쓰려면 바깥세상을 경험해야 한다고 생각했다. "이제 무엇보다도 사람들과 부대끼며 살고 일해야 한다는 걸 깨달았어요… 비슷비슷한 나이대에 비슷비슷한 신경증과 문제를 안고 있는 여자들이 모인 안온한 학업 환경에 영원히 안주하기보다는요. 올여름의 경험이 이야기의 배경으로 아주 다용도로 쓰일 거예요."[61] 그렇지만 '실제 현실'은 실비아가 감당할 수 있는 정도를 넘어섰고, 대모 요정이 '짠' 하고 소원을 이루어주는 환상은 6월이 끝날 무렵에는 기이할 만큼 순진하게 느껴졌을 것이다.

•••

바비즌을 떠난 지 2주가 지난 7월 15일에 실비아는 맨다리로 어머니 집에서 아래층으로 내려왔다.[62] 어머니는 실비아의 다리에서 새로 생긴 것은 아닌데 아직 완전히 아물지도 않은 상처를 발견했다. 딸이 스스로 낸 상처가 분명했다. 실비아는 어머니에게 애원했다. 지금 여기에서 같이 죽고 싶다고, 왜냐하면 "세상이 너무나 썩었으니까!" 두 시간 뒤에 실비아는 정신과 상담을 받았다. 1953년 7월 말부터 전기충격 치료를 받기 시작했는데 마취도 없이 가장 잔인하고 조악한 방식으로 치료가 이루어졌다. 충격이 가해질 때마다 실비아의 몸이 진동했고, 뉴욕이 반으로 쪼개져 속살을 드러냈던 것처럼 실비아의 몸도 반으로 쪼개졌다. 그로부터 며칠 뒤 실비아는 뉴욕에서 만난 객원 편집자 중 모르몬교도인 페기 애플렉에게 편지를 썼다.[63] 육신이 소멸한 뒤에 영혼이 평행세계 같은 곳에서 계속 살아간다고 믿는 모르몬교의 사후 세계관을 더 자세히 알고 싶다고 했다.

8월 말, 실비아는 집에서 어머니의 철제 금고를 억지로 열고 수면제 50알을 꺼낸 다음 긴 산책을 할 생각이고 하루이틀 정도 걸릴 것 같다는 메모를 남기고는, 수면제와 물 한 컵을 들고 집 아래 좁은 공간으로 기어 들어갔다. 다음에 일어난 일은 전국 일간지에 보도되었다. 스미스 여대생, 재능 있는 작가, 《마드무아젤》의 스타가 실종되었다는 소식에 전국적인 수색이 벌어졌다. 동생이 마침내 실비아를 집 아래에서 찾아냈다. 수면제를 먹었지만 아직 살아 있었다. 실비아의 첫 번째 자살 시도였다.

실비아는 뉴욕에서 다른 사람이 되어 돌아왔다. 변화를 기대했지만, 이런 식으로 변하기를 바랐던 것은 아니었다. 실비아는 한편으로는 자기 삶에 따라오는 온갖 특권으로 자신을 치장했지만, 다른 한편으로는 그걸 거부하려 했고 고심해서 고른 옷가지를 바비즌 건물 옆으로 다 던져버렸다. 어떤 것도 과장된 선전에 부응하지 않았다. 어떤 것도 기대만큼 좋지 않았다. 실비아가 갈망하던 완벽함은 동화 속 이야기일 뿐이었다.

—호텔 바비즌

6장

존 디디언

1955년 여름

이 사진이 공개된 존 디디언의 사진 중 가장 오래된 것이며 또 잘 알려지지 않은 것일 듯싶다. 버클리 캘리포니아 주립대학교 졸업을 1년 앞둔 1955년 디디언은 뉴욕에 와서 《마드무아젤》 객원 편집자로 바비즌에 머물렀다. 무척 젊고 행복해 보이는 디디언이 퓰리처상 수상 작가 진 스태퍼드를 인터뷰하며 카메라를 향해 포즈를 취했다.

실비아 플라스는 1950년대의 모순을 절절히 느꼈다. 실비아는 그 모순을 체현했고 또 그것과 싸웠다. 여성에게 요구되는 것을 따를 수가 없었으나 그렇다고 용감하게 무시할 수도 없었다. 2년 뒤에는 또 다른 객원 편집자들이 뉴욕에 도착했고, 그 가운데에도 미래의 작가들이 있었다. 이들에게도 바비즌과 《마드무아젤》에서 보낸 여름이 삶을 되돌아보는 시간이 되었으나 이들은 실비아 플라스와는 다른 결론에 도달하게 된다.

훗날 미국의 정치·문화적 변동을 가장 탁월하게 기록한 작가로 알려질 존 디디언이 1955년 바비즌에 체크인했다. 존 디디언도 실비아처럼 숱한 수상기록 보유자로, 앞으로 대단한 일을 이루리라는 기대를 한 몸에 받으며 도착했다. 디디언이 벳시 탤벗 블랙웰로부터 모두가 부러워하는 전보를 받았을 때, 버클리 캘리포니아 대학에서 디디언의 친한 친구 중 한 명인 페기 라바이얼릿Peggy LaViolette도 전보를 받았다. 같은 대학에서 두 명을 뽑는 일은 드물던

터라 존과 페기는 같이 가게 되어 기뻤다.[1] 존과 페기는 자기들이 나름 지식과 경험이 있다고 자부했지만 실상 둘 다 캘리포니아 토박이였고 페기의 말을 빌리면 주위에는 와스프들, "캐시미어 스웨터, 스커트, 새들 옥스퍼드화, 반짝이는 머리카락"의 천편일률적인 여학생들밖에 없었다. 넓은 세상에 대해서는 아는 게 거의 없었다.

뉴욕행 비행기가 존 디디언의 첫 비행이었다. 1955년 5월 말이었고 비행기 여행이 힘든 일이 아니라 기쁨으로 느껴질 때였다. 그때는 비행이 긴 여행의 시작이라는 뜻으로 비행편에 이름을 붙였다. 존과 페기는 '골든게이트'라는 이름으로 불리는 샌프란시스코발 뉴욕행 아메리칸 에어라인을 탔다. 디디언은 스무 살이었고 체구가 작고 뼈가 가늘었고 옴폭한 보조개에 밝은 갈색 머리카락은 어깨에 닿을락 말락 했다. 2년 전 실비아 플라스가 객원 편집자가 되어 뉴욕으로 가던 때의 헤어스타일하고 비슷했다. 페기 라바이얼릿은 비행기 여행이 처음이 아니라(전해 여름에 멕시코시티에 갔었다) 존이 긴장해 의자 시트를 꽉 잡을 때 전문가답게 여유를 보일 수 있었다.

당시에는 스튜어디스라고 불렸던 승무원들이 승객에게 구운 벨츠빌 칠면조와 드레싱, 지블릿 소스를 제공했다.[2] 그때는 비행에만 이름이 있는 게 아니라 칠면조에도 이름이 있었던 모양이다. 벨츠빌은 1930년대의 발명품으로 아파트에 설치된 작은 오븐에 들어갈 만큼 작은 품종의 칠면조이다. 존과 페기는 소스를 흘리지 않으려고 조심하며 몸을 앞으로 숙이고 칠면조고기를 먹었다. 둘 다 당시 비행기를 탈 때 으레 그랬듯 한껏 차려입은 상태였다. 페기의 어머니는 샌프란시스코에서 가장 좋은 백화점인 아이 매그닌에 가서 여행용 옷을 사야 한다고 주장했다.[3] 백화점에 들어가서는 바로 '중간' 층으로 갔다. 한층 위 '쿠튀르' 의상을 파는 매장에는 가지 않았지만 그런다고 세일 상품을 걸어놓은 옷걸이를 뒤질 생각은 없었다. '중간' 층에 있는 쇼핑 가이드는 페기의 어머니를 이름으로 부르며 맞이해 다마스크천으로 된 2인용 소파로 안내하고는 페기에게 무엇에 필요한 옷을 사려 하냐고 물었다. 페기는 6월 한 달 동안 뉴욕에 가게 되었다, 바비즌에서 지내면서 매디슨 애버뉴에 있는 《마드무아젤》에서 일을 할 텐데 편집자, 광고업자, 뉴욕 지식인들과 어울릴 때 세련되게 보이고 싶다고 말했다. 쇼핑 가이드는 고개를 끄덕이고 거울이 붙어 있는 문 뒤로 사라졌다가 옷을 한 아름 갖고 와서 2인용 소파에 늘어놓았다. 페기, 어머니, 쇼핑 가이드가 머리를 맞대고 옷감을 만져보고 모양과 스타일을 뜯어보고 입어볼 만한 옷 몇 벌을 추렸다. 페기는 아이 매그닌에서 여름용 울로 된 네이비색 투피스 드레스를 샀다. 앞쪽에 단추가 달린 긴 튜닉과 플리츠스커트가 한 벌로 된 옷이었다. 뗐다 붙였다 할 수 있는 흰색 칼라도 있었다.

기내식을 먹고 나자 스튜어디스가 사진 엽서를 나누어주었다. 한 장은 그들이 타고 있는 것과 같은 DC-7 비행기 사진이었고 또 하나는 라운지에서 칵테일을 마시며 비행을 축하하는 승객들 사진이었다. 엽서를 써서 친구나 가족에게 지금 구름 위를 날고 있음을 알리는 게 1950년대에 비행을 즐기는 한 방법이었다. 엽서를 다

쓰고 나자, 계속 앉아만 있으려니 지루했고 비행 중인 거대한 금속 덩어리가 웅웅거리는 소리도 따분했다. 골든게이트는 가는 길에 두 번이나 멈춰서 일부 승객을 내려주고 일부는 태웠다.[4] 댈러스에서 비행기에 급유하는 동안 페기와 존은 비행기에서 내려 도시락을 샀다. 그다음 경유지는 워싱턴 DC였는데 그날이 전몰장병 추모일 주말이 시작되는 금요일이라 의원들이 잔뜩 탔다. 뉴욕까지 가는 마지막 구간이 최악이었다. 페기는 덜덜 떠는 존 옆에서 비행기가 흔들린다고 해서 반드시 추락하는 건 아니라고 달랬지만 자기도 점점 불안해졌다.

존 디디언은 버클리 3학년이라 아직 졸업까지 1년이 남았지만, 페기는 4학년인데 졸업식을 거르고 뉴욕으로 가는 길이었다. 어머니는 도저히 이해하지 못했다. 페기가 졸업식 대신 《마드무아젤》을 선택하지 않을 사람은 없으리라고 아무리 열심히 설명해도 어머니는 납득하지 못했다. 캘리포니아가 멀어져가며 뉴욕이 존과 페기를 손짓해 불렀고 둘은 남자친구한테서 벗어나서 기쁘다는 이야기를 서로 털어놓았다(존은 나중에 버클리로 돌아가 다시 남자친구와 관계를 이어간다. 자기들 사이는 "희망이 없고" "지루하고" "서로 무관심하다"고 하면서도).[5] 페기는 남자친구를 두고 온 것이 전혀 아쉽지 않았고 오히려 더 좋았다. 하지만 진지하게 만나는 상대가 반드시 있어야 한다는 압박이 너무 막강했다. 대학교 4학년이었던 1년 동안 페기는 거의 주말마다 친구 결혼식에 간 것 같았다. 그렇게 또 누군가가 버클리를 중퇴하고 의무복무를 하러 가는 남편을 따라 포트 베닝으로

떠났다.[6]

흐름을 거스르려는 페기의 욕망은 순응하라는 압박 못지않게 강했다. 페기의 부모는 페기를 일하는 여자가 되도록 키웠다. 어머니도 늘 일을 했고, 아버지는 교사였는데 여름방학 때 지역 완두콩 통조림 공장에서 일해 수입을 보충하는 걸 아무렇지 않게 생각했다. (그럼에도 어느 날 페기가 설거지를 하는데 어머니가 페기를 보며 이렇게 말한 적이 있었다. "페기, 대학을 꼭 졸업해야 하는 건 아니야. 2년 안으로 남편감을 찾을 수 있을 거야." 정신이 아득해졌고 큰 소리가 울렸다. 페기가 어머니에게 자기는 버클리를 사랑한다고, 왜 자기더러 몸을 팔라고 하냐고 소리를 질러 댔던 것이다.[7])

1950년 페기가 고등학교를 졸업할 때 졸업생들 대부분 졸업 선물로 혼수품 상자hope chest를 받았다. 혼수품 상자는 안쪽이 삼나무 목재로 된 궤로 손님용 수건과 침대시트 등의 리넨 제품으로 채워졌다. 페기는 혼수품 상자는 받고 싶지 않았고 타자기를 원했다. 여행용 케이스가 있는 올리베티 휴대용 타자기면 더 좋을 것 같았다. 그런데 존 디디언이 버클리에 나타났을 때 바로 그 타자기를 여행용 케이스에 넣어 들고 왔다. 게다가 부모님과 싸우지 않고 받은 선물이라는 말을 듣고 페기는 존이 더욱 부러웠다. 지금은 둘 다 각자 타자기를 들고 비행기를 탔다. 한 손에는 핸드백, 다른 손에는 타자기를 꼭 쥐고 있었다.[8]

자기 자신이 되기는, 혹은 자기가 되고 싶은 사람이 되기는 쉽지 않았다. 미국은 다시 전쟁 중이었다. 처음에는 한국이었고, 이제는

─호텔 바비즌

베트남에서 전쟁이 시작되려 했다. 조지 데이비스가 냉전에 대한 공포에 시달리며 야망 있는 여성 시릴리 에이블스에게 비난을 쏟아 부었었는데, 이제 그 공포심이 더욱 활활 타오르고 있었다. 대부분 여자들은 후퇴를 해결책으로 택했다. 페미니스트 베티 프리던Betty Friedan의 유명한 저서《여성의 신비The Feminine Mystiques》는 여성들의 "결혼, 가정, 자녀에 대한 억눌린 굶주림"을 이 시대의 특징으로 꼽는다. "전후 미국의 번영 속에서 갑자기 누구나 그 굶주림을 충족시킬 수 있었다."9 팽창하는 미국 교외 지역을 보면 알 수 있었다. 외벌이 가정, 차 두 대가 있는 차고가 새로운 표준이 되었다. 이런 가치에 대한 조용한 저항은 개별적이며 소박한 형태로 나타날 수밖에 없었다. 페기와 존은 단정한 캐시미어 차림으로 그렇게 했다. 그들은 타자기를 들고, 남자친구 없이, 어떤 제약도 없이, 카디건 세트를 입고, 뉴욕과 맞붙을 준비를 하고 나섰다. 존은 이미 소설 부문 객원 편집자로 뽑혔다. 가장 명예로운 자리이자 실비아가 그토록 원했던 자리이기도 했다. 페기는 쇼핑 부문 객원 편집자를 맡게 된다.

둘 다 나일론 스타킹에 굽 4센티미터 펌프스를 신었는데, 존이 그나마 뉴욕의 여름 더위를 예상하며 좀 더 가볍게 입었다. 새크라멘토 출신이라 더위에 대해서는 페기보다 잘 알았다.10 그럼에도, 마침내 뉴욕 퀸스에 있는 아이들와일드 터미널(JFK 국제공항이 전에는 그런 이름으로 불렸다)에서 DC-7 항공기에서 내렸을 때, 존은 이 상서로운 순간을 위해 고른 자기 새 드레스가 "새크라멘토에서는 아주 세련되어 보였는데" "이미 덜 세련되게 느껴졌다".11 아직 뉴욕을 제대로 보기도 전에 압도되는 기분이었다.

사실 공항에서 맨해튼까지 버스를 타고 가는 길은 전혀 "세련되지도" 멋지지도 않았다. 존은 버스 창문을 활짝 열어젖히고 "스카이라인을 보았으나" "황량한 퀸스와 **미드타운 터널 차선**이라고 적힌 거대한 표지판만 보였다".[12] 그러나 맨해튼에 들어서자 풍경이 확 바뀌었다. 하늘로 솟구친 초고층빌딩과 사람들이 가득한 인도를 보는 순간 존은 "뉴욕에서만 느낄 수 있는 특유의 느낌, 무언가 특별한 일이 어느 순간에라도, 어느 날에라도, 어느 달에라도 일어날 수 있다는 느낌"이 들었다.[13] 렉싱턴과 63번가 교차로에 있는 바비즌에 마침내 도착해 사진으로만 본 연주황색 벽돌을 쌓아 올린 복합 탑 구조 건물을 올려다보았다. 무어 양식, 네오르네상스 양식, 고딕 리바이벌 양식이 재미있게 혼합되었고 아르데코 라인과 각으로 세련되게 배치해서 지은 지 거의 30년이 지난 지금도 아름다운 건물이었다. 도어맨 오스카가 제복을 입고 차려자세로 서 있었다.

존과 페기는 호텔 로비에 들어섰다. 바비즌에서 가장 위풍당당한 곳이었다(첫인상이 가장 중요하므로 호텔에서 특별히 신경을 썼다). 로비에서 메자닌을 올려다보았는데 젊은 여자들이 삼삼오오 모여 아래쪽을 내려다보고 있었다. 자기 데이트 상대를, 혹은 다른 사람의 데이트 상대를 주시하는 것이었다. 페기와 존은 14층 자기 객실을 찾아갔고 방이 서로 붙어 있고 복도 끝 엘리베이터 옆에 있으며 공용 샤워실도 가깝다는 걸 알고 기뻐했다. 《마드무아젤》의 전통에 따라 침대 위에 빨간색 장미꽃 한 송이와 6월 한 달 동안의 일정표

─호텔 바비즌

가 놓여 있었다. 그런데 실비아 플라스가 투숙했을 때와 한 가지 달라진 점이 있었다. 이제는 뉴욕의 후덥지근한 여름에 맞설 에어컨 설비가 되어 있었다. 존은 맨해튼으로 오는 버스에서 창문을 열었다가 감기에 걸리고 말았고 그 뒤 사흘 동안 바비즌 침대에 웅크린 채 열과 싸우며 오들오들 떨었다. 에어컨 때문에 방이 한겨울 같았으나 끄는 방법을 몰랐는데 프런트데스크에 전화해 도움을 청하기가 겁이 났다. 누가 올라오면 팁을 얼마나 줘야 할지를 몰랐기 때문이다.[14] 망신을 당하느니 차라리 추운 게 나았다. 대신 존은 헤어졌다 다시 만났다 하는 남자친구이고 베이커스필드의 링컨머큐리 대리점 사장의 아들인 밥에게 전화를 걸어 창문으로 브루클린 다리가 보인다고 말했다. 사실 그 다리는 퀸스버러 다리였다.[15]

●●●

같은 날, 객원 편집자이자 그 또한 앞날에 작가가 될 재닛 버로웨이는 애리조나에서 뉴욕으로 오고 있었다. 재닛은 자기 이름을 잰이라고 적었는데 그러면 편집자들이 자기가 남자인지 여자인지 궁금해할 거라고 생각해서였다(페미니스트라는 단어를 알기도 전에 이미 페미니스트적인 본능을 발휘한 셈이다).[16] 재닛은 자칭 "애리조나 풋내기"였지만, 뉴욕으로 올 때 세상사에 지친 듯한 권태감을 보호 장구처럼 두르고 왔다. 부모님에게 보낸 편지는 마치 편지지에 대고 하품을 하는 듯 읽힌다. 처음 타본 비행기는 "신나고 멋졌지만" "놀라울 정도로 그저 그랬어요". 모든 게 기대했던 그대로 빤했다. 투손

상공을 날아갈 때 자기가 사는 대학 기숙사가 보였고 "로키산맥은 소금과 소다로 그린 지도 같았고 중서부는 거대한 패치워크 퀼트 같았고 미시건호는 바다처럼 보였어요".[17] 그러나 존 디디언이 그랬던 것처럼, 재닛이 열심히 준비해 쓰고 있던 가면은 비행기가 뉴욕에 착륙하는 순간 떨어져 나가고 말았다. 재닛은 "냉랭하고 아름답게" 보이고 싶었지만 공항에 도착하는 순간 "애리조나가 내 이마에 형광색 글씨로 찍혀" 있다는 확신이 들었다. 지금까지 뉴욕으로 왔던 무수히 많은 사람처럼 재닛도 도착하자마자 **"혼자"**라는 느낌을 받았다. 재닛은 당황했고 어디로 가야 할지 몰라 터미널 한가운데 서서 지나가는 사람들에게 걸리적거리고 있었다. 마침내 모자가방을 든 젊은 여자 한 명이 눈에 들어왔는데, 모자가방을 들고 있는 사람은 어디로 가야 할지 알 거라는 생각에 그 여자를 따라 중앙홀에서 빠져나왔고 맨해튼으로 가는 버스까지 올라탔다. 버스에 올라타서 그 여자 건너편에 앉았을 때야 여자가 들고 있는 가방의 수화물표가 눈에 들어왔다. **아이오와주 에임스.**[18]

버스는 곧 존 디디언이 "황량한 퀸스"라고 부른 곳을 벗어나 맨해튼에 승객들을 내려놓았다. 재닛은 택시를 불러 탔다. 꽉 막힌 도로 위에 차가 멈췄을 때 운전사가 차내 거울로 재닛을 쳐다보았다. 이마에 찍힌 '애리조나'라는 스탬프를 보는 것 같기도 했다.[19]

"뉴욕은요," 운전사가 고개를 돌려 재닛을 보며 말했다. "커다란 아이스크림소다 같아요. 한 번에 다 먹으려고 하면 속이 메스껍죠. 조금씩 먹으면, 환상적이에요".

— 호텔 바비즌

택시 운전사의 말이 참으로 정확하다는 걸 재닛은 곧 알게 된다. 다른 객원 편집자들과 함께 바비즌에 체크인한 재닛은 자기 방 책상 서랍에서 호텔 엽서 한 장을 꺼내 집에 편지를 썼다. "1426호, 땅에서 꽤 먼 곳이에요."[20] 다음 날은 좀 더 자세히 편지를 쓰는데, 바비즌 엽서에 '일반 객실'이라고 나와 있는 사진은 사기이고 거짓말이라고 했다.[21] 자기가 묵는 **진짜** 바비즌 객실은 "남동생 크기이고 낡았다"면서. '남동생 크기'라는 말은 재닛이 애리조나에서는 햇빛이 가득한 중산층 농장 주택에서 가장 큰 침실을 써서 공간을 넓게 쓰는 데 익숙한데 그 방은 작다는 뜻이었다.[22] 그렇긴 해도 재닛은 바비즌이 "아름답고 매우 근사"함을 인정하지 않을 수 없었다.[23] 아무리 비판적으로 보려 해도 호텔의 매력과 신화는 부정할 수 없었다.

페기 라바이얼릿은 재닛을 보자마자 풋내기로 찍었다. 재닛은 인디언 모카신을 비롯해 화려한 옷차림으로 왔는데 페기는 애리조나에서는 그런 옷이 일상복일지 몰라도 뉴욕에는 걸맞지 않다고 생각했다.[24] 어떤 옷 하나는 특히 애리조나에 두고 왔더라면 좋았겠다 싶었는데, 주름이 많이 잡힌 청록색 플레어 면직 스커트였다. 그렇긴 하나 재닛한테는 페기가 높게 평가하는 점이 있었다. 페기는 재닛이 금방이라도 말 위에 올라탈 수 있는 유쾌한 서부 아가씨라고 생각했다. 한편 재닛은 페기를 포함한 다른 객원 편집자들에 대해 딱히 깊은 인상을 받지 못했다. 집에 보낸 편지에 "괜찮긴 한데 아직까지는 별로 대단한 것 같진 않아요"라고 썼다.[25] 그러나 며칠 뒤에는 좀 더 평가가 후해져서 서너 명은 "훌륭하고" 두어 명은 "완전 얼간이"이고 "나머지는 괜찮아요. 하지만 기대했던 만큼 뛰어나지는 않아요"라고 했다.

•••

훗날 작가가 되는 게일 그린이 1955년 6월 초 이 분류에서 어디에 속했을지는 알 수 없지만, 6월이 끝날 무렵 인기투표에서 좋은 결과를 얻기는 힘들었을 듯싶다. 게일 그린은 미시건 대학 4학년일 때 《마드무아젤》 공모전에 응모했다. 졸업을 앞두었지만 앞날에 결정된 것이 아무것도 없어서 10년 전 나넷 에머리가 그랬듯이 모두가 선망하는 객원 편집자 자리를 거머쥐기 위해 여러 장애물을 넘는 작업을 시작했다. 게일은 수시로 사람이 드나들고 24시간 맥주를 따라 마실 수 있는 맥주통이 있는 기숙사 부엌에서 지원서를 작성했다. "맥주 거품이 넘치고, 누군가가 가장 좋아하는 교수가 부엌에서 마니코티 파스타를 잔뜩 만들고, 축음기에서는 파키스탄 사랑 노래와 부두교 비 노래가 흘러나오는 동안 나는—영감과 프라이버시를 얻기 위해 챙 넓은 모자를 쓰고—타자기 앞에 앉아 《마드무아젤》 질문지의 답변을 작성했다."[26] 게일은 뉴욕으로 초대하는 전보를 받고(전보를 받고 놀라지는 않았다. "내가 잘 쓴다는 걸 알았으니까.") 실비아 플라스가 그랬던 것처럼 가져갈 옷을 준비하느라 법석을 했다.[27] 게일은 디트로이트에 있는 아버지의 드레스숍을 털어서 문제를 해결했다. 나중에 살을 좀 빼고 갔더라면 사진이 더 잘 나왔을 텐데 하고 후회하긴 했지만.

군살을 감추기 위해서인지 혹은 자기가 되고 싶은 용감한 기자의 모습을 흉내 내기 위해서인지, 게일은 줄곧 트렌치코트를 입었다. 객원 편집자 한 사람은 게일을 "거대한 트렌치를 입은 거대한 애"라고 기억했다. 미시건에서 게일은 《타임*Time*》지의 캠퍼스 통신원이었고 그래서 나머지 1955년 객원 편집자들 앞에서 상당히 아는 척을 했다. 게일이 《타임》을 입에 올릴 때마다 존과 페기는 눈을 굴리며 뒷걸음질 쳤다. 게일은 나머지 객원 편집자 열아홉 명이 전부 마음에 안 든다는 티를 팍팍 냈다. 다른 객원 편집자들의 미지근한 야망이 짜증스럽고 불만이었다. 이들이 뉴욕까지 오긴 했으나 최종 목적지는 하얀 울타리가 처지고 아이들이 가득한 교외 주택일 거라고 생각했다. 게일은 그런 것들을 거리낌 없이 경멸했다. 게일은 직업을 갖길 원했고 두려움 없이 그렇다고 말했다.[28]

객원 편집자들이 서로에 대해 어떻게 생각하건 이들은 그 세대에서 특히 야심 찬 젊은이들이었고 학교에서는 최고 중의 최고 재원이었다. 바비즌에 도착한 다음 날 객원 편집자 스무 명은 잔뜩 긴장한 채로 《마드무아젤》 사무실에 모였다. 그 가운데는 존 디디언, 절친한 친구 페기 라바이얼릿, 미래에 작가가 되는 게일 그린과 재닛 버로웨이가 있었다. 객원 편집자들은 경쟁심을 느끼며 서로를 주시했다. 1955년 객원 편집자들의 대표는 제인 트러슬로Jane Truslow였다. 제인 트러슬로는 실비아 플라스의 모교인 스미스 칼리지 4학년이었고, 잡지 독자들에게 객원 편집자들의 첫날을 숨 가쁜 문체로 전달하는 일을 맡았다. "'열려라 참깨', 〈아라비안나이트〉의 주인공이 이렇게 외치면 문이 열리고 눈부신 보물이 나타난다. 잔뜩 흥분한 객원 편집자 스무 명의 마법의 주문은 그만큼 이국적이지는 않으나 효과는 똑같다. '6층이요···《마드무아젤》 사무실이요!' 엘리베이터 문이 열리고 그토록 기다리던 날, 《마드무아젤》에서의 첫날이 시작되었다. 우리는 환상적인 4주 동안 우리 차지인 반짝이는 신세계로 들어선다. 블랙웰, 에이블스, 페카이머 등 지금까지는 잡지에서만 보던 신화 속 이름 같던 편집자들이 회의실에서 우리를 맞았다. 편집자들이 긴장한 우리를 편안하게 대해주었고, 이렇게 정신없는 나날이 시작되었다··· 매디슨 애버뉴 575번지와 바비즌의 대기에서 창조적 에너지가 여름날 번개처럼 지직거렸고 우리 각자는 8월호에서 맡은 과제에 매달렸다···"29

정확한 묘사는 아니었다. 트러슬로는 대학생위원회 편집자 마거릿 페카이머Margaret Fechheimer가 그들을 보며 한숨을 푹 쉬었다는 부분을 빠뜨렸다. 페카이머는 "이스트먼 코닥 회사를 폭격하고 싶어 했다". 객원 편집자를 선발할 때 글과 그림과 함께 사진을 필수 제출하게 해서 그걸 토대로 뽑는데 "노출이 적어 시커멓게 찍힌 사진" 때문에 이 사달이 났기 때문이다.30 페카이머는 당면한 문제를 보고 바로 미용 부문 편집자 버니스 펙Bernice Peck을 불렀다. 버니스 펙은 보조들을 전부 호출했고 다 함께 스무 명의 여학생을 둘러싸고 뽑고 자르고 조언하고 바로 효과가 나타나기만을 기대하며 급히 태반 크림 샘플을 나눠주었다. 게일은 "얼굴에 네 겹으로 칠을"

　　　　　　　　　　　　　　—호텔 바비즌

당했고 막무가내로 바로 지금부터 다이어트를 해서 9~14킬로그램을 빼라는 통보를 받았다.[31]

객원 편집자들은 서로에게도 비판적 시선을 보냈지만 직원들에 대해서도 못지않게 비판적이었다. 게일 그린은 BTB가 건강에 대해 설교하면서 말하는 중간중간 "담배를 깊이 빨아들이고 켁켁거리며 기침하는 것"이 아이러니라고 생각했다.[32] 재닛 버로웨이가 BTB를 처음 보았을 때 그는 "검은색의 몸에 달라붙는 드레스와 진주 초커, 아주 긴 담뱃대를 오드리 헵번처럼 다루며"[33] "편집실 거울 사이를 미끄러지듯 지나갔다".[34] BTB는 담뱃대를 공중으로 들어 올리며 스무 명의 객원 편집자에게 "핑크색을 믿으세요!"라고 가르쳤다.[35] 감리교도로 자라난 재닛은 반사적으로 혐오감을 느꼈다. 재닛의 가족은 술을 마시거나 담배를 피우는 사람과 절대 교류하지 않는 걸 자랑스러워했다.[36] BTB는 술과 담배 둘 다 엄청나게 해댔다. 다른 사람들과 달리 페기 라바이얼릿은 BTB를 좋아했다. BTB가 대단한 인물이라 여겼고 "이 잡지를 발행하는 여자들 모두 그렇다"고 생각했다.[37] 또 BTB가 점심으로 삶은 달걀 한 개를 천천히 먹는 모습을 재미있게 보기도 했다.

《마드무아젤》 편집자들은 객원 편집자 스무 명을 아름답게 가꾼 다음 면접을 보고 자기들끼리 비공개 회의를 해서 누가 누구를 객원 편집자로 데려갈지 (미리 보직이 정해진 사람들은 제외하고) 정했다. 객원 편집자 프로그램이 인기가 매우 높고 8월 대학생 특별호가 높은 수익을 올리긴 하지만, 객원 편집자들은 대체로 도움이 된다기보다는 성가신 존재라는 게 편집자들의 공통된 의견이었다. 재닛 버로웨이는 면접을 거치면서 상품 편집자 아이더 맥닐Ida McNeil만 빼고 나머지 편집자들은 친절하다고 생각했는데 아니나 다를까 맥닐이 재닛의 담당 편집자가 되었다. "뉴욕 사람들은 정말 이상한 사람들이에요"라고 재닛은 결론을 내렸다.[38] 근무 첫날 재닛은 커리어 편집자인 팻 위버Pat Weaver와 함께 드레이크 호텔 아이비 룸 오찬에 초대받아 갔다. 그곳에서 재닛은 "프랑스식 금박 서대기 필레 3달러 95센트, 커피 50센트, 아이스크림 70센트"를 먹었다. 재닛은 《마드무아젤》에서 계산을 해주었다는 말을 덧붙여 어머니를 안심시켰다.

뉴욕은 "시끄럽고 후덥지근"하긴 했으나 실망스럽지는 않았다.[39] 둘째 날 밤 재닛은 63번가와 렉싱턴 교차로의 바비즌에서 출발해서 45번가와 브로드웨이 교차로까지 가면서 "완전히 압도되었고" 그날 밤 산책하면서 본 명소를 줄줄이 열거하며 기록했다. "색스 백화점, 본위트 텔러 백화점, 티파니, 아이 밀러 빌딩, 그랜드센트럴역, 타임스퀘어, 유엔 빌딩, RKO 영화사, RCA… 브로드웨이, 브로드웨이, 또 브로드웨이." 며칠 뒤에는 가수이자 배우인 해리 벨라폰테Harry Belafonte가 브로드웨이를 건너는 것을 보았다. "그저 멋있었어요!"[40] 첫 번째 일요일에 5번 애버뉴에 있는 화려하기로 유명한 세인트패트릭 대성당에서 미사를 보고는 할 이야기가 더 많았다. "모피코트를 입은 여자 1만 5,000명"이 참석한 화려한 예식을 묘사하면서 이렇게 말했다. "흉하고 거대한 기둥에, 3퍼센트의 감정, 91

퍼센트의 연출, 5퍼센트의 자본주의, 그리고 아마도 어딘가 1퍼센트 정도 종교가 있겠죠. 예수님이 이걸 보셨다면 아마 토하셨을 거예요…"[41] 재닛의 날카로운 시선 아래에서는 뉴욕 현대미술관MoMA도 높은 평가를 받지 못했다. 집에서 보낸 돈이 오기 전까지 "하루에 식비 2달러"로 버티려면 돈을 아주 아껴 써야 했다. 그러니 하루 식비를 훅 깎아먹는 1달러 50센트의 뉴욕 현대 미술관 입장료가 곱게 보일 리가 없었다.

14층 복도 끝 서로 이웃한 방에 있었던 페기와 존은 둘이 이미 가까운 사이였기 때문에 재닛을 따라 모험에 나서지 않았다. 사실 둘은 다른 객원 편집자들하고 어울릴 필요를 거의 느끼지 않았다. 게일 그린은 존 디디언을 "수줍은 것과 겁먹은 것 사이" 어딘가에 있는 사람으로 보았다. 페기 라바이얼릿은 아침에 일찍 혼자《마드무아젤》사무실로 출발하기를 좋아했다. 고급 미술상이 즐비한 57번가를 따라 천천히 걸어 5번 애버뉴 교차로에 있는 여성복점 '테일러드 우먼'까지 갔다. 1차대전 직후에 문을 연 이 가게는 '적을수록 좋다'는 신조를 고수해 "장식, 주름, 스팽글, 비즈"가 너무 많이 달린 옷은 아예 들여놓지 않았다.[42] 페기는 그곳에서 걸음을 멈추고 쇼윈도 안을 구경하다가 사무실로 갔는데, 이른 시간인데도 모델들이 벌써 출근해 선택을 받고 촬영할 수 있기를 기대하며 모자 가방을 들고 로비에 앉아 있었다. 한번은 페기가 엘리베이터를 기다리고 있는데 갑자기 정보 요원들이 깔리더니 곧이어 트루먼 대통령이 나타났다. "어떻게 지내요, 해리?!" 사람들이 외쳤고 트루먼 대통령이 손을 흔들었다. "좋아요!"

매디슨 애버뉴 575번지 메인 로비 바닥은 베이지색 대리석이었고 엘리베이터는 아르데코 양식의 황동과 장식이 화려한 금속 프레임으로 되어 있었다.[43] 로비 뒤쪽에 작은 테이블 몇 개가 놓인 작은 커피숍이 있었다. 거기에 점심을 주문하면 웨이터가 카트에 실어 사무실까지 배달해주었다. 《마드무아젤》 사무실 일부 창문에는 에어컨이 달려 있어서 더운 여름날에는 사람들이 늦게까지 퇴근을 하지 않고 버텼다. 사무실 내부는 무척 단순했다. 장식이 거의 없고 베니션 블라인드가 달려 있었다. 직원들은 대부분 칸막이 책상에 앉았고 BTB나 시릴리 에이블스, 리타 스미스 같은 고위직 편집자들만 문이 있는 진짜 집무실을 따로 썼다. 미술부가 편집부 바로 옆에 있었는데 (이례적인 일이었다) 자연광이 필요하므로 창문 옆자리를 차지했다. 객원 편집자들은 대학생 특별호에 실릴 사진을 촬영하러 가거나 빈틈없이 계획된 잡지 광고주들과 오찬 스케줄을 소화하지 않을 때는 사무실에서 일을 했다. 적어도 일하려고 노력했다. 6월 7일 재닛 버로웨이가 집에 보낸 편지를 보면 진부한 원고를 쓰라는 요청을 받고 기껏 써가면 편집자들이 쫙쫙 찢어버리곤 하는 데 지쳤다고, 사실 "다른 객원 편집자들도 **전부**" 같은 심정이라고 했다.[44] 객원 편집자들은 실현하지 못한 야망 속에서 허우적댔다. 마치 짝사랑에 빠진 사람처럼 《마드무아젤》 편집자들에게 인정받지 못하고 있었다.

저녁이 되어 파란색 꽃무늬 베드스프레드와 커튼이 있는 작은

　　　　　　　　　　　　　　　　　— 호텔 바비즌

방으로 돌아오면 객원 편집자들은 그 이상이 되겠다는 야망은 잠시 접고 원래의 대학생 모습으로 돌아갔다. 페기는 침대에서 책을 읽으며 크래커와 치즈를 먹었다. 외출을 별로 좋아하지 않는 페기는 10시에 메이드가 1차 취침 확인을 하러 올 때 대개 방에 있었다. 그러면 메이드가 목록에서 페기의 이름을 지웠다. 아직 돌아오지 않은 사람들 때문에 오전 5시까지 매시간 취침 확인이 계속되었다. 존은 페기보다 자주 밤 외출을 했고 파티 초대를 받으면 가리지 않고 승낙했다. 돌아왔을 때 페기의 방에 불이 켜져 있으면 존은 방으로 들어와서 그날 있었던 이야기를 들려주었다.

어느 밤에는 존이 달려들 듯 방으로 들어왔다. 페기는 존의 그런 모습은 처음 봤다. "마치 불이라도 붙은 것 같았다."

"나 누구 만났어!" 존이 외쳤다. 남부 사람이고 가톨릭교도이고 기혼이라고 했다.

"완벽허네." 페기가 남부 사람처럼 말을 길게 끌며 대답했다.

알고 보니 그 완벽한 남자가 노엘 파멘틀Noel Parmentel이었다. 작가이자 악동으로 나중에 존 디디언이 첫 번째 소설 《달려라 강Run, River》을 출간하는 데 도움을 주었고 존은 이 소설을 그에게 헌정했다.[45] 나중에 존이 뉴욕에 두 번째로 왔을 때, 어느 날 밤, 노엘이 뉴욕에 싫증을 느낀다고 하자 존이 '뉴페이스'들이 있는 파티에 데려가겠다며 안내했다. 파티장에 들어서는 순간 노엘이 웃음을 터뜨렸다. 노엘은 "방에 있는 열다섯 명 중에서 […] 여자들 중 다섯과는 이미 잔 사이이고 남자들 두 명 빼고 전부에게 빚이 있었다."[46]

남자들이 로비 너머로 가지 못하게 하는 바비즌 요새를 뚫을 수 있는 사람이 있다면 바로 노엘 파멘틀일 것이었다.

•••

존이 노엘을 만나러 밤에 외출하는 때가 많아지면서 페기는 혼자 뉴욕을 탐험하게 되었다. 페기는 바비즌 커피숍이나, 아니면 63번가를 건너가 길가에 파티오가 있는 스테이크 식당에서 저녁을 먹었다. 누군가가 저녁을 사주겠다고 하면 페기는 그 스테이크 식당에 가자고 했다. 페기는 그 식당이 자기가 상상했던 뉴욕이 그대로 응축된 곳이라고 생각했다. 빨간색과 흰색 체크무늬 식탁보, 무심한 웨이터들, 뉴욕에서 새로운 자아를 실험해보고 싶어 안달인 손님들. 뉴욕 사람들 모두 맨해튼과 마티니 칵테일을 엄청나게 마셔댔다. 3번 애버뉴 어디에서든 1달러면 가지 파르미지아나를 먹을 수 있었다.

버클리 대학에서 존과 페기 둘 다 학생 신문 《데일리 캘*Daily Cal*》에서 일했지만 《마드무아젤》 객원 편집자 공모전에 지원한다는 이야기는 서로에게 하지 않았었다. 페기는 될 가망이 없다고 생각해서 굳이 말하지 않았다. 페기가 지원한 이유는 오직 지난해 멕시코 여행에서 만난 톰이라는 청년과 한 약속 때문이었다. 사실 페기는 여학생클럽 멤버들과 함께 유럽에 가고 싶었지만 어머니가 막 전쟁이 있었던 곳에는 가지 말라고 했다. 그래서 부모님이 반대할 수 없게, 보호자 역할을 하는 샤프롱이 동반하는 멕시코 투어를 생각해냈던 것이다. 투어에 온 미국 학생들은 저마다 다른 하숙집에 묵었지만 오후에는 중앙에 위치한 호텔에 모여 술을 마시곤 했다. 어느 날 톰이라는 학생을 알게 되었는데, 톰의 펜실베이니아 대학 친구가 《새터데이 이브닝 포스트》의 상속자였다. 이런저런 이야기를 나누다가 톰이 페기가 객원 편집자 프로그램에 아주 잘 맞을 것 같다고 했다. 꼭 지원하겠다고 약속하라고까지 했다. 편지를 보내서 확인하겠다고. 그런데 정말 편지가 왔다. 그해 6월에 톰은 뉴욕까지 차를 몰고 와서 페기를 바비즌 건너편 스테이크 레스토랑에 데려가거나 뉴욕에 있는 펜실베이니아 대학 사교 클럽이자 톰의 뉴욕 숙소인 '펜 클럽'으로 데려가 점심을 사주었다. 그래서 페기는 '홈그라운드에 있는 아이비리거'를 관찰할 수 있었다.

페기는 내내 존 디디언은 당연히 객원 편집자로 뽑힐 거라고 생각했었다. 존은 이미 문학상을 '트럭'으로 받았고 버클리에서 성적이 최고는 아니었어도 교수들의 총애를 받았다. 실제로 1953년의 실비아 플라스처럼 1955년의 존 디디언도 《마드무아젤》에서 특별 대접을 받았다. 특히 소설 편집자 리타 스미스는 존을 뉴욕 문인들에게 소개해주려고 애썼다. 존도 리타한테 푹 빠졌고 리타가 시키는 건 뭐든 할 마음을 먹고 있었다. 어느 날 밤, 10시가 넘은 시간에 존이 페기의 방으로 달려왔다. 리타가 방금 잔뜩 취해 전화를 걸어서는 자기 사무실 창문을 열어놓고 왔다고, 만약 창문이 열려 있으면 창밖으로 뛰어내리고 싶은 생각이 들 거 같다고 반복해서 말하더라는 것이었다(조지 데이비스가 말했던 리타의 '증기', 즉 알코올중독 증세가 분명했다). 리타는 존에게 당장 《마드무아젤》 사무실로 가서 창문을 닫고 임무를 완수했음을 보고하라고 했다. "혼자는 못 가." 존이 말하면서 페기를 침대에서 끌어냈다. 충실한 친구 페기는 존을 따라 바비즌에서 매디슨 애버뉴의 스트리트&스미스 빌딩으로 갔다. 야간 경비원이 지키고 있었는데 존은 사무실에 뭔가를 두고 왔다고 거짓말로 둘러대고는 경비원이 지켜보는 가운데 위층으로 올라가서 얼른 리타의 사무실을 둘러보았다. 창문은 단단히 닫혀 있었다. 전부 리타의 망상이었던 것이다. 그때 페기는 《마드무아젤》 사람들은 모두 미쳤다고 결론을 내렸다.

•••

페기처럼 재닛 버로웨이도 자기 길을 찾아가고 있었다. 처음에는 계속 집에 편지를 써서 돈을 보내달라고 했으나 얼마 후에는 가능하면 택시를 타는 대신 걷는 법을 익혔다. 그러다가 발뒤꿈치를 다치긴 했지만(예상하지 못한 병원비가 들었다고 뚱한 어조로 적었다). 재닛은 자신의 관심사하고는 전혀 맞지 않는 상품 부문 객원 편집자가 되어 이 패션쇼에서 저 패션쇼로 계속 다녔는데, 처음에는 기쁜 듯 이렇게 전하기도 했다. "쇼에서 얻은 전리품이 쌓이고 있어요."47 점심도 제공되었다. 베이츠 공장을 둘러본 다음에 "호사스러운 점심"을 대접받았는데 재닛은 차라리 점심보다는 원단 견본을 받고 싶었다(재닛은 옷을 직접 만들어 입었고 페기는 그걸 보고 눈살을 찌푸리곤 했다). 브라더 재봉틀을 공개하는 오찬 행사가 피에르 호텔 루프탑에서 열리기도 했다. 그렇지만 시간이 지나자 이런 특전으로도 패션쇼의 따분함을 극복하기는 어려웠다. "뉴욕은 좋지만 패션 산업은 됐다고요. 뉴욕에서 가장 돈을 잘 버는 모델의 아이브로펜슬에서부터 [편집자] 아이더 맥닐의 수상쩍을 정도로 다정한 미소까지 다 갖다버리고 싶네요." 다른 객원 편집자들처럼 재닛도 진지한 문학적 글쓰기를 하고 싶어 했다. 판촉, 광고, 홍보 일을 하고 싶은 사람은 없었다.

그렇지만 서서히 재닛도 《마드무아젤》이 제공한 여름의 화려함을 즐기기 시작했다. 날이 갈수록 바비즌 객실이 그렇게 좁아 보이지 않았고 방에 뉴욕의 때가 묻은 흰 장갑을 빨 수 있는 세면대와 전화기가 있는 것도 마음에 들었다. 프런트데스크에서 첫 급료가 나오기 전까지 10달러 한도에서 외상으로 식사를 할 수 있게 해준 것도, 아침에 방을 얼마나 엉망으로 해놓고 나가든 메이드가 깔끔하게 정리해주는 것도 좋았다. 재닛은 혼자 있는 것을 즐기는 법을 배웠다. 또 그리니치빌리지에서 '샴페인 갤러리'라는 마법의 장소를 발견했다. "분투하는 젊은이들이 즐겨 찾는" 카페로 소파, 카펫, 그림, 플로어 램프, 누구나 연주할 수 있는 그랜드피아노 등을 갖추고 널찍한 거실처럼 꾸며져 있었다.[48] 클래식 음악이 줄곧 흐르고, 젊은 남자 둘이 지금 연습 중인 곡의 악보를 두고 논쟁을 벌이는 한편에서 피아노로 '젓가락 행진곡'을 치더라도 아무도 뭐라 하지 않았다. 어떤 사람들은 스케치를 했는데 "가짜 보헤미안이나 예술가인 척하는" 게 아니었다. 복화술사인 흑인 남성이 인형을 들고 돌아다니면 다들 인형하고 정치와 예술 등에 관해 대화하고 논쟁했다. 웨이트리스 두 명이 가끔 노래를 부르기도 했다. 유명한 스토크 클럽보다 훨씬 좋았다. 재닛은 스토크 클럽의 명성이 과장되었다고 느꼈고 "형편없는 레모네이드"를 마시고는 왜 이런 곳이 이렇게 이름이 났는지 고개를 갸웃했었다.[49] 재닛은 세상만사에 시큰둥한 척하던 태도를 버리고 이제 조금씩 옥석을 구분하기 시작했다.

그달 중순쯤에 실비아 플라스가 왔다.[50] 실비아 플라스는 이미 꽤 유명했고 전국적으로 보도된 자살 시도 때문에 젊은 여대생들 사이에서 이름이 널리 알려져 있었다. 특히 동부 해안 출신 객원 편집자들은 실비아 플라스에게 "열광했다". 사람들은 목소리를 낮춰 실비아 플라스가 신경쇠약을 일으켜 약병을 들고 어머니 집 포치 아래로 기어 들어갔고 그 뒤에 대대적 실종자 수색이 벌어졌다는 이야기를 주고받았고, 그러면서 실비아 플라스는 더욱 신비한 존재가 되어갔다. 페기는 나중에 그 시대가 "신경증이 여성 창작 커뮤니티의 회원 자격 증명처럼 여겨지던" 때였다는 걸 깨달았다.[51] 플라스가《마드무아젤》사무실에 온 날, 객원 편집자 대표 제인 트러슬로(정계 유력 가문 애덤스 가의 일원이었다)는 페기더러 유명한 젊은 시인을 만나러 꼭 오라고 했다.[52] 캘리포니아 출신인 페기는 별생각 없이 실비아와 즐거운 대화를 나눴고, 실비아가 옷을 잘 입고 태도가 조용한 전형적인 미국 여대생이라고 생각했으나 무엇 때문에 호들갑인지는 이해하지 못했다. 재닛은 그날 실비아를 만나러 가지 않았으나 왜 다들 호들갑인지는 이해했고 깊은 질투를 느꼈다. 재닛은 다소 옹졸하게도 실비아의 성이 실제는 'Plath'가 아니라 'Plass'인데 혀 짧은 소리를 내는 거 아니냐고 농담을 했다.[53]

•••

해마다 객원 편집자들은 그들이 《마드무아젤》에 있는 동안 정말로 일을 해야 하는 건가 하는 영원한 의문을 놓고 토론을 벌였다. 사실 일은 이미 되어 있고 자기들은 오탈자나 찾고 일하는 시늉만 하는 건 아닌지? 실비아 플라스는 이례적이었다. 신경쇠약을 일으킬 정도로 일을 많이 했고 실비아의 책상 위에 쌓인 일거리는 도무지 줄어들 줄 몰랐다. 그러나 다른 객원 편집자들은 이렇게 자문하곤 했다. 결국 우리 일이라는 게, 사진사 앞에서 포즈를 취하고 미국 여대생들이 뭘 원하는지 알고 싶어 하는 판촉 담당자와 광고업자 군단에게 취향과 욕구를 상세히 설명하는 건가? "제조업체에서 우리의 소비 성향을 분석할 수 있도록 뉴욕 패션가를 돌아다니는 게" 우리의 일인가 하는 의문에 논쟁이 집중되었다. 게일 그린은 그렇다고 생각했다.

게일이 애스터 호텔에서 열린 잡지사의 '칼리지 클리닉'에서 최신 패션 의상을 입고 런웨이를 걸을 모델로 뽑혔다면 객원 편집자들이 이렇게 이용된다는 사실을 좀 더 곱게 보았을지도 모른다. 그러나 유타에서 온 객원 편집자가 지휘봉을 휘두르며 런웨이 쇼를 이끄는 동안 게일 그린은 위쪽 발코니석에서 런웨이를 지켜보라는 지시를 받았다.[54] 객원 편집자 대표 제인 트러슬로는 8월호에 이렇게 썼다. "패션이 터치다운을 기록한" 애스터 호텔에서 '밀리'들은 "앞날에 날씬함을 뽐낼 새로운 희망을… 제공받았다". 워너*에서 라나 터너Lana Turner가 출연한 영화 제목을 따서 '메리 위도Merry Widow'라는 이름을 붙인 정교한 롱라인 코르셋을 선보였기 때문이다.55 재닛 버로웨이는 단순 솔직한 목표를 가지고 칼리지 클리닉에 참석했다. 스타와 톱모델을 전담하는 유명 헤어드레서이자 칼리지 클리닉의 헤어와 메이크업을 총괄하는 엔리코 카루소Enrico Caruso한테 공짜로 커트를 받는 것이었다(원래는 10달러 50센트라는 터무니없는 값을 치러야 했다). 재닛 버로웨이는 공짜 헤어커트를 받았고 런웨이 쇼에서도 앞쪽 중앙 자리를 차지했다. 재닛은 부모에게 보낸 편지에서 패션쇼가 어찌나 장려한지 세인트패트릭 대성당 일요 예배가 변두리 지역의 곁들이 쇼처럼 보일 지경이라고 했다.

그해 1955년 대학생 특별호는 지금껏 나온 어떤 패션 잡지보다 광고를 많이 실었다. 광고 상품 전부가 애스터 호텔 그랜드 볼룸에 전시되었고 "구매자, 판매자, 소매상, 도매상, 판촉 담당자, 디스플레이 전문가, 광고업자, 디자이너" 등이 인산인해를 이루었으며 "장면 전환, 무대 장치, 화려한 무대 연출" 등이 곁들여졌고 크리스털 샹들리에가 열리면서 색색의 풍선 3,000개가 쏟아져 내렸다.56 기념품으로 천을 씌운 금색 클립보드를 나눠주었다. 카나페와 스카치 소다가 나왔다. 다들 "미친 듯이 취했다… 스무 명의 순진한

---

* 19세기 말 루시언 워너 박사가 개발한 코르셋에서 시작된 속옷 회사로 현재 캘빈 클라인 등을 소유한 워너코 그룹.

객원 편집자가 사람들 사이로 돌아다니며 《마드무아젤》 판촉부의 진정성에 대해 무의미한 말을 상냥하게 웅얼거렸고 그러는 한편으로 남자가 접근하지 못하게 하느라 애썼다". 이런 것을 보면 이게 '일'이라는 게일의 말이 옳았다.

확실히 회사 오찬과 사진 촬영을 위한 파티 등이 편집 일보다 많은 시간을 차지했다. 스킨케어 분야의 거물인 헬레나 루빈스타인 Helena Rubinstein의 집에서 6월마다 열리는 파티가 있었는데, 페기는 "굽 13센티미터 힐을 신고 커다랗게 틀어 올린 머리를 하고 터무니없는 애프터눈 드레스를 입은 조그맣고 통통한 러시아계 유대인"을 보고 깜짝 놀랐다(사실 루빈스타인은 폴란드계이다).[57] 미드타운에 있는 과도하게 화려한 루빈스타인의 아파트에는 엘리베이터를 타야 갈 수 있는 층이 있는데 검은 벨벳 커튼 뒤에 거장의 작품을 숨겨놓은 비밀 갤러리였다. 페기는 외부에 공개되지 않는 작품을 이렇게 가까이서 볼 수 있다는 것에 기뻐했지만, 재닛은 피카소 Pablo Picasso와 샤갈 Marc Chagal의 작품을 보고는 어떻게 최고의 화가의 최악의 작품만 전부 한 방에 모아놓을 수 있는지 의아해했다.[58] 벳시 탤벗 블랙웰도 5번 애버뉴에 있는 거대한 아파트에서 객원 편집자들을 위한 파티를 열었는데 페기는 그 파티가 그나마 낫다고 느꼈다(페기도 나중에는 이 파티가 재미있기만 하지는 않다는 걸 알게 되지만). 김벨스 백화점(메이시 백화점 건너편에 있고 메이시와 치열한 경쟁관계였다) 소유주들도 늘 이 파티에 참석했다.[59] 하지만 6월 27일에 재닛은 한숨을 쉬며 이렇게 말했다. "오늘 오후에 미시즈 블랙웰의 역겨운 칵테일파티가 있었어요. 무례하게 말하려는 건 아니지만, 그렇게 많은 그렇게 유명한 사람들이 그렇게 따분하다니 믿기지 않을 거예요."[60] 그런 한편 재닛은 더 노력해서 순간을 더 즐기지 못한 걸 벌써 후회하고 있었다. 펼쳐진 레드 카펫, 패션쇼, 오찬, 사진 촬영을 하러 웨스트포인트 사관학교로 비행기를 타고 간 것 등등《마드무아젤》이 제공한, 앞으로 다시 경험하기 힘들 것 같은 일들을 충분히 만끽하지 못했다는 생각이 들었다.

그러나 어떤 면에서 재닛은 뉴욕이 내어주는 것을 받아들였다. 6월 10일, 객원 편집자들의 한 달에서 3분의 1 정도가 지나갔을 때《마드무아젤》에서 해마다 여는 세인트레지스 댄스파티가 있었다. 잡지사에서 주최하는 여러 파티 중에서 가장 화려한 행사였다. 게일 그린은 칼리지 클리닉에서는 뒷전으로 밀려났으나 세인트레지스 호텔 파티에서는 중심을 차지했다.[61] 게일 그린은 어릴 적 친구이며 뉴욕에 살면서 아버지의 스카프 판매업을 돕고 있는 시드니를 파티에 데려왔다. 게일은 시드니를 파티에 참석할 남자들, 특히 "미시즈 B의 테이블에 올려놓기 좋은, 좋은 동네에 사는 멀쩡하고 괜찮은 공화당 지지자"를 찾던 대학생위원회 편집자에게 제공했다. 시드니가 좌파 진보당 대통령 후보 헨리 월러스Henry Wallace의 선거운동에 참여했다는 이야기를 떠들고 있을 때는 다행스럽게도 "미시즈 B가 취해서 니삭스에 킬트까지 갖춰 입은 파란 눈의 스코틀랜드인과 춤을 추고 있었다". 맨해튼 독신 남성 중에서 최상류층 혹은 그들을 흉내 낸 모조품들은 술을 엄청나게 마셔댔고, 대놓고 객원 편집자들의 "허리와 허벅지"를 입에 올리고 누가 내줄지 안 내줄지 토론하다가 결국 술과 음식과 전희를 적절히 섞으면 전부 다 내줄 거라고 결론을 내렸다. 로맨스를 가장해 앞장서 추파를 던진 사람은 《라이프》 매거진 기자 히긴스 윈터그린 본 리머Higgins Wintergreen Von Lemur였다. 본 리머는 자기 흉터는 결투에서 얻은 게 아니라 일곱 살 때 사랑싸움을 하다가 생긴 거라며, 헝가리인 가정교사가 자기를 물었다고 주장했다. 술에 잔뜩 취하자 그는 사람들을 선동해 코냑을 요구했다. 그러나 대학생위원회 편집자 마거릿 페카이머가 웨이터를 잡아 세우고 커피만 주라고 했다. 게일 그린에게는 게일의 테이블에서만 대학생위원회 예산 2주 치가 소비되었다며 그만 마시라고 사정했다.

페기는 댄스파티가 환상적이라고 생각했다. 진짜 댄스파티였고 새벽이 되도록 계속되었다. 페기는 지난여름 멕시코에서 만난 톰을 파티에 초대했다. 《마드무아젤》 공모전에 지원하라고 페기를 설득했던 젊은이다. "네가 이 모든 일의 시작이야." 페기가 톰에게 말했다.[62] 새벽이 되어 세인트레지스 파티가 드디어 끝을 향해 다가갈 즈음, 톰이 자기 MG 자동차를 타고 드라이브하자고 했다. 맨해튼에 새벽이 밝을 무렵 화려한 드레스를 입은 페기가 톰의 차에 탔고, 두 사람은 할렘과 웨스트사이드의 거리를 샅샅이 다니며 페기가 어퍼이스트사이드에 있는 바비즌에 틀어박혀 지내느라 못 본 걸 전부 보았다. 두 사람은 아침 6시까지 차를 타고 돌아다녔고 톰이 페기를 바비즌에 내려주자 페기는 킥킥 웃으며 MG에서 내려 어젯밤 옷차림 그대로 바비즌으로 들어갔다. 로비에 있던 사람들은 눈썹을 치켜올렸다.

한편, 게일은 그 밤이 끝날 무렵 "바비즌 앞 연석을 기어서 올라 문 안으로 들어갔다. 사방에서 손이 내려와 내가 비틀거리는 발로 일어서도록 끌어올렸다".[63] 윗도리가 벗겨진 느낌이 들어 손을 뻗어보니 어머니의 숄이 사라지고 없었다. 취해서 머릿속이 쾅쾅 울리는 줄 알았는데 오스카가 어깨를 툭툭 치고 있었다. 오스카가 소화전에 걸쳐 있던 숄을 찾았다고 말했다. 그날 밤 게일은 좁은 침대에서 숄을 머리에 두르고 잠이 들었다. 숄 한쪽 끝은 열린 창문 밖으로 늘어져 있었다. 다음 날 아침 느닷없이 문이 열리더니 바비즌 주민 가운데 한 명이 클라크 초콜릿바를 한 봉지 던져주며 가식적인 상류층 말투로 단어를 길게 끌며 말했다. "나는 숙취가 있을 때 피넛버터를 먹으면 두통이 아름답게 줄어들더군요."

재닛 버로웨이는 술은 입에도 대지 않았지만 나름대로 즐거운 시간을 보냈다. 재닛은 객원 편집자 역사상 최연소이자 완전한 금주자였다.[64] 재닛은 게일 그린처럼 놀지 못하는 것을 부끄러워하는 대신 "열여덟 살, 담배나 술은 입에 댄 적도 없으며 동정인 감리교도 피닉스 대학 신입생"으로 관심을 받는 걸 즐겼다. 다음 날 이른 아침 페기가 MG를 타고 뉴욕을 누빌 때 재닛은 바비즌으로 돌아와 집에 편지를 썼다. "《마드무아젤》 직원들이 잡지 기사 쓰는 법을 아는지 어쩐지는 몰라도 춤추는 법은 확실히 알더라고요."[65] 그날 저녁은 순조롭게 시작되었다. 칼리지 클리닉에서 엔리코 카루소가 조언한 대로 머리를 손질했는데 ("가운데 가르마를 타고 양쪽에 굵게 웨이브를 넣고 한쪽은 뒤로 넘겨라") 의외로 머리가 말을 들었다. 재닛은 칵테일파티에서 술을 마시지 않는 유일한 여학생으로 인기를 끌었다. 세인트레지스 루프탑 파티에는 "분홍색 누빔천으로 덮인 벽, 오케스트라 두 팀, 네 명당 한 명의 웨이터"가 있었고 할리우드 디너클럽을 연상시켰다. 《마드무아젤》은 "고맙게도" 재닛을 "못생기고 지적인 남자 옆에 앉혔고 그는 저녁식사 내내 정치, 유럽, 문학에 대해 진지하게 이야기했다". 재닛은 잘생긴 남자들과 춤을 췄다. 그럼에도 그날 파티가 끝날 무렵에는 "못생기고 지적인 남자", 옥스퍼드로 유학 갈 예정인 풀브라이트 장학생 딕 올드리지Dick Aldridge에게 집에 데려다달라고 했다. 남자는 센트럴 파크를 통과하는 마차를 잡아서 재닛을 바비즌에 데려다주었다. "이게 바로 내가 꿈꾸었던 뉴욕이에요!" 재닛은 집에 보내는 편지에 이렇게 썼다.

그 뒤로 재닛이 꿈꾸는 뉴욕은 딕 올드리지와 분리할 수 없는 것이 되었다. 재닛의 편지에 따르면 이제 딕이 못생겨 보이지도 않았다(바비즌 객실이 이제 덜 작게 느껴진 것처럼). 재닛은 자유시간을 전부 딕과 같이 보냈고 딕의 가족이 사는 으리으리한 뉴욕 아파트를 방문하기도 했다. 재닛은 어머니에게 딕의 종교를 알아내겠다고 약속했고 곧 "아주 중요한 정보예요. 딕은 개신교도예요"라고 보고했다.[66] 부모를 안심시키기 위해 또 이렇게 덧붙였다. "뉴욕이 거대하고 거칠고 무서운 도시라고 생각하시는 것 알지만 마당 없는 아파트에서 평생 산다고 해서 애들이 갱단에 들어가거나 도둑이 되지는 않아요." 딕 올드리지는 갱이 아니었고 도둑도 아니었다. 아주 부유하고 유력한 집안의 자식이었다. 아버지는 뉴욕에서 유명한 산부인과 의사이고, 어머니는 인도에서 성장한 영국인으로 성품이 엄격했다. 재닛으로서는 존경하고 부러워할 수밖에 없는 게, 딕은 이미《뉴요커》에 시를 실었고《뉴욕 타임스》에서 딕을 로버트 프로스트Robert Frost에 비유하기도 했다. 페기는 어느 날 밤 재닛이 바비즌으로 달려 들어오며 이렇게 말한 것을 기억한다. "중요한 시인하고 데이트했어!" 이 말을 듣고 페기는 재닛이 "자기 자랑을 서슴지 않는" 사람임을 재차 확신했다. 그렇지만 사실은 전혀 그렇지 않았다. 다른 사람들처럼 재닛도 그달 말에 닥칠 일에 대한 불안감에 시달리고 있었다. (1968년에는 배우 시빌 셰퍼드도 바비즌 자기 방에 앉아 "똑똑한 사람이 한가득 있는 이 넓은 도시에서 내가 과연 어떻게 살아남을 수 있을까 고민"했다.[67])

1955년 6월에는 파티 외에도《뉴욕 타임스》견학, 엠파이어 스테이트 빌딩에서 디자이너들과의 모임, 색스 피프스 애버뉴 백화점에서의 점심 등 다양한 행사가 있었다. 8월 대학생 특별호에 실릴 단체사진 촬영으로 모든 일정이 마무리되었는데, 사진을 찍을 때 모두 똑같은 옷을 입는 게 전통이었다. 1955년에는 객원 편집자 스무 명이 경기장 관람석에 앉아 카메라를 보고 활짝 웃으며 찍었다. 그해의 복장은 끔찍했다. 목까지 단추를 채운 핀턱 셔츠에 두꺼운 울 스커트였다. 그 옷 때문에 1955년 객원 편집자들은 19세기 가정교사처럼 보였다. 제인 트러슬로는 독자들에게 열띤 말투로 이렇

—호텔 바비즌

게 전했다. "어찌나 많은 뉴욕 기업들이 진홍색 카펫을 깔고 우리를 왕족처럼 극진히 대접하던지, 우리 중 칼로리에 가장 민감한 사람조차도 걱정은 허드슨강에 던져버렸어요! 그러나 이 도시에 대한 우리의 인상은 스냅사진 모음 같기도 하네요. 페기 라V.가 녹색 MG를 타고 파크 애버뉴를 질주하는 모습… 존이 캘리포니아 대학 단편 공모전 둘 다에서 수상했다는 사실을 알게 되었을 때의 표정… 우리 스무 명이 잠에 취해 아침 6시 45분에 베이커 필드 컬럼비아 라이언스 경기장에서 택시에서 내리는 모습(독특한 경험이었습니다. 새벽에 메아리가 울리는 텅 빈 경기장에서 '치즈'를 외치며 사진을 찍은 경험은 아무도 없었으니까요!)."[68] 궁극적으로 객원 편집자들은 페기가 예리하게 지적했듯이 잡지사에 무엇이 유행인지 알려주는 "여행하는 포커스 그룹"이었고, 그중 예쁜 사람들은 애스터 패션쇼와 8월호 대학생 특별호의 공짜 모델로 일한 셈이었다.[69]

하지만 마지막 단체사진의 미소 뒤에는《마드무아젤》객원 편집자 프로그램만이 불러일으킬 수 있는 어떤 불안감이 있었다. 객원 편집자 프로그램은 2년 전 실비아 플라스를 시험에 들게 했다. 사실 해마다 6월에 뉴욕으로 오는 여대생들은 세상에 자기 같은 사람들이 더 있으며, 그것도 더 나은 버전으로, 더 재능 있고 더 야심 있고 더 감정이 풍부한 사람들이 있다는 사실을 발견하게 되었다. 더예쁜 것은 말할 것도 없고. 해마다 작가나 예술가가 되려는 꿈을 품고 뉴욕으로 오는 야심 있는 학생들, 잘 차려입고 잘 관리된 A학점 학생들은, 대학 캠퍼스를 떠나 북적거리는 매디슨 애버뉴에 와서 파란색 연필로 원고에 쫙쫙 줄을 긋는 시릴리 에이블스 편집국장 같은 사람을 만나면서 가혹한 현실을 직면하게 되었다.

재닛 버로웨이는 뉴욕에 와서 처음 비행기에서 내렸을 때 "**비베카 린드포스**Viveca Lindfors의 이름이 형광분홍색으로" 빛나는 거대한 입간판을 마주했다.[70] 정말 신기한 우연이었다. 재닛은 이미 스웨덴 태생 브로드웨이 배우인 비베카를 대학생 특별호에 실리는 〈우리는 영감을 얻어요〉라는 인기 코너에서 인터뷰하려고 점찍었던 것이다. 이 인터뷰가 재닛이 뉴욕에서 보낸 한 달의 하이라이트가 될 예정이었다. 1955년 8월호에는 재닛이 비베카 린드포스(광대가 두드러지고 머리카락이 짙고 화려한 보헤미안 스타일 의상을 입은 매력적인 여성이다)와 함께 찍은 사진이 인터뷰와 함께 실렸다. 사진에서 비베카는 손을 앞쪽에 모으고 말을 하던 중간에 멈추고 생각에 잠긴 듯한 모습이다. 맞은편의 재닛은 다리를 꼬고 앉아 집중하며 귀를 기울이고 있는데 묘하게 자의식적으로 보인다. 집중에 집중하고 있는 것처럼, 혹은 집중한 듯 보이는 데 집중하는 것처럼. 머리에 작은 모자가 얹혀 있고 꼰 다리 위에 팔도 꼬아 올려놓았다. 재닛은 칼리지 클리닉에서 나눠준 것과 비슷한 클립보드를 들고 있다.

부모님에게 이 경험을 편지로 전하며 재닛은 비베카가 이렇게 말했다고 했다. "요즘 사람들은 다 행복해지길 원하죠. 왜 그럴까요? 행복에서는 아무것도 **배울** 수가 없는데요. 지혜는 불행에서 나오잖아요." 재닛은 인터뷰를 하는 동안 자기가 왜 이 말에 반박하고 싶었는지, 자신도 평소에 그렇게 믿어왔음에도 왜 그런 마음이 들

―호텔 바비즌

었는지 의아했다.

6월 중순에 《마드무아젤》의 분홍색 편지지에 써서) 집으로 보낸 편지에 재닛은 이렇게 털어놓았다. 뉴욕에서 초기에 느낀 "격렬한 불행"의 상당 부분은 비베카 린드포스와 한 인터뷰 때문이었다고.[71] 재닛은 배우에게 "무심한 진솔함"으로 깊은 인상을 주고 싶었다. 그런데 사진사가 "카메라를 보세요, 아가씨들"이라고 외치고 누군가가 열심히 대화를 받아 적는 상황에서, 재닛은 타자기로 쳐온 두툼한 질문지가 무릎 위에 있었으나 그것에는 신경 쓸 겨를도 없이 심각한 불안감에 사로잡혔다. "나는 학교에 대해 물었는데 비베카는 자기 예술의 아름다움에 대해 말했고, 내가 스웨덴에서 어땠는지 묻자 비베카는 불행에서 얻을 수 있는 지혜에 대해 말했어요." 재닛이 적절한 말을 찾느라 더듬거리자 비베카가—뉴욕에 도착한 재닛을 환영했던 유명한 배우 본인이—재닛을 보며 이렇게 말했다. "내 말을 안 듣는군요, 그렇죠?" 재닛은 마치 "뺨을 한 대 맞은 것 같은" 기분이었다.

몇 주 뒤 재닛은 드디어 비베카가 출연하는 브로드웨이 연극〈아나스타샤Anastasia〉를 보았다. "비베카가 어떤 예술을 하는지 몰랐다는 게 너무나 부끄러웠어요"라고 재닛이 말했다. 재닛은 연극이 끝난 다음, 도저히 그것만은 하고 싶지 않았음에도 무대 뒤로 비베카를 찾아갔다. "엄격한 표정에 걸걸한 목소리"의 여자가 무대 문을 지키고 있었으나 재닛이 제발 린드포스를 만나게 해달라며 울음을 터뜨리자 누그러져 들여보내주었다. 그게 전환점이었다. 비베카는 재닛을 만나주었고, 바로 인터뷰 때 자기가 무례했으며 재닛이 아직 어려서 긴장했으리란 걸 생각하지 못했다며 사과했다. 재닛도 《마드무아젤》측에서 연극에 대한 관심을 강조하길 원했지만 사실 자기는 작가가 되고 싶다고 털어놓았다. 재닛은 인터뷰를 완전히 망치긴 했으나 다시 비베키 린드포스를 대면할 용기를 낸 덕에 자신을 되찾을 수 있었던 셈이다.

곧 모두 떠나야 할 시간이 되었다. 1955년 객원 편집자 프로그램은 해마다 그랬듯 6월 말에 끝났다. 그러나 뉴욕이 지워지지 않는 깊은 인상을 남겼다. 바비즌 객실에서 집으로 편지를 쓰며 재닛은 이 경험을 이렇게 요약했다. "애리조나에 있을 때 뉴욕은 멀리에서 가물거리는 빛, 아니 반짝이는 빛이었어요. 온갖 일이 다 일어나는 곳. 만약 그곳에 갈 수만 있다면 그곳이 실제로 그렇게 늘 **반짝인다**는 것, 나도 그것의 일부가 될 수 있다는 것, 내 삶이 학부모회장과 세 아이와 설거지 이상이 될 수 있다는 걸 알게 되리라고 생각했어요. 그래서 정말로 뉴욕에 **와서** 알게 된 무엇보다도 놀라운 사실은요, **대학, 연극, 모델, 열일곱 살에 시를 발표하는 것, 디자이너가 되는 것**, 그 밖의 모든 것보다도, 뉴욕이 멀리에서 보았을 때처럼 가까이에서 보았을 때도 **반짝인다**는 것, 중요한 사람들이 진짜로 **있고** 나도 그 일부가 **될 수 있고** 그들 중 한 사람이 **될 수 있다**는 사실이에요."[72] 뉴욕이 가능성을 열어 보여준 것이다.

페기와 존도 헤어져 다른 길로 갔다. 존은 돌아가는 길에 모험을 할 계획이라 기차를 타고 여기저기 들러가며 캘리포니아로 돌아가기로 했다. 존이 페기에게 보낸 편지에는 이렇게 쓰여 있다. "어제 아침에 바비즌에서 너와 헤어진 뒤에 있었던 일을 간략히 요약하자면, 그랜드센트럴 역에 갔는데 가방을 옮겨줄 사람도, 어디로 가라고 말해주는 사람도, 심지어 쳐다보기라도 하는 사람도 없었어. 10시가 가까워지길래 너무 속상해서 사람들이 전부 나를 지나쳐가는 한가운데 서서 남몰래 울었지."[73] 존은 마침내 보스턴행 기차에 올라탔고, 거기에서 퀘벡, 몬트리올을 거쳐 시카고로 갔고 시카고에서 신형 제퍼 기차를 타고 서부로 돌아갔다. "뉴욕을 떠나고 싶지 않았는데, 지금은 집에 가고 싶어. 어쨌거나 이 여행을 한 건 다행이라고 생각해. 임상병리에 대해 얼마나 많이 알게 됐니."

존은 보스턴 커먼 공원 잔디밭에서 벌어진 더듬기, 원치 않는 수작, 변태적인 속삭임, 젊은 여성이 혼자 여행하는 것을 보고 충격을 받은 동료 여행객들의 지나친 걱정 등을 죽 적어 페기에게 재미있게 들려주었다. 그러나 집에 돌아온 뒤에는 이렇게 말했다. "새크라멘토가 날 죽이는 것 같아. 이렇게 모든 일이 천천히 목적 없이 이루어지는 곳은 없을 거야. 사람들 다 6주 전 내가 떠났을 때와 똑같은 자리에 얼어붙어 있는 것 같아."[74] 존의 남자친구인 캘리포니아 베이커스필드 자동차 대리점 사장 아들 밥은 전과 다를 바 없이 따분해서 더욱 상황을 악화시켰다. "뉴욕으로 다시 가고 싶다." 존이 외쳤다. 존은 자기가 원하는 게 뭔지 알았다. 그것이 아직은 가질 수 없는 것이라 할지라도. 8월호의 "올해의 밀리를 소개합니다" 코너에 존은 자기 프로필을 이렇게 적었다. "존은 그림엽서처럼 아름다운 새크라멘토 밸리에서 래프팅을 하고 소형 보트를 타며 방학을 보냅니다."[75] 존의 관심사는 "출간된 책을 거의 다" 읽는 것 그리고 자기 책을 출판하는 것이었다. 페기의 회상에 따르면 존은 버클리 4학년에 올라간 다음 최근 두 건의 단편 공모전에서 받은 상금으로 (제인 트러슬로가 《마드무아젤》에 "존이 캔리프니스 대한 단편 공모전 둘 다에서 수상했다는 사실을 알게 되었을 때의 표정…"이라고 적기도 했다) AT&T 주식을 샀다.[76] 대학을 졸업하기도 전에 미래를 위한 자금에 투자하기 시작한 것이다.

페기는 맨해튼에 남았다. 페기는 《마드무아젤》 프로필에 "뉴욕에 머물고 싶은 갈망"이 있다며 "내 분야에서 일자리를 찾을 수 없을 때에 대비해" 인명구조원 자격증을 가지고 왔다고 적었다.[77] 페기가 일자리를 찾고 있을 때, 존은 젊은이다운 무신경함을 보이며 《마드무아젤》의 출판업체 스트리트&스미스의 사장 스미스 씨가 6월 그들이 뉴욕에 있을 때 죽어 사장 자리가 비었으니 거기 지원하라고 했다. "생각해봐. 내년에 잡지사에서 이전 객원 편집자들을 소개할 때 얼마나 강력한 홍보가 되겠니."[78] 이어 또 존은 신랄한 말투로 "버로웨이는 바너드에 가서도 그 갑갑한 남자와 가족들과 애디론댁 사막을 '누비고' 다닐 거래?"라며 농담을 했다.[79] 하지만 존이 자기 남자친구 밥이 "희망이 없다"고 말한 걸 보면 차라리 뉴욕에 있는 바너드 칼리지에서 갑갑한 남자를 만나는 편을 선호했을지도 모르겠다.

편집장 벳시 탤벗 블랙웰이 페기가 스트리트&스미스 소유 잡지

《리빙*Living*》에 취업할 수 있도록 도와주었지만, 잡지사 초봉으로는 바비즌 숙박비를 감당할 수가 없었다. 대신 좀 덜 화려한 이스트엔드 여성 전용 호텔에서 방을 구했다. 방이 비기를 기다리는 동안 제인 트러슬로가 5번 애버뉴에 있는 삼촌과 숙모의 아파트에서 같이 지내자고 있다. "하인 방에서 지내도 괜찮다면 말이야." 제인이 말했다. 아파트는 제인의 삼촌과 숙모가 여름 별장에서 지내는 동안 비워놓아 가구가 전부 흰 천으로 덮여 있으나 아파트 안에 엘리베이터가 있고 페기가 보기에는 방이 끝도 없이 많은 것 같았다. 하인용 방 두 개와 화장실 하나만 제인더러 쓰라고 흰 천을 덮지 않고 남겨두었다. 전직 객원 편집자 두 명은 매일 저녁을 만들어 먹고 가능하면 자주 극장에 갔다. 항상 저렴한 스탠딩석 티켓을 샀다.

•••

2년도 채 되지 않아 페기 라바이얼릿은 캘리포니아로 돌아갔다. 이제는 존 디디언이 뉴욕으로 갈 차례였다. 디디언은 《보그》로 갔는데, 또 다른 이름난 글쓰기 공모전에서 우승하며 그걸 발판으로 취직한 것이었다. 다시 《마드무아젤》 사무실이 있는 그 건물로 출근하게 되었다. 1958년이었고 스무 명의 객원 편집자들 가운데 미래에 배우가 되는 앨리 맥그로가 있었다. (눈부시게 매력적인 맥그로는 미술로 뽑혔는데 그해의 8월 대학생 특별호 표지를 장식했다. 전례가 없는 일이었다.)

존은 《보그》 사무실에 앉아 페기에게 편지를 보내며 1955년 골든게이트라는 이름의 비행기를 타고 함께 뉴욕에 왔던 날을 회상했다. 바비즌 자기 방에서 브루클린 다리가 보인다고 생각했던 때. "내가 이름을 아는 다리가 그거밖에 없었거든."[80] 존은 페기가 전에 비행기 여행을 한 적이 있다는 이유로 "세상사에 밝은 여자"라고 의심 없이 생각했다. "물 건너간 얼뜨기 꼴이었지."

뉴욕에 두 번째로 체류하는 동안 존 디디언은 보스턴으로 가서 1955년 여름 동안 페기와 같이 지냈던 객원 편집자 대표 제인 트러슬로를 만났다. 제인의 남편 피터 데이비슨Peter Davison은 《애틀랜틱Atlantic》의 시 편집자이며 한때 실비아 플라스의 연인이기도 했는데, 1년 전 작가를 발굴하러 영국에 갔다가 이런 말을 들었단다. "놀라운 미국 여성이 있는데 문학계의 중심일 뿐 아니라 데이지 밀러, '황금빛 서부의 소녀', 줄레이카 돕슨이 합해진 것 같은 사람*"이라는 것이다.[81] 대서양 너머에 이름을 알린 팜 파탈이자 반항아, "놀라운 미국 여성"은 다름 아닌 재닛 버로웨이였다. 재닛이 이제 "갑갑한" 딕 올드리지 등과 어울리지 않는 게 분명해지자 존은 질투심으로 날을 세우며 이렇게 쏘아붙이듯 말했다. "제인은 [재닛의 소설에 대해] '피터가 괜찮은 부분이 있다고 했다'고만 하더라."

존, 페기, 게일, 재닛, 제인은 저마다 삶에서 확연히 다른 길을 걷게 된다. 그렇지만 이들 모두 뉴욕에서 보낸 시간에 큰 영향을 받았다. 재닛은 "이 도시를 늘 사랑하지는 않지만" 이곳의 "매력"은 "환상적이에요. 딕을 떼어놓고 생각하더라도. 딕과 도시가 하나로 엮

---

* 각각 헨리 제임스의 《데이지 밀러》, 데이비드 벨라스코의 《황금빛 서부의 소녀》, 맥스 비어봄의 《줄레이카 돕슨》의 등장인물을 칭한다.

여 있긴 하지만"이라고 결론을 내린다.[82] 뉴욕은 재닛에게 자신감을 심어주었지만 한편으로 이전의 믿음에 구멍을 내기도 했다. 6월 말에 재닛은 젊은이다운 기백으로 자기가 원한다면 10킬로그램을 감량하고 모델이 될 수도 있고 심지어 "펜트하우스에 사는 부자"가 될 수도 있을 테지만, 패션과 상업의 세계는 고려할 가치가 없다는 결론을 내렸다. "천박한 허위이고 탐욕스럽고 역겨워요. 나는 내 옷은 내가 디자인해 입을 거예요. 고맙지만 패션에는 발을 담그지 않으려고요." 그런 한편 자기가 과거에 받았던 상이 "자존감을 너무 부풀려서 이제 그 너머를 볼 수 없게 만들었는데" "상으로 내 가치를 측정해왔기 때문에 그게 기반을 흔들어서 힘들어요"라고도 했다.[83] 객원 편집자 프로그램은 최고의 인재들조차도 흔들리게 만드는 시험대였다.

특별하면서 또 반드시 필요한 환경이었다. 편집장 벳시 탤벗 블랙웰은 《마드무아젤》 잡지 지면에서 미국의 젊음 숭배 문화를 새로 만들었고 가꾸어나갔다. 변신, 쾌활한 웃음과 퇴색하지 않은 꿈을 지닌 밝고 젊은 사람들의 땅. BTB도 그 사실을 곧 깨달았다. "미국의 젊음에 대한 끈질기고 열렬한 사랑을 돌이켜보다 보면, 내가 되려 거기에 넘어갔구나 하는 생각이 들 때가 있습니다."[84] BTB의 잡지는 젊음을 팔았고, 객원 편집자들이 판매원이었다.

그럼에도 《마드무아젤》이 젊은 여성들에게 제공한 기회는 가히 혁명적이었다. 《마드무아젤》은 젊은 여성 독자들에게 시각적·지적 자극을 가감 없이 제공했고, 객원 편집자 프로그램으로 각 세대의 가장 야심 있는 젊은이들에게 권위 있는 출발점이자 도약의 발판을 제공했다. 남성이—백인 남성이—아무 도전도 경쟁도 없이 권력을 행사했던 1950년대에는 특히 더욱 소중한 기회였다. 이때는 남성의 지배와 여성의 복종이 완전히 당연한 것으로 취급되었다. 스크린에서는 1940년대의 존 크로퍼드Joan Crawford와 캐서린 헵번 같은 걸출한 여성이 1950년대의 도리스 데이Doris Day나 데비 레이놀즈Debbie Reynolds 같은 명랑한 여성들에게 자리를 내주었다. 크리스 래드Chris Ladd가 지적했듯 "고등 교육은 남성의 전유물로 가꾸어져 소수 인종은 물론 여성과의 경쟁도 차단되었던 때다. 관리자, 교수, 입학 사정관이 거의 다 백인 남성이었다".[85]

이런 특권은 직업 세계로도 자연스럽게 이어졌고 아무도 그것에 대해 눈썹 하나 까딱하지 않았다. "은행가, 변호사, 회계사, 공인중개사, 의사, 공무원… 모두 백인 남성이었다." 이런 배경에서 BTB와 대부분 여성인 직원들 그리고 젊은 객원 편집자들이《마드무아젤》사무실에서, 그리고 바비즌의 복도에서 전혀 다른 세계를 만들어낸 것이다. 이 두 곳은 여성이 (물론 백인 중산층 여성에 국한되기는 했으나) 자신을 드러내고, 목소리를 내고, BTB처럼 지배할 수 있는 곳, 생산자이자 소비자로서 미모와 두뇌를 활용할 수 있는 곳이었다. 재닛 버로웨이가 회상하듯 이때는 아무도 '페미니즘'이라는 단어를 쓰지 않던 때였다. 그렇다고 해서 그게 존재하지 않았던 것은 아니다. 1950년대의 엄격한 제약 속에서도 마찬가지였다.[86]

7장

보이지 않는 사람

게일 그린과 "외로운 여자들"

바비즌 특유의 여러 요소를 포착한 사진이다. 우아하게 빼입은 멋진 젊은
여성이 데이트 상대를 만나는 장면을 다른 바비즌 거주자들이 쳐다보고
있다. 젊은이들은 위쪽 메자닌에서 훔쳐보고 나이 많은 거주자들은 로비
에 편히 앉아 진행 상황을 관전하며 평을 한다.

●●●

1950년,《뉴욕 선데이 뉴스*New York Sunday News*》는 삽화와 함께 바비
즌 여성 전용 호텔에 관한 특집 기사를 내며 제목을 이렇게 달았다.
"남자는 없다. 그러나 누가 남자를 필요로 하나?"

큰 착각이었다.

그 후 펼쳐질 10년의 이야기는 사실 정반대 메시지를 전했다. 자
긍심 있는 어엿한 여자라면 남자가 있어야 한다는 것. 남자가 없는
여자는 아무것도 아니었다. 독립적인 리벳공 로지의 시대는 끝났
고, 1920년대의 자유분방한 플래퍼나 1930년대의 자립적인 커리
어우먼도 옛일이 되었다. 그랬기 때문에 실비아 플라스와 존 디디
언을 비롯한 많은 여성이 자신의 꿈과 사회의 기대 사이에서 갈팡
질팡하며 그로 인한 온갖 불안과 좌절을 경험한 것이었다.

물론 데이트하고, 사귀고, 결혼하고, 교외로 이사 가고 하려면 남
자가 필요했다. 그리고 그레이스 켈리처럼 "남자를 필요로 하기도"
했는데(그런 소문이 있었다) 이 부분은 그 시대의 가장 명백한 모순에

맞서지 않고서는 거론될 수가 없었다. 그레이스가 이미 결혼해 모나코의 대공비가 된 다음에도 말라키 매코트는 그레이스가 "못생기고 깡패 같고 눈썹이 송충이 같은 스타일의 남자"와 함께 바비즌에서 길모퉁이를 돌면 나오는 매코트의 바에 왔다는 이야기를 듣곤 했다. "그레이스가 좋아하는 남자들은 공통적으로 외모에 어떤 강렬한 특징이 있다"는 소문하고 맞아떨어지는 데가 있었다.[1] 실제로 결혼하기 전에도 그레이스는 여러 건의 열렬한 연애로 또 계산적인 연애로 유명했다. 〈이창〉으로 그레이스 켈리를 스타로 만든 앨프리드 히치콕 감독은 그레이스를 "눈 덮인 화산"이라고 불렀다. 좀 더 노골적으로는 자기가 만나본 가장 문란한 여자라고 말하기도 했다.[2]

여성의 욕구와 미국 사회의 기대 사이 불일치는 분노, 불안, 도덕적 왜곡을 불러일으켰다.《마드무아젤》에 실린 글 가운데 여성 독자들 사이에서 가장 큰 반발을 불러일으킨 두 편은 섹스에 관한 것이었다. 하나는 1958년에 나온 단편소설인데 이성애 관계인 남녀 대학생이 등장한다. 남자는 여자한테 짜증을 느끼고, 욕구를 느끼는가 싶다가, 여자가 적극적으로 나오면 혐오감을 느낀다. 여자는 지나치게 감상적이고, 남자의 비위를 맞추려고 하며, 정서적으로 과민한 상태다. 결국 둘 사이의 긴장을 해소하기 위해 두 사람은 여자 기숙사 건물 뒤에서 화장지와 깨끗한 시트커버가 있고 문이 잠기지 않은 적절한 차를 찾다가 여자가 스테이션왜건 한 대를 고른다. 그러나 어느 순간 남자의 성욕이 임계점을 넘어 폭력으로 바뀐다. 또 다른 글은 1959년에 혼전 성관계의 역할에 관해 대학졸업자들이 허심탄회하게 토론한 내용의 보고서이다. 남자들은 대체로 아내가 처녀이기를 원하는 한편 자신은 경험 많은 연인이 되길 바라며, 그래서 성적으로 개방적인 여자에게 몰려들어 결혼에 대비해 "연습"을 한다는 게 공통된 의견이었다. 잡지 독자들에게는 충격이었을 수 있으나,《마드무아젤》은 이때도 시대를 앞서간 것이었다.《마드무아젤》은 독자들이 고민하는 문제를 외면하지 않고 논의에 올렸다.

이때는 여성의 욕망을 공공연히 거론하지 않는 것과 마찬가지로 여성의 외로움에 대해서도 쉬쉬했다. 남자가 없는 여자는 아무것도 아니라면, 남자를 잡거나 곁에 붙들어 두지 못하는 여자는 무어란 말인가? 외로운 여자도, 성적으로 활발한 여자도, 모두 1950년대 사회에서 기대하는 여성의 삶의 경로에는 들어맞지 않았다. (자기 삶에 만족하는 독신 여성이나 동성애자 여성도 그 점에서는 마찬가지였다.)

바비즌이 널리 광고한 호텔의 주요 특징 가운데 '친교'가 있었다.《마드무아젤》은 뉴욕 외 지역에 사는 독자들에게 뉴욕에 오게 되면 바비즌에서 묵으라고 주기적으로 일렀다.《마드무아젤》은 1940년에는 바비즌이 "신의 선물"이라며 "아늑하고, 격식을 차리지 않는" 곳이고 이곳에는 "당신과 같은 관심사를 지닌 젊은 여성이 잔뜩 있다"고 했다.[3]《마드무아젤》은 바비즌에서 생활하면 "안녕하세요"란 인사를 끝마치기도 전에 새 친구가 생길 거라고 약속한다. 바비즌 안에서 할 수 있는 일이 너무 많아 시간이 부족할 것이다. 체육관, 스쿼시 코트, "멋진 수영장", 매달 최신 베스트셀러가 추가되는 도서실, 한 달에 4달러를 내면 매일 한 시간씩 빌릴 수 있는 음악 및 미술 스튜디오, 매달 열리는 연극, 콘서트, 강연 등. 이 모든 걸 일주일에 12달러(세면대가 있는 방)나 15달러(욕실이 있는 방)만 내면 이용할 수 있다. 전망도 타의 추종을 불허한다. 같은 메시지가 십수 년 동안 일관되게 유지되었다. 1957년에 나온 《마드무아젤》에는 바비즌 광고와 나란히 이런 기사가 실렸다. "에스코트가 없어 조금이라도 불안하다면, 바비즌 여성 전용 호텔에 묵으면서 나이도 비슷하고 관심사도 비슷한 사람들과 힘을 합해 대도시를 공략하세요."[4] 이 글이 말하지 않는 것은 이렇듯 바비즌에서 쉽게 사귄 친구는 당신이 진정한 사랑, 즉 당신의 남자를 찾을 때까지 버티게 해주는 임시방편이라는 사실이다.

게일 그린은 《마드무아젤》 객원 편집자로 바비즌에 머물렀다가 그때로부터 2년 만에 다시 바비즌으로 돌아왔다. 이번에는 《뉴욕 포스트New York Post》의 탐사 기자로 '외로운 여자들'이라는 제목의 연속 기획 기사를 쓰러 온 것이었다. 《뉴욕 포스트》는 독자들에게 뉴욕의 알려지지 않은 이야기를 들려주겠다고 약속했다. "우리 도시에는, 아니 어떤 대도시에든 그런 사람들이 가득하다. 여자들은 일자리, 로맨스, 모험, 혹은 지루한 일상으로부터 탈출을 꿈꾸며 대도시에 온다. 그들이 도시에 온 뒤에 어떤 일이 일어날까? 눈부신 성공에 대한 높은 기대나 잘생긴 왕자님과 결혼한다는 꿈은 어떻게 되었을까? 대도시 독신 여성들의 공통된 두려움, 즉 실패, 노처

녀가 되는 것, 성적 폭력에 대한 공포를 극복할 수 있을까?"⁵

그때 게일은 스물세 살이었고 10층 모퉁이에 있는 L자 모양의 방을 예약했다. "상아색 책상과 옷장"이 있고 "벽은 연노랑색이고 커튼과 베드스프레드의 무늬가 같았다". 게일은 그 방을 감방이라고 불렀다. 독자들에게 자기가 고작 2년 전에 이곳에 와본 적이 있다는 사실, 1955년에 존 디디언, 페기 라바이얼릿, 재닛 버로웨이, 제인 트러슬로와 같이 이곳에 있었다는 사실은 밝히지 않았다.《뉴욕 포스트》독자들을 위해 게일은 신참인 것처럼, 호텔에 처음 와본 것처럼, 오스카를 한 번도 만난 적이 없는 것처럼 행세했다. "오스카 아세요, 아가씨?" 제복을 입은 턱살이 있는 남자가 활짝 웃으며 택시 문을 열고 안을 들여다보자, 택시 운전사가 물었다. "오스카가 잘 돌봐줄 겁니다. 아주 유명해요. 오스카를 모르는 사람은 없죠."

"'저는 손님들 모두 잘 돌봐드립니다.' 뚱뚱한 도어맨이 넉살 좋게 말했다. '특히 손님처럼 아름다운 분은요.'"

알다시피 게일은 특별히 아름답지는 않았다. 객원 편집자로 활동할 때 날마다 끔찍한 트렌치코트를 입고 다녔다.《마드무아젤》패션쇼에도 참가하지 못하고 구경만 해야 했다.

다음 날 아침 게일이 바비즌에서 아침식사를 하는 도중 옛 기억이 떠오른 듯도 하다. 게일은《뉴욕 포스트》독자들에게 이렇게 전했다. "아침식사 때 바비즌의 두 세계가 펼쳐지는 것을 보았다." 일단 그레이스 켈리와 캐럴린 스콧이 살았던 세계가 있었다. "모자를 쓰고 굽 높은 오페라 펌프스를 신은 잘 꾸민 젊은 여성이 넷씩 호텔

— 호텔 바비즌

커피숍 중앙 테이블과 부스를 채우고 수다를 떨었다. 한 명이 아침 식사를 마치고 밖으로 나가면 다른 사람이 힐을 또각거리며 들어와 그 자리에 앉았다." 한편 또 다른 세계는 '외로운 여자들'의 세계였다. "다른 사람들은 혼자 아침을 먹었다. 모자는 쓰지 않았다. 불편해하며 남의 시선을 의식하고, 눈을 마주치지 않으며 커피와 오렌지주스를 마셨다. 한 명씩 커피숍에 들어와 낯익은 얼굴이 없는지 열심히 둘러보다가, 아무도 없자 카운터 자리에 앉았다. 또 다른 사람들은 커피숍 구석에 있는 2인용 테이블에 혼자 앉았다. 표정을 감추고 팔을 몸에 바싹 붙이고 아침을 먹었다. 이따금 한번씩 문 쪽으로 눈길을 주었다가 책이나 신문으로 눈을 돌렸다. 저녁때도 마찬가지였다."

게일은 외로운 사람들 사이에 꼈다. 겨드랑이에 책 한 권을 끼우고 식당으로 가서 바비즌의 또 다른 절반을 알아보는 일에 착수했다. 처음 만난 사람은 제니였다. 게일은 2인용 테이블에 제니와 같이 앉아 콜드 컷과 감자샐러드 한 접시를 먹었다.[6] "젊고 얼굴이 넓적한" 제니는 소설《강박Compulsion》을 읽고 있었다. 1920년대 시카고에서 똑똑한 상류층 유대인 젊은 남자 두 명이 초법적 존재가 되는 스릴을 느끼기 위해 무작위로 어떤 소년을 살해하는 이야기이고 당시 베스트셀러였다. 제니는 스무 살이었고 동부 해안지역 여대를 2년 다녔으나 자퇴하고 이웃 남학교에 다니는 남자친구 레지를 두고 이곳으로 왔다. 제니가 다니던 예비학교 학생들에게 기대되는 이상적인 삶, 그러니까 대학, 결혼, 아이로 이어지는 삶을 버리고 온 것이다. 제니는 열정을 느낄 수 있는 무언가를 하고 싶었다. 그런데 뉴욕에 와서는 허송세월하며 레지를 만날 주말만 기다리고 있었다. 제니는 좋은 집안 출신이라, 부모가 반대하지 않게 평판이 좋고 안전한 동네에 있는 바비즌에 숙소를 정했다. 제니는 자기 이야기를 하며 은밀히 공모하듯 게일 쪽으로 몸을 숙였다.

그렇지만 제니는 바비즌 로비가 그다지 마음에 들지 않는다고 했다. 남자들이 "지친 발을 쉬어간다는 핑계로 지나가는 예쁜 여자들을 구경하는" 장소로 사용한다는 점을 불만스럽게 지적했다. 문제는 이 남자들이 때로 여자들을 따라 로비에서 거리로 나서기도 한다는 점이었다. 한 젊은 바비즌 거주자가 경고했듯이 "길모퉁이에서 일어날 수 있었다. 어느 모퉁이에서나". 성적 괴롭힘이나 심지어 폭행이 일어날 수도 있다는 말이었다. 제니는 식사를 마친 뒤 게일을 버리고 가버렸고《뉴욕 포스트》탐사 기자는 로비를 어슬렁거렸다. 커플이 웃으며 저녁 시간을 같이 보내러 나가는 모습을 보았고, 한 무리의 젊은 여자들이 영화를 보러 나서는 모습, 또 오스카가 활짝 웃으며 일일이 뺨을 두드려주며 배웅하는 모습을 보았다. 게일은 주위 사람들의 대화를 엿들었다.

"하나같이 다들 똑같아. 어떻게든 한번 자보려고 하지." 한 젊은 여성이 로비 저편에 있는 누군가의 데이트 상대를 쳐다보며 친구에게 말했다.

"하지만 엄마, 저 집에 가고 싶어요…" 누군가는 전화 부스에서 이렇게 속삭였다.

― 호텔 바비즌

"저한테 온 편지 없어요?" 발목 양말을 신은 평범한 외모의 여자가 두툼한 편지 뭉치와 고향 신문을 다른 투숙객에게 건네주는 우편 직원에게 물었다. 게일은 비가 내리는 렉싱턴 애버뉴를 혼자 배회했다.

《뉴욕 포스트》에서 게일 그린에게 맡긴 임무는 "혼자 사는 젊은 여성들" "사이에서 지내면서" 그들이 곤란한 처지를 어떻게 "용감하게 감추는지"를 취재하는 것이었다. 그리하여 여기저기에서 받은 인상을 죽 이어붙인 결과물이 나왔다. 게일은 독자들에게 바비즌 호텔 로비에 자기와 함께 서서 지켜보고 귀 기울이라고 한다. "희망찬 기대감을 담은 얼어붙은 미소. / 문밖 트레이에 놓인 거품만 남은 다이키리 글라스. / TV 보다가 낄낄거리는 젊은이를 나무라는 노인. / 애프터눈티에 곁들인 쿠키와 따분한 대화. / 눈물이 흐른 뺨을 대고 식히는 전화 부스의 차가운 유리. / 울리지 않는 전화. / 집이 그리워 흘리는 눈물. / 공감의 엷은 미소."[7] 이것이 《뉴욕 포스트》가 약속했으며 게일이 1957년에 전달한 "뉴욕의 알려지지 않은 이야기"였다.

•••

토요일 밤이 되면 바비즌에서 운 좋은 쪽에 속하는 이들은(말하자면 그레이스 켈리 같은 이들) 벨벳과 모피로 차려입고 엘리베이터를 타고 데이트 상대가 초조하게 기다리는 로비로 내려갔다. 엘리베이터를 운행하는 조그마한 여성이 "올라가요, 올라가요, 올라가요"

라고 외치며 또 다른 운 좋은 이들을 태우러 갔다. 나머지 절반, 그만큼 운이 좋지 않은 이들은 라운지에 모여 페리 코모Perry Como가 부르는 "행복은 바로 당신 눈 아래에, 바로 당신 뒷마당에 있다는 걸 알게 될 거예요"라는 가사의 노래를 들었다. 그런데 아무도 페리 코모의 말이 맞으리란 것, 여기에 있느니 고향으로 돌아가는 편이 나을 거라는 아이러니를 이해하지 못하는 듯하다고, 게일은 썼다. 검은 머리 아가씨 한 명은 손에 쥔 털실을 잡아당겼고(스웨터를 뜨고 있었다) 맞은편에서는 매력적인 여자 두 명이 직소 퍼즐을 했다. 이렇게 바비즌 꼭대기층에 있는 작은 라운지 바닥에 앉아 있다가, 누군가가 전투용 함성을 지르며 벌떡 일어났다. "나 배가 고파서 주우우욱을 것 같아." 이전에 왔던 사람들이 그랬고 이후에 올 사람들도 반복할 일이지만, 배고픈 젊은이는 손안의 잔돈을 만지작거리며 로비 드러그 스토어로 가려고 엘리베이터를 기다렸다. 게일은 "식욕으로 착각한 공허함을 채워줄 달콤하고 크리미하고 진한 무언가"를 사러 가는 것이리라고 짐작했다.

하지만 다음 날에는 무언가 들뜬 분위기가 느껴졌다. 메자닌에 있는 나무 패널로 된 방에서 결혼 피로연이 열릴 예정이었다. 평소에는 차를 마시거나 머리를 마는 클립을 꽂은 채 늦은 시간에 TV 앞에 모여 〈더 레이트 레이트 쇼The Late Late Show〉를 보는 곳이었다. 바비즌 거주자 중 한 명이 길 바로 아래쪽에 있는 교회에서 결혼식을 올리고 다시 '집'으로 돌아와 피로연을 여는 거였다. 신부의 바비즌 친구 중 한 명인 엘런은 이걸 누구에게나 희망이 있다는 좋은

─ 호텔 바비즌

조짐이라고 받아들였다. 친구는 스물여덟 살(이나!) 먹었고 남편이 될 사람은 마흔다섯 살이었다. "이제 친구는 일자리, 집, 자동차에 남편까지 생겼는데, 이 모든 걸 1년 만에 해낸 거예요." (잠시 뒤 다른 바비즌 거주자는 이게 부러워할 일이 맞나 고개를 갸웃했다. 신랑이 신부보다 키가 작았다.) 엘런은 케이티 깁스 소속이었고 깁스 학교 학생 전용층인 3층에 살았다. 케이티 깁스 학생들은 사감한테 관리를 받고 통금시간도 정해져 있으며 일몰 후에는 퇴실/입실을 기록해야 했다. 엘런은 학교에 갈 때는 언제나 의무적으로 스타킹과 하이힐, 모자를 착용했고 심지어 스웨터를 입는 것도 금지였다. 스웨터를 입으면 몸매의 굴곡이 드러난다는 이유였다. 엘런은 평균 한 달에 한 번 정도 데이트를 했다.

때로는 바비즌 건너편 건물에 사는 사람들을 구경하면서 저녁 시간을 보내기도 했다. 빨간색 플란넬 잠옷을 입은 여자가 있고 트렁크 팬티 차림으로 돌아다니는 남자가 있었다. 또 다른 오락거리는 TV였다. 호텔 전체에 TV가 두 대 있었다. 게일은 카우보이 쇼가 방영되는 날에 TV룸에 들렀다.[8] 젊은이들이 푹신한 안락의자에 푹 파묻혀 나무 벤치에 발을 올리고 있었다. 이럴 때 젊은이들과 나이 지긋한 오래된 거주자들 사이에서 무슨 프로그램을 볼지를 두고 혹은 매너를 두고 갈등이 불거졌다. TV룸 앞에는 흡연과 취식을 금한다는 안내판이 붙어 있지만 아무도 지키지 않았다. 18층 라운지는 프런트데스크에서 출입증을 받은 후 남성 방문객을 데려올 수 있는 유일한 곳인데 정적만 감돌았다. 게일은 텅 빈 방을 가로질러 테라스로 나가 네온 불빛이 반짝이는 도시를 내다보았다. 남쪽에서 엠파이어 스테이트와 크라이슬러 빌딩을 보고는 자기가 맨해튼 한복판에 있다는 사실을 깨닫고 소스라치게 놀랐다.

게일은 바비즌의 공연장 겸 TV룸에서 차를 마시다가 애나를 만났다. 다른 여자들과 달리 애나가 먼저 게일에게 말을 걸었다. 애나는 자칭 "이 여성 요새의 사교 부장"이라며 바로 게일에게 몇 층에 묵냐고 물었다.9 애나가 수첩을 꺼냈다. 애나는 5층에 있는데, 애나 말로는 그 층 사람들은 아주 "유쾌한 시간"을 보낸다고 했다. 그러니까 5층은 재미있는 층이라는 건데, 게일은 10층에 있었다. 애나는 수첩을 후루룩 넘기더니 '774'를 한동안 못 봤다는 걸 떠올렸다. 그러더니 '1090'을 기억해내고는 얼굴이 환해졌다. 게일과 같은 층에 있는 사람인데 꼭 만나봐야 한다고 했다. '1090'의 이름은 실비아였다. 실비아는 "창백하고 부은 듯한 얼굴"이었고 애나의 말과는 달리 두 사람을 보고 별로 반가워하지 않았다. 실비아는 두 사람이 들어오지 않길 바라는 듯 문을 막아섰다. 게일은 실비아 뒤쪽으로 반쯤 짐을 푼 가방, 수북이 쌓인 옷더미, 한쪽으로 치워놓은 빈 와인병, 블루밍데일 화장품 코너를 옮겨놓기라도 한 듯 로션과 여타 화장품이 즐비한 화장대를 봤다. 실비아는 필라델피아 출신의 간호사였다. "그레이스 켈리의 어머니가 여기가 숙소로는 최고라고 했어요." 게일은 얼마 전 상점 쇼윈도에서 본 선글라스를 떠올렸다. 그 옆에 광고문구가 붙어 있었다. "모나코의 그레이스 대공비 전하가 착용했던 것과 똑같은 복제품입니다."

또 아이린이 있었다. 아이린은 소개팅에서 '남자친구'를 만났다(처음으로 성공한 소개팅이었다). 무려 변호사였다. 그런데 남자친구가 이제 성관계를 원한다고 했다. 아이린은 거절했지만 남자친구의 요구를 기분 좋게 받아들여야 할지 모욕으로 느껴야 할지 알 수 없었다. 아이린보다 겨우 두 살 위이지만 세상사에 훨씬 훤한 게일은 아이린에게 이렇게 말했다. "기분 좋게 생각하세요." 그게 1950년대 여성의 현실이기도 했다.

게일은 '외로운 여자들'에 둘러싸여 있다가, 자기가 개인적으로 아는 사람이며 '외로운 여자들' 범주에는 속하지 않는 누군가를 마주쳤다.[10] 게일이 그 사람을 알아본 것은 "낮고 관능적인 목소리" 때문이 아니라 "속눈썹이 긴 녹색 눈" 덕이었다. 미시건 대학에 함께 다녔던 존이라는 젊은 여성이었다. 존은 취업 알선업체에서 새 일자리를 찾아주길 기다리고 있는데 꽤 오래 일하지 않고 지내면서 지쳐가는 중이었다. 어느 날은 스태튼 아일랜드 페리를 네 번이나 탔고 부두에서 14번가까지 걸어가기도 했다. 페리를 타지 않을 때는 머리를 감고 쇼핑을 하고 이 사람 저 사람과 데이트를 했다. 가끔 소개팅 상대가 친구를 데려올 때는 자기도 다른 친구를 데리고 나갔다.

존은 '외로운 여자들'에 속하지 않았고 매일 아침 경쾌하게 바비즌 커피숍으로 들어가 여러 테이블과 친구들 사이에서 자기 자리를 고를 수 있는 운 좋은 축에 속했다. 그렇지만 존이 게일에게 털어놓길 자기도 못 볼 꼴을 많이 보았다고 했다. 옆방 여자가 "엄청나게 취해서 난동을 부리고", 같은 복도에 사는 사람들 대부분을 봤다. 큰 소리가 들려서 들여다보았더니 옆방 젊은 여자가 벽에 물건을 집어 던지고 있었다. 존이 괜찮냐고 묻자 여자가 쳇소리를 냈다. 뭔가 '일'이 있다 싶자 다들 방 밖으로 나왔고 몇 분 만에 존의 방에 마흔 명이 모였다. 칵테일이라도 돌려야 하나 하는 생각마저 들었다. 그때 경찰을 불렀다는 소식이 전해지자 다들 자기 방으로 달려갔다. 머리에서 컬 클립을 빼고 섹시한 네글리제로 갈아입기 위해서였다. 존은 그 이야기를 하면서 눈을 굴렸다.

"젊지도 늙지도 않은, 초췌한 얼굴에 눈가에 절망의 기색이 서리기 시작한 사람들"도 만만치 않게 거슬렸지만, 최악은, 존의 말에 따르면 늙은 부인들이라고 했다. "바비즌 깊숙한 곳의 성소"를 차지하고 있는 사람들이었다. 호텔이 지어진 지 얼마 안 되었을 때 이곳에 입주해 길게는 27년째 사는 사람도 있었다. 다른 사람들은 객실 사용료로 한 주에 39달러를 내는데 그 사람들은 아직도 8달러를 냈다(고 존은 알고 있었다). 그 사람들 방은 마치 박물관 같았다. 객실 사용료만 이전 시대의 유물인 게 아니라 방 내부 인테리어도 마찬가지였다.

존은 이런 바비즌의 삶에서 벗어나는 길은 취직이라는 걸 잘 알았지만, 대학 졸업장이 없고 타자나 속기도 배우지 않았고, 그렇다고 해서 비숙련 노동을 하기에는 너무 많이 배웠다는 소리를 들었다. 존이 게일과 이야기를 나누는 도중에 전화가 울렸다. 취업 알선업체에서 온 전화였는데 외국 영화사 면접을 주선해주겠다는 것이

—호텔 바비즌

었다. 존은 다시 눈을 굴렸다. "외국 영화라니, 외설 영화를 말하는 거잖아. 전화 업무를 담당할 거라는데, 이 말은 전화를 받으라는 소리고. 계산 업무라는 건 장부 관리를 하라는 거고. 중요한 기록 정리, 이건 바꿔 말하면 사장의 도박 판돈을 기록하라는 거겠지. 참 즐겁겠어." 존은 면접을 보러 가지 않았다. 업체에 전화를 걸어 아시아 독감에 걸렸다고 말하고는 그날 차버릴 예정인 테드와 마지막 데이트를 하러 나갔다.

또 다른 주민 재클린은 영국에서 온 나이트클럽 가수인데 '원더룸'이라는 나이트클럽에서 활동했다.[11] 작고 말랐지만 몸에 굴곡이 있고 피부는 상아색이고 백금색 머리카락은 깔끔하게 프렌치롤로 틀어 올렸다. 재클린은 거울을 보며 게일과 이야기를 나누었다. 청록색 아이섀도를 눈꺼풀에 솜씨 좋게 바르고 족집게로 눈썹을 뽑았다. 재클린은 5층, 즉 "유쾌한 층"에 살았다. 저녁으로 초콜릿바네 개를 먹었고, TV룸에서 벌어지는 말다툼에는 낄 기회가 없었는데 일이 밤 11시에 시작해 새벽에 끝나기 때문이었다. 나이는 스물세 살로 게일과 동갑이었으나 서른 살 정도로 보였다. 재클린은 옆방에 사는 열여덟 살 헬렌과 특별한 유대관계가 있었다. 헬렌은 재클린을 엄마처럼 여겼다. 또 남자들이 따르고 끝없이 전화를 걸어대는 재클린의 삶을 보며 대리만족을 느끼기도 했다. 헬렌과 재클린은 서로 방에 있는지 확인하려고 두 방 사이 벽을 두드리곤 했다. 헬렌은 불을 끄고 싶은데 침대 밖으로 나가기 싫을 때는 벽 스위치에 물건을 던져서 불을 끄는 버릇이 있었다. 얼마 전에는 코에 넣는

물약 병을 던졌다가 불을 끄는 데 실패하자 객실에 비치된 묵직한 재떨이를 던졌다. 쿵 하는 소리에 재클린이 놀라 달려왔다. 두 사람은 서로를 돌봐주었다. 재클린이 주로 엄마 역할을 하긴 했지만. 같은 층에 사는 노인 한 명이 재클린의 노래를 성가신 소음이라고 하자, 헬렌은 그 노인 방에 '페인트칠 주의' 팻말을 걸고 문지방에 면도크림을 찍 뿌려놓았다.

빌리 조는 스무 살 대학 중퇴자였는데, 학교를 그만두는 바람에 남부에서 존경받는 치과의사인 아버지의 분노를 샀다.[12] 아버지는 화가 나긴 했어도 빌리 조가 여성 전용 호텔에 묵는 한은 숙박비를 댈 용의가 있었다. 그래서 바비즌에서 지내게 된 것이다. 빌리 조는 "키가 크고 뼈대가 굵고 쥐색 머리카락에 연하고 촉촉한 눈, 티 없는 피부"의 젊은 여자였다. 빌리 조가 대학을 중퇴하게 된 것은 머리를 짧게 깎은, 빌리 조에게 관심이 없었던 2학년생 남자 때문이었다. 캠퍼스에서 그를 피해 다니는 데 지쳤다. 차라리 학교를 그만두는 편이 쉬웠다. 빌리 조는 뉴욕에서 다시 남자친구를 사귀었고 그래서 바비즌에서 늦은 시간에, 자정 직전에 나가곤 했다. 남자친구가 늦게까지 일했는데 빌리 조는 남자친구 집에 가서 저녁을 차려주는 걸 좋아했다. 호텔에서 나갈 때는 객실 문에 방해금지 팻말을 걸어놓고 나가서 아직 별문제가 없었던 듯했다. "가끔 나한테 문제가 있나 생각해요. 그러니까, 나는 숙녀로 길러졌거든요, 다른 사람들처럼요. 숙녀라는 게 뭐든 간에… 나는 숙녀예요. 하룻밤에 두 사람 이상하고 잔 적은 한 번도 없어요. 원칙이에요." 빌리 조는 늘

─호텔 바비즌

숙녀라도 섹스는 할 수 있다고, 난잡하지만 않으면 된다고 생각해 왔다. 그런데 온갖 종류의 장애물이 있었다. "항상 알고 보면 유부남이거나 애가 다섯 딸린 이혼남이거나 갑자기 시애틀로 전근을 간다거나, 아니면 그냥 감쪽같이 사라져버려요." 최근에는 어떤 멋진 젊은이를 만났고 함께 길을 걷다가 그 남자가 바이올렛 꽃다발을 사주기도 했는데, 그러고 나서 연락을 끊어버렸다고 했다.

게일은 남자 문제로부터 이불속으로 도피한 빌리 조를 두고 나와 로이스한테 가서 커피숍에서 같이 저녁을 먹겠냐고 물었다. 로이스는 날씬하고 매력적인 갈색 머리 여자인데 알이 두꺼운 캣글라스 안경 뒤에 커다란 갈색 눈이 있었다. 보기 좋은 외모였다. 등이 꼿꼿하고 옷은 늘 갓 드라이클리닝한 것처럼 깔끔했다. 방 안 모습은 정반대여서 "빈 담뱃갑, 신문과 잡지 더미, 반쯤 먹다 남긴 음식이 담긴 식품점 용기가 널린 쥐 소굴 같았다". 나이는 스물여덟이고 대학을 졸업했고 주변 사람들이 전부 결혼하는 걸 지켜보았다. 동생들, 고향 친구들, 뉴욕에서 한 아파트에 살았던 룸메이트들까지. 독신 룸메이트를 더 구할 수 없어 바비즌으로 돌아올 수밖에 없었다. 게일과 로이스가 젊은이들 한 무리와 같이 엘리베이터에서 내렸을 때, 젊은이들은 로비에서 기다리고 있는 데이트 상대에게 달려갔다. 그러자 로이스가 게일의 팔을 잡으며 말했다. "봐요. 불공평하지 않아요? 난 못생기지 않았어요. 머리도 좋고요. 옷도 남들 못지않게 잘 입지요. 근데 왜일까요? 내가 아름다웠다면 어땠을까요? 열여덟 살 때는 스물두 살이 되면 예뻐질 거라고 생각했어요.

내가 얼마나 예쁜 여자가 될까 몽상에 빠지기도 했죠. 스물두 살이 되었을 때는 스물다섯 살에는 분명히 예뻐질 거라고 스스로를 달 랬고요. 그런데 막상 스물다섯 살이 되니 그 게임을 하기에는 이미 너무 나이가 많아져버렸더라고요. 하지만 난 정말 그렇게 될 거라 고 믿었어요." 로이스는 마음이 바뀌었다며 계단 쪽으로 몸을 돌려 TV룸으로 가버렸다.

•••

게일은 TV룸은 별로였지만 바비즌의 티타임은 좋아했다. 매일 5 시부터 6시까지, 일자리를 찾거나 수업을 듣거나 "상업 세계의 알 루미늄과 형광등" 속에서 버티다가 바비즌에 돌아오면 늘 차가 있 었다.[13] 마호가니 벽에 버건디색 벨벳 커튼이 쳐진 메자닌 라운지 에서 차를 마시는 동안, 파스텔색 니트 원피스를 입은 통통한 부인 이 오르간을 연주했다. 오르간 연주자는 곡 사이사이에는 라운지 구석에서 다른 나이 많은 주민들과 같이 어울렸다. 그날 오후는 핼 러윈이었으므로 차와 쿠키 대신 특별히 사이더*와 도넛이 제공되 었고 라운지는 사람들로 바글바글했다.[14] 광고회사에서 일하는 엘 리너는 즉흥 마케팅 설문조사를 하고 있었다. 오늘의 상품은 페이 퍼타월이었다. 마거릿은 어제 서랍 여러 개를 한꺼번에 열었다가 서랍장이 앞으로 쓰러지는 바람에 유리 상판까지 떨어져 발치에서

---

* 사과주.

　　　　　　　　　　　　　　　　　—호텔 바비즌

산산조각나고 말았다고 말했다. 린다는 공짜표가 있는데 밤에 같이 연극 보러 갈 사람 없냐고 물었다. 린다는 주위를 둘러보더니 아쉬운 듯이, 연기 공부를 시작한 뒤로 이제는 연극을 전처럼 즐길 수가 없다고 말했다. 로베르타는 수영복 위에 트렌치코트를 입고 있었다. 자기 몫의 사이더와 도넛을 먹은 다음 바로 지하 수영장으로 갈 계획이었다.

게일이 머리를 감으러 방에 올라갔는데, 바비즌의 비공식 사교부장 애나가 불러냈다. 방으로 전화를 걸어 지금 아네트의 방에 있으니 오라고 했다. 미술 학도인 아네트는 자기를 좋아하는 남자가 외국에서 보낸 초콜릿을 나눠주고 있었다. 애나는 방금 '심심풀이 집시 티룸'에서 점을 보고 왔는데 점쟁이가 "내년이 행운의 해가 될 것"이며 "결혼해서 아이를 둘 낳을 것"이라고 했다고 했다. 헬렌이 다 같이 점 보러 가자고, 특히나 핼러윈이니까 나가자고 했고, 게일은 별로 내키지 않았지만 따라갔다. 영국인 클럽 가수 재클린, 그리고 재클린의 "동생"이자 이웃인 헬렌이 동행했다. 네 사람은 "맨해튼에 있는 흔하디흔한 식당"처럼 보이는 곳에 도착했고 각자 방으로 들어가 점괘를 들었는데 저마다 정확히 듣고 싶은 이야기를 들었다. 나오는 길에 괴물 가면을 쓴 아이 셋이 지나가다 동전을 달라고 했다. "안 주면 장난칠 거예요!" 헬렌, 애나, 게일은 재클린을 나이트클럽에 데려다주었고 재클린은 공연 준비를 하러 서둘러 들어갔다. 세 사람이 바비즌으로 돌아왔을 때 애나가 밖에 주차된 차에 남자 세 명이 보인다며, 천천히 걷되 차 쪽으로 고개를 돌리지 말라고 말했다. 그들은 함께 게일의 방으로 갔다. 애나의 동생이 와서는 그날 오후에 영화관에서 모르는 남자가 자기 무릎에 손을 얹었다고 말했다. 헬렌은 재클린의 노래를 소음이라고 한 나이 많은 주민에게 아직 화가 난 상태여서, 수화기를 집어 들고는 교환원한테 582호실을 바꿔달라고 했다. "안녕하세요. 582호실인가요? 맞아요? 빗자루가 아래층에서 손님을 기다리고 있습니다." 침묵이 흘렀다. "손님 **빗자루**요. 좋은 밤 되세요."

•••

게일 그린이《뉴욕 포스트》에 연재한 바비즌의 외로운 여인들에 관한 기사는, 대놓고 말하지는 않았을지라도 분명 이런 속뜻을 암시하고 있었다. 외로운 여자들은 매우 불행하며 심지어 극도로 위험한 상태가 될 수도 있다는 것. 그간 바비즌에서 일어난 자살 사건은 호텔에서 아주 조용히 잘 처리했다. 수십 년 동안 언론에 유출된 사례는 단 몇 건밖에 없었다. 1934년 3월 미시즈 이디스 라 투어 Edith La Tour라는 서른 살 여성이 퀸스 베이사이드에서 그날 아침 호텔로 와서 체크인했고 저녁에는 "더는 고통을 견딜 수가 없다"라는 유서를 남기고 뛰어내렸다.[15] 1935년 4월, 시카고에서 뉴욕으로 온 지 2년이 된 스물일곱 살 해리엇 빈Harriet Bean은 고의적인 진정제 과용으로 사망했다.《시카고 데일리 트리뷴Chicago Daily Tribune》만 해리엇이 "두 달 전에 수술을 받았다"고 넌지시 전했다.[16] 아마도 불법 임신중절 수술이었을 것이다. 1939년, 시카고 대학 학생이었던 스

— 호텔 바비즌

물두 살의 주디스 앤 파머Judith Ann Palmer가 바비즌 객실에서 권총으로 머리를 쏴 숨진 상태로 발견되었다.[17] 주디스 앤 파머는 두 장의 유서를 남겼다. 하나는 "관계자분께"라고 적혀 있고 서랍에 30달러가 있으니 그걸 장례 비용으로 써달라는 내용이었다. 나머지 한 장은 시카고 레지던스 호텔에 거주하는 어머니에게 보내는 것이었다. 1940년대부터 바비즌 호텔 측에서는 자살 사건이 언론에 노출되지 않게 하는 방법을 알아내어 잘 막은 듯하다.

언론에 보도되지 않더라도 자살은 계속 이어지고 있었다. 레지나 레이놀즈Regina Reynolds는 '가라앉지 않는' 몰리 브라운이 그곳에서 마지막 아리아를 부른 직후에 바비즌에 입주했다. 레이놀즈에게 자살 사고에 대해 묻자 자기가 그곳에서 지내는 동안 쉰다섯 건 정도가 있었던 것 같다고 대답했다. 일요일이 되면 검시관이 왔는지 창밖을 내다보곤 했다. 항상 일요일이었다. 토요일은 데이트의 밤이었고, 다음에 실망이 찾아오기 때문이다. 커튼봉에 목을 매는 사람도 있었다. 말라키 매코트는 1950년대 중반 바비즌에서 자살한 사람을 적어도 세 명 안다고 했다. "두 명은 약물 과용이었고, 한 명은 창문에서 뛰어내렸죠. 쉬쉬하면서 비밀에 부쳤어요. 이름이 캐럴 앤드루스였던가? 어떤 남자를 만났는데⋯ 남자가 차버렸어요."[18]

어떻게 살아야 하고, 어떤 모습이 되어야 하며, 어떤 나이에 결혼해야 한다는 압박이 막강했다. 말라키의 첫 번째 아내는 모델이었는데 파크 애버뉴 근처에 사는 부모님에게서 벗어나려고 바비즌으로 왔다. 와서 보니 모델들 대부분이 폭식증을 앓았고 화장실 앞에 긴 줄이 생기곤 했다. 석호처럼 파란 눈의 모델 글로리아 반스 하퍼 Gloria Barnes Harper는 포드 에이전시와 계약하면서 웰즐리 칼리지를 1년 만에 중퇴했다. 다른 포드 모델들처럼 글로리아 반스 하퍼도 바비즌에 묵었다.[19] 글로리아는 호텔 같은 층에 있는 이웃들에게서 다른 종류의 위험을 보았다. 굶주림에 시달리는 사람들이 있었는데 살을 빼려고 일부러 굶는 것이 아니었다. 고등학교를 졸업하기도 전에《라이프》표지를 장식한 포드 에이전시 모델 글로리아의 방에 저녁마다 여자들이 찾아와 그날 밤 데이트를 주선해줄 수 있냐고 물었다. 데이트를 한다면 제대로 된 저녁을 먹을 수 있다는 뜻이고, 데이트가 없으면 크래커로 끼니를 때워야 했다.

말라키 매코트는 무엇보다도 그 시대의 위선에 가장 큰 충격을 느꼈다.[20] 특히 성에 대한 태도가 그랬다. "처녀"들은 "프렌치 레버"라 불리는 피임도구를 능숙하게 사용했고, 만약 그걸 썼는데도 피임에 실패하면, 평생 절대 발을 들이고 싶지 않을 장소를 찾아가 불법 중절수술을 받았다. 수술 도중 죽지 않고 살아남더라도 감염을 일으켰다. "바비즌은 아이젠하워 시대의 분위기를 풍긴다"고 말라키는 말했다. "체면이 당시의 질서였다. 여성으로서 부끄러워해야만 하는 일이 너무 많았다. 그래도 비서로 취직하거나 결혼하면 전부 청산할 수 있었다." 그러나 때로는 그게 불가능했다.

1950년대에는 참 많은 것이 감춰져 있었다. 말라키의 회고에 따르면 당시 맨해튼 어퍼이스트사이드의 번듯한 동네에 "다이크, 퀴

─호텔 바비즌

어, 프루트, 팬지" 룸메이트가 있다는 소문, 혹은 "흑인 피가 섞여 있다"는 등의 소문이 돌았다.[21] 당시는 인종 비하 발언을 아무 거리낌 없이 할 때였다. 어퍼이스트사이드는 뉴욕에서도 가장 순도 높은 백인 거주지역이었다. 말라키는 당시 뉴욕에 대해 이렇게 썼다. "1956년 여름에… 흑인은 보이지 않았다. 차이나타운은 관광객들이 가는, 아주 약간의 위험이 존재하는 이국적인 장소였다. 그리니치빌리지는 보헤미안, 비트족, 길에서 뻔뻔하게 키스를 하고 손을 내미는 퀴어들이 가득해 눈이 휘둥그레지는 곳이었다."[22] 말라키의 말은 옳기도 하고 틀리기도 했다. 바버라 체이스가 바비즌에 도착한 게 정확히 1956년 여름이었으니까.

● ● ●

여성은 어디에서든 남성에 의해 정의되었다. 그런데 바비즌의 여성은 백인성으로 정의되기도 했다. 너무 당연하게 여겨져 언급되지 않았을 뿐. 미국의 백인은 계층과 상관없이 백인이라는 사실에서 공통점을 찾았다. 그들이 지닌 단 한 가지 확실한 것이 바로 백인성이었다. 돈이나 권력이 없더라도 백인인 이상 특권을 누릴 수 있었다. "자유롭고, 백인이고, 스물한 살"이라는 문구가 1920년대에 유행해 1930년대 여러 영화에 등장하기도 했다. 한 예로 1932년 영화 〈나는 탈옥수I Am a Fugitive from a Chain Gang〉에서는 상류층 여성과 낯선 남자가 스피크이지에서 이런 대화를 나눈다.

신원 미상 남자 :

여기 좀 더 있어도 괜찮겠어요? 혹시 집에 가야 해요?

(여자는 눈을 크게 뜨고 모욕적이라는 듯 물러선다.)

젊은 상류층 여성 :

내 삶에 해야 하는 건 없어요. 난 자유롭고, 백인이고, 스물한 살
이에요.

이 문구가 1940년대, 1950년대까지 계속되었다. 심지어 실비아
플라스의 《벨 자》에도 이런 말을 하는 인물이 있다.[23] 이 인종주의
적인 말의 뿌리는, 투표를 하려면 일정 재산이 있어야 한다는 조건
을 폐지한 1828년 법령이다. 자유민이고, 백인이고, 스물한 살이기
만 하면 투표를 할 수 있었다(물론 남성이어야 했지만, 어째서인지 이 문
구가 다시 유행할 때는 그 점은 무시되었다). 미국 최초의 고민 상담 칼럼
니스트 도러시 딕스Dorothy Dix가 1920년대에 이 문구를 되살려서
젊은 백인 여성들에게 일종의 여성해방 슬로건으로 제시했다. 딕
스의 본명은 엘리자베스 메리웨더 길머Elizabeth Meriwether Gilmer였는
데, 남북전쟁 도중에 가족의 은화를 안전히 지켜준 노예의 이름을
자기 필명으로 삼았다. 그러고는 1828년의 문구를 별생각 없이 20
세기 초반 백인 여성 권익 신장과 엮었다.

그러나 바버라 체이스는 자유롭고 스물한 살이긴 하나 백인이

아니었다. 템플 대학교 재학생이고 아프리카계 미국인이자 《마드무아젤》 구독자였던 바버라 체이스는 그해 여름 무수한 다른 여대생들처럼 명망 높은 객원 편집자 프로그램에 지원하기로 결심했다. 특별한 일이라고 생각하지는 않았다. 바버라가 그때까지 살아온 방식이 그랬다. 주변의 인종주의를 의식하지 못해서였는지, 아니면 의도적으로 무시했는지는 말하기 어렵다. 그뿐 아니라 바버라는 자기가 확실히 뽑힐 거라고 생각했다. 실비아 플라스나 존 디디언처럼 수상 경력이 있으면 유리했기 때문이다. 바버라 체이스는 최근에 《세븐틴Seventeen》 잡지 일러스트레이션상을 탔고 수상작이 뉴욕 ACA 갤러리에 전시되었는데, 뉴욕 현대미술관 판화·드로잉 큐레이터가 우연히 그 작품을 보고는 미술관 소장품으로 구입하기까지 했다.

그해 늦봄 뉴욕 《마드무아젤》 사무실에서, 1956년 여름 참가자 선발 최종 심사가 시작되었을 때 가장 유력한 후보는 바버라 체이스였다. 그러나 흑인 여성을 뽑는 것에 대해 심각한 우려의 목소리가 있었다. 아직 어떤 패션잡지도 흑인 여성의 이미지를 지면에 인쇄한 적이 없었던 것이다. 바버라가 객원 편집자가 되면 한 해 중 가장 인기 있는 8월 대학생 특별호에 바버라의 사진을 실을 수밖에 없었다. 《마드무아젤》 객원 편집자 프로그램은 객원 편집자들이 뉴욕에서 마법 같은 한 달을 보낸 이야기를 숨 가쁜 어조로 들려주면서 독자들도 또래인 그들과 함께 여행하도록 하는 게 핵심이라, 객원 편집자들의 행적을 낱낱이 공개할 수밖에 없다. 객원 편집자 약력을 (사진과 함께) 싣고, "우리는 영감을 얻어요"라는 유명인 인터뷰를 (사진과 함께) 싣고, 바비즌에서의 짧지만 화려한 삶의 일상 사진, 마지막으로 프로그램의 전통인 똑같은 옷을(《마드무아젤》에서 광고비와 함께 협찬을 받는 옷이다) 입고 찍는 단체사진도 잡지에 넣는다.

바버라 체이스를 객원 편집자로 뽑을 것인가 하는 문제가 대두되었을 때 스트리트&스미스의 회장이 편집장 벳시 탤벗 블랙웰에게 다음과 같은 편지를 보냈다. "차별 문제를 놓고 누구하고 말다툼하고 싶지는 않아요. 개인적으로 저는 그 문제에 공감하는 편입니다만, 제 생각에는 우리가 그럴 필요도 없는데 굳이 또 '최초'를 이룩하려 하는 건 아닌가 싶습니다."[24] 회장은 잡지사 사람들이 "진보적 신념"에 너무 끌려가는 것 같다며, 그럼으로써 "몇몇 유색인 독자를 얻을 수는 있지만 남부의 고객, 많은 백인 독자, 일부 광고를 잃을 가능성이 있다"고 했다. 바버라 체이스를 뽑자는 게 "누구의 의견"이었냐고 묻기도 했다. 사람들은 실무적인 문제를 두고도 고민했다. 바버라 체이스를 뽑는다면—바버라가 "끝장나게 매력적"이고 "지금까지 예술 분야 후보 중에서 가장 뛰어나"기는 하나—실무자에게는 악몽이 될 터였다. 《마드무아젤》이나 스트리트&스미스 출판사의 그 누구도 답할 수 없는 질문이 많았다. "바버라가 다른 객원 편집자들과 같이 바비즌에 머무르도록 허용될까!?" "세인트레지스 공식 댄스파티 때 바버라의 파트너는 어떻게 하나? 오찬 파티가 있을 때 레스토랑에서는 어떻게 하나? 남부 광고주들을 만날 때는 어떻게 하지?"[25] 아무도 답을 몰랐다.

그러나 스트리트&스미스에서는 언젠가는 이 문제가 불거질 것을 예상하고 1년 전에 이미 강경 공화당원이자 남편은 남성우월주의자인 벳시 탤벗 블랙웰에게 아프리카계 미국인 객원 편집자가 최종 후보에 오를 가능성에 대해 물은 바 있었다.[26] 그때 BTB는 문제라고 생각하지 않는다고 답했고, 현재도 그 의견을 고수했다. 그리고 결국 바버라 체이스가 1956년 객원 편집자 스무 명 가운데 한 명으로 뽑히게 되었다. 뉴욕에 온 바버라는 "인종분리가 남부만큼이나 공고"하다고 느꼈다. 사람들은 아닌 척하고 있었지만.[27] 바버라 체이스는 피부색이 상대적으로 밝은 편도 아니었다. 바버라는 피부색을 포함한 여러 이유로 시선을 받는 데 익숙했지만, 바비즌에서는 누구도 바버라를 보고 "이상한 표정"을 지어 보이지 않았다고 진심으로 믿었다. 아니면 이때도 일부러 보지 않으려고 한 것일 수도 있다. 1956년 6월 1일 처음으로 호텔에 걸어 들어왔을 때 바버라는 이곳이 매우 호사스럽다고, 특히 로비가 대단하다고 생각했다. 그렇다고 해서 자기가 못 올 곳에 왔다고 생각하지는 않았다. 바버라는 어디에서든 당당했다.

《마드무아젤》의 내부 기록에 따르면 바버라는 곧은 단발머리를 어깨 바로 위에서 끝을 둥글게 말아 올렸고 (때로는 머리를 뒤로 묶고 흰색 진주귀고리를 하기도 했다) 아몬드 같은 눈, 무용수의 몸을 가진 매력적인 여성이었다. 《마드무아젤》에 실린 약력에 따르면 바버라 체이스는 객원 프로모션 아트디렉터를 맡았는데 "일곱 개 대학에서 장학금을 제안받았고, 작품이 현대미술관 판화 컬렉션에 포함되었다. 템플 대학에서는 현대 무용단을 감독하고 대학연보 미술 감독을 맡으면서 동시에 1.8미터 높이 점토 조상과 20개의 미술 프로젝트를 완수했다(바버라는 압박을 받을 때 더욱 생산적이다). '그렇지만 내 인생에서 가장 중대한 사건은' 바버라는 겸손하게 이렇게 말한다. '헛간처럼 추운 작업실을 얻은 일이었어요.' 이제는 '단독 전시one-man show를 하고 싶고 언젠가는 한 남자one man을 얻길 원해요.'"28 마지막 문장으로 바버라는 자기도 바비즌에 있는 백인 여학생들과 다르지 않다고 선언한 것이었다.

그럼에도 다른 객원 편집자들은 바버라를 어떻게 대해야 할지 몰랐고, 《마드무아젤》의 직위가 높은 여자들도 마찬가지였다. 다들 나름의 확고한 생각을 가진 사람들이었는데, 그 점에서는 바버라도 똑같았다. 갈등이 발생했지만 바버라는 그게 인종 때문이 아니라 계층과 나이와 관련이 있다고 생각했다. 바버라는 《마드무아젤》 편집자들이 자신이 세련되고 학식이 있고 의견이 뚜렷해서 놀랐으리라고 짐작했다.29 스스로 묘사한 바에 따르면 "다른 행성에서 와서 아직 자기 자리를 찾지 않은 사람, 공격적이지도 분노하지도 않으나 그렇다고 딱히 사근사근하지도 않고 내성적이며 오만하고 자기가 최고라고 생각하는 사람"을 어떻게 대해야 할지 갈피를 못 잡는 것 같았다. 바버라가 그곳에 온 이유는 다른 객원 편집자들하고 똑같았다. "즐거운 시간을 보내고, 멋진 옷을 입고, 편집자가 되려고." 사람들의 반응에 대한 바버라의 평가도 틀리지 않았다. 패션 편집자 에디 로크Edie Raymond Locke는 10대였던 2차대전 도중에 오스트리아 빈에서 뉴욕으로 망명한 유대인인데, 바버라 체이스를 객원 편집자 프로그램에 초청하기로 한 결정이 여러 면에서 "최초"가 되고자 하는, 늘 무언가를 "처음으로" 공개하고자 하는 《마드무아젤》의 열망 때문이라고 생각했고, 이번에는 특히 자신들의 진보적 열망에 스스로 뿌듯해하며 이런 결정을 내린 면이 없지 않다고 봤다.[30] 그랬으니 당연히 감사 인사를 받기를 기대했으나, 바버라는 감사할 생각이 전혀 없었다.

《마드무아젤》 1956년 8월 대학생 특별호에도 이런 애매모호함이 묻어난다. 주류("백인") 패션잡지에 미국 최초로 등장한 흑인 여성을 소개하는 태도는 어설프고, 당사자는 지워져 잘 보이지도 않는다. 1956년 8월호에서 바버라의 존재는 전혀 특별하게 언급되지 않는다. 거기 사진 속에 바버라가 있긴 한데 노출과다로 사진이 너무 밝고 이미지가 날아가서 흑인의 특징을 알아볼 수 없을 정도였다. 그렇긴 하나 두툼한 대학생 특별호에는 무의식적으로 바버라의 존재를 언급하는 듯한 기사들이 있다(어쩌면 미묘한 도발로 의도된 것이었을까?) 여러 페이지로 된 패션 화보는 "토요일 밤 예보: **블랙**"이라는 제목이 붙어 있는데, 백인 객원 편집자 몇 명이 검은색 드레스를 입고 재즈 음악가들(대부분 백인이지만 일부는 흑인이다) 옆에 서 있는 사진이 있다. 바버라는 보이지 않는다. 또 다른 기사는 앨라배마 대학에서 통합교육 실시 이후 발생한 문제를 다루었다. 앨라배마에서는 최초의 "흑인 학생"에 반대하는 학생 시위와 집단 폭력 등이 일어났다. "윌리엄 포크너William Faulkner 같은 양심적인 남부인

조차 통합교육이 도덕적으로는 옳지만 현재로서는 정서적으로 받아들이기 어렵다"고 주장하던 때였다.³¹ 《마드무아젤》기자가 앨라배마에서 취재를 하며 만난 사람들 가운데 이 사건에 관한 라디오 기사를 작성 중인 남자 대학생 무리가 있었다. 학생들의 기사는 대학 당국의 심의를 먼저 거쳐야 했는데, 대학 측에서는 흑인 학생을 '미스 루시'라고 지칭했다는 점 한 가지만 빼고 나머지는 통과시켰다. "대체로 남부 백인은 흑인이 '미스', '미시즈', '미스터' 등의 경칭으로 불리는 것에 반대한다"는 이유였다. 앨라배마 대학생들 가운데 상당수는 미스 루시가 감히 잘 차려입고 캐딜락을 타고 캠퍼스에 도착했다는 사실에 거부감을 느꼈다. 어떤 면에서, 바버라 체이스도 감히 그런 모습으로 뉴욕에 도착했다.

바버라는 뉴욕 시내, 바비즌, 《마드무아젤》 파티와 오찬을 제집처럼 자연스럽게 오갔다. 어쩌면 바버라가 파티나 세인트레지스의 댄스파티까지도(바버라는 '이상형'인 금발에 파란 눈의 남자와 짝이 되었다) 뉴욕에서는 이게 보통이겠거니 하고 무심히 받아들였기 때문일 수도 있다. 여느 해처럼 이해 6월에도 벳시 탤벗 블랙웰의 아파트에서 파티가 열렸는데 그 일이 바버라에게 깊은 인상을 남겼다. 바버라는 파크 애버뉴에 있는 아름다운 아르데코 양식 건물, 거품이 오래 지속되도록 넓은 모양으로 디자인된 쿠프 글라스에 샴페인을 따라 건네는 흰 장갑의 웨이터들을 기억했다. 그러나 다른 객원 편집자들이 경탄했던 다른 모임에서는 별 감흥을 받지 못했다. 한 객원 편집자는 파크 애버뉴에 있는 헬레나 루빈스타인의 3층짜리 아파트에 들어가자마자 경외감을 느꼈다. 전설적 인물이 "길게 뻗은 방 한끝에 있는 멋진 소파에 정교한 중국식 드레스를 입고 섬세한 자수가 놓인 구두를 신고 앉아 있었다."[32] 루빈스타인은 원래도 키가 작았지만 나이가 들면서 더 작아져서(그때 루빈스타인은 80대였다) "어린아이처럼 바닥에 닿지 않는 발을 달랑거렸다". 루빈스타인은 객원 편집자들을 이 방에서 저 방으로 데리고 다니며 미술품 컬렉션을 자랑했다. "나의 다정한 헬레나에게 파블로가" "애정을 담아, 살바도르" 같은 헌사가 붙어 있었다. 사실 전해인 1955년에 객원 편집자 재닛 버로웨이도 컬렉션이 별 볼 일 없다고 코웃음을 쳤는데, 아마 재능 있는 예술가인 바버라도 감흥이 없었을 듯싶다.

바버라의 태도는 태평해 보였으나, 모든 게 순조롭게만 진행된 것은 아니었다. 바버라는 바비즌 내부는 물론이고 근방 어디에서도 자기 말고 다른 아프리카계 미국인을 보지 못했으나, 그래도 정중하게 대접받았다. 인종분리의 유일한 지표는 지하실에 수영장이 있다는 사실을 아무도 바버라에게 알려주지 않았다는 것이었다.[33] 그렇지만 바버라는 수영을 할 줄 몰라서 수영장 출입 금지에 신경 쓰지 않았다. 한편 《마드무아젤》 사무실에서 벳시 탤벗 블랙웰은 바짝 경계하고 있었다. "BTB는 남부인 클라이언트가 있을 때면 나를 야자수 화분 뒤로 끌어당기거나 갑자기 무슨 핑계를 대며 나를 밖으로 데리고 나갔어요." 그렇지만 바버라를 앉혀놓고 남부 백인들의 감정이나 현실을 구구절절 설명하지는 않았는데, 너무 당연해서 설명이 필요 없었기 때문이다. BTB와 바버라는 둘 다 직설적인 성격이었고 그래서 서로 대놓고 할 말을 했다. BTB는 바버라의 인종 때문에 문제가 될 것 같으면 그렇다고 말했고, 한편 바버라는 BTB에게 그 문제에 어떻게 대처하면 좋을지, 다른 편집자들의 행동이나 말을 참고해서 말하곤 했다.

그러다가 '칼리지 클리닉'을 진행할 때가 되었다. 객원 편집자들이 대학생 특별호에 실릴 의상을 입고 런웨이를 걷고 바이어들은 그 모습을 구경하며 술을 맘껏 마시는 호화스러운 패션쇼였다. BTB는 돌려 말하지 않았다. "바버라, 너를 패션쇼에 올릴 수는 없어. 난리를 피울 사람들이 있거든." 바버라는 그냥 받아들였다. 반발하지 않았다. 패션쇼가 진행되는 동안 바버라는 무대 뒤 서까래 아래에 있었다. "그들이 말 그대로 나를 숨겼어요." 그러나 바버라는 화를 내지 않았다. 바버라의 어머니는 수녀원에서 자란 캐나다계 흑인 가톨릭교도였는데 1950년대 미국에서 흑인으로 살아가기가 얼마나 힘든 일인지 딸에게 제대로 알려주지 않았다. 아니면 알려주었는데 바버라가 받아들이지 않은 것일 수도 있다. 나중에 어머니는 이렇게 말하곤 했다. "바버라, 네 문제는, 네가 흑인이라는 걸 모른다는 거야."

객원 편집장이 밀리들의 정신없던 6월을 경쾌한 문체로 요약하는 글이 해마다 통과의례처럼 실리는데, 여학생들의 발랄한 기쁨을 열거한 이 글에 바버라는 단 한 줄 등장한다. "현대미술관에서 보낸 날이 있었고, 지하철에서 길을 잃은 날이 있었고, 줄리 해리스 Julie Harris가 나오는 〈라크The Lark〉의 오후 마지막 공연을 보고 나서

—호텔 바비즌

바버라가 '생각을 해야겠다'며 빗속에서 혼자 걸어 집으로 돌아간 날이 있었다…"³⁴ 어쩌면, 바비즌에 사는 다른 사람들처럼 바버라도 외로웠을지 모른다. 그러나 1956년 객원 편집자들이 대형 풍향계 주위에 X자 대형으로 서서 카메라를 올려다보며 찍은 사진에서 (단체사진은 언제나 위쪽에서 찍는다), 바버라는 그해의 의상인 빨간색 레인코트를 입고 행복한 듯 활짝 웃는다.

《마드무아젤》에서 다음으로 다시 '최초'를 달성한 것은 그로부터 5년 뒤였다. 1961년, 아프리카계 미국인 대학생 윌렛 머피Willette

아마도 바비즌에 투숙한 최초의 아프리카계 미국인이었을 바버라 체이스가 1956년 《마드무아젤》 객원 편집자 동료들과 함께 포즈를 취하고 있다.

Murphy가 229쪽에 대학생 의상을 입은 모델로 등장했다. "양모, 스트라이프 무늬, 헤링본 트위드. 4학년 학생회장이자 61년 졸업생 윌렛 머피가 입은 조합이다. 카디건은 회색 줄무늬 실크를 덧댄 합성 램스울이고 블라우스는 안감과 같은 무늬이다. 몸에 맞는 스커트는 검은색과 흰색 트위드 재질."[35] 윌렛 머피는 미국 패션잡지에 등장한 최초의 흑인 모델이었다. 《뉴욕 타임스》에서도 이 일을 시민권의 중요한 진전으로 주목했다. 사실 바버라가 5년 전에 이미 그 자리에 있었는데도. 서까래 아래에 숨겨져 있기는 했으나.

객원 편집자 프로그램이 끝났을 때 BTB는 바버라에게 《참》 잡지사의 유급 인턴 자리를 구해주었다. 바버라는 바비즌에서 투숙할 여유가 없었고, 게다가 《마드무아젤》의 객원 편집자라는 특별한 지위 없이는 그곳에서 받아주지 않을 가능성이 높았다. 그래서 필라델피아의 자기 집으로 돌아가서 매일 아침 6시에 일어나 암트랙을 타고 뉴욕 펜 역까지 왔다. 바버라는 잡지사에서 레이아웃 작업을 하고 앤디 워홀이 그린 구두 일러스트(앤디 워홀이 집세를 내기 위해 하던 일이다)를 붙이면서 "천국에 있는 듯 지극한 행복"을 느꼈다. 바버라는 나중에 잡지사에서 쓰지 않고 버린 앤디 워홀 일러스트를 챙기지 않은 것을 후회했다. 어쨌거나 바비즌과 《마드무아젤》에서 보낸 시간이 바버라에게는 삶을 바꾸는 계기가 되었다. 객원 편집자들이 가장 인터뷰하고 싶은 사람 한 명을 고르는 "우리는 영감을 얻어요" 코너에서 바버라는 《포춘》 아트디렉터인 레오 리오니 Leo Lionni를 택했다.[36] 바버라는 인터뷰에 다음과 같이 썼다. "네덜란

─ 호텔 바비즌

드에서 이탈리아인 부모에게서 태어난 리오니 씨는 미국에서 가장 마음에 들지 않는 점이 '우리가 즐기는 데 너무 인생을 소비하다 보니 살 시간이 없다'는 것이라고 했다. 삶에서와 마찬가지로 예술에서도 '어떤 감정이 개입하기 마련이다. 모든 게 다 귀엽고 예쁠 수만은 없다'라고 말했다." 레오 리오니는 바버라에게서 무언가를 보았고, 그해 바버라가 로마에 있는 아메리칸 아카데미에서 존 헤이 휘트니 연구기금을 받을 수 있게 도와주었다.

바버라는 나중에 이렇게 썼다. "미국이 막 안쪽을 들여다보고 내부의 아파르트헤이트를 탐구해 이전과 다른 곳으로 바뀌어가려 할 때 **나는** 바깥세상을 탐구하러 떠났다. 당시에 나는 민권운동이라 이름 붙인 이것이 정점을 향해 나아가고 있다는 사실을 전혀 몰랐다. 그로 인해 미국은 독특한 세상이 되었고, 나는 그것을 전혀 다른 관점에서 경험하게 될 터였다. 서유럽에 있는 미국인으로, '이국 땅의 외국인으로, 그리고 파리의 아메리카인으로.' 필라델피아의 그레이스 켈리는 유럽의 레니에 대공과 결혼했고, 매릴린 먼로는 유대인 지식인 아서 밀러Arthur Miller와, 재클린 부비에는 존 F. 케네디John F. Kennedy와 결혼했고, 제임스 볼드윈James Baldwin은《단지 흑인이라서, 다른 이유는 없다The Fire Next Time》를, 케네스 갤브레이스Kenneth Galbraith는《풍요한 사회The Affluent Society》를 썼다. 나는 유럽에서 이들 모두를 만나게 될 것이었다."37 바버라는 벳시 탤벗 블랙웰처럼, 결혼하면서 원래 성을 버리는 대신 남편의 성을 자기 이름에 추가했다. 바버라는 바버라 체이스리부드Barbara Chase-Riboud, 유명한 시각예술가, 베스트셀러 소설가, 다수의 수상 경력을 지닌 시인이 되었다.

표면적으로 바버라 체이스의 독특한 경험과 성공은 바비즌의 외로운 여자들과 유사점이 거의 없어 보인다. 그러나 이들의 공통분모는 비가시성이었다. 바버라도 외로운 여자들도 바비즌의 대중적 이미지 안에서는 보이지도, 재현되지도 않았다. 《마드무아젤》의 지면에서도 마찬가지였다. 바비즌 거주자들이든 《마드무아젤》 독자들이든 모두 젊은 백인 여성 혹은 예비 주부, 유쾌하고 활기차고 인기 있는 여성이리라고 기대되었다. 하지만 모두가 그렇지는 않았다.

바버라 체이스와 외로운 여자들이 1950년대의 거짓된 이상에 균열을 드러냈다면, 실비아 플라스는 그 이상을 달성하기 위해 치러야 하는 대가를 기록했다. 많은 여성이 공통적으로 치러야 했던 대가였고, 결국 그것이 여성들이 변화를 요구하게 하는 동인이 되었다.

8장

"이름이 없는 문제"

실비아 플라스와 1950년대를 추도하며

유명한 1953년의 《마드무아젤》 객원 편집자들이다. 실비아 플라스가 별 꼭대기에 있다. 당시의 객원 편집자들은 실비아 플라스의 유산, 그리고 자살을 떨쳐버릴 수 없었고 그 뒤에도 계속 그 일을 곱씹게 된다.

• • •

실비아 플라스 내면의 고뇌는 언뜻 보기에는 겉으로 잘 드러나지 않았다. 매사추세츠주 웰즐리에서 바비즌까지 실비아와 같이 온 로리 토튼은 실비아가 "전형적인 여학생"이며 "특별한 면은 전혀 없다"고 느꼈다.[1] 어떤 면에서 실비아는 당대의 전형적인 인물이었다. 나중에 '맨해튼 회고록' 3부작을 쓰는 메리 캔트웰Mary Cantwell도 실비아와 매우 비슷했다. 두 사람 다 동부 여대 출신이고, 따라서 (객원 편집자 한 명이 실비아를 두고 냉소적으로 평했듯이) "동부 해안 인 텔리겐치아"의 일원이었다.[2] 메리 캔트웰은 1953년 7월, 실비아가 뉴욕을 떠나고 한 달 뒤에 뉴욕에 도착했다. 그해 여름은 덥고 답답 하고 습도가 높아 숨을 쉴 수가 없을 정도였다. 메리 캔트웰은 실비 아처럼 뉴욕을 동경하면서 동시에 두려워했다. "지하철을 타기가 겁났고, 길을 잃어버릴까 봐 무서웠고 사무실 여직원들에게 화장 실이 어디냐고 묻기도 겁나서" 사무실에서 나와 길모퉁이를 돌면 있는 본위트 텔러 백화점 화장실을 이용하기도 했다.[3]

동부 해안의 엘리트 여대 졸업생을 전문으로 관리하는 세븐시스터스 취업 알선업체에서 메리를 《마드무아젤》 편집국장 시릴리 에이블스에게 보내 면접을 보게 했다. 시릴리 에이블스는 지난달에 실비아가 그림자처럼 따라다니던 편집자이자 실비아가 《벨 자》에서 '제이 시'라는 인물로 등장시켜 머리는 뛰어나지만 "지독히 못생겼다"고 묘사한 사람이다. 메리 캔트웰은 에이블스 앞에서 실비아처럼 기죽지 않았다. 메리는 에이블스가 "코네티컷 대학 여자 교수진의 살짝 세련된 버전"이라고 생각했고 "평범한 외모에 목소리는 낮고 부드러운 40대 여성"이라고 했다.[4] 메리 캔트웰은 외모가 화려하지 않아서 잡지사 패셔니스타들에게 당연히 거부당하리라 생각했기 때문에 자기가 먼저 퇴짜를 놓겠다고 결심하고 면접에 임했다. 경박한 여성잡지 편집자 따위보다 우월하다는 걸 보여주기 위해 평범한 분홍색 브룩스브라더스 셔츠에 흰색과 검은색 체크무늬 깅엄 스커트를 입고 면접을 보러 갔다. '냉담함'으로 매디슨 애버뉴의 편집자들을 부끄럽게 한다는 계획이었다. 그런데 사실 시릴리 에이블스가 원하는 사람이 바로 딱 메리 같은 젊은 여성이었다. 자기와 비슷한 사람, 즉 좋은 여대를 나온 똑똑한 여성이자 패션의 노예가 아닌 사람 말이다. 에이블스는 매해 가을 "스스로 자랑스럽게 여긴다는 소문이 있는 가슴을 돋보이게 하는 프린세스라인의 단순한 울 크레이프 재질 원피스 두 벌, 그리고 그것과 어울리는 아주 적절한 코트 한 벌을 트리게르*에서 산다"는 규칙을 고수했

---

* 폴린 트리게르가 설립한 고급 패션 브랜드로 20세기 중반에 인기를 끌었다.

"이름이 없는 문제" —

313

다.[5] 면접을 보면서 메리는 책을 많이 읽었다는 사실을 분명히 드러냈고, 에이블스는 메리가 읽은 책 작가들 전부와 가까운 친구 사이라는 점을 분명히 했다.[6] 그러고 나서 에이블스는 메리 캔트웰을 채용했다. 운 좋은, 어쩌면 '있을 수 없는' 행운이었다. 메리에게 별다른 기술이 없었고 대학 동기들 일부는 기술을 익히려고 케이티 깁스에 들어갔다는 사실을 생각해보면 더욱 그랬다.

매디슨 애버뉴 56번가와 57번가 사이에 있는 스트리트&스미스 건물에는 《마드무아젤》만 있는 게 아니라 《참》도 있었고 길 건너에는 《하퍼스 바자》도 있었으므로 체커 택시가 "잡지 편집자들을 끝없이 내려놓았다. 편집자들은 가끔 추레할 때도 있지만 대체로 늘 세련된 모습이었다".[7] 메리는 곧 편집자와 비서를 구분하는 법을 배웠는데, 택시를 타고 다닌다는 점도 그렇지만 모자의 유무도 달랐다. 편집자는 늘 모자를 썼고 벳시 탤벗 블랙웰은 그중에서도 가장 모자를 즐겨 썼다. 점심식사도 모자처럼 편집자들의 서열을 짐작하게 해주었다. 편집장들은 레글롱 단골이었고 "비프텍 해시"*와 블러디메리 칵테일을 주문했다.[8] 시릴리 에이블스는 드레이크 호텔의 베이버리 룸에서 당대 인기 작가들과 식사할 때가 많았다. "드라이 색[셰리]을 식전주로 마시고 앙트레로는 송아지 간 같은 영양가 있는 음식"을 먹었다. 카피라이터나 그 밖의 문필가들은 '프렌치 색'에서 소시송saucisson[건조 소시지]을 먹거나 바니스 레스토

---

* 다진 고기로 만든 햄버그스테이크와 비슷한 프랑스 요리.

—호텔 바비즌

랑에서 마티니를 마셨다. 그때도 '최고'를 찾아내는 게 잡지사 여자들 사이에서 명예의 징표 같은 거였다. 뭘 아는 사람은 금귀고리를 살 때 티파니로 가지 않고 이스트 57번가에 있는 올가 트릿이라는 작은 상점에 갔다. 윈저 공작부인이 쇼핑을 했던 곳이다.⁹ 옷에도 모자와 음식과 보석과 마찬가지로 위계가 있었다. "젊은 패션 편집자들은 7번 애버뉴에서 옷을 샀고, 가장 권력 있는 나이 든 편집자들은 몇 주 전 파리 런웨이에서 소개된 옷을 입었고, 숍 바이어들은 옷을 너무 과하게 입었다."¹⁰

메리 캔트웰한테는 같이 밥을 먹을 나머지 열아홉 명의 객원 편집자가 없었으니, 아무 연고 없이 혼자 힘으로 점심식사의 위계질서 속에서 살아남아야 했다. 메리 캔트웰은 펩시콜라 광고 모델처럼 젊고 상큼한 모습이었으나 '헨리 햄퍼' 드러그스토어에서 혼자 밥을 먹었다. "젊은 패션 편집자들이 간단히 끼니를 때우러(다들 늘 패션 '마켓'에 가는 길이거나 다녀오는 길이었다)" 가는 곳이었다.¹¹ 드러그스토어에는 "높은 의자를 카운터로 밀어주는 일만 하는 중년 흑인이 있었다. 물냉이를 듬뿍 얹은 에그샐러드 샌드위치는 '뉴욕에서 최고'였다".¹² 잡지사 여자들이 발견한 다른 '최고'들도 있었다. 햄버거 헤븐의 데블스 푸드 케이크, 위민스 익스체인지의 코코넛 케이크, 57번가 슈래프츠의 선디. 바비즌 건너편에 있는 햄버거 헤븐은 단골 가게였다. "구부러진 오른쪽 팔걸이가 작은 테이블 역할을 하는 나무 의자에 앉아 식사를 하고" "손님들은 동그란 금색 핀을 달고 주니어 리그 댄스니 조지언스위트 결혼 피로연이니 하는 이야기를 했다". 실비아 플라스와 네바 닐슨도 종종 그곳에서 55센트짜리 버거를 먹었다.[13] 《벨 자》에는 다음과 같은 내용이 나온다. "…헤븐리 햄버거…에서는 거대한 햄버거와 오늘의 수프와 네 종류의 케이크를 길고 반짝이는 거울 앞 아주 깨끗한 카운터에서 판매한다."[14]

어떤 면에서 전후 뉴욕에서는 새로운 시작의 기색이 보였고, 실비아 플라스, 메리 캔트웰 등의 젊은 여성은 오래 꿈꿔온 삶을 시작하고 싶어 몸이 달아 있었다. 그런 한편《타임》과《라이프》잡지사에서 여성 편집 직원들은 아무리 열심히 일해봤자 기자가 될 수 없다는 말을 들었고, 여성 패션 잡지사에서 일하는 여성들은 쥐꼬리만 한 월급을 받았다. 모두가 여자들은 당연히 곧 회사를 그만두고 결혼하고 임신할 거라고 여겼기 때문이다. 그렇지 않더라도, 부모나 조부모가 보내주는 '우편환'이 있어서 돈 걱정은 하지 않을 것이라고 가정했다. 그런데 1951년《마드무아젤》사무실에서는 크리스마스 파티 대신 그 돈으로 보너스를 달라는 내용의 청원서에 55명 전원이 서명했다(대부분 여성이었다).[15] 어떤 사람들은 '보너스'를 '이웃돕기 성금'으로 이름을 바꾸자며 정곡을 찌르는 농담을 하기도 했다. 그 농담에 벳시 탤벗 블랙웰은 웃지 않았다.

메리 캔트웰은 홍보부에 언론 담당 편집자 조수로 배치되었다. 처음 맡은 일 가운데 하나는 신문을 전부 뒤져서 실비아 플라스가 어머니 집 바닥 밑 공간에 들어가 자살 시도를 한 일에 관한 기사를 찾는 것이었다.[16] 실비아가 실종된 뒤 전국에서 대대적으로 실종자

수색이 벌어졌다—**스미스 여대생 실종!**—마침내 발견되었을 때 실비아는 상태가 좋지는 않았지만 그래도 살아 있었다. 전국 신문에 총 200개의 기사가 실렸다. 메리는 그걸 전부 잘라서 언론 편집자의 스크랩북에 붙이는 일을 맡았는데 왜 그래야 하는지는 이해하지 못했다. 이게 지금 가판대에 진열되어 있는 8월 대학생 특별호에 좋은 일인지 나쁜 일인지도 몰랐다. 8월호에 실비아 플라스는 다른 객원 편집자들과 함께 눈에 잘 띄게 실려 있었다. 메리 캔트웰은 상사인 그레이엄에게 실비아가 어땠냐고 물었다.[17] "다른 애들하고 똑같았어." 그가 말했다. "열심이었지." 패션 편집자인 에디 로크는 실비아를 "정말 예쁜 금발 여학생"이라고 기억했지만 사실 객원 편집자들 대부분이 그랬다.[18] 여러 해 뒤에 메리 캔트웰은 실비아에 관한 다큐멘터리를 보면서 정말로 자기들이 얼마나 비슷했는지를 실감했다.[19] 교외, 결혼, 흰색 울타리에 최대한 오래 저항하려한 야심 있는 이들도 마찬가지였다. 실비아의 흐릿한 스미스 칼리지 졸업사진은 자기 것과 거의 다르지 않았다. 자신은 스미스 칼리지의 데이지 꽃목걸이 대신 월계수 목걸이를 걸었다는 점만 빼면. 똑같이 6월이었고 똑같은 페이지보이 헤어스타일이었으며 아마똑같은 아르페주 향수를 뿌렸을 것이다.

물론 객원 편집자들은 말할 것도 없이 다 야망이 있는 사람들이었다. 그랬기 때문에 《마드무아젤》과 바비즌에 올 수 있었다. 1956년,《마드무아젤》의 커리어 편집자이고 나중에 여성인권 운동가가되는 폴리 위버Polly Weaver는 1949년 이후로 젊고 야심 있는 독신 여성들이 자기 자리를 찾고 자신을 알리기 위해 끝없이 뉴욕으로 오고 있다는 내용의 기사를 썼다.[20] 위버는 기사에 이런 제목을 붙였다. "야망이 나쁜 것인가?" 이 기사가 일으킨 반응을 보면, 나쁜 것인 모양이었다. 어떤 독자는 야심 있는 여자들이 "성숙한 여성의 진정한 기능, 의무, 우아한 삶의 기쁨을, 즉 자신이 아니라 다른 사람을 위해 창조해야 한다는 것을 망각했다"고 일침을 가했다. 이 독자는 야망은 "부자연스럽고 끔찍한 것"이라고 했다. 또 다른 독자는 심지어 더 과감한 발언을 했다. "나는 남자의 일자리에서 일하겠다고 출근한 최초의 여자를 총으로 쏴버릴 수 있다."

•••

끓어오르는 야망은 그렇게까지 불안해하고 부끄러워할 일이 아니라 하더라도, 또 다른 금기인 섹스는 확실히 그랬다. 피임약과 합법적 임신중절 방법이 없던 시대에 혼전 성관계는 치명적인 결과를 가져올 수 있었다. 실비아 플라스가 일기에 쓴 내용은 자기 세대를 대변하는 것이었다. "나는 그 경계에 부러운 듯 기대어 서서, 성적 굶주림을 자유롭게 해소하는 남자들을 미워하고 미워하고 또 미워할 수밖에 없다." 그런 한편 젊은 여성으로서 자신은 수그러들지도 않고 충족되지도 않는 "축축한 욕망"을 운명으로 받아들일 수밖에 없었다.[21]

실비아가 예리하게 인식했던 이런 불안이, 그해 여름 문제의 킨지 보고서 즉 《인간 여성의 성적 행동Sexual Behavior in the Human

—호텔 바비즌

Female》이 출간되면서 전국으로 번졌다. 앨프리드 킨지Alfred Kinsey는 본래 동물학자로서 전문 분야는 어리상수리혹벌이었는데 어쩌다 결혼을 주제로 강의를 맡고 보니 관련 연구가 거의 전무하다는 사실을 알게 되었다. 킨지는 관심 분야를 혹벌에서 인간의 성으로 바꾸었다. 인간 남성에 관해 알게 된 사실을 먼저 5년 전에 출간했고 그때도 상당한 파문이 일었지만, 1953년 여름에 나온 여성의 성에 관한 843쪽짜리 책은 광분을 유발했다. 수천 건의 인터뷰를 기반으로 한 체계적이고 건조한 연구 보고서임에도 엄청난 센세이션을 일으켰고 한 달도 안 되어 27만 부가 팔렸다. 손에 넣기 쉬웠다면 더 많이 팔렸을 것이다. 여러 지역에서 금서로 지정되었고 일부 목사들은 신도들이 읽지 못하게 금했다. 다윈Charles Darwin의《종의 기원*On the Origin of Species*》이후 이만큼 소동을 일으킨 책은 없었다. 킨지의 방법론이 비판을 받기도 했으나(인디애나 대학 캠퍼스에서 킨지는 성경험이 없는 여성하고는 한 시간 인터뷰하고 성경험이 있는 여성과는 한 시간을 추가로 더 했다. 그 사실이 소문이 나자 남학생들은 누가 두 시간이 걸리는지 보려고 주위에서 얼쩡거렸다), 여성의 성을 연구한다는 것, 그것을 진지하게 생각한다는 것 자체가 혁명적인 일이었다.

조사 결과도 충격적이었다. 보고서에는 얼마나 많은 여성이 동성 성관계, 간통, 자위, 혹은 (특히 바비즌 젊은 여성들이 관심을 가질 내용인데) 혼전 성관계를 하는지에 대한 통계가 포함되어 있다(미혼 여성의 절반이 혼전 성관계를 하는 것으로 밝혀졌다). 1953년 6월 시릴리 에이블스는《마드무아젤》에 킨지 보고서에 관한 기사를 낸다는 아이디어를 두고 고민했다. 에이블스는 보고서 내용을 중립적이면서도 신중한 태도로 독자들에게 전달할 긴 서평을 의뢰했다. 서평이 준비된 후에는《마드무아젤》스태프들에게 보내 의견을 구했다. 연이어 답이 왔다. "어머니들, 목사들이 들고일어나지 않겠어요? 민감하고 선정적인 내용이라."[22] "제 예상하고 크게 다르네요. 예상했던 것보다 더 흥미로워요. 이를테면 중상층 화이트칼라 가정의 여자 대학생이 늦게 결혼할수록 성적으로 더 잘 적응한다는 결과가 상당히 놀랍습니다."[23] "대부분 여성 독자가 흥미를 느끼며 만족스럽게 읽을 겁니다… 전체적으로 여성을 매우 정상적이고 인간으로서 존중할 만한 존재로 보이게 합니다. 킨지 보고서를 읽고 나니 제가 여자라는 사실이 좀 더 만족스럽네요."[24] "이 내용은 우리 조카의 핵폭탄급 일급비밀을 다루는 지면보다도 더 큰 충격을 안길 거예요."[25] 편집자들은 대체로 열광했으나, 길고 긴 킨지 보고서에 대한 분석을 서평이 제대로 담지 못했다는 문제가 있었고, 어린 독자들에게 혼전 성관계를 부추기는 건 아닌가 하는 우려가 있었다. 벳시 탤벗 블랙웰은 그들이 보유한 실험용 쥐들, 즉 1953년 6월에 마침 그곳에 있던 객원 편집자들에게 의견을 물어보기로 결정했다.

킨지 보고서를 둘러싼 논쟁은《벨 자》에도, 그 이후에 쓰인 1953년 객원 편집자들의 회고록에도 나오지 않는다. 그러나 6월 18일, '미스터 존' 모자 상점 견학 뒤에 객원 편집자들은 바비즌으로 귀가하는 대신 5시에《마드무아젤》사무실로 다시 집합하라는 지시를 받았다.[26] 객원 편집자들을 거울로 둘러싸인 회의실에 모아놓고

—호텔 바비즌

BTB가 설명했다. "여기 젊은 학생들이 모여 있다는 사실에 도움을 받으려고 합니다. 논란이 많은 글에 대한 의견을 들으려 해요… 우리는 이 기사 내용을 절대적으로 기밀로 하기로 서약한 상태인데, 여러분도 **우리** 비밀을 지켜주리라 기대해도 되겠습니까?" "더 보수적인" 학생들도 쉽게 답할 수 있도록 BTB는 답변을 둘로 나누어 제출해달라고 했다. 보고서에 대한 개인적 의견과《마드무아젤》에 신는 것이 적절할지에 대한 의견으로 구분해서. 그날 저녁 시릴리 에이블스의 사무실에 서면 보고서를 제출하기 전까지 객원 편집자끼리 어떤 논의도 하지 못하게 했다. 각자에게 기사문을 주면서 읽고 보고서를 쓰라고 했다.

네바 넬슨은 탄탄한 비판적 분석을 제공했다. 이 보고서가 킨지의 통계를 기반으로 했다고 하지만 "9,460명을 대상으로 한 통계라고 해서 영원한 진리라고 받아들일 수는 없다"고 지적했다.[27] 재닛와그너의 반응은 열렬했다. 재닛은 "일반적 믿음이 틀렸음을 입증한다"는 점이 마음에 든다며, "혼전 성경험이 있는 여성이 결혼에 더 잘 적응한다"는 결과에 분개할 사람도 있겠지만, 그건 킨지 보고서의 내용이지《마드무아젤》의 주장이 아니니 잡지사의 책임이 아니라고 했다. 실비아는 재닛을 시골뜨기라고 치부했지만 사실 재닛은 약간 엘리트주의자였고 킨지가 "여러 계급의 여성을 연구했고 그 가운데 교육받은 여성이 가장 성적으로 만족한다는 결과가 나왔다"는 데 즐거워했다.[28] 또 다른 객원 편집자는 바로 그 점을 날카롭게 비판했다. "'이게 다 무슨 이야기인지' 차라리 모르는 편이 나은 사람이 많을 것이다… 여성 노동자나 대학생이 아닌 여성은 안 그래도 이미 불리한 처지에 있다고 느끼는데 다른 결핍에 성적 결핍까지 더해져야 하는가." (이 논평 옆에 시릴리 에이블스는 거대한 느낌표를 찍었다. 이 느낌표는 가식적인 래드클리프 졸업생의 감상일 수도 있고 혹은 내면의 좌파 동조자의 공감일 수도 있을 것이다.) 이 객원 편집자의 지적은 너무나 타당했다. 나중에 킨지 보고서에 제기된 심각한 비판 가운데 하나가 연구 대상이 대학 교육을 받은 백인 중산층 여성에 과도하게 집중되었다는 사실이었다.

로리 글레이저가 성을 주제로 한 글이 어떤 영향을 미칠지를 가장 직접적으로 거론한 사람인 듯싶다. "매우 시의적절합니다. 하지만 성 문제가 시의적절하지 않은 때가 있나요? 사람들이 성이 사회에서 엄청나게 중요한 부분을 차지한다는 사실을 인정하기만 한다면요. 영화, 광고, 패션도 마찬가지죠. 남자의 눈을 즐겁게 하기 위한 옷차림 등등."[29] 실제로 킨지 보고서는 1960년대 성 혁명의 시발점으로서 결정적인 역할을 하게 된다. 남녀가 닫힌 문 뒤에서 다양한 성 활동을 하고 있음에도 성에 대해 논의하기를 거부하는 미국 사회의 위선을 대놓고 지적했기 때문이다. 바비즌에서 실비아의 절친한 친구였고 《벨 자》에 도덕적으로 느슨하고 성적으로 개방적인 도린으로 나오는 캐럴 르반은 킨지 보고서가 "오래된 미신"을 타파한다며 사실상 "때가 됐다"며 반가워했다. 그렇지만 캐럴이 "주요하게 비판"한 부분을 보면 도린과는 상당히 다른 캐릭터로 보인다. "킨지나 서평 작성자 둘 다 암묵적으로 사랑과 섹스를 구분하

는데 그러지 않을 수는 없나요?"³⁰

실비아 플라스가 두 페이지를 가득 채운 가장 긴 보고서를 제출했다. 그러나 1950년대 여성의 순결에 대한 요구와 여성의 성적 욕망이라는 문제를 끊임없이 재어보고 고민하며 이중 잣대가 여성에게 가하는 부담과 고통을 예민하게 느끼던 사람치고는 놀라울 정도로 무덤덤한 글이었다.³¹ 실비아는 이 글이 왜, 어떻게 《마드무아젤》에 실려야 하는지 조목조목 설명했다. 실비아는 서평 저자의 논평은 최대한 뒤로 미루어야 한다고 봤다. 실비아는 "일부 독자가 통계적 수치나 성경험을 부추기는 듯한 어조를 진지하게 받아들여 그게 바람직하거나 즐거운 것이라고 생각할 수 있고, 부모는 이런 해석의 위험에 반감을 느낄 수 있다"는 가능성을 인정했으나, 저자가 "독자 개개인의 도덕적 철학에 따라" 통계를 받아들여야 한다는 점을 설득력 있게 주장했다고 보았다. 실비아가 일기와 편지에서 보여준 솔직함이 이 글에서는 전혀 보이지 않는다. 실비아 플라스의 솔직한 생각은 《벨 자》의 주인공 에스더 그린우드의 입을 빌려서야 듣게 될 것이다. "나는 여자는 오직 순결한 삶만 살아야 하고 남자는 순결한 것과 그렇지 않은 것 이중의 삶을 살 수 있다는 걸 참을 수가 없다."³²

바로 그날 밤, 객원 편집자들이 킨지 관련 서평을 읽고 보고서를 제출한 다음 BTB는 그 내용을 발행인 제럴드 스미스에게 알렸다. 주말을 방해해서 미안하지만, "라페르 킨지l'affaire Kinsey(킨지 문제)"에 아직 관심이 있다니 다행이라면서 편지를 썼다.³³ 그러나 다음 날,《마드무아젤》사업 쪽 담당자들이 무슨 일이 진행되고 있는지 듣고는 펄쩍 뛰었다. BTB에게 그 글을 싣는다면 "걷잡을 수 없는 광고와 구독 취소 사태가 일어날 것"이라며 "이런 글은 다이너마이트예요…《마드무아젤》에는 전혀 맞지 않습니다"라고 했다.[34] 수익 논리가 우세해 결국 잡지에는 킨지 보고서에 관한 언급이 한 줄도 실리지 않았다.

《마드무아젤》은 한마디로 말해 모순으로 가득한 곳이었다. 그런 면에서 매우 상징적이기도 했다. 고학력 커리어우먼들이 매해 6월 자신과 비슷한 젊은 여성들을 바비즌으로 데려오고, 그들의 도움을 받아 바로 그런 독자들의 구미에 맞는 패션과 최신 소설, 예술, 비평이 결합한 잡지를 만들었다. 그러면서 동시에 이 잡지는 그와 정반대 여성성을 독자들에게 처방했다. 객원 편집자 디니 레인(소설가 다이앤 존슨)은《보그》가 더 성숙한 독자를 대상으로 한 반면《마드무아젤》독자층은 훨씬 더 어린 여성이었지만 "그 편집자들이 우리에게 강요한 여성성이 얼마나 엄격했던가"를 지적했다.[35] 말 그대로 외줄타기 세대였다. 1953년 객원 편집자 한 명은 이렇게 표현했다. "우리는 전후 첫 세대이자 피임약이 나오기 전 마지막 세대였다."[36]

규칙은 명확했고 기대는 하늘을 찔렀다. 여자는 처녀여야 하지만, 새침을 떨어서는 안 됐다. 여자는 대학에 가야 하고 직업도 가져야 하지만, 결혼한 다음에는 직장을 그만두어야 했다. 그리고 무엇보다도 이런 모순 속에서 살면서도 혼란, 분노, 더 나쁘게는 우울

—호텔 바비즌

을 느껴서는 안 되었다. 약 한 병을 먹고 모든 것을 잊으려 해서는 안 되었다. 메리 캔트웰은 이런 기대를 충족시키지 못했을 때 여자들이 치러야 하는 대가를 수차례 목격했다. 화장실에서의 흐느낌, 낙태와 관련된 소문, '그 문제'를 해결하려고 서둘러 다녀오는 뉴저지 호보컨행 여행.[37]

•••

6월 26일 금요일, 실비아 플라스를 포함한 1953년 객원 편집자 대부분은 집으로 돌아갔다. 허탈감을 안고 돌아간 사람이 실비아만은 아니었다. 포드와 모델 계약을 맺은 재닛 와그너만은, 매디슨 애버뉴의 흥분을 뒤로하고 평범한 일상으로 돌아가는 심란한 상황을 마주하지 않을 수 있었다. 아마도 네바 넬슨이 집으로 돌아가기가 가장 고통스러웠을 것이다. 킨지 보고서와 혼전 성관계에 대한 생각을 제출할 때만 해도 네바는 몰랐다. 캘리포니아로 돌아와 버스 정류장에 서 있다가 욕지기를 느끼기 전까지는 몰랐다. 네바는 임신중이었다. 네바를 임신시킨 사람은 존 애플턴, 세인트레지스 루프탑 파티 파트너였다. 실비아와 캐럴의 의심이 옳았던 것이다. 네바와 존 애플턴의 관계는 두 사람이 짐작한 방향으로 발전해 있었다.

존 애플턴은 네바가 뉴욕에 머물기를 바라며 스트리트&스미스 출판사에서 일하는 할아버지에게 일자리를 구해달라고 부탁했다.[38] 그러나 할아버지는 네바가 형편없는 집안 출신이라는 걸 알고 기겁해서, 네바를 면접하는 척하고 불러서는 대신 돈을 주고 보내버리려 했다. 항공기 비용과 잡지사에서 급료를 늦게 주어서 밀린 바비즌 호텔 투숙비를 대신 치러주며 캘리포니아로 돌아가라고 했다. 푼돈에 지나지 않았지만 네바는 시키는 대로 했다. 네바는 매끈한 은색 총알 같은 캘리포니아 제퍼 기차를 탔다(존 디디언이 2년 뒤에 집으로 돌아갈 때도 같은 기차를 탄다). '비스타 돔'이라고 불리는 유리로 덮인 위층에서 경치를 볼 수 있어 유명한 기차였다. 네바 넬슨은 스팸, 삶은 달걀, 빵, 상온 보관용 마요네즈가 든 신발상자를 들고 기차에 올라탔다. 마침내 캘리포니아주 오클랜드에 도착했으나 새너제이까지 갈 차비가 없어서 어머니의 술친구 중 한 명에게 전화를 걸어 하룻밤 재워주고 버스표 값을 빌려달라고 부탁했다. 새너제이 버스정류장에 서 있다가 헛구역질이 치밀어 올랐을 때야 네바는 알았다. 네바는 임신 마지막 몇 달 동안에는 침대 하나만 있는 12달러짜리 다락방에 "숨어" 지내며 햄버거가게에서 생계비를 벌었다. 그러던 중 도와주겠다고 하는 부부를 만났고, 그들 집에서 부부가 자는 동안 화장실에서 혼자 아기를 낳았다. 부부가 아기를 모펫 비행장 근처에 있는 신생아 매매 조직을 통해 보내버리기 전에 네바는 아기에게 이름을 지어주고 포대기 안에 이름을 적어넣었다. 마이클 마틴 머피, 성공회 신자. 네바는 그 비밀을 거의 평생 가슴에 묻어두고 살았다.

1953년 객원 편집자들은 잡지 독자들에게 자신의 이력을 소개하는 코너에서 하나같이 아내, 어머니(아이 셋 선호)가 되고 싶다고, 그러면서 직업도 갖고 싶다고 썼다. 그렇지만 사적인 자리에서는 다른 이야기를 했다. 그달이 끝나갈 무렵, 로리 글레이저와 실비아는 로리의 방에서 화이트와인 한 병을 마시며 새벽까지 이야기를 나누었다.[39] 대화는 당시에 종종 그랬듯 장래에 관한 것으로 흘러 갔다. 두 사람 다 서둘러 결혼하지는 않겠다고, 어쩌면 아예 결혼을 안 할지도 모르겠다고, 어떻게든 "교외의 상자"에 갇히지는 않겠다고 다짐했다. 《벨 자》에 실비아는 이렇게 썼다. "남자가 결혼 전에는 장미와 키스와 레스토랑 식사를 바치지만, 그러면서도 속으로는 결혼식만 하고 나면 여자가 윌러드 부인의 부엌 매트처럼 발 아래 납작 엎드리기를 바란다는 걸 나는 알았다."[40] 실비아가 1953년 바비즌에서 로리의 방에 있을 때도 그걸 알았는지, 아니면 10년 뒤 결혼을 경험하고 나서 소설을 쓸 때야 그런 생각이 들었는지는 알수 없다.

실제로는, 자기 자신에게 그리고 서로에게 약속했음에도 다들 얼마 지나지 않아 결혼했다. 그들이 뉴욕에 갔던 것은 야망 때문이었지만 이제 그 야망은 옆으로 밀어놓아야 했다. 결혼하면서 바로 아기가 생겼기 때문이다. 1956년 실비아는 영국의 떠오르는 시인 테드 휴즈Ted Hughes와 결혼했다. 실비아는 스미스 칼리지를 졸업한 뒤 풀브라이트 장학금을 받고 영국 케임브리지에서 공부하다가 휴즈를 만났다. 두 사람은 영국 문학계에서 촉망받는 커플이 되었고 실비아는 1960년에 첫아이를 낳았다. 다이앤 존슨은 고향으로 돌아와서 1953년 여름에 약혼한 남자와 결혼했다.[41] 1년 만에 아기를 낳았고, 그로부터 6년 동안 셋을 더 낳았다. 다이앤은 "1950년대의 클리셰를 믿지 않으면서도 그저 그 안에서 허우적거리면서 살았다". 앤 쇼버는 앤이 객원 편집자일 때 앤을 '찍은' 딕 스톨리Dick Stolley와 결혼했는데, 스톨리는 나중에《피플People》잡지의 창립 편집자가 되었다. 재닛 와그너는 그해 여름으로부터 2년이 지나기 전에 변호사와 결혼했다.

압박, 이중 잣대, 욕망과 금지를 감당하기는 힘들었다. 1953년 여름《마드무아젤》에서 필적 감정가에게 객원 편집자 스무 명의 필체를 분석해달라고 의뢰했을 때, 필적 감정가는 BTB에게 그중 한 명이 신경쇠약 직전이라고 알렸다.[42] 그게 바로 실비아라는 소문이 있었지만, 사실은 실비아의 가장 친한 친구이며 아버지를 막 잃은 캐럴(《벨 자》의 '도린')이었다. 그랬기 때문에 편집자들이 캐럴을 건드리지 않고 내버려두었던 것이다. 그런데 객원 편집자들 가운데 그 소문을 듣고 정신건강에 문제가 있다는 경보를 울린 사람이 혹시 자기가 아닐까 걱정한 사람이 한두 명이 아니었다는 사실이 의미심장하다. 자기가 아니라는 것을 알게 된 후 다들 눈에 띄게 안도했다. 그들 중 누구였더라도 이상하지 않았으리라는 말이다.

그러나 결국 목숨을 끊은 사람은 실비아 플라스였다. 1963년, 얼마 전 남편 테드 휴즈와 별거에 들어간 서른 살의 실비아는 런던에 있는 아파트에서 어느 날 아침 일찍 오븐에 머리를 넣고 가스를 틀어놓고 죽었다. 옆방에서 자는 두 아이를 보호하기 위해 부엌문을 젖은 수건으로 단단히 막은 상태였다. 그게 실비아의 마지막이자 성공한 자살 시도였다. 첫 번째 시도는 뉴욕에 다녀온 그해 여름이었고 아마 그사이에도 있었으리라고 짐작된다.

"실비아가 내 목숨을 구한 거예요." 네바 넬슨이 조용히 털어놓았다. "스스로 목숨을 끊은 또 한 명으로 알려지고 싶지는 않았거든요."[43]

• • •

《벨 자》가 출간된 해는 실비아가 죽은 해였고 베티 프리던이 《여성의 신비》를 쓴 해이기도 했다. 이 두 권의 책으로부터 여성을 속박하는 1950년대의 핵심 가치에 도전하는 여성운동이 시작되었다. 프리던은 외줄타기 세대인 미국 백인 중산층 여성에게 목소리를 주었다. 프리던은 이들이 특권을 갖고 있음에도 "이름이 없는 문제"로 고통받고 있다고 했다. 이 '이름이 없는 문제'는 교외에서 신경안정제에 절어 살아가는 대학 교육을 받은 여성들에게서 뚜렷이 드러났다. 이들은 남편과 여섯 명의 아이가 자신의 궁극적 이상이라고 믿었으나, 그렇지 않다는 걸 알아버리고 말았다.

몇 해 전에 이미 벳시 탤벗 블랙웰은 교외에서 어떤 모순을 느꼈다. "거대한 동일성이 사람들을 감싸고 있는 것 같았다. 똑같은 집과 차와 가전제품이 개성을 지우기 시작했다."[44] 심지어 이웃이라는 이유로 **똑같이** 통일해야 한다는 생각이 강해서, 《포춘》의 기사에 따르면 교외에 사는 어떤 부부는 가구가 없는 거실이 너무 부끄러웠던 나머지 식탁세트가 도착할 때까지 창문에 본아미 가정용 세척제를 발라놓았다고 한다.

1950년대 후반, 여성의 평균 결혼연령이 20세로 떨어졌다.[45] 어떤 여자는 스물다섯 살인데 아직 미혼이라는 처지에 다급해져서 "남편감을 찾겠다는 부질없는 희망을 품고 여섯 달 동안 직장을 서른다섯 번이나 바꾸었다". 여성의 대학 진학률은 남성의 35퍼센트로 떨어졌다. 47퍼센트였던 1920년대 플래퍼 시대에 비해 크게 감소한 수치였다.[46] 1950년대 중반에는 여자 대학생 가운데 60퍼센트가 학교를 중퇴했다. 결혼하기 위해서, 아니면 학력을 낮춰서 결혼 가능성을 높이기 위해서였다. 일단 결혼하면 학위 대신 'PhT'라는 것에 매진했는데, '남편이 대학이나 대학원을 졸업할 수 있도록 뒷바라지하는 것putting husband through'을 가리키는 말이었다. 여자아이들은 열두 살부터 결혼할 남자를 사귈 것이 권장되었고, 열 살부터 발포고무 가슴이 부착된 브라를 착용했다. 이제는 아이를 둘만 낳는 것으로는 충분하지 않았다. 넷, 다섯이면 좋고 여섯이면 더욱 좋았다. 열 명 중 세 명이 머리를 금발로 염색했고 "음식 대신 메트리컬이라는 분필가루 같은 것을 먹어 마른 모델 몸매에 도달하려고 하는" 여자들은 그보다 더 많았다. 백화점에서는 현재 여성들의 체격이 1939년에 비해 3~4사이즈 더 작아졌다고 밝혔다.

《마드무아젤》의 전직 대학생위원회 편집자이자 조지 데이비스를 짐꾼으로 오인한 전력이 있는 필리스 리 슈월브가 《뉴욕 타임스》에 글을 썼다(베티 프리던은 그 글을 발전시켜 유명한 책을 써냈다). 1960년 여름, 플라스가 《벨 자》를 쓰기 시작했을 무렵 슈월브는 이렇게 썼다. "올해 여름, 대학에서 종이 울리고… 전국에서 10만 명

　　　　　　　　　　　　　　　　　　　 —호텔 바비즌

의 여학생이 대학을 졸업한다. 그들 중 많은 이들에게 새틴으로 둘러싸인 졸업장은 곧 상아탑으로부터 공원 놀이터, 버튼으로 작동하는 부엌, 슈퍼마켓, 생활공간으로 개조된 지하실 따위로의 하강을 의미한다. 프로이트에서 프리지데어*로, 소포클레스에서 스폭**으로 가는 길은 평탄치 않다."[47] 전국 여자대학 총장들은, 여자들은 아내와 어머니가 되는 게 최선인데 그렇게 열심히 공부할 필요가 뭐가 있냐는 질문에 답하느라 진땀을 뺄 수밖에 없었다. 쓸데없는 공부를 해서 우울에 시달리고 신경증을 달래기 위해 신경안정제에 의존하게 되는 게 아닌가? "대학 교육을 받은 주부들이 머리가 둘인 조현병 환자 같은 기분이 되는 까닭은 이렇다." 필리스는 이렇게 표현했다. "전에는 음악이 냉동된 건축인가라는 주제로 토론했는데, 지금은 냉동식품 식단에 대해 이야기한다. 한때는 '묘지파 시인'***에 대한 논문을 썼는데 지금은 우유배달부에게 보내는 쪽지를 쓴다. 한때는 황산의 끓는점을 알아내는 실험을 했는데 지금은 도무지 오지 않는 수리공 때문에 자신의 끓는점을 실험하는 중이다."

실비아 플라스라고 자기 세대의 운명을 거스를 수는 없었다. 1955년 존 디디언과 같이 객원 편집자였던 재닛 버로웨이는 실비아 플라스에 대해 그답지 않게 질투심을 느꼈는데, 영국 대사관 파

---

* 가정용 가전제품 브랜드.
** 유명한 육아서 저자 벤저민 스폭.
*** 18세기 중엽 묘지를 배경으로 인간의 죽음에 관한 명상을 시로 읊은 영국의 시인들.

티에서 마침내 실비아 플라스를 직접 만나고 나서는 "이렇게 좋은 사람은 있을 수 없다"고 외쳤다.[48] 《마드무아젤》을 떠난 뒤 재닛은 여러 면에서 실비아와 비슷한 길을 걸었다. 재닛도 실비아처럼 글 래스콕상을 받았고 풀브라이트 장학금을 따서 영국 케임브리지로 갔다. 런던에서 플라스의 집에서 열린 파티에 초대받았다가 재닛은 나중에 어떤 깨달음의 순간으로 기억할 모습을 본다. 그때가 1960 년 실비아가 딸 프리다를 낳고 5주 뒤였다. "내가 또렷이 기억하는 것은 이것이다. 나는 좁은 부엌 문가에 서서 실비아와 이야기를 나 눴다. 실비아는 왼쪽 팔에 프리다를 안고 오른팔로는 냄비를 달각 거렸다… 한 팔로 아기를 안고 나머지 한 팔만 가지고 요리를 할 수 는 없었다… 결국 실비아는 거실로 아기를 안고 가 테드에게 건넸 다. 단호하게 힘을 주어, 아기를 거의 **밀어붙이는** 느낌이었다."[49]

그해 말 실비아는 〈성공의 날A Day of Success〉이라는 단편을 썼다. 테드 휴즈가 "여성잡지에나 어울릴 패스티시pastiche*"라고 폄하 한 작품이다.[50] 이 단편에는 작가인 남편과 그의 아내가 나온다. 남 편이 TV 시나리오 한 편을 팔고 "권력 있는 여자들"과 점심을 먹으 러 가자 "아내는 아기에게 젖을 먹이며 종일 질투심에 찬 망상을 한 다". 실비아 플라스는 세상을 뜬 뒤 페미니스트 아이콘이 되지만 생 전에는 반항자와는 거리가 멀었다. 열일곱 살 때 실비아는 결혼해 서 아이를 낳고 주부가 되면 글을 쓰기 위해 지키고 싶은 소중한 공

---

* 혼성모방이라고도 하며 다른 작품의 내용이나 양식을 차용하는 기법.

간이 사라지지 않을까 걱정했다. 그러나 스물두 살 때는 그냥 체념
했다. 소설가이자 시인 올리브 히긴스 프라우티Olive Higgins Prouty에
게 보낸 편지에서 이제는 학문이나 직업을 목표로 생각하지 않으
며 대신 주부, 어머니, 작가의 일이 조용히 융합된 삶을 상상한다고
했다.[51] 테드 휴즈와 결혼하기 전에 자기에게 주어진 운명을 받아
들인 것이다.

그러나 실비아가 이 문제로 고민하며 몇 페이지씩 글을 쓸 때 다
른 사람들은 의문조차 제기하지 않았다. 그렇지만 이후에 닥친 후
폭풍은 광범위했다. 그레이스 켈리가 바비즌에 살 때 이웃들은 실
비아와 객원 편집자 동료들과 같은 세대이다. 그레이스 켈리의 성
대한 왕실 결혼식에서 신부 들러리였던 사람 가운데 한 명이 그때
를 돌아보며 이렇게 썼다. "나의 천생배필이 세상에 한 명 있고 그
사람을 만나기만 하면 평생 행복하게 살리라는 1950년대의 낭만적
인 생각이 호된 시험대에 올랐다. 신부 들러리 가운데 단 한 명 빼
고 모두가 가정을 돌보기 위해 일을 그만두었다. 1960년대에 접어
들어 기존 가치관에 의문이 제기되는 혼란스러운 상황에서 충돌
과 파탄이 일어나 결국 신부 들러리 가운데 한 명 빼고 전부 이혼했
다. 두 명은 두 번 이혼했다. 1950년대의 낭만적 생각에 1970년대
의 페미니스트 운동이 도전했다."[52] 실비아 플라스와 동료들도 크
게 다르지 않았다. 작가 다이앤 존슨의 결혼생활은 1965년에 끝났
다.《피플》잡지 창립 편집자 딕 스톨리와 결혼한 앤 쇼버는 남편의
외도를 알게 되자 헤어졌지만, 삶을 다시 시작하기에는 너무 늦은

때였다. 완벽하게 계획했던 삶이 균열을 일으키기 시작하자 그들은 실비아의 완벽해 보이는 삶을 쳐다보지 않을 수가 없었다. 실비아는 남편에 애들도 있었고, 시인이자 작가로서 커리어도 유지하는 것으로 보였다.

1953년 여름을 바비즌에서 실비아와 함께 보낸 이들에게 실비아는 여러 해 동안 그들을 하나로 묶어주는 접착제 역할을 했으나, 실비아가 삶을 스스로 마감한 뒤에는 그들의 삶에 얹힌 알바트로스*이며 짐이자 그림자가 되었다. 로리 글레이저는 실비아가 아직 살아 있을 때 우연히 전국에 판매되는 잡지에서 실비아의 시를 보았다. "실비아가 (멋진) 영국에 가서도 나를 따라다니며 괴롭히다니 어쩌나 짜증이 나는지. 실비아의 시를 읽는 지금도 우리 집에는 기저귀와 이루지 못한 문학적 야망이 넘쳐나는데."[53] 실비아가 자살하고 1971년 미국에서 《벨 자》가 출간된 뒤에는 더더욱 실비아를 떨쳐버릴 수 없었다. 로리는 어느 날 슈퍼마켓 계산대에 줄을 서 있다가 잡지를 집어 들었는데, 또 다른 플라스의 "신경증적 추종자"의 글이 실려 있었다. 로리는 책장을 넘기다 느닷없이 센트럴 파크에서 타탄 무늬 킬트를 입고 별 모양으로 서서 찍은 자신들의 단체 사진을 맞닥뜨렸다. 로리는 생각했다. "지금도 여전히 실비아 플라스는 꼭대기에 있고 나는 바닥에 있구나." 무거운 장바구니를 들고 차로 걸어가면서 로리는 "사진에 찍힌 다른 객원 편집자 열여덟 명

---

* 새뮤얼 콜리지의 시 〈늙은 수부의 노래〉에서 늙은 수부가 쏘아 죽인 알바트로스는 그가 평생 짊어져야 하는 짐이 되었다.

도 실비아를 떨쳐버리지 못하고 있는 걸까” 생각했다.[54] 로리는 그저 삶의 무게 때문에 속상한 게 아니었다. 자신의 '익명성' 때문에 괴로웠다. 심지어 《벨 자》에서도 로리의 존재는 지워져 있었다. “실비아가 디스크자키를 따라간 사건이 책에 있었다. (그런데 나는 어디 있지?) '결혼한 친구'가 있다―우리 모두 걔 때문에 안타까워했지. 그리고 '착한 친구'가 있고. (벳시가 나인가? 아니야.) 마르고 밀 줄기처럼 누런 키 큰 시골뜨기도 아니고… 스무 명의 여학생이 소설 속에서 [열두 명으로] 바뀌었고 거기에서 내 모습은 보이지 않았다.”[55] 실비아와 가장 친한 친구이자 바비즌에서 옆방을 썼던 캐럴 르반은 “고통과 당혹감이 뒤섞인 감정으로” 격분하며 소설을 집어 던졌다.[56]

각 세대마다 그 세대를 대표하는 커플이 있다고 재닛 버로웨이는 생각했다. 빅토리아 시대에는 로버트 브라우닝Robert Browning과 엘리자베스 배럿 브라우닝Elizabeth Barrett Browning이 있었고, 플래퍼 시대에는 스콧F. Scott Fitzgerald과 젤다 피츠제럴드Zelda Fitzgerald가 있었다.[57] 1950년대 세대에게는 테드 휴즈와 실비아 플라스가 있었다. 실비아는 “여성운동이 시작되던 시기, 갇혀 있던 아내”였고 “진지하게 받아들여지지 않았다”. “멜로드라마틱하고 히스테리컬하다고 치부되었다. 목소리를 낼 수 **없었다**.” 객원 편집자들은 다들 “뛰어난 성취를 이룬 학생들”이었고, 실비아처럼 대단해지기를 꿈꿨고 그걸 이루기 위해 열심히 노력했으나 결국 결혼, 남편, 아이를 위해 내려놓았다. 그러나 그토록 신성시되던 삶의 궤적의 끝에 가서는 이혼, 우울증, 그리고 역시 실비아처럼 자살성 사고를 마주하게 되었다. 실비아의 그림자가 정말 길게 드리운 셈이었다. 실비아는 1950년대의 다른 여자들이 견뎌야만 했던 잘못된 경로를 따라가지 않았으니까. 로리 글레이저는 1973년 네바에게 편지를 보냈다. "우리 중 1950년대의 조류를 따라간 사람이 몇이나 될까 궁금해… 아내/어머니/요리사 겸 젖병 세척기 역할을 하면서… 그러면서도《여성의 신비》를 보면서 고개를 열심히 주억거리고!"[58]

바비즌 호텔도 실비아처럼 1953년 객원 편집자들의 삶에 계속 남아 있었다.《벨 자》는 객원 편집자들을 허구화해 영원한 존재로 만들었을 뿐 아니라 바비즌도 ("아마존"으로) 그렇게 했다. 이제 그들 모두 뗄 수 없는 관계로 묶여 있었다. 남은 객원 편집자 중 몇 명은 그 뒤로 세 번 더 바비즌에서 모였다. 첫 번째 모임은 1977년《마드무아젤》객원 편집자 프로그램 40주년을 기념하는 행사였다. 네바 넬슨은 애국심에 불타 폴리에스터 소재의 빨간색, 흰색, 파란색 줄무늬 드레스를 입고 바비즌 로비에 들어섰다.[59] 메자닌으로 올라가는 계단에 객원 편집자 출신 유명인들의 사진이 걸려 있었고, 이제 은퇴한 편집장 벳시 탤벗 블랙웰이 메자닌 소파에 앉아 사람들을 맞았다. 네바가 자신의 애국적 복장이 너무 튀는 거 아닌가 걱정하는데 유대인 망명자이자 패션 편집자였다가 현재는《마드무아젤》편집장인 에디 로크가 네바의 조그만 흰색 백을 칭찬해서 마음을 좀 편하게 해주었다. 네바의 패션 가운데 적어도 한 가지는 적절했던 것이다. 다들 술잔을 손에 들었을 즈음 바비즌 메인 로비에서

─호텔 바비즌

1977년 객원 편집자들을 한 명씩 소개했고 메자닌에 모인 이들이 내려다보며 크게 박수를 쳐주었다.

새로 뽑힌 객원 편집자들은 실비아, 네바, 재닛, 로리 등 1953년 멤버들과 많이 달랐다. 이제 스무 명이 아니라 열네 명이었고 그 가운데 세 명은 남자였다. 1972년, 직장 내 평등이라는 압박 속에서 에디 로크가 남자들도 객원 편집자 공모에 응모할 수 있게 했다(참여하고 싶어 하는 남자를 찾기가 쉽지는 않았지만).[60] 여자 객원 편집자들은 그 결정을 달가워하지 않았다. 이제 막 움트고 있는 여성운동의 영향으로 이런 평등을 추구한다니 얄궂은 일이었다. 1972년 객원 편집자인 래드클리프 학생은 이렇게 반문했다. "왜 남자한테 여성잡지에 자리를 주는가? 여자가 남성잡지에서 높은 자리에 오르기가 얼마나 어려운지를 한번 생각해보라."[61] 열한 명의 여성 객원 편집자는 여전히 바비즌에 묵었고, 여성 전용 호텔에 투숙할 수 없는 남자 객원 편집자 세 명은 42번가에 있는 튜더 호텔에 묵었다.[62] 《마드무아젤》 사무실에서 객원 편집자들은 시릴리 에이블스 대신 새로 편집국장이 된 메리 캔트웰의 지시를 따랐다. 1953년 객원 편집자 로리 글레이저는 그저 집 밖으로 나온 게 기뻐 바비즌에 방을 하나 잡고 밤새 파티를 했다.[63]

1979년, 네바를 비롯한 객원 편집자들이 다시 바비즌으로 왔다. 이번에는 새로 나온 실비아 플라스 영화 홍보를 위해서였다. 젊은 여자가 그들을 맞이하며 소리쳤다. "여러분이 1953년 객원 편집자들이군요!"[64] 마치 타이태닉호의 생존자가 된 듯한 기분이었다. 보도자료와《벨 자》의 페이퍼백 책 한 권씩이 든 두툼한 폴더를 각자 하나씩 받았다. 설마 이 책이 없을까 봐서. 사방에 장미가 있었다. '직업전기' 사진을 찍을 때 실비아가 들었던 장미를 떠올리게 하는 것이었다. 실비아가 BTB에게 불려 갔다 와서 한바탕 운 직후에 찍은 사진이었다. 예전 객원 편집자들은 자기들끼리 담소를 나누었고, 최소 두 명이 별 모양으로 서서 단체사진을 찍을 때 입었던 끔찍한 킬트를 아직 간직하고 있음을 시인했다. 홍보 중인 실비아 플라스 영화가 좋지 않은 뒷맛을 남겨서 서로 그 이야기는 꺼내지 않으려 했다. 이미《벨 자》가 그들이 같이 보낸 여름의 기억을 망친 데다가 이 영화는 그들이 모두 커밍아웃하지 않은 레즈비언인 것처럼 비치게 했다. 적어도 그들이 보기에는 그랬다.[65] 앤 쇼버는 "실비아 플라스 대유행이 시작"될 무렵에 남편과 같이 영국에 있었던 탓에 실비아를 둘러싼 이런저런 추측에 익숙했다. 앤은 그때를 돌아보며 실비아가 신경쇠약을 일으킨 것이 상당 부분《마드무아젤》에서 편집자를 엉뚱하게 배치한 탓이라고 했다.[66] 앤은 그때 언론학 학위를 받고 졸업한 상태여서 객원 편집국장이 되었다면 절호의 기회라고 생각했을 것이다. 그러나 대신 쇼핑 편집자를 따라다니는 일을 맡았고 그 일에서 아무 흥미도 느낄 수 없었다. 한편 실비아는 예술적 기질에도, 타자 실력에도 걸맞지 않은 세부적인 작업을 맡았다.

1953년 객원 편집자들은 2003년에 마지막으로 바비즌에서 다시 상봉했다. 이번은《마드무아젤》객원 편집자 공모전 기념도, 실비아를 위한 것도 아니었고 자축하기 위한 행사였다. 여덟 명이 이제 멜로즈Melrose라는 이름으로 바뀐 호텔에 모였다. 전직《마드무아젤》편집자들도 몇 명 왔다. 대학생위원회 편집부에서 일했던 지지 매리언Gigi Marion은 스미스 칼리지에 가서 실비아가 객원 편집자로 적합한지 알아보려고 이야기를 나눴던 일을 회상했다. 실비아는 그날 오후의 만남 뒤에 어머니에게 편지를 써서 과연 자기가 뽑힐지 모르겠다고, 다른 참가자들이 생각보다 훨씬 더 뛰어나더라고 말했다. 매리언은 그 모임을 조금 다르게 보았다. 매리언은 실비아가 잘할 거라는 건 알았지만 "과연 잘 적응할지 조금 의문이었다. 실비아의 행동이 거의 연극적이어서 조금 문제라고 느꼈다. 다른 날에 만나면 또 전혀 다른 사람일 것 같았다." 당시에 임신 중이었던 대학생위원회 편집자 메리베스 리틀은 실비아가 "멋지고 열의가 넘치던 것"만 기억했다. 그렇지만 그 점에서는 다른 학생들도 다 마찬가지였다고 덧붙였다. 에디 로크도 그렇게 말했다. 다들 똑같았다고. 같은 세대, 여러 면에서 같은 유형의 젊은 여성들이었다.

그러나 실비아는 시간 속에 금발에 밝은 빨간색 립스틱을 바른 모습으로 영원히 냉동되었으나, 다른 이들은 아니었다. 로리 글레이저가 소설을 쓰지 못한 것이 아쉽다고 말하자 한 명이 로리를 위로하려고 했다. "아직 시간이 있어." 그 말에 로리는 이렇게 대답했다. "시간은 지나가."[67] 다시 만난 이후에 한 명이 이런 편지를 보냈다. "너희도 나처럼 실비아가 오븐에 머리를 집어넣지 않았다면 이런 모임도 열리지 않았을 거라는 생각에 불편한 심정이니?"[68] 디니 레인(다이앤 존슨)은 그날 여름 이후에 남은 열아홉 명이 '생존자'라고 불린다는 점을 언급하며 생존자라는 말 속에 "마치 우리가 살짝 수상쩍고 오만하며 삶에 대한 부적절한 집착을 가진 사람인 듯한 뉘앙스가 담겨 있는" 것 같다고 했다.[69]

이때를 마지막으로 이들은 다시 모이지 않았다. 여덟 명의 '생존자'는 과거에 실비아가 유난히 울적한 날 바비즌 풀장에서 수영한 뒤 누워 있던 호텔 테라스에 앉았다. 그들은 저무는 해를 보면서 좋든 나쁘든 이제 오래전에 사라진 그 시절과 뉴욕을 회상했다.

— 호텔 바비즌

9장

한 시대의 끝

여성 전용 호텔에서 백만장자의 아파트로

바비즌 커피숍은 이 호텔에 관한 여러 이야기에 단골로 등장한
다. 작가 J. D. 샐린저가 얼쩡거리며 젊은 투숙객들을 꾀어보려
한 곳이자, 실비아 플라스가 로젠버그 부부의 처형일 아침에 커
피를 마시며 세상의 무심함에 분개한 곳이기도 하다. 이 사진은
1964년 모델 아스트리드 히렌이 모델의 주식인 커피와 담배와
함께 포즈를 취하고 찍었다.

•••

얄궂게도 1960년대 시작된 여성운동이 바비즌의 조종弔鐘을 울리게 되었다. 바비즌 여성 전용 호텔은 1920년대에 여성의 독립을 지원하고 여성의 예술적 재능과 야망을 키우겠다고 약속하며 문을 열었으나, 사회가 그 목표를 향해 나아가면서 바비즌은 몰락하게 된다. 여성운동이 여성을 격려해야 할 필요성에 의문을 제기한 것이다. 남자가 없는 환경에서 여성의 성장과 독립을 지원하고 안전하게 보호하는 것과, 여성을 세상으로부터 고립시키고 성적으로 불평등한 현실로부터 차단하는 것을 구분하기란 과연 가능할까?

변화가 시작되고 있었다. 1959년 9월, 《마드무아젤》에서는 뉴욕 알파벳시티* 이스트 2번가 170번지에 사는 비트족 시인 앨런 긴즈버그Allen Ginsberg에게 연락을 취했다. 《마드무아젤》 편집자들은 "새

---

* 맨해튼 이스트빌리지의 한 구역으로 거리 이름에 A~D까지 알파벳이 붙어 있어서 이런 이름으로 불린다.

로운 10년의 시작을 맞이하며" 지난 몇 해 동안 "기존 관념에 뚜렷한 저항의 목소리를 낸" "젊은 창작자"들에게 손을 내밀어, 긴즈버그 등에게 1960년 1월호에 실을 원고를 청탁했다.[1] 그 결과물이 "일곱 명의 젊은 목소리가 1960년대를 말하다"라는 특집으로, 다음과 같은 편집자의 글로 시작했다. "필자들에 대한 생각은 다 다를 수 있으나, 이렇듯 생생하고 개성이 넘치는 목소리가 더욱 많이 들린다면 우리는 다음 10년을 신나는 호기심으로 기대할 수 있을 것이다." 1960년 1월호는 엄청난 화제를 불러일으켰다.[2] 잭 케루악Jack Kerouac의 여자친구이기도 한 조이스 존슨Joyce Johnson은 《마드무아젤》이 "열네 살에서 스물다섯 살 사이의 수많은 젊은 여성들에게" "혁명으로 가는 지도"를 제공한 셈이라고 말했다. 《마드무아젤》은 그때까지 늘 그랬듯이 진취적으로 눈앞으로 다가온 변화를 예견하고 있었다.

다음 달인 1960년 2월에는 아프리카계 미국인 대학생 네 명이 노스캐롤라이나주 그린즈버러에 있는 울워스 슈퍼마켓 식당의 백인 전용 좌석에 앉아 비키지 않고 버틴 유명한 사건이 있었다. 11월에는 존 F. 케네디가 젊은 나이에 대통령에 당선되었고, 1961년 취임사에서 국민들을 향해 "국가가 여러분에게 무얼 해줄 수 있는지 묻지 말고, 여러분이 국가를 위해 무얼 할 수 있는지 물으십시오"라고 했다. 여자들이 민권운동과 반전운동에 나섰지만, 남자들이 "정치를 하는" 동안 여자들은 커피나 끓이는 일을 맡을 때가 많았다. 그럼에도 헤아릴 수 없이 많은 커피와 함께 여성운동이 서서히 스며 나오기 시작했다.

1961년 피임약이 등장했다. 피임약이 성관계와 성평등에 혁명적 역할을 하게 되지만 그 효과가 즉각적으로 나타난 것은 아니었다. 일단 피임약 처방을 받으려면 기혼이어야 하고, 아니면 기혼인 척 꾸며야 했다. 래드클리프 졸업생으로 바비즌에 거주하던 주디스 인스Judith Innes는 가짜 신분으로 피임약을 구하긴 했으나 그것만으로는 충분한 보호장치가 못 되었다.[3] 실비아 플라스와 그 동료들의 성적 욕망을 옭아매고 통제하던 관념, 남자는 성적인 존재이고 따라서 남자에게는 책임이 없다는 가정이 여전히 사라지지 않고 있었다. 모든 책임은 여자에게 돌려졌다. 남자는 흥분하기 쉬우므로, 여자는 그런 일이 일어나지 않도록 최선을 다해야 하고, 만약 그러는 데 실패하면 남자의 '고통'을 달래주어야 한다는 것이다. 동급생이나 친구들 사이에서, 남자와 단둘이 어둑한 방에 있는데 남자가 갑자기 테이블 위로 밀어 넘어뜨렸다는 이야기가 심심치 않게 돌았다. 히치콕의 스릴러 〈새The Birds〉에 나오는 눈부신 금발 스타 티피 헤드런Tippi Hedren은 열네 살 때 미네소타에 있는 도널드슨 백화점에서 발굴되었다.[4] 티피는 스무 살 생일에 뉴욕으로 비행기를 타고 가서 바비즌에 체크인하고 아일린 포드 모델 에이전시와 계약을 맺었다. 45킬로그램의 티피는 다이어트 음료 '세고' 광고 모델로 일하다가 히치콕의 눈에 띄었다. 히치콕은 무명 배우를 주연으로 캐스팅하는 것을 좋아했는데, 그래야 함부로 다루기 쉽기 때문이었다. 그 사실을 티피는 첫 라이브 촬영이 끝난 다음 거울을 보고

—호텔 바비즌

뼈저리게 깨달았다. 히치콕이 영화에 쓰려고 주문한 까치와 까마귀에 뺨을 쪼여 살이 패어 있었다. 하마터면 눈을 쪼일 뻔했다. 사실 히치콕 정도의 지위가 아니라 해도 남자가 여자한테 그만한 권력을 행사하기는 어렵지 않았다.

그러니 세상이 눈에 띄게 바뀌고 있음에도 바비즌은 여전히 필요한 안전한 공간이었다. 작가 지망생 존 게이지Joan Gage는 1961년 바비즌에 이미 쇠약하고 수척한 모습으로 등장했다. 담배, 커피, 마즈바 초콜릿, 덱시드린의 힘으로 겨우 대학 기말고사를 마치고 온 참이었다. 덱시드린은 당시에 인기 있던 다이어트약인데 처방전 없이 살 수 있는 각성제나 다름없었다.[5] 그렇지만 유해물질을 몸속에 털어 넣을 만한 가치가 있었다. 결국 뉴욕에 입성했으니까. 뉴욕은 존의 삶을 완전히 바꾸어놓게 된다. 중서부 출신인 존은 라 폰다 델 솔 레스토랑에서 새우 칵테일을 음료인 줄 알고 마시는 실수를 저지르기도 했으나, 딜런 토머스의 단골 술집인 화이트호스 태번에서 처음으로 공산주의자를 만났고 아티초크 먹는 법을 배웠다.[6] 존은 '슬랙스' 입기를 좋아했다. 당시 젊은 여성들 사이에서는 특별할 것 없는 복장이었으나 바비즌 프런트데스크를 지키는 패션 감시자는 절대 용인하지 않았다. 존이 슬랙스를 입고 엘리베이터에서 내려 성큼성큼 로비를 가로질러 정문으로 가면 프런트데스크에서 불러 세워 호텔 평판을 망치지 말고 바로 들어가서 갈아입으라고 말했다.

1962년은 악명 높은 《섹스와 독신 여성Sex and the Single Girl》이 출

간된 해였다. 《마드무아젤》 1960년 1월호처럼 이 책도 시대정신을 담고 있다. 나중에 《코스모폴리탄Cosmopolitan》 잡지 편집장 자리까지 오르는 카피라이터 헬렌 걸리 브라운Helen Gurley Brown은 이 파격적인 자기계발서로 이름을 알렸다. 일종의 성혁명을 부르짖는 책이었다. 브라운은 여자들에게 (자기가 그런 것처럼) 결혼을 아주 늦게한다는 급진적 결단을 내리라고 충고했다. "나는 결혼은 삶에서 **최악**의 시기를 위한 보험이라고 생각한다." 브라운은 이렇게 말했다. "최상의 시기에는 남편이 필요 없다. 물론 남자는 필요하지만… 남자가 여러 명이면 감정 소모도 훨씬 덜하고 훨씬 재미있다."[7] 1950년대에 결혼한 여자들 다수가 결국 어떻게 되었는지를 언급하면서 이렇게 말하기도 했다. "정말 터무니없지 않나? 남자는 쉰 살에 아내를 싱크대에 설거짓감을 내버려두듯 아무렇지 않게 버릴 수 있다(그러려면 돈은 좀 들겠지만)." 이 책은 할리우드 스타 존 크로퍼드나 벌레스크 쇼* 출연자 집시 리 로즈Gypsy Lee Rose 같은 의외의 인물들에게 지지를 받았고, 1953년에 여성의 섹슈얼리티를 다룬 킨지 보고서가 그랬던 것처럼 미국 사회에 큰 반향을 불러일으켰다.

그렇긴 하나 헬렌 걸리 브라운 본인도 1950년대의 가치관에 아직 깊이 물들어 있었다. 여자는 외모를 가꾸기 위해 무엇이든 해야한다고 잔소리를 했다. 고단백 식이를 하고 음식보다 옷을 사는 데돈을 쓰고 코 성형 수술을 하고 가발을 쓰고 화장술을 익히라고 했

---

* 1880년대~1930년대에 인기를 끈 스트립티즈, 코미디, 풍자극 등이 결합된 버라이어티 쇼. 보드빌과 비슷한데 벌레스크는 성인을 대상으로 한다.

다.[8] 주변 환경도 이미지의 연장선이므로 신경 써야 했다. 독신 여성의 아파트가 남자를 사로잡는 효과적인 공간이 되려면 **남자**가 볼 괜찮은 TV 한 대(TV가 너무 크면 안 된다. 남자가 TV에 푹 빠져서 당신에게 관심을 주지 않을 테니), 재치 있게 담배를 꽂아놓은 브랜디 잔, 섹시한 쿠션, 잘 갖춰진 술 진열장이 필요하다. 그렇지만 여기에도 엄격한 규칙이 필요했다. 당신의 왕자님이 자기가 마신 술은 스스로 채워 넣게 하고, 남자가 레스토랑에서 스무 번 식사를 사면 한 번 집에서 요리를 해주는 식으로 한다. 미심쩍은 조언으로 가득한 혼란 속에서 바비즌의 젊은 여성들이 오래전부터 이미 알았던 메시지를 읽을 수 있다. 독신 여성으로 살려면 스스로 생계를 꾸려야 한다는 것. 성적 자유는 경제적 자유가 있어야만 누릴 수 있다는 것. 플래퍼들도 알았다. 깁스 걸들도 알았다. 파워스 모델들도 알았다.

헬렌 걸리 브라운이 하는 조언은 (이를테면 밤을 같이 보낸 상대에게 다음 날 아침 침대로 아침식사를 갖다주면 좋아할 것이며, 조개수프와 토마토 주스를 섞고 레몬 한 조각을 넣은 음료, 특제 오믈렛, 토스트, 커피 등이 메뉴로 적당하다는 것 등) 사실 새로울 것이 없었다. 단지 그때까지는 아무도 대놓고 그런 말을 하지 않았을 뿐이다. 소설가 메리 매카시Mary McCarthy가 1930년대에 쓴 글에는 이런 내용이 있다. "영원한 노처녀"(브라운의 표현으로는 '싱글 걸')는 "성적 모험 다음 날 아침에도 침대를 언제나 깔끔하게 정리한다⋯ 사일렉스 커피메이커에서 두 잔 분량의 커피가 흘러나오고 전기 토스터에서 토스트가 튀어나오는 사이에."[9] 브라운이 재발견한 여성의 야심이라는 것도 그와 비슷하게 옛것이었다. 브라운은 젊은 독자들에게 날마다 깨끗한 속옷을 입고, 화려함과 우아함을 동시에 보여줄 수 있게 여러 양식과 시대의 가구를 섞어 배치하고, "집 안에 웅크리고 있지 말고" 밖으로 나가라고 한다. 존 디디언은 브라운의 로스앤젤레스 북투어를 취재해서《새터데이 이브닝 포스트》에 기사를 썼다. 브라운의 전투의 함성이 "점점 사라져가는 구식 야망이라 젊은 독자들에게는 존 크로퍼드의 초기작에서나 볼 수 있는 것으로 여겨질 것"이라고 지적하는 내용이었다.[10] 다시 말하면, 1950년대에 여성의 섹슈얼리티와 야망에 대한 억압이 너무 심했기 때문에 헬렌 걸리 브라운이 이토록 퇴행적임에도 혁명적일 수 있었다는 말이다.

《섹스와 독신 여성》이 나오고 1년 뒤인 1963년, 베티 프리던이《여성의 신비》를 출간했다. 여성의 해방이란 어떤 것인가에 대해 두 작가의 의견이 일치하지는 않으나, 두 사람 다 독립적인 삶을 꾸리지 못하는 여성은 여러모로 고통받을 것이라는 점을 이해했다. 베티 프리던은 여자들은 "어떻게 남자를 잡아 붙들어놓을지"에 대한 조언을 들으며 동시에 "시인이나 물리학자나 대통령이 되고 싶은 신경증적이고 여성적이지 않은 불행한 여자들을 동정"하라고 배운다고 했다. 프리던의 말이 옳았다. 벳시 탤벗 블랙웰은 마케팅 설문조사를 여러 차례 했는데 1956년 래드클리프의 한 대학생은 가슴 깊이 새겨진 주문을 외듯 이렇게 응답했다. "우리는 결혼과 가정에 헌신해야 한다. 그것이 안정된 개인과 안정된 사회를 기르는 뿌리이다."[11] 미국에서 가장 들어가기 어렵다는 대학의 여학생이,《마드무아젤》이 새로 노동력으로 등장한 여성들을 겨냥해 처음으로 '직업 특별판'을 낸 지 거의 20년이 지난 이때 이런 발언을 한 것이다. 마치 전국적인 세뇌 교육이 20년 넘게 이어지고 있는 것 같았다.

헬렌 걸리 브라운이 늦은 결혼과 즐거운 섹스를 주창하며 이름을 널리 알렸다면, 프리던은 오늘날 여성이 스스로 던지는 가장 절실한 질문이 가장 비난받는 질문이기도 하다는 점을 지적해 파문을 일으켰다. "이게 전부인가?"[12] 이 질문은 재닛 버로웨이가 3년 전인 1960년 실비아 플라스의 런던 집에서 목격한 실비아의 행동, 갓난아기를 남편 테드 휴즈에게 "밀어붙인" 행동의 언어적 표현이다. 모성을 이야기하는 것이 아니라, 부당한 대우, 무너진 희망, 좌절된 꿈을 말하는 진술이다.

수십 년 동안 바비즌은 실비아를 비롯해 "이게 전부인가?"라는 질문을 스스로 던지던 무수한 여자들이 가는 곳이었다. 바비즌이 1928년 처음 문을 연 이래 1960년대 중반까지 이 호텔을 거쳐 간 여자는 35만 명이 넘었다. 절반 이상은 고향 작은 마을에서 입소문을 듣고 왔고, 나머지는 멀리에서 보면 무섭게 느껴지는 도시에서 모든 사람이 영원히 젊고 친구들에 둘러싸인 모습으로 나온 호텔 광고를 보고 찾아왔다. 〈미녀 삼총사Charlie's Angel〉 시리즈에 나온 배우 재클린 스미스Jaclyn Smith(당시 이름은 엘런 스미스Ellen Smith)는 1966년 카네기홀에 있는 스튜디오 61에서 발레를 배우려고 텍사스에서 바비즌으로 왔다.[13] 여러 바비즌 거주자들이 그랬듯 재클린도 부모를 설득하느라 몇 달 공을 들여야 했고, 절대 지하철을 타지 않겠다고 약속했다(재클린은 그 말을 지켰다). 존 게이지가 슬랙스를 입고 나섰다가 프런트에서 붙들린 지 5년이 지났으나 여전히 바비즌은 "점잖음"을 고수해서 반드시 힐을 신어야 했고 슬랙스는 여전히 금지였다. 아직도 "아기 침대처럼" 작은 침대에 똑같은 파란색 꽃무늬 침대 커버와 커튼이었다. 그러나 재클린은 호텔에 머무는 다른 사람들처럼 작은 마을 출신이어서 호텔에서 내세우는 구닥다리 방식에 별 불만이 없었다. 재클린은 그저 호텔 커피숍이 좋았고 친구가 많아서 좋았다. 재클린은 모델 데일 해든Dayle Haddon, 무용수 마고 새핑턴Margo Sappington과 같이 어울렸다. 여름이면 옥상에 올라가서 일광욕을 했다. 재클린에게 바비즌은 "규칙과 기대의 시기"를 상징했고 그것도 나쁘지 않았다. 한편 재클린은 그곳에서 보낸 2년 동안 바비즌과 뉴욕으로부터 이후 오랜 세월 재클린의 버팀목이 되어줄 "정서적 독립"이란 것도 배웠다. 경제적으로뿐 아니라 정서적으로도 스스로 돌볼 수 있는 능력 말이다. 헬렌 걸리 브라운과 베티 프리던이 수백만 독자들에게 가르치고자 했던 것도 바로 그것이었다.

실제로 변화가 일어나고 있었고 '여성 전용'이라는 구식 개념을 거부하는 사람도 있었지만, 그럼에도 바비즌은 여전히 뉴욕에 입성해 새로운 삶에 들어서는 과정에서 촉매제 역할을 하고 있었고, 호텔 측에서는 그 사실을 광고나 잡지 지면을 통해 홍보하고 자랑하기를 주저하지 않았다. 예를 들면 미시건 출신의 데이너Dana 같은 경우가 있었다. "반짝이는 눈"의 무용수 데이너는 줄리어드스쿨에서 무용 리허설을 마친 뒤 바비즌으로 와 타이츠 차림으로 커피숍에 들렀다.[14] 작곡가 잔 카를로 메노티Gian Carlo Menotti는 작업실이 바비즌에서 두 블록 떨어져 있어 바비즌 커피숍에서 종종 커피를 마시곤 했는데, 메노티가 모든 입주민의 직업과 야망을 훤히 아는 웨이터를 불러 데이너에 대해 물었다. 메노티는 냅킨에 메모를 적어서 웨이터를 통해 데이너에게 건넸다. "이탈리아에서 열리는 스폴레토 페스티벌에 참가하고 싶으면 이 번호로 전화 주세요." 데이너는 그렇게 했다. 먼저 물정을 잘 아는 친구에게 물어보았더니 친구가 당장 가장 가까운 전화기가 있는 곳으로 끌고 갔던 것이다. 훗날 TV 드라마 〈에잇 이즈 이너프Eight Is Enough〉에 새어머니 역으로 출연하게 되는 베티 버클리Betty Buckley는 텍사스에서 출발해 그랜드센트럴 역에 도착한 후 바비즌에 체크인하고 15분 만에 밖으로 나와 도시를 탐험하기 시작했다.[15] 그러다가 바로 그날 우연히 브로드웨이 뮤지컬 〈1776〉의 최종 오디션장에 들어가게 되었다. 베티 버클리는 텍사스 놀이공원에서 주급 75달러를 받고 하루에 열네 차례 노래 공연을 했으니 이 정도는 할 수 있겠다고 생각하고 자기 차례를 기다렸다. 베티는 오디션에 통과했다. 단 하루 동안 그랜드센트럴에서 바비즌으로 그리고 브로드웨이까지 나아간 것이다. 같은 해에 열일곱 살 고등학교 중퇴생 로나 러프트Lorna Luft도 바비즌에 있었다. 아버지가 다른 언니인 라이자 미넬리가 어머니 주디 갈런드의 강요로 바비즌에 묵었던 것처럼 로나 러프트도 바비즌에서 지내게 된 것이다. 몇 주 뒤에 러프트도 브로드웨이에서 역을 따내어 뮤지컬 버전 〈롤리타Lolita〉에 출연하게 되었다.[16]

• • •

젊은 여성들이 계속 바비즌을 찾긴 했어도 이곳을 집으로 삼은 거주자가 전부 젊은이는 아니었다. 1960년대에는 상당히 다양한 사람들이 있었다. 1963년 《새터데이 이브닝 포스트》 기사에 따르면 "올해의 거주자 가운데는 70세의 귀족 부인 한 무리와 80세 노인도 한 명 있다. 여기에 플레이보이 바니걸, 뉴욕주 공직에 끈질기게 도전하는 인물, 스턴트 배우, 부업으로 홍콩제 잡동사니를 파는 모델, 바비즌 메자닌에 있는 파이프오르간을 1935년부터 매일 저녁 연주해온 대단한 부인, 이름만으로도 영원히 기억될 만한 패셔니스타이자 상업 전공 학생 레이디 그린슬릿Lady Greenslit이 있다."[17] 뉴욕주 공직에 끈질기게 도전하는 인물인 출판 편집자 앨리스 색스Alice Sachs는 호텔에서 가장 오래된 투숙객으로, 테라스에서 저녁 식사를 하려면 이브닝드레스를 입던 시대에 바비즌에 왔다. 공화당 초강세 지역인 어퍼이스트사이드에서 확고한 민주당원이었으나 그래도 끈질기게 지지를 호소했고, 한번은 동네 중식당을 통해 앨리스 색스에게 투표하라는 쪽지가 들어 있는 특제 포춘 쿠키를 나눠주기도 했다.

벳시 존슨은 판타지를 옷으로 만든 코스튬 같은 패션 디자인으로 유명해지는데, 1964년 《마드무아젤》 객원 편집자로 바비즌에 있었다.[18] 벳시 존슨은 잡지사의 패브릭 라이브러리에 배치되었다. 당시 패션잡지사에는 보통 수천 장의 원단을 목록으로 만들어 보관하는 곳이 있었다. 패브릭 라이브러리 담당자가 출산휴가 중이었기 때문에 벳시 존슨은 계속 남아 일해달라는 요청을 받았다. 벳시는 아무도 쓰지 않는 원단을 가져다가 자기만의 옷을 디자인하기 시작했다. 티셔츠, 티셔츠 드레스, 코바늘로 뜬 직물, 벨벳 등이었다. 그러고는 콘데나스트 잡지사 건물 화장실에서 팔았다.《마드무아젤》,《글래머Glamour》,《보그》,《브라이즈Brides》 등에서 일하는 사람 누구나 화장실은 쓸 거라고 생각해서 영리하게도 화장실에 자기 옷 카탈로그를 비치해놓은 것이다.

재클린 스미스의 친구 중에는 호텔 6층에 있는 방에 종종 찾아오던 멜로디Melodee K. Currier가 있었다. 멜로디는 바비즌이 타깃으로 하는 딱 그런 종류의 젊은 여성이었다. "이게 전부인가?"라는 프리던의 핵심 질문을 자신에게 던진 작은 마을 출신 젊은이. 멜로디 같은 젊은 여성은 노래도 춤도 연기도 모델도 할 수 없다면 타자로 지방 소도시를 벗어날 방법을 찾아야 했다. 멜로디는 플로리다에 약혼자를 두고 뉴욕 비서학교에 다니기 위해 왔다. 멜로디의 어머니가 호텔까지 따라와서 그 덕을 보았다. 초가을에는 특히 바비즌에 들어오려는 사람이 수없이 많아 원하는 사람의 절반 정도만 방을 얻을 수 있기 때문이다. 호텔에서 어머니가 수속을 하는 동안 멜로디는 마침 그때 도착한 다른 젊은이 둘과 작당해서 그날 애스터 호텔에 온다는 비틀스를 보러 가기로 했다. 어머니들이 모두 돌아간 다음 세 사람은 얼른 짐을 풀고 애스터 호텔로 가서 괴성을 질러대는 수천 명의 팬 사이에 끼었다. 비틀스는 결국 나타나지 않았지만 그래도 뉴욕에서 첫날이 특별한 기억으로 남았다. (바로 그날, 《마드무아젤》에서 조지 데이비스 후임이며 문화의 흐름을 잘 짚어내던 리오 러맨Leo Lerman이, 부하직원 에이미 그로스Amy Gross ― 몇 해 뒤에 오프라 윈프리Oprah Winfrey가 《오 매거진O Magazine》의 편집장으로 발탁해 데려간다 ― 에게 이렇게 선언했다. "4월호에서 비틀스라는 영국 보이밴드를 다룰 거예요." 에이미는 놀라서 리오를 쳐다보았다. "랍비와 오스카 와일드를 섞어놓은 듯한" 리오를 에이미는 좋아했고 리오의 문화적 나침반을 대체로 신뢰했지만, '비틀스' 따위 이름을 가진 밴드가 성공할 리는 없다고 속으로 생각했다.[19])

바비즌에서 지낸 지 며칠 만에 멜로디는 말라키스 바를 발견했다.[20] 화려하진 않지만 진짜 싱글들이 가는 곳이라고 멜로디는 호텔에 있는 새 친구들에게 알렸다. 뉴욕에 많은 가능성이 있는 것을 보고 멜로디는 플로리다에서 한 약혼을 깨고 데이트를 시작했고, 투자 손실을 줄이는 방법을 금세 알아냈다. 이런 방법이었다. 일단 외출 준비를 마치고 소개받은 데이트 상대가 바비즌 로비에 와서 전화를 할 때까지 방에서 기다렸다. 전화가 오면 친구가 받아서 멜로디는 방금 잠깐 나갔다고 말하고 그동안 멜로디는 얼른 메자닌으로 달려가 로비 공중전화기를 쓰고 있는 사람을 확인했다. 외모가 마음에 들면 다시 올라가 가방을 챙겨 내려갔다. 마음에 안 들면 방 안에 숨거나 커피숍 출구를 통해 바비즌에서 빠져나갔다.

비서 과정을 마친 다음 멜로디는 광고회사에 취직했다. 멜로디는 매일 아침 미니스커트, 푸어보이 스웨터*, 메리제인 구두, 인조 속눈썹 등 완벽한 1960년대 스타일로 출근했다.²¹ 패션은 1950년대에 유행한 잘록한 허리와 페티코트로 받친 풍성한 스커트에서 급격하게 달라졌지만, 다른 것들도 전부 달라진 것은 아니었다. 테드베이츠 광고회사에 출근한 첫날 영업 담당 임원 두 사람이 멜로디의 책상에 돈을 던지며 담배를 사 오라고 했다. 처음에는 하라는 대로 했다. 두 번째 같은 요구를 받았을 때는 거절했다. 담배 심부름 거절 같은 작은 제스처가 모여서 1960년《마드무아젤》이 독자들에게 로드맵으로 제시한 변화를 이끌어낼 것이었다. 개인적인 것이 정치적인 것이 되어가고 있었고, 멜로디는 돈을 던지는 행위를 매우 개인적으로 받아들였다.

그러나 변화가 이루어지는 속도는 피부색에 따라서 달랐다. 예술가이며《마드무아젤》객원 편집자였던 바버라 체이스가 1956년 바비즌에 머물며 (아마도 바비즌에 투숙한 최초의 흑인 여성이었을 것이다) 선구적으로 길을 뚫었으나, 10년 이상 지난 뒤에도 크게 달라진 것이 없었다. 〈코스비 가족The Cosby Show〉에서 클레어 헉스터블 역을 맡게 될 배우 필리샤 라샤드Phylicia Rashad는 1968년 열여섯 살 때 여름방학 동안 유명한 니그로 앙상블 컴퍼니 극단에서 연기를 배우러 바비즌으로 왔다.²² 필리샤 라샤드는 호텔의 몇 안 되는 아프리카계 미국인 투숙객 중 한 명이었고, 처음에는 파란 방에 들어갔

---

* 립 조직으로 된 몸에 딱 맞는 여성용 풀오버 스웨터로 1960년대에 인기였다.

는데 쓸데없이 크고 비싸서 노란 방으로 바꾸었다. 실비아 플라스가 썼던 것과 같은 방으로 특유의 꽃무늬 베드스프레드와 커튼이 있고, 욕실은 공동으로 썼다. 필리샤는 뉴욕 예술계의 활기를 보고 신이 났으나, 인종에 관해서라면 "여기도 미국 다른 곳과 다를 바 없다고 느꼈다". 어딜 가든 인종분리가 있었고 사방에 백인들밖에 없었다는 의미다. 뉴욕 어퍼이스트사이드에 있는 바비즌은 특히 심했다. 1960년대는 질문의 시기이자 가치관이 서서히 바뀌던 시기였으나, 진짜 변화가 눈에 보이기 시작한 것은 1970년대 디스코 시대가 되어서였다. 얄궂지만 바비즌에게는 그게 좋은 일이 아니었다.

•••

1970년 8월 26일 헬렌 걸리 브라운은 베티 프리던과 함께 5번 애버뉴를 행진했다.[23] 사진발을 잘 받는 글로리아 스타이넘Gloria Steinem이 함께했다.《미즈Ms》잡지의 공동 창립자인 글로리아 스타이넘은 1963년 플레이보이 클럽에 바니걸로 위장 취업해 그 조직의 성차별과 인종차별을 폭로했고 사실상 모든 여성은 일상적으로 플레이보이 바니걸 취급을 받는다고 주장했다. 청바지와 티셔츠를 입은 젊은 여성과 꽃무늬 여름 드레스를 입은 나이 든 여성 등 1만 명이 세 명의 페미니스트 아이콘과 함께 행진했다. 1920년 여성에게 투표권을 부여한 수정헌법 제19조 통과 50주년을 기념하는 '평등을 위한 여성 파업Women's Strike for Equality' 시위였다. 수정헌법 19

조는 1920년대 여성 호텔 붐의 촉매제가 되기도 했다. 브라운, 프리 던, 스타이넘은 베테랑 여성참정권운동가들과 팔짱을 꼈고 구경꾼 들이 한둘씩 동참하며 시위대는 점점 늘었다. 몇몇 참가자는 이렇 게 적힌 피켓을 들고 행진했다. "파업이 뜨거울 때 다림질하지 마 라!Don't iron while the strike is hot＊", "나는 바비 인형이 아니에요!" 남자 들은 인도에서 구경했다. 야유를 보내는 남자도 있었고 45번가에 브라를 입고 나타난 남자도 있었고 50번가를 따라 행진하는 여자 들에게 "노브라 변절자들!"이라고 소리치는 남자도 있었다.[24]

새로운 시대의 시작이었다. 《마드무아젤》에서는 구세대가 물러 나며 새 시대가 시작되었음을 알렸다. 벳시 탤벗 블랙웰이 편집장 자리에서 내려온 것이다.[25] 평생 골초였던 탓에 BTB가 한 번 기침 발작을 일으키면 귀청이 찢어질 것 같았다. 새로 온 객원 편집자들 은 화물 기차가 지나가는 것 같은 소리가 나더라도 못 들은 척하라 는 지시를 받았다. BTB는 그게 자기 등장을 알리는 소리라고 농담 을 하긴 했지만. 이제 대부분 직원이 BTB를 '어머니'라고 불렀지만 그럼에도 BTB는 뒤처지지 않고 시대를 따라갔고 《마드무아젤》이 계속 선구적으로 '최초'가 되어야 한다고 주장했다. 은퇴 전해에는 BTB가 "원고에서 처음으로 네 글자 욕을 통과"시키기도 했다. 잡 지 독자들에게 보내는 마지막 "편집자의 메모"에서 BTB는 1935년 부터 현재까지 자신의 여정을 목록으로 적었다. "나일론과 TV, 지

＊ '쇠가 뜨거울 때 두드려라Strike while the iron is hot'라는 속담을 뒤집은 것.

퍼와 제트기, 링클프리 원단, 가발 유행의 탄생과 성장을 거치며…
'블랙 이즈 뷰티풀Black is Beautiful', 캠퍼스 혁명, 여성해방까지. 이 시
대는 우리에게 완전히 새로운 어휘들을 가져다주기도 했습니다.
국제연합(UN)과 익명의 알코올중독자들(A. A.), 고속도로와 히피,
볼펜과 비틀스, 소비주의와 공동체, 로큰롤, 스모그, 시험관 아기,
소수민족 등. 패션에서는 바지 정장이 여성의 기본 복장으로 자
리 잡았습니다. 1940년대까지만 해도 상상할 수 없었지요. 마이크
로 미니스커트, 비키니, 보디스타킹, 핫팬츠 등도 마찬가지였습니
다."[26]

　BTB에 대한 배웅은 길게 이어졌다. 기념 만찬이 이어지고 여
러 사람이 저마다 선물을 보내왔다. 배우이며 전직 객원 편집자
(글로리아 스타이넘의 룸메이트이기도 했다) 앨리 맥그로는 봄꽃을 보
내 1958년 8월 대학생 특별호 표지 모델로 커리어를 시작할 수 있
게 해준 것에 감사했다. 케이크(당연히 분홍색) 위의 체리에 해당하
는 행사는 스트리트&스미스에 이어《마드무아젤》을 발행한 콘데
나스트에서 개최한, 세인트레지스 호텔 루프탑 파티였다. 사방이
온통 분홍 장미로 장식되어 있었다. 축하객들에 둘러싸인 BTB는
1937년 이후 매년 6월 이곳에서 열린 객원 편집자 댄스파티를 떠
올리지 않을 수 없었을 것이다. 그러나 BTB는 이제 새로운 시대가
되었음을 알았다. 에디 로크가 새로《마드무아젤》의 편집장이 되기
로 했고, 이제 BTB의 트레이드마크인 모자, 담배, 스카치위스키는
사라질 때가 되었다.

모두에게 새로운 시작이 기다리고 있는 것은 아니었다. 바비즌은 쇠락하기 시작했다. 1920년대 신여성을 위해 지어진 레지던스 호텔은 이제 매력을 잃었다. 남편감을 찾는 사람 입장에서 이곳은 남자가 없는 곳이었다. 예전 거주자 한 명은 이렇게 불평했다. "남자에도 관심 있고 자기만의 삶을 살고 싶기도 한 여자가 뭐 하러 이런 곳에 살겠어요. 데이트를 해도 상대를 데리고 올 수가 없잖아요. 문에서 남자를 막으니까."[27] 이전에 온 무수한 젊은이가 그랬듯 뉴욕의 정수를 경험하고 싶은 여자들은 이제 바비즌에 어쩐지 구닥다리 정서가 있다고 느꼈고, 젊은이들에게 '그 여자들'이라고 불리는 나이 많은 거주자들이 그런 분위기를 만들어낸다고 생각했다. 전에는 바비즌에 콘서트, 리사이틀, 연극 등 다양한 문화 프로그램이 있었으나 이제는 메자닌에 있는 TV가 전부였다. "로비 위쪽에 있는 어둑한 튜더 스타일 동굴"에서 무료 애프터눈티는 계속 제공되었으나 그 무렵에는 이용하는 사람이 거의 없었다.[28] 차를 마시러 오는 사람은 대부분 나이 지긋한 여성들이었고 진주목걸이와 필박스 모자 차림으로 5시부터 6시까지 오르간을 연주하는 미시즈 앤 질런Anne Gillen을 중심으로 모였다. 더 젊은 축에 속하지만 갈 데가 없는 이들은 호텔 사교 담당자를 찾아갔는데 사교 담당자는 말의 품종을 대는 놀이가 재미있다고 생각하는 사람이었다. 이 시기가 많은 이들에게 혼란의 시기였던 것처럼 바비즌도 마찬가지였다. 1970년대가 되자 호텔의 화려함은 이제 정말 완전히 사라졌다. 헬렌 걸리 브라운을 추종하는 싱글 걸들은 바비즌이 아니라 스튜디오 54*에 모였다.

베티 프리던, 헬렌 걸리 브라운, 글로리아 스타이넘은 성평등을 요구하며 연대해 팔짱을 끼고 5번 애버뉴를 행진했다. 그렇지만 사실상 바비즌의 존재 가치에서 핵심은 성별 구분이었다. 바비즌은 엄격한 여성 전용 호텔 레지던스로서 남성을 의도적으로 배제했다. 그리하여 바비즌은 뉴욕 메츠 구단과 바워리 호텔 체인이라는 전혀 어울리지 않을 것 같은 파트너들과 힘을 합해 인권위원회에 새로 생긴 성평등 의무 규정의 예외를 인정해달라고 진정했다.[29] 메츠 구단에서는 일 년에 여덟 번 토요일에 열리는 '레이디스 나이트'를 계속 개최하길 바랐고, 바워리에 있는 원룸 기숙사형 호텔은 여자들이 숙박하기에는 너무 위험한 곳이었으며, 바비즌은 계속해서 '여성들을 위한 집'이 되기를 원했다.

바비즌이 안전한 장소로서 기능하려면 여성 전용을 유지해야 한다는 요구는 정당했고 그래서 진정이 받아들여졌다. 바비즌은 여성 전용 레지던스 호텔이라는 사명을 이어갈 수 있게 되었다. 그렇지만 이 승리에 객실 점유율 급감이라는 다른 현실이 금세 그림자를 드리웠다. 1969~1970년 경기 불황도 문제였지만, 관에 대못을 박은 것은 1972년 케이티 깁스가 철수하며 3개 층 200개 객실을 한꺼번에 비운 일이었다. 객실 점유율이 40~50퍼센트까지 떨어졌지만 프런트데스크에서는 기존 방식을 바꾸기를 거부했다. 구찌 의

---

* 1970년대 말에 뉴욕에서 가장 핫했던 나이트클럽.

—호텔 바비즌

상을 입은 여자가 투숙하러 와도 추천서가 없다고 돌려보냈다. 사실 애초에 구찌를 입은 여자가 바비즌에 왔다는 것 자체가 놀라운 일이었다. 바비즌이 점점 낡아가며 세월의 흔적을 역력히 드러내고 있었기 때문이다.

설상가상으로 1970년대 뉴욕시는 파산 직전이었다. 제럴드 포드Gerald Ford 대통령은 도널드 럼스펠드Donald Rumsfeld와 앨런 그린스펀Alan Greenspan의 자문을 받아 정부 구제금융은 없을 것이며 뉴욕시는 그냥 파산해야 한다고 선언했고《데일리 뉴스Daily News》에서 이를 1면에 대대적으로 보도했다. 뉴욕 경찰이 나눠주는 관광 팸플릿에는 "공포의 도시에 오신 것을 환영합니다"라는 제목에 후드를 쓴 해골 머리가 그려져 있고 살아서 도시를 빠져나가는 방법이 적혀 있었다.[30] 그즈음 존 페이어Joan Faier는 바비즌에서 뉴욕시의 전반적 모습을 그대로 닮은 비참한 모습을 목격했다. "조명이 흐릿한 복도, 묵직한 마호가니 가구, 메자닌의 정교한 크리스털 샹들리에 언저리 하늘색 페인트에 뻥 뚫린 구멍."[31] 창문이 하나 있는 방을 얻었는데 이제 구식이 되어버린 침대 위 라디오 스피커가 끔찍하게도 "펩토비스몰 위장약 같은 핑크색"으로 칠해져 있었다. 또 다른 투숙객은 이 호텔을 보면 찰스 디킨스Charles Dickens의《위대한 유산Great Expectations》에서 무너져가는 저택에서 혼자 사는 미스 해비셤이 떠오른다고 말했다. 게다가 바비즌이 1970년대 뉴욕의 가혹한 현실로부터 주민들을 보호하는 데도 한계가 있었다. 1975년, 로비에 나와서 이야기를 들어주는 사람 누구에게나 말을 걸기를 좋아하던 외로운 79세의 주민 루스 하딩Ruth Harding이 11층 객실에서 목이 졸려 숨진 사건이 발생했다.[32] 이 살인사건은 미해결로 남았다.[33]

••••

루스 하딩이 방에서 살해당한 해, 유행과 논란의 중심에 있던 호텔리어 데이비드 테이틀봄David Teitelbaum이 호텔을 살리기 위해 영입되었다. 바비즌 소유주들은 객실 점유율 하락에 기겁해 핀스트라이프 수트보다 청바지와 골드체인을, 고집보다 유연성을, 동부 해안의 보수주의보다 할리우드의 화려함을 우선시하는 테이틀봄에게 자문을 청했다.[34] 디스코 시대의 중심인 1975년이었다. 테이틀봄은 뱀가죽 카우보이부츠를 신고 로비를 둘러봤고 특히 바비즌에서 가장 나이 많은 투숙객들인 '그 여자들'을 눈여겨봤다. 고인이 된 루스 하딩 같은 나이 지긋한 할머니들은 날마다 젊은 투숙객들에게 떠날 수 있을 때 떠나라고 경고하는 존재였다. 게일 그린이 기사로 쓴 '외로운 여자들'의 20년 뒤 모습이기도 했다. 1979년, 배서 칼리지를 갓 졸업한 로리 네이선슨Lori Nathanson은 엘리베이터에서 그들 중 한 명과 대화를 나누다가 여기 얼마나 오래 있을 거냐는 질문을 받았다. "오래는 안 있을 거예요." 로리가 대답했다. "그래요." 노부인이 말했다. "나도 오래는 안 있을 거라고 생각했었죠." 로리는 곧장 자기 방으로 가서 울음을 터뜨렸다.[35]

'그 여자들'은 테이틀봄의 눈에 심각하게 거슬리는 존재였다.[36] 호텔을 24시간 관찰하다 보면 이들이 "머리에 컬 클립을 달고 슬리퍼 차림으로 로비에 모여 앉아" 젊은 주민을 험담하고 핀잔을 주기도 하는 게 보였다. 바비즌 거주자 한 사람은 일부러 엘리베이터 근처 벤치에 자리 잡고 앉아 저녁 약속이 있어 나가는 젊은 투숙객들에게 청하지 않은 조언을 하곤 하던 여자들을 기억했다.

"어디 가요?"

"그 옷이 적절할지 모르겠네."

"그 신발이 어울린다고 생각해요?"[37]

테이블봄은 세인트레지스 호텔에서 스카우트한 새로운 매니저 배리 만Barry Mann과 함께 호텔을 바꾸기 시작했다.[38] 가장 먼저 로비에서 가구를 치워버리자, '그 여자들'이 못마땅해했고 한 명은 소리를 지르기도 했다. "내 자리 어디 갔어?!" 다음으로는 투숙객이 턱없이 부족한데도 아직 손님을 A, B, C 등급으로 나누고 추천서를 요구하는 "답답한 데스크 직원"을 다른 데로 보냈다. 분홍색과 라임색 가구, 캐비지로즈가 그려진 벽지, 우는 광대 그림도 치우고 대신 초콜릿과 바닐라색, 《보그》 포스터, 녹색 식물을 잔뜩 들였다.[39] 레스토랑과 유명한 커피숍도 새롭게 단장했다.

테이블봄은 바비즌의 전성기를 되살리기를, 적어도 그 시절의 영광을 상기하는 방법으로 호텔을 살리기를 기대했다. 그때 뉴욕시에서 아직 운영 중인 여성 호텔은 앨러튼 하우스, 이밴절린, 마사 워싱턴 등 몇 군데 없었다. 그럼에도 테이블봄은 바비즌에서 먼지를 떨어내면 (먼지를 떨어내는 데 50만 달러를 썼다) 바비즌을 다시 수익성 있는 호텔로 만들 수 있으리라고 생각했다. 이전처럼 '도시에 처음 온 여성'에게 장기 숙박을 제공하며, 이에 더해 남자 없이 하룻밤을 보내고 싶어 할 출장 중인 비즈니스우먼의 하룻밤 거처도 제공하고자 했다.[40] 오크 패널로 덮인 공연장을 회의실로 바꿨다. 바비즌 도서실은 닫았고, 한때 리타 헤이워스가 《라이프》 잡지를 위해 포즈를 취했던 지하 운동공간과 수영장을 인수한 헬스클럽에 도서실 공간도 임대로 내주었다. 도서실 책은 메자닌에 있는 '데이트룸'으로 옮겼다. 테이틀봄은 흰 장갑, 티타임, 격식 있는 무도회가 있던 옛 시절과 호텔의 이름이 된 19세기 바르비종 유파를 상기시키는 뜻으로, 꽃장식 보닛을 쓴 어린 소녀를 그린 인상주의 화풍 액자를 방마다 걸었다.

다음으로 호텔 50주년 기념 파티를 기획했다. 모나코 대공비 그레이스 켈리는 직접 참석하지는 않았지만 "바비즌에서 보낸 3년 동안의 멋진 추억"이 있다는 편지를 보내왔다.[41] 그러나 테이틀봄이 아무리 애를 써도 그 시절은 이미 지나가버린 것임이 분명했다. 바비즌은 "싱그러운 얼굴의 신인 배우에서 쭈그러진 노처녀"로 시들어버렸다.[42] 바비즌에 거주했던 사람 중 파티에 참석한 유일한 유명인은 1950년대 빈센트 프라이스Vincent Price와 함께 3D 공포영화 〈밀랍의 집House of Wax〉에 출연했던 배우 필리스 커크였다.[43] 필리스는 도어맨 오스카와 메자닌에서 마신 애프터눈티를 추억했다. 1944년부터 1972년까지 호텔 매니저였던 휴 J. 코너도 참석했는데 주디 갈런드가 딸 라이자 미넬리가 어디 있는지 단속하려고 집요하게 전화를 걸던 일을 회상했다.

—호텔 바비즌

어쩌면 바비즌에 남은 유일한 것은 그 별난 특이함뿐인지도 몰랐다. 킴 네블릿Kim Neblett은 바비즌에 머물면서 그런 괴상한 점을 꽤 좋아하게 되었다.[44] 킴 네블릿은 패션모델이었는데 최근 일주일에만 1,000달러 수입을 올렸으나 바로 전해 뉴욕에 처음 왔을 때만 해도 한 해 수입을 다 합해도 1,062달러밖에 되지 않았다. 너무 돈이 없어서 방값을 내지 못하고 한 달 동안 친구 방 바닥에서 잤던 적이 있었다. 그런데 호텔에서는 아무 말도 하지 않았고, 킴에게 전화가 오면 킴이 '몰래' 얹혀살던 친구 방으로 전화를 돌려주었다. 킴은 다양한 연령대의 거주자들, 심지어 "아침 6시에 비명을 지르는 등" 밤낮으로 "기이한 장면"을 연출하는 "미친 노인들"까지도 이해했다. 어떤 일이 일어나도 그냥 웃어버리면 미친 노인들도 따라 웃었고 그러다 보면 다들 일종의 평정을 되찾는다고 했다. 킴은 오랫동안 이곳에서 버텨온 '그 여자들'에게서 어떤 영웅적인 면을 보았다. "아직 뉴욕에 살고 있었죠. 바비즌 작은 방 안에 숨어 있기는 하지만, 아직 여기 뉴욕에 있는 거예요. 그게 대단한 거죠."

작가 메그 월리처는 그렇게 너그러이 보아주지는 않았다. 월리처는 '지, 유어 헤어 스멜스 테러픽Gee, Your Hair Smells Terrific'이라는 "1970년대 미용 필수품"이었던 샴푸 냄새를 풍기며 1979년《마드무아젤》마지막 객원 편집자로 바비즌에 왔다.[45] BTB는 잡지를 떠났으나 객원 편집자 프로그램은 계속되었다. 월리처는《마드무아젤》사무실이 바비즌 호텔과 완벽하게 닮았다고 씁쓸하게 말했다. "유행을 선도하며 경쟁하고 싶지만, 여전히 건전한 대학생 감성에 매달리고 있고 우리 객원 편집자들이 그 감성을 구현하리라고 기대한다." 그러나 당연히 1979년 대학생 편집자들은 그런 구식 감성과는 거리가 멀었다.

호텔이 쇠락해 외형이나 서비스나 엉망이 되어가는 양상이 여기저기에서 보였다. 월리처는 첫날 아침 호텔 메이드가 "방문을 마약단속국 요원처럼 쾅쾅 두드리는" 소리에 잠에서 깼다. 눈을 뜨고 주황색과 노란색 베드스프레드(테이블봄이 개선한 것 가운데 하나였다)를 걷어내며 좁고 칙칙한 방을 둘러보았다. 볼품없었다. 호텔의 유일한 장점은 유산인 듯했다. 월리처는 실비아 플라스를 생각했다. 사실 월리처의 방은 실비아가 26년 전에 썼던 방과 거의 똑같았다. 그사이에 바뀐 게 없었기 때문이다. 이때도 욕실이 딸린 방은 130실밖에 없었고, 두 방이 욕실 하나를 공유하는 방이 94실이었으며, 나머지 431실은 (객원 편집자들이 투숙하는 가장 싼 방이고 1945년 필리스 리슈월브가 나넷 에머리에게 "기숙사-호텔 생활"이라고 설명했던 방이다) 복도로 나가 공용 욕실을 써야 했다.[46]

그러나 이때는 1953년 뉴욕이 아니라 1979년 뉴욕이었다. 파산한 도시를 보며 월리처는 "〈코작Kojak〉*의 한 에피소드"를 떠올렸다.[47] 2년 전 뉴욕은 여섯 명을 살해하고 일곱 명을 다치게 한 '샘의 아들' 살인사건으로 공포에 떨었고, 타임스퀘어는 뉴욕에서도 가장 위험한 우범지대였다. 브라이언트 파크에는 마약을 거래하거나

---

* 1973~1978년 CBS에서 방영한 범죄드라마.

─ 호텔 바비즌

성매매를 하려는 사람 말고는 아무도 가지 않았다.[48] 뉴욕의 영광의 나날은 이미 지나갔다. 적어도 그 암울한 10년 동안에는 그렇게 보였다. 도시의 이런 분위기에 편승이라도 하듯 메그 윌리처와 동료 객원 편집자들은 한때 실비아 플라스, 존 디디언, 게일 그린 등을 설레게 했던《마드무아젤》의 과제에 반기를 들었다. 레블론에서 향기 세미나를 열어 객원 편집자들에게 다양한 향수 냄새를 맡아 보고 떠오르는 느낌을 묘사해달라고 하자, 한 객원 편집자는 깊은 생각에 잠긴 척하며 테이블에 둘러앉은 사람들에게 레블론의 대표 향수 '찰리'의 슬로건을 읊었다. "제 생각에는 '뭐랄까 자유롭고, 뭐랄까 와우!'예요."[49] 월도프 애스토리아 호텔에서 열린 밀리컨 텍스타일 회사 주최 조찬에 왕년의 스타 진저 로저스Ginger Rogers가 휠체어를 타고 들어왔을 때 객원 편집자들은 낄낄거리며 웃었다. 해마다 열리는 메이크오버 이벤트 날에는 윌리처와 친구들이 "엉클어지고 바비즌스럽고 잠에 절어 엉망인 모습"으로 색스 피프스 애버뉴로 향했다. 한 남자 객원 편집자는 턱수염을 '1970년대 게이 콧수염'으로 다듬었는데 꽤 잘 어울렸다. 윌리처는 변신 후에 "나 꼭 매춘부 같잖아!"라고 외쳤다. 마지막 밤, 실비아 플라스가 마지막 밤에 그랬듯이 다 같이 바비즌 옥상으로 올라가 실비아 플라스를 기리는 즉흥 의식을 했다. 이들이 마지막《마드무아젤》객원 편집자였다. 그 뒤 공모전은 중단되었다. 그리고 22년이 지난 2001년, 예전의 껍데기에 불과했던《마드무아젤》이 폐간되었다.

1980년대에는 지불 능력이 있는 뉴욕을 만들겠다는 구상에 따라 도시가 급격하게 변화했다. 노동계층이 부유층과 나란히 살던 뉴욕(1953년 니먼마커스 백화점 CEO가 택시를 타고 맨해튼을 빙빙 돌면서 네바 넬슨에게 보여주려 했던 뉴욕)은 이제 사라졌다. 뉴욕은 구원받을 테지만 그 과정에서 옛 뉴욕은 사라지게 됐다. 뉴욕은 제럴드 포드 대통령이 줄 수 없다고 분명히 밝힌 연방자금이 아니라 세금 감면, 인센티브, 특혜를 약속받은 민간 개발업자와 대기업을 통해 구원받았다.[50] 그리하여 트럼프Donald Trump 같은 인물들이 등장하게 된 것이다. 1980년대는 뉴욕이 상징하게 될 모든 것—돈, 과잉, 기만, 탐닉—을 예고하는 시기였다. 여피와 마돈나가 등장했다. '오디언' 레스토랑, 코카인, '댄스테리아' 나이트클럽, 엑스터시가 있었다.

바비즌도 변화를 따라가야 했다. 이제 뉴욕은 노동계층과 중간계층이 맨해튼 중심부에 영구히 살 수 있게 해주던 임대료 규제 시스템을 중심으로 움직이지 않을 테니까. 데이비드 테이틀봄이 1975년 처음 바비즌에 자문으로 고용되었을 때, 테이틀봄은 바비즌 거주자 가운데 100명 이상이 임대료 규제 보호법의 혜택을 받고 있어 월 임대료를 아주 조금씩밖에 올릴 수 없고 영구 세입자로서 권리도 보장된다는 사실을 알게 되었다.[51] 1979년 호텔의 소유주가 다시 바뀌었으나 테이틀봄은 남았다. 새로운 소유주인 인도 호텔 체인은 뉴욕이 구현하기 시작한 바로 그 가치를 원했다. 그 말은 바비즌을 최고급 호텔로 바꾸어야 한다는 것을 뜻했다. 여자들… 그리고 남자들을 위한 럭셔리 호텔로.

'그 여자들'은 이 소식을 반기지 않았다. 자신을 "'유명 연극배우'

라고만 밝힌" "보석으로 치장한" 한 노인은 "많은 훌륭한 여성분"이 이 계획에 반대하며 자신도 남자들이 호텔에 들어오면 "매춘을 크게 부추길 것"이라 확신한다고 말했다.[52] 장기 거주자들은 평소의 불화는 잠시 밀어두고 하나로 뭉쳐 임차인협의회를 만들고 잘나가는 임차인 권리 변호사 레너드 러너Leonard Lerner를 고용했다.[53] 1935년부터 바비즌에 살았고 민주당 후보로 끈질기게 나섰던 앨리스 색스는 이사하고 싶은 생각이 전혀 없었다. 앨리스 색스를 비롯한 몇몇 거주자는 한 달에 평균 275달러를 숙박비로 내면서 일일 메이드 서비스를 누릴 수 있었고 프런트데스크에서는 메시지를 받아주는 데다가 호텔 위치도 기가 막히게 좋았다. 그런데 어퍼이스트사이드에 있는 작은 아파트 월세가 1,000달러까지 치솟은 상황이었다. 남자가 들어오거나 말거나 여기에서 버텨야 했다. 또 다른 장기 거주자 앨리스 델먼Alice Delman은 복도에서 "야밤에 옷도 제대로 갖춰 입지 않은 남자들을 마주쳐야" 한다는 게 달갑지 않았다. 그렇지만 테이블봄이 고용한 바비즌의 새 매니저 배리 만이 설득력 있는 주장을 펼쳤다. 호텔의 적자가 심해지고 있는 상황에서 이제 "남은 건 남성밖에 없다"는 것.

처음에 테이블봄은 100만 달러를 제시하며 장기 거주자들을 내보내려 했다.[54] 변호사는 일거에 거절하며 1,000만 달러를 내거나 아니면 맨해튼의 빈 부지에 114명의 여성을 위한 아파트를 짓는 방법도 있다고 (상당히 비꼬는 말투를 섞어서) 말했다. 뉴욕 임대차법에 따르면 바비즌 객실은 다중임대 건물에서 공용 욕실을 사용하는

1980년 바비즌 호텔의 쇠락한 모습. 남녀 공용이 되기 직전이다.

1인 가구 소형임대주택(SRO)에 해당해 함부로 할 수 없었다.[55] 테이틀봄과 새 소유주는 '그 여자들'을 설득하는 데 실패해 내보낼 수 없게 되자, 대신 그들을 위해 특별동을 만들기로 했다. 일단 이렇게 장애물을 넘은 테이틀봄은 나이 든 여성 거주자들의 권리를 지켜주면서 남자들이 바비즌의 신성한 홀에 들어설 수 있는 길을 열었다.

여성 전용 시설로서 바비즌 호텔의 54년이 막이 내리는 날은 전략적으로 1981년 밸런타인데이로 결정되었다. 바비즌에서 밤을 보내는 (말라키 매코트를 비롯해 계단으로 객실에 올라갔다고 주장한 몇몇 남자를 빼고) 최초의 남자가 되겠다는 남자들의 예약 전화가 쇄도해

─호텔 바비즌

서, 호텔에서는 2월 12일에 로비에서 공식적으로 바비즌에 입성할 최초의 남성 및 최초의 커플을 뽑는 추첨 행사를 열기로 하고 널리 홍보했다. 추첨에 당첨된 남자는 매사추세츠주 케임브리지에 사는 서른아홉 살 동종요법 의사였는데, 〈러브 보트The Love Boat〉*에 나오는 스튜빙 선장과 상당히 닮은 사람이었다.[56] 데이비드 클리브랜드David Cleveland 박사는 밸런타인데이 이틀 전에 자신이 당첨되었으며 뉴욕 JFK 공항에 리무진이 대기하고 있다가 그랜드 오프닝 행사장으로 안내할 것이라는 연락을 받았다. 이 의사는 사실 몇 주 전부터 케임브리지 하버드 대학 근처에 있는 패럿 카페에서 일하는 웨이트리스에게 데이트 승낙을 받아내려고 하고 있었다. 주말 동안 퀴라소에 다녀오는 표 두 장을 사기도 했는데 웨이트리스가 거절했다. 바비즌 당첨으로 리무진 서비스, 무료 식사, 브로드웨이 공연까지 즐길 수 있게 되었는데도 웨이트리스의 마음을 돌리지 못했다. 그래서 머리가 벗어지고 귀 위쪽에 흰 곱슬머리가 있는 클리블랜드 박사는 하는 수 없이 깃이 넓은 턱시도, 러플이 달린 셔츠, 큼직한 나비넥타이를 사서 혼자 뉴욕으로 향했다.

2월 14일 토요일 오전 11시 30분, 가로세로 30×14미터인 10층 높이 밸런타인데이 배너가 바비즌 호텔 외벽에 드리워졌다. 로맨틱한 히트곡 작사가 새미 칸Sammy Cahn이 로비에 설치된 마이크 앞에서 〈러브 앤드 메리지Love and Marriage〉, 〈이즈 빈 어 롱 롱 타임It's

---

* 1977~1986년 ABC에서 방송한 로맨틱코미디 드라마.

Been a Long, Long Time〉, 〈올 더 웨이All the Way〉 등의 히트곡을 감미롭게 불렀다. 의사의 이름을 넣은 특별곡을 부르기도 했다. 사진사들이 대기하고 있다가, 몸에 꼭 맞는 벨보이 복장을 한 웬디 테이틀봄 Wendi Teitelbaum(데이비드 테이틀봄의 딸이다)이 클리브랜드 박사의 뺨에 입을 맞추는 장면을 찍었다. 웨이터와 웨이트리스는 흰색 안전모를 쓰고 (비계로 뒤덮인 호텔에 어울리는 의상이었다) 샴페인 쟁반을 들고 돌아다니며 바비즌 모양을 똑같이 재현한 거대한 케이크 조각을 서빙했다. 클리블랜드 박사는 장난이랍시고 '최음제' 훈제굴 한 캔을 꺼내 들고 플래시가 번쩍이는 카메라를 향해 포즈를 취했는데, 왜 패럿 카페 웨이트리스가 데이트에 응하지 않았는지 알 만했다.

롱아일랜드에서 도매 원단 전시장을 운영하는 윌리엄 니컬러스 William Nicholas와 아내 캐서린Catherine Nicholas이 첫 번째 커플로 당첨되어 클리브랜드 박사와 함께 호텔에 모인 군중에게 소개되고 박수를 받으며 객실 열쇠를 전달받았다.[57] 그리하여 클리블랜드 박사와 니컬러스 씨가 금단의 객실층에 발을 들여놓은 첫 번째 남자, 혹은 호텔 직원에게 뇌물을 주거나 비상계단을 이용하거나 수술복을 입지 않고 공식적으로 그렇게 한 최초의 남자가 되었다. 다른 남성 70명도 그 역사적인 주말에 바비즌 객실에 투숙했다.

요란한 이벤트가 깊은 인상을 남겼다. 장기 거주자이자 민주당후보이며 '그 여자들'의 핵심 멤버인 앨리스 색스는 긍정적인 기분으로 TV 방송국과 인터뷰했다. "흥분되네요. 관심이 가요. 모든 게

잘되었으면 좋겠습니다."[58] 장기 거주자 중 또 한 명은 이렇게 시인했다. "오늘에야 내가 정말 잘 몰랐다는 걸 알게 됐어요. 그게 이미 시효가 지난 개념이고 생각이었다는 것을요." '그 여자들'을 쫓아내는 데 실패한 데이비드 테이틀봄은 이제 그들을 호텔의 신화적 역사의 일부로 포장해서 소개했다.

그러나 아홉 달 뒤, 테이틀봄은 호텔을 임시로 폐쇄하고 수백만 달러를 들여 리모델링을 시작했다. 테이틀봄은 새로 개조된 호텔이 남녀 공용이기는 하나 그래도 여성 중심 공간으로 남을 것이라고 주장했다.[59] "객실에 스커트용 옷걸이를 넣고 여성을 위한 서비스라고 주장하려는 게 아닙니다." 테이틀봄이 말했다. 테이틀봄은 남자지만 그가 고용한 마케팅 디렉터, 인테리어 디자이너, 디자인 코디네이터, 셰프 모두 젊은 여성이었다. 완벽한 시설의 스파를 갖추고, 로비와 로비 바에는 분홍색 대리석 벽을 설치했다. 객실에는 메이크업용 조명, 프랑스제 르 갈레 핸드워시, 목욕용 거품, 핸드로션이 비치될 것이었다.

캘리포니아 대추야자 농장에서 자란 대학 중퇴자 테이틀봄은 뉴욕 개발자들 중에서는 매우 특이한 인물이었다. 테이틀봄의 신조는 재건축을 하기보다는 오래된 건물을 되살리자는 것이었다. 원래대로 복원하는 게 아니라 내부를 재구성함으로써 그렇게 할 수 있다고 믿었다. 테이틀봄은 다른 개발자인 도널드 트럼프가 아르데코 양식 본위트 텔러 빌딩의 춤추는 여인 외벽 부조를 파괴해버렸을 때 공개적으로 비난하기도 했다. 원래는 메트로폴리탄 미술관에 기증하기로 약속했으나, 트럼프의 약속은 철거용 드릴 앞에서 손쉽게 무너졌다. 시간과 비용을 들여 온전하게 분리하기보다 그냥 부숴버리는 게 훨씬 간단하기 때문이었다. 그러나 테이틀봄은 옛 뉴욕을 보존하면서 다시 수익을 창출하기를 원했다. 테이틀봄은 바비즌을 유럽식 스파 호텔로 새롭게 구상하면서 프랑스 바르비종 유파라는 원래의 뿌리를 시각적으로 구현했다. 그렇지만 테이틀봄의 비전은 돈이 많이 드는 것이었고 곧 예산을 수백만 달러 이상 초과했다. 그래서 네덜란드항공 KLM의 튤립 호텔 경영부서와 거래를 모색했다. 바비즌은 골든 튤립 바비즌으로 이름을 바꿔야 했지만, 대신 최종 예산 6,000만 달러로 리모델링을 완수할 수 있었다.

1984년 마침내 호텔이 재탄생하게 되었다. KLM 튤립은 청어, 튤립, 네덜란드 진, 뉴욕 시장 에드 코흐Ed Koch를 동원한 네덜란드식 축하연으로 이날을 기념했다.[60] 호텔이 개조되면서 내부 구조도 크게 바뀌었다. 예전 바비즌 여성 전용 호텔의 작은 방 700개가 골든 튤립 바비즌의 욕실이 딸린 넓은 방 368개로 바뀌었다. 화가 리처드 하스Richard Haas에게 로비와 메자닌 천장에 잎이 무성해 보이는 좀 촌스러운 트롱프뢰유*를 맡겼다. 내벽은 분홍색으로 칠하고 황토색 사암으로 장식했다. 바비즌 외벽 벽돌의 장미색과 어울리면서 바르비종 화가들에게 영감을 준 퐁텐블로 숲의 아침 햇살을 떠올리게 하는 색이었다. 예전에 젊은이들이 초조해하며 데이트 상

---

* 사실주의적으로 세밀하게 그려 마치 3차원 공간처럼 느껴지게 만든 눈속임 그림.

　　　　　　　　　　　　　　　　　　　—호텔 바비즌

대를 훔쳐보던 장소인 메자닌은 레스토랑으로 바뀌었다.

1985년, 존 디디언의 친구이자 1955년 여름 함께 객원 편집자로 왔던 페기 라바이얼릿이 남편 돈Don Powell과 함께 골든 튤립 바비즌에 투숙했다. 부부는 크리스마스 시즌에 《엘르Elle》 잡지에서 일하는 딸과《뉴요커》에서 일하는 아들을 만나러 동부로 건너온 것이었다. 페기는 최근《뉴욕 타임스》에서 바비즌이 여성 전용 호텔에서 일반 호텔로 바뀌었다는 기사를 읽었다. 존 디디언과 함께 지내던 옛날이 그리워진 페기는 바비즌에 방을 예약했다. 호텔에 들어선 순간 어찌나 많이 변했던지 깜짝 놀랐다. 원래 인테리어는 싹 뜯어내고 1980년대 장식으로 채웠다. 묵직한 커튼, 푹신한 소파, 사방에 진한 크림색을 칠하고 가장자리는 금색으로 둘렀다. 메자닌에 있는 카페 바비즌의 메뉴는 전형적인 1980년대식 "세계 요리"를 선보였다. 노르웨이 새우를 채워 넣은 아보카도, 커리와 셀러리를 곁들인 치킨샐러드, 베이컨조각과 파를 넣은 감자샐러드, 바비즌 라이스푸딩, 브라우니 아라모드 등.[61] 호텔 객실은 정확히 30년 전에 페기와 존이 묵었던 작은 방들을 재조합해서 만든 것이었다.

그날 저녁 페기가 자기 객실이 있는 층 복도를 걸어가는데 할머니 한 사람이 빠른 걸음으로 페기를 지나쳐 복도 끝 쪽으로 가더니 걸음을 멈추고 아무런 표시가 없는 문을 열었다. 노인은 몸을 돌려 페기를 흘긋 보더니 문 안으로 들어갔다. 문이 열린 그 순간, 페기는 눈에 익은 녹색 벽, 바비즌의 작은 방으로 들어가는 문들을 보았다. 싱글베드, 세면대, 조그만 책상과 의자 하나만 들어갈 정도로 작은 객실. 페기는 마치 유령을 본 것처럼 몸을 부르르 떨었다. 말할 필요도 없이 페기는 '그 여자들' 가운데 한 명을 본 것이었다.

페기는 방으로 돌아왔다. 밤새 눈이 내렸고 차가운 바람이 울부짖었다. 난방이 가동되었는데 방 안 온도가 38도는 되겠다 싶을 정도로 푹푹 쪘다. 존 디디언이 1955년 바비즌에 처음 왔을 때 에어컨이 너무 세게 돌아가 고통스러워했던 것처럼, 1985년에 페기는 온도 조절이 안 되는 라디에이터 때문에 괴로웠다. 남편과 창문을 열어보려 했으나 열리지 않았다. 호텔 직원을 불렀으나 직원도 라디에이터를 끄지도 창문을 열지도 못했다. 다음 날 아침식사를 마치고 두 사람은 택시에 짐을 싣고 최대한 빨리 호텔을 떠났다. 그게 페기가 골든 튤립 바비즌에 마지막으로 발을 들여놓은 때였다. 테이틀봄의 여러 약속에도 불구하고 이 호텔에는 촌스럽고 곤란한 무언가가 아직 남아 있었다.

그러나 유명 나이트클럽 스튜디오 54의 주인 스티브 루벨Steve Rubell과 이언 슈레거Ian Schrager가 등장하면서 약간의 우려와 함께 새로운 희망이 생겼다. 루벨과 슈레거는 나이트클럽의 인기가 최고에 달할 때 탈세 혐의로 투옥되었던 악동들인데, 그들이 KLM 튤립으로부터 바비즌을 인수한 것이다. 1년 수감 생활을 마치고 출소하자마자 호텔업계를 뒤흔들겠다는 새롭고 야심 찬 계획을 세웠다. 그들은 호텔업계가 침체되었으며 호텔이 하룻밤 묵을 침대와 약간의 사치를 제공하는 것 이상을 하지 못하고 있다고 생각했다. 그래서 단조로운 호텔 생활을 화려한 클럽처럼 바꾼다는 계획을 세우

─ 호텔 바비즌

고 1988년 바비즌을 인수하면서 호텔 포트폴리오를 확장하기 시작했다. 그렇지만 운이 좋지 않았고 1980년대 크랙 코카인 유행과 맞물려 계획이 틀어지고 말았다. 신고를 받고 경찰이 바비즌 객실로 출동했는데, 그 방에는 전직 TV 특파원이자 한때 워싱턴에서 유력한 로비스트였던 크레이그 스펜스Craig Spence가 한 남자와 함께 있었다.[62] 경찰이 도착하자 스펜스는 다른 남자가 총을 들고 있다고 외치며 방에서 달려 나왔다. 방 안에서는 코카인과 크랙 파이프가 발견되었다. 스펜스는 게이 에스코트 서비스의 주요 고객이었고, 레이건과 조지 H. W. 부시 행정부의 주요 인사들도 이 서비스를 이용한다는 사실이 드러났다. 그로부터 얼마 지나지 않아 사교계 인사이자 라프레리 코스메틱 소유주이며 부시 행정부 상무 장관의 부인인 조젯 모스바커Georgette Mosbacher가 바비즌 자기 객실 바로 앞 복도에서 옷을 잘 차려입고 우지 기관단총을 든 괴한에게 강도를 당하는 일이 일어났다.[63] 부시 행정부에서 가장 화려한 인물일 모스바커는 방으로 밀고 들어가려는 강도에게 저항하며 대신 보석류를 모두 빼서 넘겨주었다. 이런 사건의 여파는 수습하기 어려웠다. 손님이 끊겼다. 결국 1994년 이언 슈레거는 (스티브 루벨은 바비즌을 인수한 직후 간염으로 사망했다) 호텔을 매각할 수밖에 없었다.

그러나 슈레거는 아직 바비즌을 놓아줄 준비가 되어 있지 않았고 1998년에 다시 사들였다(호텔의 최초 소유자가 대공황 때 그랬던 것과 마찬가지다). 재매입과 함께 다시 리노베이션이 시작되었다. 이번에는 비용을 낮추고 자금을 확보하기 위해 바비즌의 수영장과 이

전 커피숍을 이퀴녹스 피트니스 체인에 임대했다. 그래서 3개 층 전체를 운동공간으로 바꾸고 뉴욕 사람 누구나 다달이 헬스클럽 이용료를 지불하면 사용할 수 있게 개방했다.[64] 또 성형외과 의사가 요가실 바로 옆 진료실에 일주일에 이틀 상주하며 보톡스 주사, 콜라겐 주사, 필링 등의 시술을 했다.

이런 모든 변화에도 '그 여자들'은 꿈쩍도 하지 않았다. 데이비드 테이틀봄과 이언 슈레거가 왔다 가고 이렇게 저렇게 호텔을 리모델링하는 동안에도 여전히 그대로였다. 4층부터 11층까지 호텔 8개 층에는 여전히 비밀의 문이 있었다. 꽃무늬 카펫이 깔린 복도 끄트머리에 있는 문을 열고 들어가면 타임머신을 타고 이동한 것처럼 좁은 복도, 공용 화장실, 작은 객실이 나왔다.

그러나 1990년대 후반에는 '그 여자들'의 수가 스물아홉 명으로 줄었다. 직원들은 그들을 '영구the perms'라고 불렀다. 그들은 여전히 호텔 안에서 떠돌아다녔다. 호텔에서 교대 근무를 하며 문을 열어주는 직원들에게도 그들은 미스터리였다. 벨보이는 그들이 호텔에 산다는 걸 알았고 고개를 끄덕이며 인사하긴 했지만 마치 허공에서 튀어나온 것처럼 느껴졌다. 그렇지만 그 여자들은 유령이 아니었다. 호텔이 1980년대와 1990년대 리노베이션을 연달아 거치며 객실을 싹 들어내기 전에 어떤 모습이었고 어떤 곳이었는지를 되새기게 하는 살아 있는 존재였다.

•••

─호텔 바비즌

2001년 9월 12일, 세계무역센터 쌍둥이 빌딩이 공격당한 다음 날, 도시는 완전히 멈춰 섰다. 14번가 아래 지역에서는 어디서든 타는 냄새를 맡을 수 있었다. 세인트빈센트 병원에는 부상자를 위해 헌혈하려는 사람들이 줄을 섰다. 그러나 실제로는 부상자가 없었다. 모두 죽고 말았기 때문이다. 쌍둥이 빌딩은 안에 있던 3,000명에 달하는 사람들과 함께 무너져내렸다.

어딜 보든 방금 사라져버린 일상을 떠올리게 하는 표지가 있었다. 신문 가판대에는 가을 패션을 소개하는《뉴욕New York》잡지가 있었으나 이번 시즌의 '잇 코트'가 뭔지 신경 쓰는 사람이 있을까 하는 생각만으로 속이 뒤집어졌다. 뉴욕은 다시 희망을 잃은 것 같았다. 그러나 그때는 아무도 예상하지 못했지만 사실 이 순간이 일련의 변화의 시작이었다. 뉴욕이 극단적인 젠트리피케이션과 기업화를 겪고, 관광객들은 'I ♥ New York' 티셔츠를 입고, 타임스퀘어는 쇼핑몰로 재탄생하고, 범죄율은 극도로 낮아지고, 세계의 슈퍼리치들이 세금을 피할 목적으로 살지도 않을 초대형 아파트를 구입하게 되었다.

쌍둥이 빌딩이 무너지기 직전에 필라델피아의 버윈드 부동산회사가 고급 호텔 체인을 만들려는 목적으로 바비즌을 대략 6,900만 달러에 매입했다.[65] 이들은 이름을 멜로즈 호텔로 바꾸었다. 그리하여 버윈드가 '그 여자들'의 새로운 보호자가 되었다. 회사 CEO가 가끔 집에서 구운 쿠키를 가져다주기도 했다. 오래된 거주자들은 자기 방을 지켰지만 그 밖에 바비즌 여성 전용 호텔의 모든 흔적은 천천히 사라졌다. 음악실, 도서실, 야외 테라스(1박에 1,200달러인 스위트룸의 일부로 바뀌었고 래퍼이자 프로듀서인 P. 디디P. Diddy가 이 방을 애용하곤 했다)까지. 멜로즈 호텔은 고급 고객을 겨냥해 랜드마크 레스토랑과 로비 라이브러리 바를 들였다. 날마다 나이 지긋한 할머니가 와서 한 샷에 375달러인 루이 13세 코냑과 차를 주문했다.

1년 뒤인 2002년, 검은 머리의 토니 모나코Tony Monaco가 부총지배인이 되어 멜로즈에 왔다. '그 여자들'이 비밀의 문 뒤에서 살고 있는 건물 뒤쪽은 여전히 그대로였다. 노부인 스물한 명이 남았고, 4층, 7층, 8층, 9층, 11층의 처음 상태 그대로 남아 있는 구역에 흩어져 살았다. 이제 이퀴녹스 체육시설이 호텔 4층으로 옮겨왔다. 토니는 바비즌의 원래 수영장을 철거하고 호텔의 유명한 메자닌(젊은 여성들이 로비를 내려다보던 곳)에 콘크리트를 부었고 이어 웅웅거리는 전기톱으로 공연장 오르간에서 파이프를 잘라냈다. 진주목걸이와 필박스 모자 차림의 미시즈 앤 길런이 날마다 오후 5~6시 티타임에 연주하던 악기였다.

다시 모든 것이 바뀌려 하고 있었다. 9/11 테러 이후 뉴욕 시장 루디 줄리아니Rudy Giuliani가 애국심에 호소하며 뉴욕을 찾아달라고 해서 관광객이 몰려왔지만, 그들은 방값으로 수백 달러를 지불하고 싶지는 않았다. 그들은 저렴한 방을 구했는데 멜로즈는 그런 곳이 아니었다. 버윈드는 방향을 돌렸다. 2005년 버윈드사에서는 바비즌을 콘도미니엄으로 개조하겠다고 선언했다. 뉴욕 부동산시장이 호황이었고 업타운, 다운타운, 동쪽과 서쪽에 있는 호텔 모두 부

─호텔 바비즌

동산 호황을 이용해 돈을 벌어들이려 했다. 유명한 플라자 호텔도 그해에 바비즌과 마찬가지로 콘도미니엄으로 전환하겠다고 했다. 마지막 예약 손님이 떠난 뒤 호텔에 남은 사람은 토니 모나코와 '그 여자들'뿐이었다. 바비즌의 콘도미니엄으로의 최종 변신이 막 시작되려 하고 있었다.

버윈드는 토니와 '그 여자들'을 임시로 63번가 2번과 3번 애버뉴 사이에 있는 아페니아 가든 스위츠 호텔에 묵게 했다. 그러나 토니는 내장 공사가 한창인 바비즌에서 밤을 보낼 때가 많았다. 바비즌은 무수히 개조를 거치고 재구상되고 재포장되고 개선되었음에도 움푹 파인 황동, 얼룩진 실내가구 등이 여전히 낡은 느낌을 풍겼다. 프런트데스크 관리인 미시즈 메이 시블리가 보았다면 점수로 'C'를 매겼을 것이다. 토니 모나코는 뭐 하나라도 보존하자는 생각에 63번가 쪽 출입구 옆에 아직 달려 있던 바비즌이라고 적힌 작은 금색 간판을 챙겼다. 이 간판은 나중에 토니가 새 콘도미니엄의 매니저가 되어 급하게 꾸민 사무실을 장식하게 된다.

바비즌을 호텔에서 고급 아파트로 탈바꿈시키기 위한 공사가 대대적으로 진행되었다. 내부를 완전히 다 벗겨내고 바닥도 다 뜯었다. 3층은 새로운 입주자들을 위한 공용 공간으로 삼고 라운지, 영화상영관, 케이터링 키친을 배치했다. 콘도미니엄 프로젝트에서 가장 어려운 점은 천장이 낮은 기존 여성 전용 호텔의 골조 안에서 화려하고 장엄한 공간을 만들어내는 것이었다. 게다가 이 지역은 어퍼이스트사이드에 속하기는 하나 "미드타운 가장자리 상습 교통정체가 일어나는 교차로"에 있다는 문제도 있었다.[66] 건물 전체에 비계가 덮였다. 창문은 길이 1.8미터가 넘는 프랑스식 여닫이 창문으로 바뀌었다. 로비, 긴 복도, 프랑스식 창문을 도입해 70개 아파트에 층고가 높아진 느낌이 들게 하고 채광, 웅장함을 더했다. 로즈우드 쪽모이 세공 마루, 석회암 주방 바닥, 대리석 욕실 바닥, 온도·조명·소리를 제어하는 정교한 터치패드 등 디테일에도 세심하게 신경을 썼다. 이 콘도미니엄의 이름은 바비즌/63이 될 터였다.

바비즌/63의 최초 구매자 가운데 이탈리아 보석회사의 니콜라 불가리Nicola Bulgari가 있었다. 불가리는 17~18층에 있는 복층 펜트하우스를 1,275만 달러에 구입했다.[67] 영국 코미디 배우 리키 저비스는 처음에는 9층에 있는 소박한 침실 한 개짜리 아파트를 선택했으나 3년 뒤 2011년에 12층의 발코니가 두 개 있는 더 큰 아파트를 추가로 구입했다. 미야우 믹스 고양이 사료회사 전 회장은 자녀를 위해 방 두 개짜리 아파트 세 채를 총 1,200만 달러에 구입했다.[68] 아내가 평면도를 보고 집을 고르는 데 10분도 채 걸리지 않았다고 한다. 이 건물의 새로운 입주자들은 잡지에서 읽은 바비즌의 기사를 보고 호텔 주소를 종이쪽지에 적어 와 처음 도착한 뉴욕에서 바비즌을 연착륙지로 삼았던 젊은 여성들과 극과 극으로 달랐다.

바비즌은 콘도미니엄으로 바뀌었어도 '그 여자들'을 내치지 않았다. 법적으로 그럴 수가 없었다. 버윈드는 4층을 그들 전용으로 만들기로 했다. 4층으로 이사하겠다는 사람들은 방이 하나 있는 아파트나 넓은 원룸을 제공받았다. 그러나 옮기지 않고 버티는 사람들도 있었다. 1936년 바비즌에 들어온 레지나 레이놀즈는 타이태 닉 생존자 몰리 브라운이 묵었던 11층에서 계속 살았다. 다른 사람 몇 명도 임대차법에 따라 자신에게 권리가 있는 1인 소형임대주택 에서 나가지 않겠다고 고집했다. 어쨌든 이들도 바뀌어야 했다. 이 제 몰려올 부유한 사람들 눈에 거슬리지 않기 위해서라도.

'그 여자들'이 사는 바비즌/63의 4층은 고급 호텔처럼 보인다. 크 림색 벽지를 바른 복도, 커다란 흰색 문, 부드러운 카펫이 깔린 복 도를 비추는 환하고 세련된 벽등. '그 여자들'이 기억하는 옛 맨해

바비즌/63 4층의 넓은 야외 테라스로 '그 여자들' 전용이지만 이용하는 사람이 드물다.

튼의 흑백 사진 액자가 벽에 걸려 있다. 연철 가구가 놓인 벽돌 테라스도 있다. 코딱지만 한 아파트에 사는 뉴요커들이 보면 부러워할 만한 넓은 야외 공간이다. 토니는 테라스로 나가 바비즌 쪽으로 돌아서서 머리를 최대한 뒤로 젖히면 아찔하고 아름다운 장밋빛 벽돌이 겹겹이 쌓인 아르데코 양식 외관과 하늘 높이 솟은 듯한 엇갈린 모서리가 보인다고 말한다. 그런데 토니 말고는 여기로 나가는 사람이 없는 모양이다.

오늘날에는 '그 여자들'이 다섯 명만 남았다. 함께 늙어가며 날마다 애프터눈티를 마시며 과거를 회상하는 친밀한 사이일 것 같은데 사실 그렇지는 않다. 서로 거의 인사도 하지 않는다. 그들이 교류할 가치가 있다고 여기는 사람은 토니뿐이다. "다들 저장 강박이 있죠. 물건만 모으는 게 아니라 정보, 기억도 모으십니다." 법에 따라 월요일부터 금요일까지 날마다 메이드가 청소를 해준다. 이곳에 들어온 때를 기준으로 월세를 낸다. 앨리스 델먼은 1950년대에 들어왔다. 앨리스는 정보를 모으는 데 누구보다도 열심이고 회고록을 집필 중이다. 앨리스가 오래된 브로슈어, 신문 기사 스크랩, 호텔 경영진의 통제 때문에 밖으로 유출되지 않은 스캔들에 대한 개인적 기록 등을 가득 모아놓은 상자가 어딘가에 있지 않을까.

2011년 '어퍼이스트사이드 역사 지구의 친구들the Friends of the Upper East Side Historic Districts'이 바비즌/63, 이전 바비즌 여성 전용 클럽 레지던스를 랜드마크로 신청했다.[69] 사실 이 건물은 어퍼이스트사이드 역사 지구 (경계가 한 번 확장되었음에도) 밖에 있지만, 이 단체

─호텔 바비즌

는 위치가 아니라 역사적 유산이 중요하다며, 사회적 중요성을 감안해 바비즌이 랜드마크로 지정되어야 한다고 주장했다. 버윈드도 바비즌의 사회적 중요성에서 수익을 창출하는 법을 알았기 때문에 바비즌의 내부를 전부 뜯어내면서도 바깥쪽은 거의 그대로 남겨두었다. 뉴욕 부동산업계에서는 천장이 낮고 위치도 좋지 않다고 비판적으로 보았으나, 그럼에도 콘도미니엄은 놀랍게 잘 팔렸다. 바비즌/63의 광고는 이 건물의 영광스러운 과거와 이곳을 거쳐 간 유명한 여성들을 활용했다. 건물 3층 공용 공간 벽에는 한때 이곳에 살았던 화려한 영화배우들과 모델들의 흑백 사진이 걸려 있다.

그렇지만 이 문을 거쳐 간 이름 없는 사람들도 수없이 많았다. 젊고, 야심 있고, 기대에 부풀었으며, 이곳에서 처음으로 자유를 맛본 사람들. 기대했던 대로 유명해지지는 못했을지라도 모두 용기 있는 사람들이었다. 게일 그린이 '외로운 여자들'이라 불렀던 이들조차도. 배우, 무용수, 패션모델, 나이트클럽 가수, 재봉사, 견습 비서, 간호사, 사업가를 꿈꾸는 사람들 모두 20세기가 미국 여성에게 부여한 가능성과 모순을 안고 있었다. 1920년대에는 1차대전과 여성 참정권 획득을 계기로 19세기의 제약을 끊고 맨해튼의 초고층 빌딩에서 일하러 뉴욕에 온 신여성이 있었다. 그들 중 가장 젊은 층은 새로 발견한 자유를 빨갛게 칠한 입술, 단발머리, 플래퍼 드레스, 늘어진 진주목걸이, 스피크이지 마티니로 표현했다. 1930년대 대공황이 닥치며 일하는 여성이 질타의 대상이 되었으나 그래도 그들을 멈추게 할 수는 없었다. 많은 이들이 생계를 유지하기 위해, 고향에 있는 가족들을 부양하기 위해 일했다. 타자수와 모델 등 고유하게 '여성적'인 일, 남자들에게서 빼앗았다고 비난할 수 없는 일이 바비즌 거주자의 주요 직업이 되었다. 한편 이 시대는 막강한 커리어우먼 1세대를 배출하기도 했다. 《마드무아젤》편집장 벳시 탤벗 블랙웰이 그중 하나로, 블랙웰은 자기처럼 재능과 야망이 넘치는 젊은 여성을 위한 프로그램을 만들었다. 특히 2차대전이 끝난 뒤 여자들에게 다른 것은 포기하고 어머니이자 아내가 되어야 한다는 메시지가 끝없이 주입되는 상황이었는데도 말이다. 그렇게 뉴욕에 온 객원 편집자들에게 바비즌에서 보낸 6월 한 달은 기회이자 자신을 돌아보는 시간이었고 이후 그들에게 자신감을 심어주기도 했고 혹은 우울함에 빠뜨리기도 했다. 1960~1970년대에는 이제 더 이상 바비즌의 연한 주황색 벽의 보호가 필요 없다고 생각하는 사람도 있었지만, 미국의 작은 마을에서 탈출하려면, 그렇게 할 용기를 그러모으려면 일단 연착륙지가 필요하다고 느끼는 사람도 여전히 있었다.

바비즌은 20세기 대부분 기간 여자들이 안전하다고 느낄 수 있는 곳, 자기만의 방을 갖고 자기 삶을 계획하고 설계할 수 있는 곳이었다. 이 호텔은 여자들을 자유롭게 했다. 여자들이 다른 곳에서는 불가능하게 여겨졌을지라도 꿈의 도시에서는 상상하고 실현하고 실행할 수 있었던 야망을 발산하고 욕구를 추구하게 했던 것이다.

─호텔 바비즌

이 책은 2014년 11월 샌안토니오 메리어트 컨퍼런스 호텔 로비 바에서 옥스퍼드 대학 출판부 편집자인 수전 퍼버와 함께 있다가 구상하게 되었습니다. 이 길로 가게 해준 수전 퍼버와 특별한 에이전트 길리언 매켄지를 소개해준 동료 역사학자 마시 쇼어에게 고마움을 전합니다. 연구를 시작하고 1년이 지났을 때 수전 캠프를 우연히 만났는데 젊은 시절 모델에 대한 관심을 직업으로 삼아 자료를 모은 분이었습니다. 늘 너그러운 수전이 저의 든든한 지원군이자 소중한 자료원이 되어주었습니다.

집필 과정에서 무수히 많은 여성(그리고 남성 몇 명)을 인터뷰했는데 여기 실리지 않은 분들을 포함해 모두에게 감사의 인사를 드리고 싶습니다(특히 1968년《마드무아젤》객원 편집자들께 사과드립니다!). 한 분 한 분에게서 많이 배우고 영감을 얻었습니다. 이 책에 실린 이야기를 제공해준 분들에게는 관대함에 감사드립니다. 1953년 《마드무아젤》객원 편집자들을 다시 모으려고 엄청난 노력을 쏟은 네바 넬슨은 기록수집자이자 진실을 전하는 사람이 되어주었습니다. 페기 라바이얼릿 파월은 여러 차례 전화 통화로만 접했지만 정말 재미있는 분이고 엄청난 기억력의 소유자입니다. 전직《마드무아젤》편집장 에디 레이먼드 로크를 만나러 캘리포니아로 가서 당시 97세였고 현재는 고인이 되신 에디와 부군과 함께 보낸 이틀간의 오후는 정말 즐거웠습니다. 90대의 나이에도 아직 책을 출간하고 있는 필리스 리 레빈과의 만남도 소중했습니다. 아일랜드 작가이자 인생을 즐기며 사는 말라키 매코트를 어퍼웨스트사이드 식당에서 만났는데 예상대로 매력적인 분이었습니다. 진솔함과 통찰력에 감사합니다. 바버라 체이스리부드는 밀라노와 파리에서 생활하고 작업하는데, 뉴욕에 왔을 때 예일 클럽에서 만났습니다. 여전히 전율을 일으키는 대단한 분이었습니다. 호텔의 역사를 소중히 여기는 바비즌/63 매니저 토니 모나코와도 좋은 이야기를 나누었습니다. 그 밖에 시간과 기억을 내준 분으로 게일 베이저, 레이니 버나드, 존 게이지, 게일 그린, 에이미 그로스, 고故 글로리아 하퍼, 다이앤 존슨, 로레인 데이비스 노프, 로리 글레이저 리비, 앨리 맥그로, 돌로리스 펠프스, 제인 핍스, 재닛 와그너 래퍼티(그리고 딸 크리스티나 샤마스), 필리샤 라샤드, 수 앤 로빈슨, 패티 시큘러, 재클린 스미스, 네나 서먼, 주디 왁스 등이 있습니다.

바비즌에 대해 조사하면서 가르치고 글을 쓰고 창작하는 사람들의 관대함에 대한 제 믿음도 더욱 깊어졌습니다. 작가이자 교수 재닛 버로웨이는 1955년 6월에 집에 보낸 개인 편지 모음을 공유해주었습니다. 제가 연구를 시작하기 1년 전에 바비즌에 대한 다큐멘터리 작업을 시작했다가 그만둔 멜로디 브라이언트가 동영상 인터뷰를 공유해주었습니다. 그 밖에 제 질문에 너그럽게 응대해준 분들은 다음과 같습니다. 히더 클라크, 미리엄 코언, 트레이시 도허티, 로즈 A. 도허티, 니나 자일스, 테레사 그리피스, 헤일리 K. 해리스버

—호텔 바비즌

그, 크리스틴 이버슨, 마크 웨스턴, 티머시 화이트. 기록보관소를 이용할 수 있게 해준 와이오밍 대학교의 아메리칸 헤리티지 센터, 뉴욕 역사학회 문서보관소, 콘데나스트 아카이브에 감사드립니다. 스카이 테라 크래니, 베일리 스타운펜비엘 등 엄청난《마드무아젤》메모를 사진으로 기록해준 와이오밍 대학교 학생들, 각주를 맡아준 배서 졸업생 리 케이츠에게 감사합니다. 배서 칼리지 에밀리 플로이드 기금과 루시 메이너드 새먼 연구기금의 지원에 감사드립니다. 배서 칼리지에서 재정적 지원을 해주었을 뿐 아니라 그곳 동료와 친구들의 응원도 줄곧 힘이 되었습니다.

에밀리 그래프가 편집을 맡아주어 정말 행운이라고 생각합니다. 에밀리는 책이 나오기 전에 전체 그림을 보는 드문 능력이 있고 편집자의 지혜로 내내 절 고무해주었습니다. 인내심 있는 프로덕션 에디터 모건 하트, 편집 보조 라샨다 아나콰에게도 큰 감사를 표합니다. 지적 자양분을 계속 공급해주는 전국의 학자 친구들에게도 깊은 감사를 드립니다. 일을 잘하거나 못하거나 축하하고 격려해주는 웨슬리언 대학의 친구들(특히 여러 차례 도움을 준 앤 던햄, 비비언 트라킨스키, 에이드리언 피츠제럴드), 같이 밥 먹자고 하면 언제나 나와주는 여러 곳의 친구들, 카페 글쓰기 친구인 소설가 대프니 우빌러에게도 감사합니다. 뉴욕에 있는 부모님, 샌프란시스코에 있는 여동생과 가족, 헝가리에 있는 시집 식구들의 사랑과 지지에 특별한 감사를 드립니다. 이 책은 나의 사랑하는 남편 졸탄과 우리 딸 조피에게 바칩니다.

들어가며

1 앨리 맥그로Ali MacGraw, 저자와 전화 인터뷰, 2016년 4월 5일.

1장
바비즌의 탄생 — 가라앉지 않는 몰리 브라운 대 플래퍼

1 Kristen Iversen, *Molly Brown: Unraveling the Myth*(Boulder, CO: Johnson Books, 2010), 13-29, 169.

2 "Mrs Margaret Brown", Encyclopedia Titanic, 2017년 8월 22일 업데이트. https://www.encyclopedia-titanica.org/titanic-survivor/molly-brown.html.

3 Kristen Iversen, *Molly Brown*, 233.

4 Kristen Iversen, *Molly Brown*, 236.

5 마거릿 토빈 브라운Margaret Tobin Brown이 에스텔 밸로Estelle Ballow에게 보낸 편지, 1931년, Molly Brown Collection, Denver Public Library Digital Collection.

6 "Books and Authors", *New York Times*, March 5, 1933.

7 Gale Harris, "Barbizon Hotel for Women", Landmarks Preservation Commission, Designation List 454 LP-2495, April 17, 2012, 4, http://npclibrary.org/db/bb_files/2012-BarbizonHotelforWomen.pdf.

8 "Color Splashes in the City's Drabness", *New York Times*, October 9, 1927.

9 "Temple Rodeph Sholom Sells 63d St. Site", *New York Times*, January 31, 1926.

10 "Prepares to Quit Temple", *New York Times*, September 26, 1926.

11 Sara M. Evans, *Born for Liberty: A History of Women in America* (New York: Free Press, 1997), 183.

12 "New Club for Women Rivals Any for Men", *New York Times*, February 24, 1929.

13 Laura Pedersen, "Home Sweet Hotel", *New York Times*, August 6, 2000.

14 Walter Rendell Storey, "Making the Hotel Room More Homelike", *New York Times*, December 14, 1930.

15 Paul Groth, *Living Downtown: The History of Residential Hotels in the United*

States (Berkeley: University of California, 1999), 20.

16 Nikki Mandell, "A Hotel of Her Own: Building by and for the New Woman, 1900–1930", *Journal of Urban History* 45, no. 3 (March 19, 2018): 521, https://journals.sagepub.com/doi/abs/10.1177/0096144218762631.

17 Nikki Mandell, "A Hotel of Her Own", 519.

18 "New Club for Women", *New York Times*.

19 "New Club for Women", *New York Times*.

20 Christopher Gray, "For Career Women, a Hassle-Free Haven", *New York Times*, July 1, 2012.

21 Virginia Kurshan, "Martha Washington Hotel", Landmarks Preservation Commission, Designation List 456a LP-2428, 2012년 6월 19일 수정, 4, http://s-media.nyc.gov/agencies/lpc/lp/2428.pdf.

22 Virginia Kurshan, "Martha Washington Hotel", 4.

23 Nikki Mandell, "A Hotel of Her Own", 526.

24 Nikki Mandell, "A Hotel of Her Own", 531.

25 Christopher Gray, "It Looks as if It's One Building but It's Really Two", *New York Times*, December 8, 2002.

26 "New Club for Women", *New York Times*.

27 Nikki Mandell, "A Hotel of Her Own", 526.

28 Nikki Mandell, "A Hotel of Her Own", 532.

29 "New Club for Women", *New York Times*.

30 "Reflects Modern Woman", *New York Times*, September 25, 1927. 바비즌 관련 원본 문서가 오늘날 남아 있지 않아 이 글에서 말하는 객실 수는 여러 시점에 쓰인 기사를 인용한 것이다. 건축가는 객실 720실로 설계했으나 나중에 객실 수가 700개 이하로 줄었는데 아마 일부 객실의 용도가 바뀐 탓일 듯하다.

31 광고, *New York Times*, September 11, 1927.

32 건축 역사가 다이앤 알 시하비Diane Al Shihabi와 킴벌리 엘먼 제어코Kimberly Elman Zarecor의 전문적 지식과 조언에 감사한다.

33 Matlack Price, "The Barbizon", *Architectural Forum* 48 (May 1928), http://s-media.nyc.gov/agencies/lpc/lp/2495.pdf

34 "Fontainebleau Forest", *Los Angeles Times*, May 31, 2009, https://www.latimes.com/archives/la-xpm-2009-may-31-tr-barbizon31-story.html.

35 "City's First Club Home for Women to Open in Fall", *Daily Star* (Queens Borough), June 25, 1927.

36 Gale Harris, "Barbizon Hotel for Women", 4.

37 Gale Harris, "Barbizon Hotel for Women", 3.

38 "New Club for Women", *New York Times*.

39 Kristen Iversen, *Molly Brown*, 237.

40 Sara M. Evans, *Born for Liberty*, 176.

41 Louis Sobol, "Speakeasy" (Part 3), *Hearst's International–Cosmopolitan*, May 1934.

42 "Belle Livingstone, 'Salon' Hostess of Prohibition Era, Is Dead Here", *New York Times*, February 8, 1957.

43 Louis Sobol, "Speakeasy" (Part 2), *Hearst's International–Cosmopolitan*, April 1934.

44 Louis Sobol, "Speakeasy" (Part 3).

45 Louis Sobol, "Speakeasy" (Part 3).

46 Louis Sobol, "Speakeasy" (Part 2).

47 Louis Sobol, "Speakeasy" (Part 2).

48 Louis Sobol, "Speakeasy" (Part 1), *Hearst's International–Cosmopolitan*, March 1934.

49 Eric Garber, "A Spectacle in Color: The Lesbian and Gay Subculture of Jazz Age Harlem", http://xroads.virginia.edu/~ug97/blues/garber.html. 배서 대학 동료 히람 페레즈Hiram Perez와 퀸시 밀스Quincy Mills 교수님의 조언에 감사드린다.

50 Louis Sobol, "Speakeasy" "Speakeasy" (Part 2).

51 Louis Sobol, "Speakeasy" (Part 1).

52 Joshua Zeitz, *Flapper: A Madcap Story of Sex, Style, Celebrity, and the Women Who Made America Modern* (New York: Broadway Books, 2006), 6.

53 "Plays Cinderella with a Check Book", *New York Times*, January 18, 1926.

54 "Frenchman Calls Our Girls 'a Bit Fast,'" *New York Times*, January 11, 1926.

55 Joshua Zeitz, *Flapper* , 21.

56 "Criticizes Modern Woman", *New York Times*, April 19, 1926.

57 "Warns of Chewing Gum", *New York Times*, July 31, 1926.

58 "Sizes Askew on Women's Clothing", *New York Times*, January 17, 1926.

59 "Woman's Dainty Footprint Has Grown Larger", *New York Times*, February 21, 1926.

60 "Lady Astor Here; Lauds Modern Girl, Chides Mothers", *New York Times*, August 3, 1926.

61 "Lady Astor Flashes Wit in Speech Here", *New York Times*, September 10, 1926.

62 Vogue: Helen Appleton Read, "Features: Opposite Aspects of Twentieth-Century

Decoration", *Vogue* 72, no. 13 (December 22, 1928).

63 "Wellesly Club Rooms: New York Members Take Floor in the Barbizon", *New York Times*, August 7, 1927.

64 광고, *New Yorker*, October 4, 1930.

65 *Junior League Magazine*, January 1928: 9.

66 Qianye Yu, "A Room of Her Own. Housing for New York's Working Women, 1875-1930" (M.A. thesis, Graduate School of Architecture, Planning and Preservation, Columbia University, May 2019), 77, https://academiccommons. columbia.edu/doi/10.7916/d8-c1qq-em47.

67 Sara M. Evans, *Born for Liberty* , 176.

68 "Has the Flapper Disappeared?" *Junior League Magazine*, January 1928: 16-17.

69 Laura Pedersen, "Home Sweet Hotel", *New York Times*, August 6, 2000.

2장
대공황에서 살아남다 — 깁스 걸과 파워스 모델

1 Rose A. Doherty, *Katharine Gibbs: Beyond White Gloves* (self-pub., CreateSpace, 2014), 24.

2 Rose A. Doherty, *Katharine Gibbs*, 34-35.

3 Rose A. Doherty, *Katharine Gibbs*, 26.

4 Rose A. Doherty, *Katharine Gibbs*, 36.

5 Rose A. Doherty, *Katharine Gibbs*, 39.

6 Rose A. Doherty, *Katharine Gibbs*, 63.

7 James A. Welu, "Obituaries: Helen Estabrook Stoddard", American Antiquarian Society, https://www.americanantiquarian.org/proceedings/44525161.pdf.

8 Rose A. Doherty, *Katharine Gibbs*, 49.

9 Bennett Lowenthal, "The Jumpers of '29", *Washington Post*, October 25, 1987.

10 Louis Sobol, "Speakeasy" (Part 1), *Hearst's International-Cosmopolitan*, March 1934.

11 "New York. The Wonder City. Intimate Inside Life in the Year 1932", 호텔 파일: 바비즌, 뉴욕 역사학회 기록보관소, 뉴욕.

12 "Barbizon Default", *New York Sun*, April 20, 1931.

13 "Takes Over the Barbizon", *New York Times*, April 18, 1931.

14 제목이 없는 짧은 기사, *Sun*, June 2, 1932, 호텔 파일: 바비즌, 뉴욕 역사학회 기록보관소.

15 "Bondholders Buy Barbizon Hotel", *Sun*, July 5, 1932, 호텔 파일: 바비즌, 뉴욕 역사

학회 기록보관소.

16 "Recorded Mortgages", *Sun*, July 28, 1932, 호텔 파일: 바비즌, 뉴욕 역사학회 기록보 관소.

17 Sara M. Evans, *Born for Liberty: A History of Women in America* (New York: Free Press, 1997), 203.

18 Sara M. Evans, *Born for Liberty*, 215.

19 Sara M. Evans, *Born for Liberty*, 202.

20 Nancy Woloch, *Women and the American Experience*, 3rd ed. (New York: McGraw-Hill, 2000), 457.

21 광고, *New Yorker*, September 24, 1932, 58.

22 광고, *New Yorker*, October 21, 1933, 91.

23 광고, *New Yorker*, September 15, 1934, 106.

24 Betsy Israel, *Bachelor Girl: The Secret History of Single Women in the Twentieth Century* (New York: William Morrow, 2002), 150.

25 Nancy Woloch, *Women and the American Experience*, 438-39.

26 Nancy Woloch, *Women and the American Experience*, 439.

27 Betsy Israel, *Bachelor Girl*, 152.

28 1937 Katharine Gibbs Manual of Style. 수전 캠프Susan Camp 개인 소장 문서, 사용 허락받음.

29 Rose A. Doherty, *Katharine Gibbs*, 70.

30 Katharine Gibbs New York Catalog, 1939-40, 21, 수전 캠프 개인 소장 문서.

31 Katharine Gibbs New York Catalog, 1939-40, 21-22, 수전 캠프 개인 소장 문서.

32 Nan Robertson, "Where the Boys Are Not", *Saturday Evening Post*, October 19, 1963, 29.

33 1943 *Platen*, Gibbs School Yearbook, 수전 캠프 개인 소장 문서.

34 Rose A. Doherty, *Katharine Gibbs*, 76-77.

35 Rose A. Doherty, *Katharine Gibbs*, 86.

36 "Woman's Work to Be Discussed", *New York Times*, January 6, 1935.

37 Nancy Woloch, *Women and the American Experience*, 468.

38 Betsy Israel, *Bachelor Girl*, 153.

39 "Girls Capable of Better Work in Offices or Professions If They Leave Family Home", *Washington Post*, December 7, 1935.

40 John Robert Powers, *The Powers Girls* (New York: E. P. Dutton, 1941).

41 John Robert Powers, *The Powers Girls*.

42 E. J. Kahn, "Profiles: Powers Model", *New Yorker*, September 14, 1940, 24.

43 Nicole Levy, "This NYC Modeling Agency Shaped the Fashion World as We Know It", *This Is New York: A Blog About New York Neighborhoods*, September 7, 2016.

44 Evelyn B. Echols, *They Said I Couldn't Do It, but I Did!* (Chicago: Ampersand, Inc., 2008), 29.

45 Evelyn B. Echols, *They Said I Couldn't Do It, but I Did!*, 29.

46 Evelyn B. Echols, *They Said I Couldn't Do It, but I Did!*, 29-30.

47 E. J. Kahn, "Profiles: Powers Model".

48 Alice Hughes, "A Woman's New York: Hollywood Is Making Movie on New York's 'Women-Only' Hotel", *Washington Post*, July 12, 1939.

49 Frank S. Nugent, "THE SCREEN; A True-Confessional Romance", *New York Times*, August 26, 1939.

50 Frank S. Nugent, "THE SCREEN".

51 세인트 클레어 매켈웨이St. Clair McKelway가 브루노 R. 위더먼Bruno R. Wiedermann에게, 1939년 9월 28일, 2018년 11월 20일 접속, https://microship.com/st-clair-mckelway-recommends-phyllis-mccarthy-to-barbizon/. 편지와 당시 신문 기사 스크랩을 바탕으로 쓴 필리스 매카시의 아들 스티브 K. 로버츠Steve K. Roberts의 블로그에서. NPR의 〈All Things Considered〉 2014년 10월 21일 방송에서 발췌 소개되었다. 기록을 너그러이 공유해준 로버츠 씨에게 감사드린다.

52 George I. Bushfield, "Just for the fun of it!" 2018년 11월 20일 접속, https://microship.com/st-clair-mckelway-recommends-phyllis-mccarthy-to-barbizon/.

53 William Norwich, "The Trailblazer", *Vogue*, August 2006.

54 "New Plan in Effect on the Ritz Tower; Mortgage Is Paid Off on Barbizon Hotel", *New York Times*, February 2, 1940.

55 "New Marquee Erected at the Hotel Barbizon", *Gazette*, June 1, 1940.

56 Evelyn B. Echols, *They Said I Couldn't Do It, but I Did!*, 35.

57 Rose A. Doherty, *Katharine Gibbs*, 82.

3장

매카시즘과 희생자가 된 여성 — 벳시 탤벗 블랙웰과 커리어우먼들

1 Angela Taylor, "At *Mademoiselle*, Changing of the Guard", *New York Times*, April 4, 1971.

2 벳시 탤벗 블랙웰Betsy Talbot Blackwell이 수전 스펜서 박사Dr. Susan Spencer

에게 보낸 편지, 1965년 12월 2일, 편지 상자 7, 1965, the Betsy Talbot Blackwell Collection, American Heritage Center, University of Wyoming, Laramie

3 캐시 치코렐라Cathy Ciccolella의 대학교 에세이에서 인용, 1963년 11월 11일, 7번 편지 상자, 1963, the Betsy Talbot Blackwell Collection.

4 Angela Taylor, "At *Mademoiselle*, Changing of the Guard". 1920년대의《참*Charm*》잡지는 1940년대에 창간된《참*Charm*》과 다른 잡지다.

5 "Memo from the Editor" (column), 7번 편지 상자, 1965, the Betsy Talbot Blackwell Collection.

6 "Memo from the Editor", the Betsy Talbot Blackwell Collection.

7 "Memo from the Editor", the Betsy Talbot Blackwell Collection.

8 "A Short History of *Mademoiselle*". 1945, online, the Betsy Talbot Blackwell Collection.

9 "A Short History of *Mademoiselle*", 1965, 초고, online, the Betsy Talbot Blackwell Collection.

10 네바 넬슨Neva Nelson의 회상. Elizabeth Winder, *Pain, Parties, Work: Sylvia Plath in New York, Summer 1953*4 (New York: HarperCollins, 2013), 34에서 인용.

11 Angela Taylor, "At *Mademoiselle*, Changing of the Guard".

12 "Betsy Talbot Blackwell. Editor-in-Chief of Mademoiselle", 7번 편지 상자, 1965, the Betsy Talbot Blackwell Collection.

13 The Writers' Institute: A Monthly Special Report for Writers, Literary Agents, Publicists, Artists, Cartoonists and Photographers: "*Mademoiselle*: A Publication Portrait" (no date)—online, the Betsy Talbot Blackwell Collection.

14 "Memo from the Editor", the Betsy Talbot Blackwell Collection.

15 "Betsy Blackwell, Former Magazine Editor, Dies", *Los Angeles Times*, February 18, 1985.

16 "Memo from the Editor", the Betsy Talbot Blackwell Collection.

17 Julia Keller, "To a Generation, Mademoiselle Was Stuff of Literary Dreams", *Chicago Tribune*, October 5, 2001.

18 Meg Wolitzer, "My Mademoiselle Summer", *New York Times*, July 19, 2013.

19 Angela Taylor, "At *Mademoiselle*, Changing of the Guard".

20 Writers' Institute, "Mademoiselle: A Publication Portrait", the Betsy Talbot Blackwell Collection.

21 "A Short History of Mademoiselle", 1965, the Betsy Talbot Blackwell Collection.

22 필리스 리 레빈Phyllis Lee Levin의 개인 소장 문서. 사용 허락받음.

23 Phyllis Lee Levin, *The Wheels of Fashion* (New York: Doubleday, 1965), xvi.

24 BTB, "The Dollars and Cents of Fashion Magazines", 시카고 패션 그룹에서 한 연설, 1951년 9월 26일, the Betsy Talbot Blackwell Collection.

25 BTB, "The Dollars and Cents of Fashion Magazines".

26 1945년 5월 8일 나넷 에머리Nanette Emery에게 보낸 전보. 나넷 에머리에 관한 인용은 별다른 표기가 없는 한 모두 일기와 비망록에서 발췌한 것. 나넷 에머리 메이슨Nanette Emery Mason 개인 소장.

27 레이니 버나드Lanie Bernhard, 저자와 전화 인터뷰, 2016년 4월 12일.

28 Gale Harris, "Barbizon Hotel for Women", Landmarks Preservation Commission, Designation List 454 LP-2495, April 17, 2012, 7, http://npclibrary.org/db/bb_files/2012-BarbizonHotelforWomen.pdf.

29 Michael Callahan, "Sorority on E. 63rd St.", *Vanity Fair*, April 2010, 169.

30 "McCardell 'Newies,'" 나넷 에머리 메이슨 개인 소장.

31 Sara M. Evans, *Born for Liberty: A History of Women in America* (New York: Free Press, 1997), 243.

32 Diane Johnson, "Nostalgia", *Vogue*, September 2003, 208.

33 메리베스 리틀Marybeth Little, 대학생위원회 편집자, 1953년 11월 16일 BTB에게 보내는 메모, 편지 상자 3, 1946-1955, the Betsy Talbot Blackwell Collection.

34 Harmon and Elsie Tupper, "The Barbizon—For Women Only" *Collier's*, December 25, 1948, 21.

35 Nan Robertson, "Where the Boys Are Not", *Saturday Evening Post*, October 19, 1963, 29.

36 Harmon and Elsie Tupper, "The Barbizon—For Women Only", 21.

37 Angela Taylor, "At *Mademoiselle*, Changing of the Guard".

38 Jan Whitaker, "When Ladies Lunched: Schrafft's", Restauranting Through History, August 27, 2008, https://restaurantingthroughhistory.com/2008/08/27/when-ladies-lunched-schraffts/.

39 "Memo from the Guest Editor", *Mademoiselle*, College Issue, August 1945, 10-11.

40 《마드무아젤》 대학생위원회가 나넷 에머리에게, 1945년 4월 10일, 나넷 에머리 메이슨 개인 소장.

41 Nanette Emery and Bernice Peck, "Young Fat", *Mademoiselle*, August 1945, 213.

42 John Cheever, "Preface", *The Stories of John Cheever* (New York: Vintage, 2000).

43 Phyllis Lee Levin, *The Wheels of Fashion*, xvii.

44 필리스 리 레빈, 저자와 인터뷰, 2016년 8월 17일 뉴욕.

45 Rachel Shteir, "Everybody Slept Here", *New York Times*, November 10, 1996.

46 Elizabeth Moulton, "Remembering George Davis", *VQR Online: A National*

Journal of Literature & Discussion 55, no. 2 (Spring 1979).

47 리처드 라이트Richard Wright가 쓴 카슨 매컬러스Carson McCullers의《마음은 외로운 사냥꾼*The Heart Is a Lonely Hunter*》리뷰, August 5, 1940, 195.

48 Mary Cantwell, "Manhattan, When I Was Young", *Manhattan Memoir* (New York: Penguin, 2000), 159.

49 조지 데이비스George Davis가 BTB에게, 1948년 11월 13일, 편지 상자 5, 1942-1953, the Betsy Talbot Blackwell Collection.

50 조지 데이비스가 BTB에게, 1948년 11월 13일.

51 조지 데이비스가 BTB에게, 1949년 1월 14일, 편지 상자 5, 1942-1953, the Betsy Talbot Blackwell Collection.

52 조지 데이비스가 BTB에게, 1949년 1월 14일.

53 에디 레이먼드 로크Edie Raymond Locke, 저자와 인터뷰, 캘리포니아주 사우전드오크스, 2018년 10월 25~26일.

54 Sara M. Evans, *Born for Liberty*, 244.

55 The Newsletter of Facts on Communism: Counterattack, 118번 편지, 1949년 8월 26일, 편지 상자 3, 1949, the Betsy Talbot Blackwell Collection.

56 "'Mademoiselle' Forum Found Red", *The Tablet*, September 1949, 편지 상자 3, 1949, the Betsy Talbot Blackwell Collection.

57 Elizabeth Moulton, "Remembering George Davis".

58 Elizabeth Moulton, "Remembering George Davis".

59 조지 데이비스가 BTB에게, 1953년 7월 14일, 편지 상자 5, 1942-1953, the Betsy Talbot Blackwell Collection.

60 스트리트&스미스가 BTB에게, 1953년 7월 30일, 편지 상자 5, 1942-1957, the Betsy Talbot Blackwell Collection.

61 "A Short History of *Mademoiselle*", 1965, the Betsy Talbot Blackwell Collection.

62 BTB가 스트리트&스미스의 제럴드 스미스Gerald Smith에게, 1952년 3월 17일, 편지 상자 3, 1946-1955, the Betsy Talbot Blackwell Collection.

4장

인형의 집이 되다 — 그레이스 켈리와 미인대회 수상자들

1 Laura Brown, "Barbizon Hotel", *New York Sunday News*, March 5, 1950.

2 Buddy Basch, "Courage Brings Actress Success in New Field", *Tarrytown Daily News* (New York), January 25, 1978.

3 Joyce Haber, "Shirley Jones Find Success, As Usual, with the Partridges", *Los*

Angeles Times, November 29, 1970.

4 Buddy Basch, "Courage Brings Actress Success in New Field".

5 Philip Marchand, "Open Book: Salinger, by David Shields and Shane Salerno", National Post, September 6, 2013.

6 Harmon and Elsie Tupper, "The Barbizon—For Women Only", Collier's, December 25, 1948, 82.

7 Nyna Giles and Eve Claxton, The Bridesmaid's Daughter: From Grace Kelly's Wedding to a Women's Shelter-Searching for the Truth About My Mother (New York: St. Martin's, 2018), 9-12.

8 로레인 데이비스Lorraine Davies가 가족에게, 로레인 데이비스 크노프Lorraine Davies Knopf 개인 소장 편지를 사용 허락받음.

9 Nan Robertson, "Where the Boys Are Not", Saturday Evening Post, October 19, 1963, 29.

10 Harmon and Elsie Tupper, "The Barbizon—For Women Only", 82.

11 Nan Robertson, "Where the Boys Are Not", 29.

12 Nyna Giles and Eve Claxton, The Bridesmaid's Daughter, 14.

13 "About Little Edie", Grey Gardens Online, 2017년 5월 30일 접속, http://greygardensonline.com/about-little-edie/.

14 Walter Newkirk, Letters of Little Edie Beale: Grey Gardens and Beyond (Bloomington, IN: AuthorHouse, 2009), 52.

15 Nyna Giles and Eve Claxton, The Bridesmaid's Daughter, 16.

16 "Harry S. Conover, 53, Is Dead; Ran Model Agency 20 Years", New York Times, July 25, 1965.

17 Nyna Giles and Eve Claxton, The Bridesmaid's Daughter, 23.

18 Nyna Giles and Eve Claxton, The Bridesmaid's Daughter, 32.

19 Harmon and Elsie Tupper, "The Barbizon—For Women Only", 82.

20 Harmon and Elsie Tupper, "The Barbizon—For Women Only", 82.

21 Harmon and Elsie Tupper, "The Barbizon—For Women Only", 20.

22 Harmon and Elsie Tupper, "The Barbizon—For Women Only", 82.

23 Robert Lacey, Model Woman: Eileen Ford and the Business of Beauty (New York: Harper, 2015), 84.

24 Robert Lacey, Model Woman, 83-84.

25 Robert Lacey, Model Woman, 105.

26 Nyna Giles and Eve Claxton, The Bridesmaid's Daughter, 46-48.

27 Suzanna Andrews, "Hostage to Fortune", Vanity Fair, December 2004.

28 Robert Lacey, *Model Woman*, 109.

29 Phyllis Lee Levin, "A Fashion Model's Face Is Still Her Fortune", *New York Times*, February 10, 1958.

30 Janet Wagner Rafferty, *A Model Life: Life Stories from My Youth* (self-pub., CreateSpace, 2009), 50-55.

31 네바 넬슨, 저자와 인터뷰, 2016년 5월 21일 뉴저지주 케이프메이.

32 재닛 와그너 래퍼티Janet Wagner Rafferty, 멜로디 브라이언트Melodie Bryant와 화상 인터뷰, 2012년 10월 14일, 사용 허락받음.

33 로레인 데이비스 크노프, 전화 인터뷰, 2016년 3월 3일.

34 Nyna Giles and Eve Claxton, *The Bridesmaid's Daughter*, 51.

35 Robert Lacey, *Model Woman*, 106.

36 Nyna Giles and Eve Claxton, *The Bridesmaid's Daughter*, 52.

37 돌로리스 펠프스Dolores Phelps, 전화 인터뷰, 2019년 3월 22일.

38 Douglas Martin, "Lily Carlson Is Dead at 85: One of First Models for Ford", *New York Times*, December 24, 2000.

39 재닛 와그너 래퍼티, 전화 인터뷰, 2016년 4월 6일.

40 Michael Kilian, "Grace: The Steamy Sex Life of the 'Ice Princess,'" *Sun-Sentinel* (Fort Lauderdale, FL), May 11, 1987.

41 말라키 매코트Malachy McCourt, 저자와 인터뷰, 2016년 4월 15일 뉴욕.

42 Malachy McCourt, *A Monk Swimming: A Memoir* (Rockland, MA: Wheeler, 1998), 76.

43 Malachy McCourt, *A Monk Swimming*, 75.

44 말라키 매코트, 2012년 6월 15일 멜로디 브라이언트와 화상 인터뷰, 사용 허락받음.

45 말라키 매코트, 저자와 인터뷰.

46 말라키 매코트, 멜로디 브라이언트와 화상 인터뷰.

47 말라키 매코트, 멜로디 브라이언트와 화상 인터뷰.

48 말라키 매코트, 저자와 인터뷰.

49 Michael Callahan, "Sorority on E. 63rd St.", 172.

50 Michael Callahan, "Sorority on E. 63rd St.", 172.

51 Colette Hoppman, "Who's Game?" *Mademoiselle*, College Issue, August 1958.

52 Lisa Anderson, "In Happily Ever After? It Never Happened, Says a Bridesmaid of Princess Grace", *Chicago Tribune*, June 15, 1989.

53 Lorraine Davies Knopf, *A Good Name* (self-pub., CreateSpace, 2014).

5장
실비아 플라스 — 1953년 여름

1 Sylvia Plath, *The Bell Jar* (New York: Harper Perennial, 2005), 85.

2 실비아 플라스Sylvia Plath가 오릴리아 쇼버 플라스Aurelia Schober Plath에게 보낸 편지, 1953년 4월 24일, *The Letters of Sylvia Plath, Volume1, 1940-56*, Peter K. Steinberg and Karen V. Kukil (eds.) (New York: HarperCollins, 2017), 596.

3 실비아 플라스가 오릴리아 쇼버 플라스에게 보낸 편지, 1953년 4월 30일~5월 1일, *Letters of Sylvia Plath*, 606.

4 실비아 플라스가 오릴리아 쇼버 플라스에게 보낸 편지, 1953년 5월 5일, *Letters of Sylvia Plath*, 609.

5 실비아 플라스가 오릴리아 쇼버 플라스에게 보낸 편지, 1953년 5월 8일, *Letters of Sylvia Plath*, 613.

6 메리베스 리틀이 네바 넬슨에게 보낸 편지, 1953년 5월 5일. 네바 넬슨 개인 소장, 사용 허락받음.

7 Elizabeth Winder, *Pain, Parties, Work: Sylvia Plath in New York, Summer 1953* (New York: Harper, 2013), 81.

8 실비아 플라스가 오릴리아 쇼버 플라스에게 보낸 편지, 1953년 5월 13일, *Letters of Sylvia Plath*, 617.

9 실비아 플라스가 워런 플라스Warren Plath에게 보낸 편지, 1953년 5월 13일, *Letters of Sylvia Plath*, 621.

10 실비아 플라스가 오릴리아 쇼버 플라스에게 보낸 편지, 1953년 6월 3일, *Letters of Sylvia Plath*, 630.

11 실비아 플라스가 오릴리아 쇼버 플라스에게 보낸 편지, 1953년 6월 3일, *Letters of Sylvia Plath*, 630.

12 네바 넬슨, 편지와 손으로 그린 평면도, 2016년 5월 24일, 네바 넬슨.

13 다이앤 존슨Diane Johnson, 전화 인터뷰, 2018년 11월 27일.

14 Nan Robertson, "Where the Boys Are Not", *Saturday Evening Post*, October 19, 1963, 30.

15 네바 넬슨, 저자와 인터뷰, 2016년 5월 21일 뉴저지주 케이프메이.

16 Sylvia Plath, *The Bell Jar*, 6.

17 Laurie Levy, "Outside the Bell Jar", *Sylvia Plath: The Woman & the Work*, Edward Butscher (ed.) (New York: Dodd, Mead & Company, 1985), 43.

18 Laurie Levy, "Outside the Bell Jar", 43.

19 네바 넬슨, 저자와 인터뷰.

20 네바 넬슨, 저자와 인터뷰.

21 Sylvia Plath, *The Bell Jar*, 102.

22 폴리 위버Polly Weaver가 객원 편집자들에게, 1953년 5월 1일, 네바 넬슨.

23 Andrew Wilson, *Mad Girl's Love Song: Sylvia Plath and Life Before Ted* (New York: Scribner, 2013), 200.

24 Sylvia Plath, *The Bell Jar*, 27.

25 네바 넬슨, 헤더 클라크Heather Clark에게 보낸 이메일, 2014년 11월 13일, 네바 넬슨.

26 다이앤 존슨, 전화 인터뷰.

27 Laurie Levy, "Outside the Bell Jar", 43.

28 Elizabeth Winder, *Pain, Parties, Work*, 98.

29 실비아 플라스가 오릴리아 쇼버 플라스에게 보낸 편지, 1953년 6월 3일, *Letters of Sylvia Plath*, 632.

30 Laurie Levy, "Outside the Bell Jar", 44.

31 Elizabeth Winder, *Pain, Parties, Work*, 51.

32 Elizabeth Winder, *Pain, Parties, Work*, 85.

33 실비아 플라스가 오릴리아 쇼버 플라스에게 보낸 편지, 1953년 6월 3일, *Letters of Sylvia Plath*, 637.

34 Sylvia Plath, *The Bell Jar*, 5-6.

35 Elizabeth Winder, *Pain, Parties, Work*, 86.

36 Sylvia Plath, *The Bell Jar*, 4.

37 Elizabeth Winder, *Pain, Parties, Work*, 113.

38 Elizabeth Winder, *Pain, Parties, Work*, 114.

39 실비아 플라스가 오릴리아 쇼버 플라스에게 보낸 편지, 1953년 6월 8일, *Letters of Sylvia Plath*, 633-34.

40 앤 쇼버Anne Shawber가 네바 넬슨에게, 1980년, 네바 넬슨.

41 Sylvia Plath, *The Bell Jar*, 2.

42 실비아 플라스가 오릴리아 쇼버 플라스에게 보낸 편지, 1953년 6월 13일, Letters of Sylvia Plath, 635.

43 Elizabeth Winder, *Pain, Parties, Work*, 117-19.

44 Elizabeth Winder, *Pain, Parties, Work*, 123.

45 Elizabeth Winder, *Pain, Parties, Work*, 124-25.

46 실비아 플라스가 오릴리아 쇼버 플라스에게 보낸 편지, 1953년 6월 13일 *Letters of Sylvia Plath*, 635.

47 Sylvia Plath, *The Bell Jar*, 9.

48 "Appendix 4: Journal Fragment 19 June 1953", *The Unabridged Journals of Sylvia Plath 1950-1962*, Karen V. Kukil (ed.) (New York: Anchor Books, 2000), 541-42.

49 네바 넬슨, 인터뷰, Elizabeth Winder, *Pain, Parties, Work*, 146.

50 Sylvia Plath, *The Bell Jar*, 1.

51 Sylvia Plath, *The Bell Jar*, 3.

52 실비아 플라스가 오릴리아 쇼버 플라스에게 보낸 편지, 1953년 6월 8일, *Letters of Sylvia Plath*, 633.

53 실비아 플라스가 오릴리아 쇼버 플라스에게 보낸 편지, 1953년 6월 8일, *Letters of Sylvia Plath*, 634.

54 Sylvia Plath, *The Bell Jar*, 2.

55 실비아 플라스가 워런 플라스Warren Plath에게 보낸 편지, 1953년 6월 21일, *Letters of Sylvia Plath*, 641.

56 Andrew Wilson, *Mad Girl's Love Song*, 208.

57 Elizabeth Winder, *Pain, Parties, Work*, 176-78. 이 진술이 과연 진짜인지는 의심스러운 면이 있다.

58 실비아 플라스가 워런 플라스에게 보낸 편지, 1953년 6월 21일, *Letters of Sylvia Plath*, 642.

59 Elizabeth Winder, *Pain, Parties, Work*, 200.

60 Elizabeth Winder, *Pain, Parties, Work*, 204.

61 실비아 플라스가 오릴리아 쇼버 플라스에게 보낸 편지, 1953년 5월 18일, *Letters of Sylvia Plath*, 628.

62 Andrew Wilson, *Mad Girl's Love Song*, 214.

63 다이앤 존슨, 전화 인터뷰.

6장
존 디디언 — 1955년 여름

1 페기 라바이얼릿 파월Peggy LaViolette Powell, 저자와 교신, 2016.

2 Joan Didion, "California Notes", *New York Review of Books*, May 26, 2016.

3 페기 라바이얼릿 파월, 저자와 교신, 2018.

4 Elizabeth Rainey, "Education of Joan Didion: Her Uncollected Works and What They Tell Us", Charlene Conrad Liebau Library Prize for Undergraduate Research, Spring 2010, 16. ; 페기 라바이얼릿 파월과 교신, 2018.

5 존 디디언Joan Didion이 페기 라바이얼릿에게, 1955년 7월, Joan Didion Letters, BANC MSS 84/180 c v. 1, Bancroft Library, University of California, Berkeley.

6 Elizabeth Rainey, "Education of Joan Didion", 10.

7 페기 라바이얼릿 파월, 저자와 교신, 2016.

8 페기 라바이얼릿 파월, 저자와 교신, 2016. 존 디디언이 몇 달 뒤에 페기에게 쓴 편지에 올리베티를 산 것을 축하하는 내용이 있다. "네가 올리베티를 샀다니 잘됐다. 네 맘에 쏙 들 거야. (올리베티의 소유자로서 말하는데) 2년이 지났지만 지금도 볼 때마다 뿌듯한 기분이 들어." (존 디디언이 페기 라바이얼릿에게 보낸 편지, 1955년 8월 9일.)

9 *The feminist Betty Friedan: Sara M. Evans, Born for Liberty: A History of Women in America* (New York: Free Press, 1997), 237.

10 페기 라바이얼릿 파월, 저자와 교신, 2018.

11 Joan Didion, "Goodbye to All That", *Slouching Towards Bethlehem: Essays* (New York: Farrar, Straus and Giroux, 2008).

12 Joan Didion, "Goodbye to All That", 226.

13 Joan Didion, "Goodbye to All That", 229.

14 Joan Didion, "Goodbye to All That", 226-27.

15 존 디디언이 페기 라바이얼릿 파월에게, 1955-2004 (bulk 1955-1960), Bancroft Library, University of California, Berkeley ; "To Peggy from Joan", *Vogue*, November 9, 1958.

16 Frank Tempone, "Janet Burroway Carries On, Reinvents Self", *Chicago Tribune*, March 21, 2014.

17 재닛 버로웨이Janet Burroway가 집으로 보낸 편지, 1955년 5월 31일, 재닛 버로웨이 개인 소장, 사용 허락받음.

18 재닛 버로웨이, 멜로디 브라이언트와 화상 인터뷰, 2013년 5월 30일, 사용 허락받음.

19 재닛 버로웨이가 집으로 보낸 편지, 날짜 없음, 3, 재닛 버로웨이.

20 재닛 버로웨이가 집으로 보낸 엽서, 날짜 없음, 재닛 버로웨이.

21 재닛 버로웨이가 집으로 보낸 편지, 1955년 5월 30일, 재닛 버로웨이.

22 재닛 버로웨이, 브라이언트와 화상 인터뷰.

23 재닛 버로웨이가 집으로 보낸 편지, 1955년 5월 30일, 1, 재닛 버로웨이.

24 페기 라바이얼릿 파월, 전화 인터뷰, 2018년 10월 16일.

25 재닛 버로웨이가 집으로 보낸 편지, 1955년 5월 31일, 2, 재닛 버로웨이.

26 Gael Greene, "Aimez-Vous Trilobites?", *Don't Come Back Without It* (New York: Simon & Schuster, 1960), 50.

27 Gael Greene, 저자와 인터뷰, 2016년 4월 15일, 뉴욕.

28 Gael Greene, 저자와 인터뷰.

29 Jane Truslow, "Memo from the Guest Editor", *Mademoiselle*, August 1955, 238-40.

30 Gael Greene, "Aimez-Vous Trilobites?", 52-53.

31 Gael Greene, "Aimez-Vous Trilobites?", 54.

32 Gael Greene, "Aimez-Vous Trilobites?", 53.

33 Nina Renata Aron, "A women's magazine that treated its readers like they had brains, hearts, and style? *Mademoiselle* was it", *Timeline*, https://timeline.com/mademoiselle-smart-women-magazine-1870bf328ba1.

34 Janet Burroway, "I Didn't Know Sylvia Plath", *Embalming Mom: Essays in Life* (Iowa City: University of Iowa Press, 2004), 3.

35 Janet Burroway, "I Didn't Know Sylvia Plath", 3.

36 재닛 버로웨이, 멜로디 브라이언트와 화상 인터뷰.

37 페기 라바이얼릿 파월, 2018년 10월 16일 전화 인터뷰.

38 재닛 버로웨이가 집으로 보낸 편지, 1955년 5월 31일, 1, 재닛 버로웨이.

39 재닛 버로웨이가 집으로 보낸 편지, 1955년 6월 5일, 재닛 버로웨이.

40 재닛 버로웨이가 집으로 보낸 편지, 1955년 5월 31일, 재닛 버로웨이.

41 재닛 버로웨이가 집으로 보낸 편지, 1955년 6월 5일, 2, 재닛 버로웨이.

42 "Owner of the Tailored Woman Looks Back on Store's 45 Years", *New York Times*, September 29, 1964.

43 페기 라바이얼릿 파월, 전화 인터뷰, 2018년 11월 1일.

44 재닛 버로웨이가 집으로 보낸 편지, 1955년 6월 7일, 1, 재닛 버로웨이.

45 페기 라바이얼릿 파월, 저자와 교신, 2016.

46 Joan Didion, "Goodbye to All That", 228.

47 재닛 버로웨이가 집으로 보낸 편지, 1955년 6월 16일 소인, 재닛 버로웨이.

48 재닛 버로웨이가 집으로 보낸 편지, 1955년 6월 9일, 2-3, 재닛 버로웨이.

49 재닛 버로웨이가 집으로 보낸 편지, 1955년 "토요일 밤"(6월 14일?), 재닛 버로웨이.

50 페기 라바이얼릿 파월, 전화 인터뷰, 2018년 10월 16일.

51 페기 라바이얼릿 파월, 전화 인터뷰, 2018년 10월 16일.

52 페기 라바이얼릿 파월, 저자와 교신, 2018.

53 재닛 버로웨이, 멜로디 브라이언트와 화상 인터뷰.

54 Gale Greene, "Aimez-Vous Trilobites?", 55.

55 Tracy Daugherty, *The Last Love Song: A Biography of Joan Didion* (New York: St. Martin's Griffin, 2016), 72.

56 재닛 버로웨이가 집으로 보낸 편지, 1955년 6월 7일, 3, 재닛 버로웨이.

57 페기 라바이얼릿 파월, 전화 인터뷰, 2018년 10월 16일.

58 재닛 버로웨이, 멜로디 브라이언트와 화상 인터뷰.

59 페기 라바이얼릿 파월, 전화 인터뷰, 2018년 10월 16일

60 재닛 버로웨이가 집으로 보낸 편지, 1955년 6월 27일, 3, 재닛 버로웨이.

61 Gale Greene, "Aimez-Vous Trilobites?", 56-57.

62 페기 라바이얼릿 파월, 전화 인터뷰, 2018년 10월 16일.

63 Gale Greene, "Aimez-Vous Trilobites?", 58-59.

64 Janet Burroway, "I Didn't Know Sylvia Plath", 4.

65 재닛 버로웨이가 집으로 보낸 편지, 1955년 6월 11일, 3, 재닛 버로웨이.

66 재닛 버로웨이가 집으로 보낸 편지, 1955년 6월 16일, 2, 재닛 버로웨이.

67 Michael Callahan, "Sorority on E. 63rd St.", *Vanity Fair*, April 2010, 172.

68 "Memo from the Guest Editor", *Mademoiselle*, College Issue, August 1955, 242.

69 Elizabeth Rainey, "The Education of Joan Didion", 10.

70 재닛 버로웨이가 집으로 보낸 편지, 1955년 5월 30일, 2, 재닛 버로웨이.

71 재닛 버로웨이가 집으로 보낸 편지, 1955년 6월 13일, 1, 재닛 버로웨이.

72 재닛 버로웨이가 집으로 보낸 편지, 1955년 6월 7일, 3-4, 재닛 버로웨이.

73 존 디디언이 페기 라바이얼릿에게, 1955년 7월 17일 소인, Joan Didion Letters, BANC MSS 84/180 c v. 1, Bancroft Library, University of California, Berkeley.

74 "To Peggy from Joan", July 5, 1955, Bancroft Library, University of California, Berkeley.

75 "Meet Mlle's Winning Team!", *Mademoiselle*, August 1955, 249.

76 페기 라바이얼릿 파월, 전화 인터뷰, 2018년 11월 1일.

77 "Meet Mlle's Winning Team!", *Mademoiselle*.

78 "To Peggy from Joan, Sacramento, CA", July 1955, Bancroft Library, University of California, Berkeley.

79 재닛 버로웨이는 《마드무아젤》에서 일하는 동안 바너드 칼리지에서 면접을 보아 그곳에서 학업을 계속할 수 있는 장학금을 받았고 그래서 애리조나 대학을 떠나게 되었다. "To Peggy from Joan", November 9, 1958, Bancroft Library, University of California, Berkeley.

80 "To Peggy from Joan", November 9, 1958, Bancroft Library, University of California, Berkeley.

81 "To Peggy from Joan", Bancroft Library, University of California, Berkeley.

82 재닛 버로웨이가 집으로 보낸 편지, 1955년 6월 25일, 1-2, 재닛 버로웨이.

83 재닛 버로웨이가 집으로 보낸 편지, 1955년 6월 25일, 3, 재닛 버로웨이.

84 연설 원고에서 발췌 온라인, the Betsy Talbot Blackwell Collection.

85 Chris Ladd, "The Last Jim Crow Generation", *Forbes*, September 27, 2016.

86 Frank Tempone, "Janet Burroway Carries On, Reinvents Self".

7장
보이지 않는 사람 — 게일 그린과 "외로운 여자들"

1 Malachy McCourt, *A Monk Swimming: A Memoir* (Rockland, MA: Wheeler, 1998), 79.

2 Tim Donnelly, "The Lady Is a Vamp", *New York Post*, April 7, 2013.

3 "Added Attractions", *Mademoiselle*, August 1940.

4 "New York", *Mademoiselle*, July 1957.

5 Gael Greene, "Lone Women", Series, *New York Post*, November 25, 1957. 개인 소장 기사 스크랩을 사진 찍을 수 있게 해준 게일 그린에게 감사한다.

6 Gale Greene, "Lone Women", Series, *New York Post*, November 18, 1957.

7 Gale Greene, "Lone Women", November 18, 1957.

8 Gale Greene, "Lone Women", November 19, 1957.

9 Gale Greene, "Lone Women", November 20, 1957.

10 Gale Greene, "Lone Women", November 21, 1957.

11 Gale Greene, "Lone Women", November 22, 1957.

12 Gale Greene, "Lone Women", November 24, 1957.

13 Gale Greene, "Lone Women", November 25, 1957.

14 Gale Greene, "Lone Women", November 25, 1957.

15 "Wife of Merchant Plunges to Death", *New York Times*, March 2, 1934

16 "Chicago Girl a Suicide", *Chicago Daily Tribune*, April 3, 1935.

17 "Girl Ends Her Life in Hotel Room Here", *New York Times*, July 9, 1939 ; "Ends Life in New York", *Chicago Daily Tribune*, July 9, 1939.

18 Malachy McCourt, 저자와 인터뷰, 뉴욕시, 2016년 4월 15일.

19 Gloria Barnes Harper, 저자와 인터뷰, 뉴욕시, 2015년 4월 16일.

20 Malachy McCourt, 저자와 인터뷰.

21 Malachy McCourt, 저자와 인터뷰.

22 Malachy McCourt, *A Monk Swimming*, 33.

23 Sylvia Plath, *The Bell Jar* (New York: Harper Perennial, 2005), 72.

24 에드워드 M. 맥글린Edward M. McGlynn, BTB에게 보내는 메모, 1956년 5월 28일, 편지 상자 2, 1948-1961, the Betsy Talbot Blackwell Collection.

25 WAT, BTB에게 보내는 기밀 메모, 1956년 4월 13일, 편지 상자 3, 1951-1964, the Betsy Talbot Blackwell Collection.

26 에드워드 M. 맥글린, BTB에게 보내는 메모.

27 바버라 체이스리부드Barbara Chase-Riboud, 저자와 인터뷰, 뉴욕시, 2018년 11월 13일.

28 Johnnie Johnstone, "Memo from the Guest Editor", *Mademoiselle*, August 1956, College Issue, 254.

29 바버라 체이스리부드, 저자와 인터뷰.

30 에디 레이먼드 로크Edie Raymond Locke, 저자와 인터뷰, 캘리포니아주 사우전드오크스, 2018년 10월 25~26일.

31 Virginia Voss, "University of Alabama", *Mademoiselle*, August 1956, College Issue, 310.

32 Emilie Griffin, "The Lure of Fame: The Yearning, the Drive, the Question Mark", Luci Shaw and Jeanne Murray Walker (eds.) *Ambition: Essays by Members of the Chrysostom Society* (Eugene, OR: Cascade Books, 2016), 37-38.

33 바버라 체이스리부드, 인터뷰.

34 Johnnie Johnstone, "Memo from the Guest Editor", 202.

35 Cody Bay, "Willette Murphy Made History as a Black Woman in 1961. But It's No Big Deal: She's Used to That", *On This Day in Fashion*, July 27, 2010.

36 "We Hitch Our Wagons", *Mademoiselle*, August 1956, College Issue, 257.

37 집으로 보낸 편지로 유럽 여정을 되짚어보는 바버라 체이스리부드의 미발표 원고, "I Always Knew", 14, 사용 허락받음.

8장
"이름이 없는 문제" — 실비아 플라스와 1950년대를 추도하며

1 Andrew Wilson, *Mad Girl's Love Song: Sylvia Plath and Life Before Ted* (New York: Scribner, 2013), 197.

2 네바 넬슨, 저자와 인터뷰, 2016년 5월 21일, 뉴저지주 케이프 메이.

3 Mary Cantwell, "Manhattan, When I Was Young", *Manhattan Memoir* (New York: Penguin, 2000), 151.

4 Mary Cantwell, "Manhattan, When I Was Young", 155.

5 Mary Cantwell, "Manhattan, When I Was Young", 156.

6 Mary Cantwell, "Manhattan, When I Was Young", 153.

7 Mary Cantwell, "Manhattan, When I Was Young", 161.

8 Mary Cantwell, "Manhattan, When I Was Young", 161.

9 Mary Cantwell, "Manhattan, When I Was Young", 161.

10 Mary Cantwell, "Manhattan, When I Was Young", 158.

11 Mary Cantwell, "Manhattan, When I Was Young", 164.

12 Mary Cantwell, "Manhattan, When I Was Young", 161-62.

13 Elizabeth Winder, *Pain, Parties, Work: Sylvia Plath in New York, Summer 1953* (New York: Harper, 2013), 102.

14 Sylvia Plath, *The Bell Jar* (New York: Harper Perennial, 2005), 77-78.

15 청원 1951년 11월 30일, 편지 상자 4, 1945-1965, the Betsy Talbot Blackwell Collection.

16 Mary Cantwell, "Manhattan, When I Was Young", 152.

17 Mary Cantwell, "Manhattan, When I Was Young", 153.

18 에디 레이먼드 로크, 전화 인터뷰, 2016년 4월 12일.

19 Mary Cantwell, "Manhattan, When I Was Young", 153.

20 Elizabeth Winder, *Pain, Parties, Work*, 169.

21 Elizabeth Winder, *Pain, Parties, Work*, 128.

22 낸시 린치Nancy Lynch, 시릴 에이블스에게 보낸 메모, 1953년 6월 17일, 편지 상자 6, 1953, the Betsy Talbot Blackwell Collection.

23 MW, 시릴 에이블스에게 보낸 메모, 1953년 6월 17일, 편지 상자 6, 1953, the Betsy Talbot Blackwell Collection.

24 JBM, 시릴 에이블스에게 보낸 메모, 1953년 6월 17일, 편지 상자 6, 1953, the Betsy Talbot Blackwell Collection.

25 레슬리 펠커Leslie Felker, 시릴 에이블스에게 보낸 메모, June 17, 1953, 편지 상자 6, 1953, the Betsy Talbot Blackwell Collection.

26 Memo: REPORT ON KINSEY REPORT (기밀), 1953년 6월 19일, 편지 상자 6, 1953, the Betsy Talbot Blackwell Collection.

27 네바 넬슨, 1955, 새너제이 주립대, 시릴 에이블스에게 보낸 메모, re: Kinsey Report, 1953년 6월 19일, 편지 상자 6, 1953, the Betsy Talbot Blackwell Collection.

28 재닛 와그너, 1954, 녹스 칼리지, 시릴 에이블스에게 보낸 메모, re: Kinsey Report, 1953년 6월 19일, 편지 상자 6, 1953, the Betsy Talbot Blackwell Collection.

29 로리 글레이저Laurie Glazer, 1953, 미시건 대학, 시릴 에이블스에게 보낸 메모 re: Kinsey Report, 1953년 6월 19일, 편지 상자 6, 1953, the Betsy Talbot Blackwell Collection.

30 캐럴 르반Carol LeVarn, 1953, 스위트 브라이어 칼리지, 시릴 에이블스에게 보낸 메모 re: Kinsey Report, 1953년 6월 19일, 편지 상자 6, 1953, the Betsy Talbot Blackwell Collection.

31 실비아 플라스, 1954, 스미스, 시릴 에이블스에게 보낸 메모 re: Kinsey Report, 1953년 6월 19일, 편지 상자 6, 1953, the Betsy Talbot Blackwell Collection.

32 Sylvia Plath, *The Bell Jar*, 81.

33 BTB, 제럴드 스미스에게 보낸 메모, 1953년 6월 18일, 편지 상자 6, 1953, the Betsy Talbot Blackwell Collection.

34 밥 파크Bob Park, BTB에게 보낸 메모, 1953년 6월 19일, 편지 상자 6, 1953, the Betsy Talbot Blackwell Collection.

35 Diane Johnson, "Nostalgia", *Vogue*, September 2003, 208.

36 Elizabeth Winder, *Pain, Parties, Work*, 154.

37 Elizabeth Winder, *Pain, Parties, Work*, 155.

38 네바 넬슨, 저자와 인터뷰, 2016년 5월 21일, 뉴저지주 케이프 메이, 2020년 6월에 추가 교신.

39 Laurie Levy, "Outside the Bell Jar", *Sylvia Plath: The Woman & the Work*, Edward Butscher (ed.) (New York: Dodd, Mead & Company, 1985), 46.

40 Sylvia Plath, *The Bell Jar*, 85.

41 다이앤 존슨, 전화 인터뷰, 2018년 11월 27일.

42 네바 넬슨, 저자와 인터뷰.

43 네바 넬슨, 저자와 인터뷰.

44 BTB, "Suburbia. The New Challenge", 패션 그룹에서 한 연설, 워싱턴, 1955년 5월, 상자 20, the Betsy Talbot Blackwell Collection.

45 Betty Friedan, *The Feminine Mystique* (New York: Dell Books, 1974), 20.

46 Betty Friedan, *Feminine Mystique*, 12-13.

47 Phyllis Lee Levin, "Road from Sophocles to Spock Is Often a Bumpy One", *New York Times*, June 28, 1960.

48 Janet Burroway, "I Didn't Know Sylvia Plath", *Embalming Mom: Essays in Life* (Iowa City: University of Iowa Press, 2004), 6.

49 Janet Burroway, "I Didn't Know Sylvia Plath", 15.

50 Janet Burroway, "I Didn't Know Sylvia Plath", 16.

51 Janet Burroway, "I Didn't Know Sylvia Plath", 7-8.

52 Patricia Rice, *St. Louis Post-Dispatch*, August 2, 1989, E1.

53 Laurie Levy, "Outside the Bell Jar", 46.

54 Laurie Levy, "Outside the Bell Jar", 43.

55 Laurie Levy, "Outside the Bell Jar", 47.

56 캐럴 매케이브Carol McCabe, 네바 넬슨에게 보낸 이메일, 2010년 5월 22일, 네바 넬슨.

57 Janet Burroway, "I Didn't Know Sylvia Plath", 18.

58 로리 글레이저 레비Laurie Glazer Levy가 네바 넬슨에게, 1973년 5월 8일, 네바 넬슨.

59 네바 넬슨, 저자와 교신, 2016년.

60 에디 레이먼드 로크, 저자와 인터뷰, 2018년 10월 25~26일, 캘리포니아주 사우전드 오크스.

61 Angela Taylor, "Until Now, These Jobs Were Strictly for Coeds", *New York Times*,

— 호텔 바비즌

June 14, 1972.

62 "GE Journal: Notes on 30 Hectic Days and Nights in New York", *Mademoiselle*, College Issue, August 1977, 101-3.

63 네바 넬슨, 1953년 객원 편집자들에게 보내는 소식지, 1977년 12월, 네바 넬슨.

64 Ann Burnside Love, "The Legend of Plath, the Scent of Roses", *Washington Post*, April 29, 1979. 앤 번사이드 러브는 1953년 객원 편집자 가운데 한 명이었다.

65 Ann Burnside Love, "The Legend of Plath".

66 Elizabeth Winder, *Pain, Parties, Work*, 89 ; 네바 넬슨, 저자와 인터뷰.

67 Alex Witchel, "After 'The Bell Jar,' Life Went On", *New York Times*, June 22, 2003. 로리 글레이저 리비는 최근에《스탕달의 여름*The Stendhal Summer*》이라는 소설을 출간했고 지금 또 다른 소설을 집필 중이다.

68 네바 넬슨이 다른 객원 편집자들에게 보낸 편지에서 인용, 2011년 2월 4일, 네바 넬슨.

69 Diane Johnson, "Novelist Remembers Sylvia Plath", *New York Magazine*, May 26, 1979, 7.

9장
한 시대의 끝 — 여성 전용 호텔에서 백만장자의 아파트로

1 이브 오친클로스Eve Auchincloss가 앨런 긴즈버그Allen Ginsberg에게, 1959년 9월 23일, 편지 상자 4; 1959-1960, the Betsy Talbot Blackwell Collection.

2 Tracy Daugherty, *The Last Love Song: A Biography of Joan Didion* (New York: St. Martin's Griffin, 2016), 102.

3 주디스 인스Judith Innes, 멜로디 브라이언트와 화상 인터뷰, 2012년 10월 16일, 사용 허락받음.

4 Donal Lynch, "Tippi Hedren: Why I Love Being Free as a Bird", *Belfast Telegraph*, June 12, 2012.

5 Joan Gage, "Those Fabulous Magazine Divas—A Memoir", *Rolling Crone*, November 5, 2009, http://arollingcrone.blogspot.com/2009/11/those-fabulous-magazine-divas-memoir.html.

6 존 게이지Joan Gage, 저자와 인터뷰, 뉴욕시, 2015년 5월 3일.

7 Helen Gurley Brown, *Sex and the Single Girl* (Fort Lee, NJ: Barricade Books, 1962; 2003), 4-5.

8 Judith Thurman, "Helenism: The Birth of the Cosmo Girl", *New Yorker*, May 11, 2009.

9 Joan Didion, "Bosses Make Lousy Lovers", *Saturday Evening Post* , January 30,

1965에서 인용.

10 Joan Didion, "Bosses Make Lousy Lovers".

11 BTB, "Changing Women—And the Need to Grow with Them", 연설 원고, 1956 년?—온라인, the Betsy Talbot Blackwell Collection.

12 Betty Friedan, *The Feminine Mystique* (New York: Dell Books, 1974), 11.

13 재클린 스미스Jaclyn Smith, 전화 인터뷰, 2016년 4월 8일.

14 Nan Robertson, "Where the Boys Are Not", *Saturday Evening Post*, October 19, 1963, 28.

15 Paul Rosenfield, "Betty Buckley Getting Her Acts Together", *Los Angeles Times*, June 30, 1983.

16 "Lorna Yearns for Her Own Fame", *Atlanta Constitution*, September 27, 1975.

17 Nan Robertson, "Where the Boys Are Not", 28.

18 Princeton Review, "Exclusive Interview with Betsey Johnson", *The Internship Bible*, 10th ed. (New York: Princeton Review, 2005).

19 에이미 그로스Amy Gross, 저자와 인터뷰, 뉴욕시, 2018년 11월 29일.

20 Melodee K. Currier, "Boy Crazy Adventures in New York City", *IdeaGems* 6, no. 1: 13, http://www.melodeecurrier.com/published-articles.html.

21 Melodee K. Currier, "First Person: 'Mad Men' Sexier than Ad Agencies of Real '60s", *Columbus Dispatch* (Ohio), September 24, 2011.

22 필리샤 라샤드Phylicia Rashad, 전화 인터뷰, 2016년 4월 19일.

23 Anna Gedal, "Behind the Scenes: The 1970 Women's March for Equality in NYC", *New-York Historical Society*, March 10, 2015.

24 Linda Charlton, "Women March Down Fifth in Equality Drive", *New York Times*, August 27, 1970.

25 Angela Taylor, "At Mademoiselle, Changing of the Guard", *New York Times*, April 4, 1971.

26 BTB, "Memo from the Editor", *Mademoiselle*, June 1971, 88.

27 Nan Robertson, "Where the Boys Are Not", 30.

28 Nan Robertson, "Where the Boys Are Not", 30.

29 Lacey Fosburgh, "City Rights Unit Ponders Sex Law", *New York Times*, January 15, 1971.

30 Kevin Baker, "'Welcome to Fear City'—The Inside Story of New York's Civil War, 40 Years On", *Guardian*, May 18, 2015.

31 Terry Trucco, "Grace Kelly Slept Here: The Barbizon Hotel for Women Flirts with Landmark Status 30 Years After Its Demise", *Overnight New York*, August 11,

2011, https://overnightnewyork.com/hotels-in-the-news/in-the-news-the-barbizon-hotel-for-women/.

George Goodman, "Woman, 79, Found Slain in Room at the Barbizon", *New York Times*, August 18, 1975.

"Follow-Up News", *New York Times*, August 22, 1976.

Didi Moore, "The Developer as Hero", *Metropolitan Home*, October 1982.

로리 네이선슨Lori Nathanson, 저자와 이메일 교신, 2015년 12월 29일.

Vivian Brown, "Refurbishing the Barbizon", *Washington Post*, August 27, 1977.

키티 여키스Kitty Yerkes와 인터뷰, 2009년 5월 1일, UNCW Archives and Special Collections; Randall Library Oral History Collection, 1990-Present; Series 2: Southeast North Carolina; Subseries 2.3: Notables; Item 108.

Connie Lauerman, "Barbizon Hotel: Still Home Away from Home for Women", *Chicago Tribune*, December 28, 1977.

"Home Style: Beautifying the Barbizon", *New York Times*, October 10, 1976.

Connie Lauerman, "Barbizon Hotel".

Judy Klemesrud, "Barbizon Hotel Celebrates Half Century of Service to Women", *New York Times*, October 31, 1977.

Ellan Cates, "Barbizon Hotel for Women Goes Coed", *Journal-Register* (Medina, NY), February 10, 1981.

Judy Klemesrud, "Barbizon Hotel Celebrates Half Century of Service to Women".

Dee Wedemeyer, "Barbizon, at 49: A Tradition Survives", *New York Times*, March 13, 1977.

Meg Wolitzer, "My *Mademoiselle* Summer", *New York Times*, July 21, 2013.

Alan S. Oser, "Barbizon Hotel, Long an Anachronism, Begins a New Life", *New York Times*, February 27, 1981.

Meg Wolitzer, "My *Mademoiselle* Summer".

앤절라 드루인Angela Derouin, 저자와 이메일 교신, 2016년 1월 17일.

Meg Wolitzer, "My *Mademoiselle* Summer".

Frank Bruni, "Why Early '80s New York Matters Today", *New York Times Style Magazine*, April 17, 2018.

Dee Wedemeyer, "Barbizon, at 49".

Ellan Cates, "End of an Era: Barbizon Hotel for Women", UPI Archives, March 1, 1981.

Paul Blustein, "New Owners May Mix Things Up at Women-Only Barbizon Hotel", *Wall Street Journal*, November 13, 1980.

54 Edward A. Gargan, "For 114 Women at the Barbizon, a Grim Uncertainty", *New York Times*, December 29, 1980.

55 Paul Blustein, "New Owners May Mix Things Up at Women-Only Barbizon Hotel".

56 Luce Press Clippings (Television News Transcripts), February 15, 1981, 7:00 a.m., 2019년 6월 4일 접속, http://www.starwarmer.org/personalbarbizon.html.

57 "Sammy Cahn Sings 'It's Been a Long, Long Time' to First Male Guests at the Barbizon; Ten-Story Heart Unfurled to Mark Occasion", 보도자료, 2019년 6월 4일 접속, http://www.starwarmer.org/personalbarbizon.html.

58 Luce Press Clippings (Television News Transcripts), February 14, 1981, 10:30 p.m., 2019년 6월 4일 접속, http://www.starwarmer.org/personalbarbizon.html.

59 Horace Sutton, "New York's Barbizon Hotel Is Finally Going Coed", *Chicago Tribune*, June 20, 1982.

60 "New York Day by Day: Festival at the Barbizon", *New York Times*, April 20, 1984.

61 카페 바비즌 1987년 메뉴, 수전 캠프.

62 Marianne Yen and Bill Dedman, "Spence Faces Drug, Weapon Charges After Being Found in New York Hotel", *Washington Post*, August 9, 1989.

63 "Uzi-Toting Thief Robs Georgette Mosbacher", *Los Angeles Times*, June 13, 1990.

64 Linda Dyett, "The Medical-Beauty Convergence", *American Spa*, September/October 2000, 50.

65 "Barbizon Moves Ahead and Its Great Ladies Remember", *New York Post*, October 28, 1997.

66 Josh Barbanel, "A New Chapter for the Barbizon", *New York Times*, March 19, 2006.

67 Josh Barbanel, "The New 30 Is Now 50", *New York Times*, August 19, 2007.

68 Christine Haughney, *"6 Million for the Co-op, Then Start to Renovate"*, *New York Times*, October 6, 2007.

69 Sarah Kershaw, "Still Waiting in the Wings", *New York Times*, July 24, 2011.

16쪽 Photo by Philippe Halsman © Halsman Archive

26쪽 SARA KRULWICH/*The New York Times*/Redux

29쪽 Denver Public Library, Western History; Photographic Collections

36쪽 Samuel H. (Samuel Herman) Gottscho (1875-1971) / Museum of the City of New York

73쪽 *Susan Camp* 개인 소장, 1936-7 Katharine Gibbs Catalogue, 40

107쪽 New York Public Library Digital Collection

111쪽 USC Digital Library. *Los Angeles Examiner* Photographs Collection

133쪽 Susan Camp 개인 소장, *Collier's*, December 25, 1948: 21

134쪽 Nanette Emery Mason 개인 소장

157쪽 "Grace Kelly in The Country Girl": The LIFE Picture Collection / GettyImages. Photographer: Ed Clark

161쪽 Susan Camp 개인 소장, *New York Sunday News*, March 5, 1950: 7, Photographers: Bill Klein and Daniel Jacino

171쪽 Pamela Barkentin 소장. Photographer: George Barkentin

197쪽 LANDSHOFF HERMAN, *Mademoiselle* © Conde Nast

207쪽 Neva Nelson 개인 소장

233쪽 Conde Nast 소장. SHORR RAY, Mademoiselle

275쪽 Susan Camp 개인 소장, *Collier's*, December 25,1948: 21, Photographer: Sharland

307쪽 LANDSHOFF HERMAN, *Mademoiselle* © Conde Nast

311쪽 LANDSHOFF HERMAN, *Mademoiselle* © Conde Nast

341쪽 Evelyn Hofer 소유. Photographer: Evelyn Hofer

370쪽 Susan Camp 개인 소장, September 25, 1980, Press Photo

383쪽 Paulina Bren

호텔 바비즌

초판 1쇄 발행 2023년 9월 15일

지은이 폴리나 브렌
옮긴이 홍한별

펴낸이 이혜경
펴낸곳 니케북스
출판등록 2014년 4월 7일 제300-2014-102호
주소 서울시 종로구 새문안로 92 광화문 오피시아 1717호
전화 (02) 735-9515~6
팩스 (02) 6499-9518
전자우편 nikebooks@naver.com
블로그 nikebooks.co.kr
페이스북 www.facebook.com/nikebooks
인스타그램 www.instagram.com/nike_books

한국어판출판권 ⓒ 니케북스, 2023

ISBN 979-11-89722-83-8 (03900)